科举改制与最后的进士

韩 策／著

社会科学文献出版社
SOCIAL SCIENCES ACADEMIC PRESS(CHINA)

序

　　这个春天最令我高兴的事，莫过于韩策的博士学位论文《科举改制与最后的进士》将要出版了。

　　我和韩策初识于2008年秋，那时他还是中国政法大学法学专业大四的学生。一天，他打电话给我，表达了想报考北京大学中国近现代史专业硕士研究生的愿望。我对此表示欢迎，但心存疑虑：一个法学专业的学生，能做好历史研究吗？转年，韩策参加了由教育部统一命题的招生考试，成绩排名第六。倘若经过复试后综合成绩低于这个排名，那他将很有可能无缘北京大学。幸运的是，那时候历史学系内部对于教育部的命题方式能否考出学生真正的水平抱有强烈怀疑，所以也就格外重视复试。作为复试命题人之一，我以为，研究历史首先得读懂史料，这是最起码的要求，因此我选择了宣统二年（1910）云贵总督李经羲的一则长电，作为复试题目，要求考生加以新式标点，分值为50分。出这样一道题目，不只是要考察考生的文字理解能力，也是要考察他们对清末历史的熟悉程度，并且这样的题目对于所有考生来说都是公平的。笔试结果让我大感意外，有考生竟然只得17分，其他与试者大多得30多分，而韩策则得到47分。最终，韩策的两门笔试科目（中国近现代史和世界近现代史）平均80多分，名列前茅，他的综合排名也上升到第二位，顺利进入北京大学历史学系读书。

复试阶段韩策的优异表现，很快打消了我心中的疑虑，而且我断定，这是一位可造之才。尽管在最初学习阶段，他像许多年轻人一样，表现出较为稚嫩的一面，但我从未怀疑过自己的判断。而韩策也通过自身的不懈努力，不断证明着自己。他不仅在硕士阶段成绩优异，而且在 2012 年顺利通过硕博连读考核，随我继续攻读博士学位，并以清末科举改制、废除以及癸卯、甲辰最后两科会试，作为研究内容。经过多年不断积累，他对中国近代史史料掌握范围之广，熟悉程度之深，在我所了解的当今史坛同龄人中，是极罕见的，并且得到许多同行专家高度赞赏。尤为可贵的是，他心思细密，对于史料，懂得鉴别真伪，对于史实，重视考索细节，探寻关联，从而使他常能在别人不经意处，有新的发现。这从他和崔学森整理的《汪荣宝日记》以及他在《近代史研究》等刊物上发表的论文中已经可以看出，更在他的博士学位论文中得到充分体现。

说到韩策的博士论文选题，本来我是极有兴趣探究一番的，但过往研究清代游幕学人、清末留日学生和民国大学教授三个群体的经历，早已让我精疲力竭。而韩策不仅对这个题目有浓厚兴趣，他的特质也使他有能力做这样的题目。尽管学界此前在这个领域已有众多优秀成果，韩策依然能够敏锐地发现不足，利用丰富的史料，在许多问题上将晚清科举制研究进一步向前推进。比如，对于辛丑科举新章形成过程及其在癸卯、甲辰会试中具体践行的分析，对于清末进士馆诏开缘起及实际运行情况的阐释，对于癸卯、甲辰会试所产生的"最后的进士"群体特征的呈现，特别是对这个群体在清末民初社会巨变之中浮沉进退的追索，都比以往的研究更加细腻、充实、深入。在论述过程中，他很注意与既有研究对话，有吸收，有辨正，实事求是，这是他学风严谨的表现，也是他这篇论文颇具深度的表现之一。他的论文在匿名评审阶段即得到全优的好评，答辩结束后又被评为 2015 年北京大学优秀博士学位论文，现在社会科学文献出版社决定专门立项出版，这都是对他做出成绩的肯定。作为他的导师，我在具体问题研究上能够给予他的指导其实很有限，在他完成这篇论文之后，他对科举制度理解之深，就更非我所能及了。因此，我很希望这本书出版之后，能够引起科举史研究专家们关注，并提出具体深入的意见，这对韩策今后进一步在这个领域耕耘，无疑更有意义。

韩策今年才31岁，他的学术之路刚刚开始。今天，历史研究者有了更好的学术条件，但也更加需要抵制诱惑，克服浮躁。希望韩策一如既往，潜心学术，持之以恒，做好自己。如此，则前途可期。

尚小明

2017 年 3 月 20 日于西二旗智学苑

目　录

绪　论 …………………………………………………………… 001

一　选题旨趣 ………………………………………………… 001

二　既有研究 ………………………………………………… 004

三　思路与内容 ……………………………………………… 016

四　资料说明 ………………………………………………… 018

第一章　庚辛政局与辛丑乡试展期之争 ……………………… 021

一　奏展乡试朝臣督抚大起分歧 …………………………… 022

二　乡试万不可再展：张百熙代表朝官诘责东南督抚 …… 029

三　奏改科举以展乡试：刘坤一、张之洞的反击 ………… 034

四　士绅舆论对乡试展期的反应 …………………………… 038

五　《辛丑条约》与科举停试 ……………………………… 043

第二章　辛丑奏定新章：科举改制的重启 …………………… 050

一　新章的众版本与真内容 ………………………………… 051

二　奏定新章的流变曲折 …………………………………… 059

三　戊戌以来科举改章思路检讨 …………………………… 070

第三章　壬寅诏开进士馆：科举改制的扩大 ·············· 085

　一　庚子前后翰林院的整改 ·················· 086

　二　诏开进士馆的幕后推手 ·················· 091

　三　枢臣关于进士馆的论争 ·················· 098

　四　诏开进士馆的舆论反响 ·················· 106

　五　官绅建言引发章程屡更 ·················· 112

第四章　癸卯、甲辰借闱会试：科举新章的践行 ·········· 118

　一　借闱河南缘由新释 ···················· 118

　二　考题与答卷再析 ····················· 125

　三　校阅取中的程序、标准与内幕 ·············· 140

　四　两科贡士取中情况分析 ·················· 161

第五章　甲辰年进士入馆：旧学新知的碰撞 ············ 173

　一　进士馆正式开办 ····················· 173

　二　学员对入馆肄业的复杂态度 ··············· 187

　三　教习的尴尬身份与授业困窘 ··············· 195

　四　课程、考验与毕业奖励 ·················· 211

　五　出洋游学与毕业考验 ··················· 217

第六章　浮沉进退：癸、甲进士的政治生命 ············ 246

　一　癸、甲进士清末仕途分化 ················ 246

　二　翰苑存废生死之争 ···················· 274

　三　领导各省谘议局 ····················· 288

　四　鼎革前后的出处进退 ··················· 293

第七章　流风遗韵：癸、甲进士的人文事业 ············ 319

　一　投身清末兴学潮 ····················· 320

二　传承旧学与抵拒新文化 …………………………………… 330

三　诗词结社的兴衰 ……………………………………………… 341

结　语 …………………………………………………………… 359

征引文献 ………………………………………………………… 369

人名索引 ………………………………………………………… 394

后　记 …………………………………………………………… 405

图表目录

图 4 - 1　1903 年光绪癸卯补行辛丑壬寅恩正并科会试会元
　　　　周蕴良首题闱墨 …………………………………………… 134

图 4 - 2　1903 年光绪癸卯补行辛丑壬寅恩正并科会试考官衔名 ……… 141

图 4 - 3　1904 年光绪甲辰恩科会试考官衔名 …………………… 142

图 6 - 1　甲辰科进士、湖北谘议局议长汤化龙 ………………… 289

图 6 - 2　甲辰科会元、湖南谘议局议长谭延闿 ………………… 289

图 6 - 3　癸卯科进士、江苏谘议局议员孙宝书 ………………… 292

图 6 - 4　甲辰科进士、曾留学日本的江苏谘议局议员钱崇威 … 292

图 7 - 1　甲辰科进士，寒山诗社、秫园诗社主人关赓麟 ……… 343

图 7 - 2　癸卯科进士、蛰园诗社主人郭则沄 ………………… 343

表 1 - 1　各省辛丑乡试情形 ……………………………………… 027

表 2 - 1　戊戌时期几种改科举方案对比 ………………………… 072

表 4 - 1　癸卯科会试头场史论题 ………………………………… 127

表 4 - 2　甲辰恩科会试头场史论题 ……………………………… 127

表 4 - 3　癸卯、甲辰二科会试二场策题 ………………………… 129

表 4 - 4　癸卯、甲辰二科会试三场四书五经义题 ……………… 130

表 4 - 5　癸卯科会试考官题名 …………………………………… 143

表 4－6　甲辰恩科会试考官题名　·················· 144

表 4－7　同治、光绪两朝历科会试中额、考生数与中率　·········· 148

表 4－8　同治、光绪两朝 19 科会试（1862～1904）分省中额统计 ····· 164

表 4－9　光绪朝若干科会试分省中额、考生数与中率　········· 168

表 4－10　癸卯科贡士中举科分统计　·················· 170

表 4－11　甲辰恩科贡士中举科分统计　················ 171

表 5－1　进士馆内乙未、戊戌科进士题名　·············· 178

表 5－2　进士馆资遣戊戌科进士留学题名　·············· 179

表 5－3　光绪三十二年十二月会考进士馆毕业学员题名　········ 181

表 5－4　进士馆初期留学生教习题名　················ 200

表 5－5　进士馆课程、教习　····················· 213

表 5－6　进士馆原定毕业奖励　···················· 216

表 5－7　1904 年癸、甲进士出洋游学题名　············· 220

表 5－8　法政速成科第 3、4 班毕业之癸、甲进士题名　········ 223

表 5－9　游学东西洋各大学之进士馆学员题名　·········· 225

表 5－10　1904～1906 年赴东西洋游学的癸、甲进士省籍统计 ···· 226

表 5－11　光绪三十三年十一月第一次会考游学毕业进士题名　···· 233

表 5－12　光绪三十四年五月第二次会考游学毕业进士题名　······ 237

表 5－13　光绪三十四年九月第三次会考游学毕业进士题名　······ 242

表 5－14　会考进士馆游学毕业学员考官名衔　··········· 244

表 6－1　癸卯、甲辰进士朝考后授职统计　············· 248

表 6－2　癸卯科进士部属统计　···················· 250

表 6－3　甲辰科进士部属统计　···················· 251

表 6－4　癸卯科进士即用知县分省统计　·············· 253

表 6－5　癸、甲二科未殿试贡士题名　················ 254

表 6－6　辛亥鼎革前癸、甲进士京官补缺、升迁统计　········ 260

表 6－7　癸、甲二科京官外任监司道府州县等官统计　········ 264

表 6－8　辛亥鼎革前癸、甲进士现任、曾任州县实缺题名　······ 268

表6－9　辛亥鼎革前癸、甲进士补缺晋升统计 ……………………………… 273

表6－10　清季翰林院官制、额缺、品级变动 ……………………………… 279

表6－11　癸、甲进士任职谘议局统计 ……………………………………… 290

表6－12　癸卯科进士任职资政院、谘议局题名 …………………………… 291

表6－13　甲辰科进士任职资政院、谘议局题名 …………………………… 291

表6－14　《德宗实录》纂修官题名 ………………………………………… 296

表6－15　《宣统政纪》纂修官题名 ………………………………………… 297

表6－16　民初国税厅筹备处癸、甲进士任职题名 ………………………… 303

表6－17　1915年第2期《职官录》所见癸、甲进士京官题名 ……… 306

表6－18　辛亥鼎革前后癸、甲进士州县官变动统计 ……………………… 311

表7－1　癸、甲进士任教京师大学堂题名（1903～1912） ………… 321

表7－2　民国时期在大学任教的癸、甲进士题名 ………………………… 340

表7－3　寒山诗社社友省籍分布之一（截至1914年初） ……………… 351

表7－4　寒山诗社社友省籍分布之二（截至1914年夏） ……………… 351

表7－5　寒山诗社社友省籍分布之三（1915年2月至
　　　　1917年11月初） ………………………………………………… 352

绪　论

一　选题旨趣

本书旨在探讨清末新政开始后，科举改制下的癸卯、甲辰两科会试，及其造就的中国历史上最后的进士群体在清末民初的出处进退与最终命运。

科举制至少有 1300 年的历史，实为中国古人的一大发明，[①] 影响中国传统社会至深且远。清季西潮东来，中国在中外竞争中连遭挫败，国势阽危。浸淫"穷则变，变则通"古训的国人，因而越来越多地希图走上变革旧制、引进新法的富强之路。迨庚子事变，中国创巨痛深，痛定思痛，清廷下诏变法。清末新政的历史帷幕就此拉开。

面对国势危急、需才孔亟的现实，新政从何入手？其中首要的是作为抡才大典的科举制度。其实早在戊戌变法时期，改科举的方案业已颁布，只是政变旋作，旧制悉复。1901 年 8 月 28 日，清廷再发诏令，改革科举考试内容、文体及场次顺序。就乡试、会试来说，集中体现为：（1）废除八股文、

---

① 参见梁启超《官制与官规》，《饮冰室合集》第 3 册，文集之 23，中华书局，1989，第 68 页；杨学为《中国需要"科举学"》，《厦门大学学报》1999 年第 4 期，第 18 页；刘海峰《科举停废与文明冲突》，《厦门大学学报》2006 年第 4 期，第 71 页。

试帖诗；（2）乡、会试头场试中国政治史事论五道，二场试各国政治艺学策五道，三场试四书义二篇、五经义一篇。随后，政务处会同礼部拟定变通细则，推出辛丑科举新章，而沿用已久的防弊妙法——誊录制度——亦遭废弃。[①] 至1905年科举制被突然停废，辛丑科举新章在两科乡试、两科会试以及生、童岁、科试中得到了贯彻与实践。[②]

细致考察辛丑科举新章及其在癸卯、甲辰两科会试（以下简称癸、甲会试）中的落实，就不难发现，与乾嘉以降几十科会试相较，这两科发生了不可谓不大的变化。考试内容引入了"新学"时务，八股文格式、试帖诗弃而不用了；场次及题量的调整，使位居末场的四书五经在考试中的重要性急遽降低，史学与"新学"时务的分量则明显增加。[③] 所以，癸、甲会试的独特意义，不仅在于它们是中国漫长的科举史上的最后两科，更在于它们是应时而变的两科会试。

同时，清末新政伊始，在科举新章出台前后，重开经济特科、遍设学堂、鼓励游学、重建京师大学堂的诏书也次第颁行。很明显，为了获得应时人才，当局从改旧制（科举）、兼行新制（学堂、游学）两条途径努力着。因此，癸、甲会试的特殊性，不仅在于考试内容、文体及场次与此前大为不同，也不仅在于破天荒地未在北京考试，而借闱河南开封贡院，更在于具有清末新政下学堂和游学正在蓬勃兴起的时代背景。可以说，癸、甲会试烙有前所未有的新政改制印记。而科举与学堂此消彼长又胶着缠绕的复杂关系，也与科举改制的走向和科举制的最终命运密切关联。所以，不论从其在整个科举史上的独特地位和意义着眼，还是从改科举、兴学堂的新政改制视角来看，癸、甲会试都有被细致研究的充分理由和学术价值。

---

① 辛丑科举新章规定甚详，对戊戌新章也颇有损益，尤其是改"分场去取"为"三场合校"。详第二章第一、二节。
② 即光绪壬寅补行庚子辛丑恩正并科乡试，癸卯年补行辛丑壬寅恩正并科会试（习称癸卯科），癸卯恩科乡试以及甲辰恩科会试。本书对科举改制后考试实践的探讨，主要以两科会试为对象，兼及乡试，但不拟牵扯过多。因为中央一级的会试在科举考试中级别既高，更受瞩目。对于乡试及生、童岁、科试，将来可以继续探讨。
③ 虽然诏令"三场合校"，但从阅卷、荐卷的程序和操作观察，可知首场最重要，大抵三场的重要性逐渐递减。详第四章第三节。

值得注意的是，当辛丑科举新章在光绪二十八年（1902）八月举行的乡试中首获实践之后，而京师大学堂速成科正紧锣密鼓地筹备开学之时，十一月初二日，清廷鉴于"学堂初设，成材尚需时日，科举改试策论，固异帖括空疏，惟以言取人，仅能得其大凡，莫由察其精诣。进士为入官之始，尤应加意陶成，用资器使"，① 遂定扩大科举改制之策，于是变通新进士章程，令自癸卯科开始，新进士中修撰、编修、庶吉士、各部主事及内阁中书，皆入京师大学堂肄习法政、理财等"新学"，接受三年学堂教育。此举延续了庚子前后翰林院的整改，在调和科举、学堂的同时，亦蕴含着抑科举而扬学堂的深意，在当时造成了广泛的讨论和反响，不同程度地改变了癸卯、甲辰二科诸多进士的仕途轨迹和人生命运。

1904 年春，癸卯科进士中近百人进入京师大学堂特设的进士馆学习，新科进士的学堂教育正式开始。新进士中的即用知县，也被要求进入各省课吏馆接受培训。可以看出，进士馆之设直接变革了翰林院庶吉士在庶常馆学习三年，考试散馆的制度，也部分调整了分部主事、内阁中书学习三年期满，由本衙门奏留的制度。因此，进士入学之举，革新了会试、殿试、朝考分发后，新进士在"实习阶段"的具体走向和学习内容，无疑是继辛丑科举新章之后，科举改制的扩大和深入。事实上，暗中推动诏开进士馆的瞿鸿禨、荣庆等人，恰亦是朝内主持改科举的大员。在士绅舆论眼中，进士入学也被视为调适科举、学堂关系之举。

在我看来，清末新政开始后的科举改制包括相互配套的两个方面，即科举考试新章与进士的"新学"教育，其相对完整的图景尚不清晰。科举改制在乡、会试中的具体实践，诏开进士馆的曲折及进士馆的实际运作，尤有认真清理之必要。在比较恰当认识科举改制的思路、举措、考试实践及其困境所在、朝野反响之前，科举与学堂的关系，科举改制对士子的影响以及士子的回应，改科举制度设计的利弊得失，改科举到废科举的历史转变，仍有不小的讨论余地。

---

① 中国第一历史档案馆编《光绪宣统两朝上谕档》第 28 册，广西师范大学出版社，1996，第281 页。

进言之，从癸卯、甲辰两科会试、殿试中脱颖而出的进士群体，值得特别关注。此辈大多中学已有根柢，并略识西学，经由策论及第，知识结构里有中有西，整体看来，与此前的进士群体已然不同，而与剧变时代中西新旧杂糅胶着的时代特征正相吻合。由于新进士学堂教育的新制，许多癸、甲进士有了在进士馆肄习法政、理财等"新学"的经历，不少人更赴东西洋游学或考察。如此新政改制，使诸多癸、甲进士成了特殊的一代：科举知名士，学堂（包括游学）肄业生。

不仅如此，癸、甲进士在清末最后几年亲历了废科举、改官制、预备立宪的新政浪潮，随后又见证了从帝制到共和的千年未有之变。民初政局纷扰，思想日趋激进，五四新文化运动更是激烈反传统。此后三十年，又有外敌入侵和两度"改朝换代"的剧变发生。

那么，在中国这一具有悠久而独特的士大夫传统的国度，癸、甲进士作为最后的士大夫精英群体，其在清末民初的剧变时代有着怎样的调适因应和浮沉进退？其对清末民初的政治与文化变迁产生过什么影响？在此过程中，该群体又发生了怎样的分化和转型？最终命运若何？这些均是意义重大但纷繁复杂的问题。探讨这些相关问题，无疑有助于深入理解清末民初政治、教育和文化的递嬗与转型。

二　既有研究

百年以来，学界有关清代科举的研究成果，足称汗牛充栋，即针对清季科举制变革的研究，亦可谓硕果累累。研究主要集中在科举制度述论，科举与社会流动，清季改科举、废科举的原因、方案、过程与社会影响方面。以下大体分 1949 年之前、1949 年至 1990 年代初、1990 年代中期至今三段，就既往研究成果试做回顾。

1949 年之前的清代科举研究

1905 年科举停废后，在最初十几年中，虽不乏针对科举的评论与反思，亦有复科举的言论甚至行动，① 但直斥科举为流毒的声音甚盛，严格的科举研究尚未开始。至 1920 年代，情况悄然发生了改变。1925 年，清季重臣瞿鸿禨之子瞿宣颖在"老虎总长"章士钊主持的《甲寅周刊》上刊出《科举议》一文，公开为科举叫好，甚至主张开特科乡试、会试，并拟出具体办法，随即引发了诸多讨论。② 1926 年，心理学家张耀翔发表《清代进士之地理分布》一文，以国子监进士题名碑所刻清代两万多名进士为研究对象，分析清代人才的地理分布，并提出"科举为智力测验"等观点。随后针对质疑，他又在《晨报副镌》上发表《论科举为智力测验》一文，继续发挥见解，颇有为科举平反的意味。③

随着北伐成功，国民政府奠都南京，孙中山的五权宪法构想开始付诸实践，行使考试权的考试院遂告成立。政治现实的变迁，无疑促进了科举制的研究。1929 年，邓定人编著出版《中国考试制度研究》一书，虽篇幅仅 82 页，但确有筚路蓝缕之功，内中考试制度废止之原因及其批评一章，对清季科举制变革有所论及。④ 此后，意欲了解科举制度的社会需求逐渐扩大。于是科举出身的前清进士、举人陆续推出有关清代科举制的著述。

1931 年，科举出身的章中如，鉴于世人对清代科举已不甚了了，遂出版《清代考试制度》一书，简明扼要地介绍了清代科举的各级考试及各类题型。1934 年又编著出版《清代考试制度资料》，颇有影响。⑤ 1932 年，光绪戊戌科翰林、曾任北洋政府教育总长的傅增湘出版《清代殿试考略》一

---

① 参见林志宏《世变下的士变：科举废除和知识阶层的定位（1900s～1930s）》，甘怀真编《身份、文化与权力——士族研究新探》，台湾大学出版中心，2012，第 402～414 页。
② 瞿宣颖：《科举议》，《甲寅周刊》第 1 卷第 2 号，1925 年 7 月，第 15～19 页。讨论见《甲寅周刊》此后多期。以新文化自居，声讨瞿宣颖复古之罪的文章，参见健攻（魏建功）《科举议》，《京报副刊》第 258 号，1925 年 9 月 3 日，第 1～3 版。
③ 参见刘海峰《科举学的起承转合：科举研究史的千年回顾》，《社会科学战线》2013 年第 7 期，第 215 页；张耀翔《论科举为智力测验》，《晨报副镌》第 1493 号，1926 年 12 月 16 日，第 37～38 页。
④ 邓定人：《中国考试制度研究》，民智书局，1929。
⑤ 章中如：《清代考试制度》，黎明书局，1931；《清代考试制度资料》，黎明书局，1934。

书，专门论述清代殿试制度。① 几年之后，燕京大学首任华人校长、光绪戊戌科翰林吴震春，亦受北平《教育学报》邀约，从"科举二字的意义"、"科举与学校的关系"、"科举制度中考试的情形"、"科举时代士人的出路"四个方面，撰文介绍清代科举制度。②

邓嗣禹于 1936 年出版专著《中国考试制度史》，详细检讨历代考试制度，尤详于明清二代。书中一则称：明清考试"方法之严密，不惟足以冠古今，亦并足以法中外"；再则谓："中国考试，已千有余年，历代继绳，时加改革，积千余年之心思才智，覃精竭思，兴利除弊，制度严密，良有以也。后虽流弊丛生，要治人之不善，非方法之不良，不足为本身病也。"但同时亦反思清代"乡试、会试，重头场八股文，而轻视二、三场；殿试、朝考，舍文章而重书写，是皆舍本逐末，虚张声势，过于重形式而忽略实际"，将科举停废之原因归结于八股文之反动与外患之刺激。③ 邓著为此期考试制度的代表作，后来多次重印，海内外影响甚大，其对清代科举制利弊以及清季科举制变革的讨论，亦颇具启发。

此期必须注意的是，徐凌霄、徐一士兄弟在《国闻周报》连载 8 年（1929～1937）的掌故名作《凌霄一士随笔》。以往研究者或许因它既非论文，又非专著，故并不将其看作清代科举研究的重要成果。其实，徐氏兄弟熟谙掌故，搜集利用大量的日记、书信、年谱、笔记、访谈材料，欲为研讨清史之一助，因国民政府考试院、监察院之设，尤聚焦于科举、台谏两项固有制度，故对清代科举的诸多方面做了叙述、考辨与分析，对清季改科举、废科举，癸卯、甲辰两科会试、殿试、朝考及部分进士的情况，均有涉及，为深入的专题研究提供了非常有益的参考。④ 可惜后来的科举研究，对该书成果的吸收尚不够。同时，徐凌霄的《古城返照记》虽系小说，实含有颇

---

① 傅增湘：《清代殿试考略》，天津大公报社，1933 年铅印本。
② 吴雷川：《清代科举制度述略》，北平《教育学报》第 1 期，1936 年 3 月 3 日，第 1～8 页。
③ 邓嗣禹：《中国考试制度史》，吉林出版集团有限责任公司，2011，第 203～210 页。按，1936 年初版。
④ 徐凌霄、徐一士：《凌霄一士随笔》，山西古籍出版社，1997。

多科举掌故，甚有见地。杨国强新近的论文就引用过该书对"官卷"的精辟解释。① 此外，癸卯科翰林郭则沄的《十朝诗乘》，涉及清季科举制变革的史实与评论，亦颇不少。②

此期在进士题名方面出现两部巨著，实奠定后来研究之基础。甲辰科榜眼朱汝珍于1929年编著出版《词林辑略》一书，将有清一代翰林按科次勒为一编，考证其籍贯、字号及简要仕履等，价值甚大。③ 1941年，房兆楹、杜联喆伉俪合编之《增校清代进士题名碑录附引得》出版。该书在校核清人进士碑录基础上，补全同治一科、光绪十三科、清末游学和学堂毕业进士题名，俾清代进士全录一编在手，又制成人名索引，颇便利用。④

民国时期，除了前文已经提及的从人才地理分布研究科举，更须指出的是潘光旦、费孝通有关科举与社会流动关系的研究。⑤ 1960年代前后，海外蓬勃兴起的关于科举与社会流动的诸多研究，与此实有后先呼应的关系。此外，日本汉学泰斗狩野直喜于1923~1924年在京都大学讲"清代的制度与文学"，有"清代的科举制度"讲稿，对清代科举从县试、府试、院试直至殿试、朝考，均做了考述，只是讲稿直至1984年方在日本整理出版。其将清代科举考试分乡试、会试、殿试三个阶段，认为生员一级的考试乃是学校试，外于科举系统。⑥ 现在看来，这种观点还可再商。不过，狩野的学生、日本科举研究大家宫崎市定于1946年出版的《科举》一书，继承了上述观点。宫崎著作最后一章简要讨论了清末新教育的出现与科举制的崩坏。⑦

---

① 徐凌霄：《古城返照记》，徐泽昱等整理，同心出版社，2002；杨国强：《论科举制度力尚公平的历史内容和历史矛盾》，《华东师范大学学报》2014年第4期，第9~10页。
② 郭则沄：《十朝诗乘》，林建福等校点，张寅彭主编《民国诗话丛编》第4册，上海书店出版社，2002。
③ 朱汝珍辑《词林辑略》，周骏富辑《清代传记丛刊》，台北：明文书局，1985。按，中央刻经院1929年初版。
④ 房兆楹、杜联喆编《增校清代进士题名碑录附引得》，哈佛燕京学社，1941。
⑤ 潘光旦、费孝通：《科举与社会流动》，北平《社会科学》第4卷第1期，1947年10月，第1~21页。
⑥ 〔日〕狩野直喜：《中国学文薮》，周先民译，中华书局，2011，序言第6页，正文第311~380页。
⑦ 宫崎市定：《科举》，《宫崎市定全集》卷15，岩波书店，1993，第218~234页。

1949 年至 1990 年代初

1949 年之后的十年间，有关清代科举的巨著，当属商衍鎏 1958 年出版的《清代科举考试述录》。商氏以甲辰科探花现身说法，对清代科举考试的沿革、层级、类别、定制、考法等情况做了详尽考述，兼顾文、武、翻译诸科，并及考誊录、中书、官学教习等附属科举系统的各项考试，甚至就清季停科举后的各类考试亦有述及，且专章叙述八股文、试帖诗、科场案、科场逸闻。该著图文并茂，翔实可信，允推清代科举研究百科全书式的参考书，[①] 为后来研究者广泛征引。商著还述及了癸卯、甲辰二科会试、殿试，尤其是于"翰林院庶吉士之散馆"一节末尾扼要叙述了进士馆的历史，并点出了进士馆取代庶常馆的制度变革。[②] 在此前后，商氏还在香港《大公报》和《广东文史资料》发表文章，追述参加科举考试的历程，尤其是癸卯科落榜，甲辰科会试、殿试、传胪与朝考的情形，并驳正了有关甲辰科殿试鼎甲名次变易的讹闻，叙述了沈钧儒、谭延闿、蒲殿俊、颜楷、陆光熙、汤化龙、黄为基、张其锽等甲辰科名进士极其不一的出处。[③] 在此之前，甲辰科进士、历任民国要职的贾景德于 1956 年出版《秀才·举人·进士》一书，现身说法，可补充商衍鎏的记述，惜篇幅嫌小，详于县试、府试、院试，乡试略有提及，而甲辰科会试、殿试竟付阙如。[④] 另外，浙江举人钟毓龙的《科场回忆录》亦对两科会试有所追忆。[⑤] 亲历者的追述，为癸卯、甲辰会试的研究提供了极其宝贵的资料和提示。与此同时，参加过科举小考的齐如山推出《中国的科名》一书，通过介绍童生、秀才、贡生、举人、进

---

① 关晓红盛赞商著为清代科举研究"百科全书式的参考资料"，甚为允当。关晓红：《科举停废与近代中国社会》，社会科学文献出版社，2013，第 3 页。

② 商衍鎏：《清代科举考试述录》，三联书店，1958；《清代科举考试述录及有关著作》，商志醰校注，百花文艺出版社，2004，第 165 页。

③ 商衍鎏：《科举考试的回忆》（原载《广东文史资料》第 2 辑）、《我中探花的经过——并谈光绪甲辰科殿试鼎甲名次变易的实在情形》（原载香港《大公报》1958 年 10 月 21 日），收入商衍鎏《清代科举考试述录及有关著作》，第 421～447 页。

④ 贾景德：《秀才·举人·进士》，香港联盛印务公司，1956。

⑤ 钟毓龙：《科场回忆录》，浙江古籍出版社，1987。

士、翰林等科名的身份性质，描绘了一幅科举社会图景，饶有趣味。① 此外，朱沛莲的《清代鼎甲录》在历科的三鼎甲和尚侍督抚同年题名履历方面，创获不少。②

五六十年代，有关士绅问题、科举与社会流动问题的成果迭出，而且产生了有益的学术争论。张仲礼、何炳棣、瞿同祖的研究成果，堪称代表。③科举与社会流动的相关论文，1963 年由约翰纳·门泽尔（Johanna M. Menzel）编入论文集中。④ 值得关注的是，德国汉学家傅吾康（Wolfgang Franke）于 1963 年出版的《中国科举制度革废考》，梳理了康乾两朝及同光以降改、废科举的思路与尝试，并注意到了诏开进士馆一事，认为"此诏令如果得到严格执行，将是一项重大创举"。⑤ 虽然由于当日材料所限，相关论述还显单薄，亦间有误读，但将清代科举的改革与停废作为专题研究，此书有开拓之功。它以 1900 年为界，将康乾、同光以降至戊戌时期的朝野努力划入改科举的范畴，而将 1901 年至 1905 年划为废科举时期，虽仍可商，但确富巧思，予人启发。

1982 年，香港中文大学教授王德昭的力作《清代科举制度研究》出版。此书不同于以往的制度类著作偏重规章介绍和考辨，而是在爬梳征引大量公私材料的基础上，分明清制度的递嬗，清代的科举入仕与政府，科举制度下的教育，科举制度下的民风与士习，新时势、新教育与科举制度的废止五个专题进行探讨。与科举制变革直接相关的是，详细梳理、分析了康乾两朝及道咸以降改、废科举的建议与举措，惜对辛丑之后用笔稍简。⑥ 王著为后来

① 齐如山：《中国的科名》，辽宁教育出版社，2006，第 2 版。
② 朱沛莲辑《清代鼎甲录》，台北：中华书局，2015，2 版 2 刷。按，初版于 1968 年。
③ 张仲礼：《中国绅士研究》，李荣昌译，上海人民出版社，2008；何炳棣：《明清社会史论》，徐泓译注，台北：联经出版有限公司，2013；瞿同祖：《清代地方政府》，范忠信、晏锋译，法律出版社，2003。
④ Johanna M. Menzel, ed., *The Chinese Civil Service: Career Open to Talent?* Boston: D. C. Health and Company, 1963.
⑤ Wolfgang Franke, *The Reform and Abolition of the Traditional Chinese Examination System*, Cambridge, Mass: Harvard University Press, 1963.
⑥ 王德昭：《清代科举制度研究》，中华书局，1984 年影印版。

的研究者所时常征引，影响颇大。

需要特别指出的是，范沛潍于 1989 年和 1993 年先后发表两篇以癸卯、甲辰会试为题的论文，主要分析了借闱河南进行会试的原因，注意到了试题的改变，认为这是清代科举考试制度的一大变革，同时强调了会试借闱河南对内地省城开封的影响，提到了几位后来相对出名的进士。论文虽然格于材料与篇幅，尚未展开，且间有舛误，但直接以两科会试为题，在大陆首先发表，引起学界注意，导引研究后进，洵属功不可没。①

1990 年代中后期至今

1990 年代中后期，大陆学界掀起一波研究科举停废之社会影响的热潮。罗志田、萧功秦、何怀宏、周振鹤、杨天宏、杨齐福等多位教授相继发表高论。1995 年，罗志田发表《科举制的废除与四民社会的解体》，以《刘大鹏日记》为主要依据，提出废科举造成了四民社会解体、旧时士子生存条件和社会地位每况愈下的论点。1998 年，罗氏又发表《清季科举制改革的社会影响》，认为"科举制是一项集文化、教育、政治、社会等多方面功能的基本体制"，因而"清季科举制的改革与废除，不仅是个政治变革，还引起了广泛的社会变迁、造成了深远的社会影响"。文章接着立论：废科举前，取士标准"已从鼓励新旧学兼通变为新学是尚，与之伴随的参考书籍的变换对印书、卖书、买书及应试者均带来程度不同的影响"；废科举后，"耕读仕进的上升性社会变动取向转变，城乡逐渐分离，在传统社会中原居四民之首的士阶层逐渐隐去。由于政教相连的政治传统中断，政统的常规社会来源枯竭，又缺乏新的职业官僚养成体制，原处边缘的军人和工商业者等新兴权势社群因'市场需求'而逐渐进据政统"，进而出现了游民、饥民等边缘社群对政治军事的参与及类似开会、发电报等新兴的政治行为。在次年出版的专著中，罗志田又提出了废科举后，知识分子的边缘化与边缘知识分子兴

---

① 范沛潍：《清末癸卯科》，《紫禁城》1989 年第 2 期，第 29 页；《清末癸卯甲辰科会试述论》，《历史档案》1993 年第 3 期，第 105～110 页。

起的观点。① 诚如关晓红所言,罗志田的上述观点"很快成为学术界关于废科举对近代中国社会变动影响颇具指向性的论点"。而关晓红认为,罗志田关于科举制是集文化、教育、政治、社会控制等多项功能的基本体制,因而其废除对中国社会的影响必然是深刻而全面的这一思路,对理解和认识科举停废与近代中国社会变化的关系,深具启发意义。不过,对于知识分子边缘化及如何边缘化的论述,关晓红有不同意见,认为废科举后,"多种渠道同时并存",使得清末最后几年,"旧学出身者大都能够保持科举时代的出路,前景甚至更加宽阔"。② 此外,2013 年,徐佳贵利用温州地方士子林骏的日记,论述了其在科举改废、学堂兴起过程中的观察与活动,认为废科举、兴学堂在晚清地方尚可展现为一种"水到渠成"的递嬗过程。③

21 世纪以后,清代科举研究显示出蓬勃涌起的气象。在科举制改革、停废的过程、内幕与影响方面,学界有重大推进。2000 年,美国普林斯顿大学教授艾尔曼(Benjamin Elman)出版《中国帝制晚期的科举文化史》一书,从较长时段考察明清以来的科举文化史。作者在前人研究基础上,于最后一章论述了 19 世纪以降改、废科举的朝野努力和历史过程。同时,艾尔曼不仅注意到辛丑科举新章改革文体、内容和场次顺序,还试图通过分析会试闱墨的编排顺序和几份癸卯科会试的策题答卷,来讨论考官阅卷取中的趋向和改章的成效。惟未能深入考官阅卷、荐卷、取中的实际过程,所以他认为第三场的四书五经在考试中仍然最重要的论断还可再商。④

2000 年和 2006 年,杨齐福先后发表论文,既考论了洋务时期改科举的

① 罗志田:《科举制的废除与四民社会的解体———一个内地乡绅眼中的近代社会变迁》,新竹《清华学报》新 25 卷第 4 期,1995 年 12 月;《清季科举制改革的社会影响》,《中国社会科学》1998 年第 4 期;《权势转移:近代中国的思想、社会与学术》,湖北人民出版社,1999,第 191~241 页。

② 参见关晓红《科举停废与近代中国社会》第四章"科举停废与近代乡村士子",直接引文在第 5、217 页。

③ 徐佳贵:《废科举、兴学堂与晚清地方士子》,《近代史研究》2013 年第 4 期。

④ Benjamin Elman, *A Cultural History of Civil Examination in Late Imperial China*, Berkeley and Los Angeles: University of California Press, 2000, pp. 569 - 608.

史实，又考察了来华传教士与改科举的关系。① 2003 年，李细珠发掘未刊已刊函电，梳理了戊戌以来改、废科举的历史过程，尤其侧重于张之洞等督抚高层，揭示了不少内幕。② 2004 年和 2009 年，关晓红先后发表《科举停废与清末政情》、《议修京师贡院与科举制的终结》二文，对停废科举的过程、曲折与内幕进行了深度探讨，较既往研究有重大推进。③ 2005 年，刘海峰的论文强调传教士的批评、八国联军焚毁京师贡院等外来冲击对科举停废的影响。④ 同年，关晓红以刘大鹏日记、朱峙三日记等材料为据，探讨了科举停废对近代乡村士子的影响，对罗志田的废科举后四民社会解体，旧式士子生存地位降低、逐渐边缘化的观点，提出了不同看法。2007 年，关晓红发表《晚清议改科举新探》一文，梳理了道光至光绪戊戌时期，朝臣上奏的 18份改科举方案及其结局，认为整个统治集团的观念滞后与礼部等衙门的阻挠，导致科举制失去了逐渐内在更新的最佳时机，后起者不得不选择除旧布新的彻底变革。⑤ 2009 年、2011 年，茅海建发掘已刊未刊档案，对戊戌变法时期康有为派的改科举主张及其背后运作，对张之洞、陈宝箴联衔上奏改科举的立意与过程，做了切实的梳理、核证与分析，指出张、陈方案有"诋康"的深意，且注意到了康派方案与礼部复奏章程的差异。⑥ 这使得戊戌改科举的历史面貌更为清晰。

在大量关注改革、废除科举的过程、内幕与影响的同时，学界也开始考察科举改章的具体内容，比如文体、策论题目、场次等问题，对科举改章后的科举考试本身，也有了新的研究进展。复旦大学章清、孙青等学者，关注

---

① 杨齐福：《洋务运动时期科举制度的改革》，《无锡教育学院学报》2000 年第 1 期；《西方来华传教士与近代中国科举制度改革》，《史学集刊》2006 年第 2 期。

② 李细珠：《张之洞与清末新政研究》，上海书店出版社，2003，第 130～140 页。

③ 关晓红：《科举停废与清末政情》，《中国社会科学》2004 年第 3 期；《议修京师贡院与科举制的终结》，《近代史研究》2009 年第 4 期。

④ 刘海峰：《外来势力与科举革废》，《学术月刊》2005 年第 11 期。

⑤ 关晓红：《科举停废与近代乡村士子——以刘大鹏、朱峙三日记为视角的比较考察》，《历史研究》2005 年第 5 期；《晚清议改科举新探》，《史学月刊》2007 年第 10 期。

⑥ 茅海建：《从甲午到戊戌：康有为〈我史〉鉴注》，三联书店，2009，第 398～492 页；《张之洞与陈宝箴及湖南维新运动》，《中华文史论丛》2011 年第 3 期，第 279～290 页。

晚清策问与新知的接引、知识复制、"新学"传播等问题，近年发表了一批值得关注的成果。① 刘龙心曾利用科举录，朱卷、墨卷以及清末市面上流传的策论"参考书"，考察改八股为策论过程中科举与近代知识转型的关系问题，认为策论更类似于一种"资讯"，"不足以反映西学的实质内涵"，策论的提问方式也"限制了读书人认识西学的角度"，"阻挠了中学在致用的意义上与西学接引的可能性"。② 潘光哲以湖南学政江标在衡文取士过程中编校的《沅湘通艺录》为例，论析了"西学新酒"如何被注入科举体制之"旧瓶"，展示了科举体制在 19 世纪最后几年的变化以及"导引士子读书世界变化的动力所在"。③ 罗志田敏锐地指出，在废八股之外，科举改制的场次调整更能体现时代思想资源的转移，"把中国史事、国朝政治论置于第一场，而四书五经义转到第三场，非常明晰地揭示出经史的易位"，对近代经学隐退、史学地位提升颇有影响。④ 2013 年，曹南屏撰文认为，由于清廷坚持中体西用的意识形态，所以科举改制后的出题阅卷呈现了似新实旧的样貌，但改制还是刺激和促进了新学传播。⑤ 安东强考察了晚清科举的场次与选才问题，认为辛丑科举新章摒弃了张之洞戊戌科举新章中"分场去取"的设计，偏离了本意，"或许也是张之洞最终转向停罢科举的另一因素"。惟未给出进一步论证，且对清廷为何未采纳分场去取之法，亦语焉不详。⑥

有关癸卯、甲辰两科会试的研究，近年亦颇有推进。刘海峰发表于 2004 年的论文，注意到了甲辰科会试的背景，即朝廷新近批准了"三科递减"的渐废科举方案；简要分析了考题及个别答卷；提到了会试、殿试后

① 章清：《"策问"中的"历史"——晚清中国"历史记忆"延续的一个侧面》，《复旦学报》 2005 年第 5 期；孙青：《引渡"新知"的特殊津梁——清末射策新学选本初探》，《近代史研究》 2013 年第 5 期。

② 刘龙心：《从科举到学堂：策论与晚清的知识转型（1901～1905）》，《中央研究院近代史研究所集刊》第 58 期，2007 年 12 月，第 105～139 页。

③ 潘光哲：《晚清士人的西学阅读史（1833～1898）》，中研院近代史研究所专刊（99），2014，第 241～296 页。

④ 罗志田：《通史致用：简析近代史学地位的一度上升》，《社会科学战线》2010 年第 2 期。

⑤ 曹南屏：《清末科举改制后的科举考试与新学传播》，《学术月刊》2013 年第 7 期。

⑥ 安东强：《晚清科举的场次与选才》，《中山大学学报》2013 年第 5 期。

新进士须入进士馆再学习的情况，并介绍了会元谭延闿、状元刘春霖、榜眼朱汝珍、探花商衍鎏后来的发展。刘海峰关于癸卯科乡试的论述，亦值得参考。① 何玲刊于 2009 年的论文，也注意到考试内容的重要改革，集中分析讨论了二场策题及一些答卷，认为太多旧式文人出身的举子面对新的政治经济问题，不可能做出有价值的回答，改八股为策论不可能达到选拔人才的目的，科举制度的最终废除势所必然。② 王瑶、李银良新近的文章则认为此次会试不仅沿袭了以往传统，而且在选题、选仕等方面也不亚于往日，是一次庄重严格的考核，同时检讨了借闱河南的原因。③ 2012 年，李林发表的论文，述论了三场考题和会元的策题答卷、考官阅卷的情况，两科进士的人数、籍贯、年龄、朝考授职等，认为二场策题引导性太强，考官阅卷仍重头场，故评语和排名"多不能如实反映考生的水平和应得的评价"，改制效果不佳。④ 该文是迄今以癸、甲会试为题，用力最多的成果，颇有创获。惟将多个问题纳入一篇文中，故多未能展开深入讨论，想当然的舛错也就难免，证据不足的论断都还有待检讨。

关晓红最近发表的论文，兼用日记、朱卷、报刊等资料，考察了辛丑科举改章及其在随后的岁、科试和乡、会试中的落实情形及一些士子的反应，对癸、甲会试有所论述，并由此追寻停废科举的原因，认为 1902 年之后，在科举与学堂的两难抉择中，"清朝君臣均痛感时不我待，急求速成以救亡图存，未能展示进一步更新前景的科举，被迫让位给同样还没有充分证明自身价值的学堂"。该文在史事与观点上均有创获，惟篇幅有限，未能展开，亦间有舛误。值得注意的是，关晓红强调戊戌至甲辰科举改章的成效及问

---

① 刘海峰：《中国科举史上的最后一榜进士》，《厦门大学学报》2004 年第 4 期；《中国科举史上的最后一科乡试》，《厦门大学学报》2003 年第 5 期。

② 何玲：《1903 年汴城会试论略》，《教育的传统与变革——纪念〈教育史研究〉创刊二十周年论文集（3）》，2009，第 556～560 页。此外，何玲还对 1903 年经济特科的史实、影响等做了考察。参见何玲《清末经济特科探析》，《历史档案》2004 年第 1 期；《张之洞与经济特科》，《中州学刊》2004 年第 2 期。

③ 王瑶、李银良：《清末最后一次会试考述》，《黄河科技大学学报》2013 年第 1 期。

④ 李林：《从经史八股到政艺策论：清末癸卯、甲辰科会试论析》，香港《中国文化研究所学报》第 55 期，2012 年 7 月。

题，特别是其与停废科举的关系，仍缺乏全面深入的研究，① 确是实情。

与此同时，有关进士馆的研究亦有新进展。2003 年，程燎原考述了1907 年、1908 年在法政速成科毕业的一批进士姓名及授职等情况。② 2004年，李贵连等按时序勾勒了进士馆的历史。③ 随后，周君闲就进士馆的设立目的、学习内容、考核奖励办法、作用做了铺叙。④ 宋方青强调进士馆法政教育与日本因素的关系。⑤ 韩策重建了进士馆开馆初留学生教习的史实，讨论了他们向进士学员传授"新知"时的尴尬身份和授业困窘。⑥ 李林考察了进士馆的开设、生源、师资、课程、毕业考试授职与停办、游学等方面，尤其在师资构成、进士游学法政速成科方面，发掘新材料，贡献尤大。⑦ 从以上回顾来看，进士馆受到了不少注意，这与它的重要性是相称的，只是在史实考订和思路阐释方面还可继续拓展。

在癸、甲进士群体方面，清季立宪派的重要成员汤化龙、蒲殿俊、谭延闿、沈钧儒等人，早已广受关注。近年更有以汤化龙、黄远庸、郭则沄等人为研究对象的学位论文。⑧ 熊范舆的传记亦新近出版。⑨《癸卯汴试日记》的

---

① 关晓红：《清季科举改章与停废科举》，《近代史研究》2013 年第 1 期，第 36 页注 1。关晓红还考察了停罢科举后对举贡生员的善后措施，立停科举后的抢才与培才问题，停罢科举对官制、铨选制、新学分科、文化事业等方面的影响，并对科举与学堂的关系、后科举时代的文化道德难题等做了反思。均收入关晓红《科举停废与近代中国社会》。
② 程燎原：《清末法政人的世界》，法律出版社，2003，第 152～155 页。
③ 李贵连、孙家红、李启成、俞江：《百年法学：北京大学法学院院史（1904～2004）》，北京大学出版社，2004，第 25～29 页。
④ 周君闲：《晚清进士馆述略》，《文教资料》2007 年 3 月号。
⑤ 宋方青：《科举革废与清末法政教育》，《厦门大学学报》2009 年第 5 期。
⑥ 韩策：《师乎？生乎？留学生教习在京师大学堂进士馆的境遇》，《清华大学学报》2013 年第 3 期。
⑦ 李林：《晚清进士馆研究：天子门生的转型困境与契机》，新竹《清华学报》新 44 卷第 1 期，2014 年 3 月；《晚清进士留日史事考述：以东京法政大学留学群体为中心（1904－1911）》，王成勉主编《双中荟：历史学青年学者论坛》，台北：新锐文创，2013，第 9～33 页。
⑧ 楚永全：《汤化龙与清末民初的政局》，博士学位论文，复旦大学历史系，2012；郝幸艳：《汤化龙与清末民国政治》，博士学位论文，南开大学历史学院，2012；王红军：《清末民初思想界的黄远生》，博士学位论文，复旦大学历史系，2010；昝圣骞：《晚清民初词人郭则沄研究》，硕士学位论文，南京师范大学文学院，2011。
⑨ 李恭忠、黄云龙：《末科进士与世纪风云：熊范舆传》，中国社会科学出版社，2013。

作者癸卯科进士孔昭晋也有了个案研究。[①] 由于癸、甲进士人数多、领域广，所以中国近现代史的各类论著多少都有涉及，尤其是其中的知名进士。但是，许多进士今日名虽不显，甚至已被遗忘，但当日实为全国名流、地方贤达，其在清季民初的活动和影响还可发掘资料以呈现。更重要的是，从最后的进士精英群体角度着眼，癸、甲进士可研究的空间极为广阔。

三 思路与内容

综上所述，有关清季科举制变革的既存研究，在科举改革、停废的原因、方案、过程以及社会影响方面，已取得丰硕成果。这既为本书提供了宝贵借鉴，同时亦提出了更高要求，增加了不小难度。窃以为，这一论题还可从以下方面推进。

首先，很可能因为科举制最终走向停废，所以后来的研究者便以"后见之明"努力寻找停废的"线索"，故而有意无意地轻忽了对于清末新政开始后科举考试本身的细致研究。虽然最近几年略有改观，但学界对辛丑科举新章以及癸、甲会试的实际运行、成效与局限、朝野反响等方面的认识，还比较有限。研究科举改制，辛丑科举新章的重要性不言而喻。然而政务处、礼部奏定科举章程的准确内容及其流变还不清楚。乡、会试中场次与题量调整、分场去取、废除誊录等制度设计的立意所在与利弊得失，督抚与决策高层的争论与妥协，尚欠深挖。

这也缘于既往研究多从主张改、废科举的趋新督抚入手，故对中枢、翰林院、礼部在科举改制中的思路和举措观照不够。其实，新政伊始，中枢高层、礼部与东南督抚以及督抚之间在科举问题上分歧甚大，在在影响着科举改制的进行。同样重要的是，在科举改制议题上，中央高层也有自己的思路和举措，并非只扮演督抚的"合谋"角色。事实上，从整饬翰林院到诏开

---

① 贾琳：《清末民初士人的一种生存模式：以〈癸卯汴试日记〉作者为个案的考察》，《北京师范大学学报》2015 年第 3 期。

进士馆的改制脉络，与辛丑科举改章相配套，正体现了瞿鸿機、荣庆等中枢大臣主动变革科举的努力。此外，癸、甲会试和进士馆的实际运行及成效局限，均关系科举制的走向和众多士子的命运。在上述问题未经清理之前，新政开始后科举改制的思路、举措、力度与运行图景尚不完整清晰，匆忙就科举问题下结论，似嫌根基不稳。

其次，关于清季科举的既存研究有一个倾向，即对制度变迁过程及其影响罗列、推阐较多，而对科举考试活生生的参与者相对关注不够。这既包括考官，也包括众多士子及其亲朋师友。迄今为止，举人刘大鹏、秀才朱峙三因有日记出版，受到了较多关注，温州地方士子张棡、林骏因有日记存世，亦开始成为研究对象。史学研究受材料导引与限制，本是无可奈何之事，然而，材料丰富（包括大量日记书信）、影响更大的癸、甲二科进士群体在科举制变革前后的心路历程和调适因应，在清末民初剧变时代的出处进退与最终命运，我们尚缺乏相对整体的把握。

进言之，对个体士子的不断研究是我们知人论世所不可或缺的，恰到好处的深耕细作或许还可见微知著，以点及面。但以一个人数众多但范围固定的士人群体为对象进行考察，既把握群体的整体特征和趋向，又观照其内部的差异、分化和复杂性，又具备个体研究难以替代的功能。与此同时，包括乡村士子在内的中下层士人在科举制变革前后的际遇、反应与命运，无疑具有非常大的研究价值。不过，如欲理解传统士大夫在清季民国的转型与命运，更精英的进士群体即使不应该受到格外关注，至少也有充足理由受到同等观照。事实上，正如沈云龙所言，废科举前的癸、甲两科进士此后"或为地方疆史，或为军系谋主，或驰骋议坛，或潜心著述，竺旧骛新，各坚所守，无不蜚声于时。今日史家所称之复辟派、激进派、研究系、进步党、交通系、安福系诸巨子，胥孕育于斯，其于清末民初世运之推移，影响殊巨，则非当年主持抡才大典者所能前知矣"。①

---

① 沈云龙：《〈胡太史（骏）诗文选〉跋》，胡光麃：《大世纪观变集·旅台丛文三百则》，台北：联经出版有限公司，1992，第38页。

有鉴于此，本书拟从两条主线展开：（1）清末科举改制的内容与实践；（2）科举改制造就的癸、甲进士群体在清末民初剧变时代的出处浮沉、流风遗韵和最终命运。章节安排如下。

第一章，紧扣朝臣与东南督抚关于辛丑乡试展期的论争及士绅舆论的反应，详论展期之争的来龙去脉，并尝试从庚子西狩、东南互保的权力格局中探讨展期之争所反映的历史内涵，借以揭示庚辛政局与辛丑科举改制的多层关联。

第二章，通过深入考察科举新章的内容流变、场次与题量调整、分场去取、废除誊录诸方面，探究清廷决策者出台辛丑科举新章背后的权衡和隐曲。结合戊戌变法以来的多种科举改章思路，检讨辛丑科举新章制度设计的利弊得失。

第三章，考论中央高层主动发起并促成的从整饬翰林院到诏开进士馆的改制脉络，及其背后的论争和妥协，阐明诏开进士馆之举与辛丑科举新章相配套，是科举改制的扩大。从报刊舆论、官绅议论方面，考察诏开进士馆的朝野反响。

第四章，从借闱河南的复杂缘由，考题答卷、阅卷和荐卷程序、取中标准和内幕、贡士构成诸方面，观察科举改制下癸、甲两科会试的实际运行，期对科举改制的贯彻实情、成效与局限有更切实的认识。

第五章，从进士馆的筹备、学员对入馆的态度、教习授业困窘、课程考验奖励等方面，观察进士馆的实际运作与困难所在，并与进士游学相衔接，呈现科举停废前后两科进士"新学"教育的样貌。

第六章，通过细致考察癸、甲进士在清末的仕途分化、鼎革前后的出处浮沉，分析停废科举、预备立宪、辛亥鼎革及民初乱局对癸、甲进士的影响，以及他们的因应与分化。

第七章，从参与清末兴学大潮、传承旧学与抵拒新文化、主持诗词结社等方面，展现清末民国时期癸、甲进士在文教领域的流风遗韵。

四 资料说明

中国的科举资料，"几于无书无之"，再广搜穷集，亦必挂漏无算，前辈学者甘苦早尝，多有言之者。① 况且近代史料在种类和数量上又远超往昔，个人涉猎十分有限，挂漏无疑更多。当然，本书在广泛利用常见常用资料的基础上，也尽量发掘使用了数量可观的"新资料"。现将本书主要利用的一手资料撮要介绍如下。

其一，未刊、已刊档案与官方文书。中国第一历史档案馆珍藏的大量朱批奏折、录副奏折，已出版的《光绪宣统两朝上谕档》、《咸丰同治两朝上谕档》、《清代军机处随手登记档》、《清代军机处电报档汇编》、《庚子事变清宫档案汇编》、《光绪朝朱批奏折》、《清代官员履历档案全编》、《义和团档案史料》、《戊戌变法档案史料》、《京师大学堂档案选编》等；台北"故宫博物院"图书文献馆珍藏的《军机处档折件》，已出版的《宫中档光绪朝奏折》；清朝官书《清实录》、《大清新法令》等，皆是考订史实、分析问题的基本材料。此外，礼部奏定的《续增科场条例》（1902）、《科举章程》（1898）、《礼部、政务处会奏变通科举章程》（1901）均是讨论科举改章的重要材料。

其二，中国社会科学院近代史研究所档案馆藏未刊稿抄本。该馆珍藏了晚清民国人物的大量书信、日记、诗文稿抄本。本书即利用了其中的《瞿鸿机朋僚书牍》（整理抄本）、《同光年间名人书札》、《冯汝琪家信》、《汤化龙、汤芗铭档案》、《许同莘日记》、《李景铭档案》等。其中瞿鸿机档案对研究诏开进士馆的原委和高层论争内幕至关重要。《同光年间名人书札》所收陆润庠致张百熙的甲辰会试闱中手札，为了解总裁阅卷取中的操作和内幕提供了不可替代的原始依据。冯汝琪、许同莘、汤氏兄弟皆系1902年举人，冯汝琪与汤化龙随后中式甲辰科进士，许同莘虽然报罢，但其日记详记了参加考试的过程、见闻和感想，以上三种皆是研究士子对科举改制的反应和考试实况的绝佳资料。此外，该馆所藏《张之洞档》等大批资料新近影印出版，为本研究提供了极大便利。本书第一章就利用了大量《张之洞档》材料，其他章节还利用了《荣禄档》、《唐景崇档》、《端方档》和《奕劻

---

① 王德昭引邓嗣禹之言，并加发挥，参见王德昭《清代科举制度研究》，第2页。

档》。

其三，朱卷、墨卷、科举录、缙绅录、职官录、同年录、同学录。这些材料数量庞大，对研讨两科会试的实况，考订、统计、分析进士的出身背景、生平仕履，了解进士的结社情况，至关重要。缺少这些材料，相关研究将无法展开。

其四，日记、书信、诗文集、年谱、回忆录、笔记、诗话、序跋、碑传。本书收集利用了癸甲两科进士、同考官、落第士子以及翰林前辈的多种日记。进士及落第士子方面，有何寿章的《苏甘室日记》、胡骏的《补斋日记》、孔昭晋（澹庵）的《癸卯汴试日记》、《许同莘日记》、甘鹏云的《豫游纪行》、钮泽晟的《京游杂记·附记宦迹》、马太元的《汴游日记》、刘大鹏的《乔梓公车日记》及《退想斋日记》、《许宝蘅日记》、《贺葆真日记》、《郭家声日记选录》等。考官方面，如王振声的《心清室日记》、《恽毓鼎澄斋日记》、《张人骏家书日记》、《荣庆日记》、伍铨萃的《北游日记》、吕佩芬的《湘轺日记》。翰林前辈方面，如《翁同龢日记》、叶昌炽的《缘督庐日记》（影印）、新出版的《徐兆玮日记》等。书信方面，如近代史所档案馆藏多种书信手稿，而见于各种书札专集、文集中者亦颇夥。日记、书信中的记载往往能揭示鲜为人知的内幕消息，故颇为重要。本书部分章节的写作，即是从日记、书信中获得的重要信息入手，再与档案、报刊、笔记等材料合观，然后完成的。此外，发掘、整理和利用了癸甲进士中一批人的诗文集、回忆录、年谱、笔记、诗话、序跋、碑传等资料。最后，同时代其他人的日记、书信、诗文集、笔记等，皆有助于论题的展开和深入。

其五，报刊。此类资料，尤其是其中的日报材料数量很大。本书的写作颇得益于这些丰富的鲜活资料。惟利用报刊材料须前后通看，因为报纸"有闻必录"，且多追踪报道，故经常出现后面报道补充，甚至更正前面报道的情况。同时，更须将报刊材料与档案、日记、书信等材料对勘，使用起来方较为稳妥。

第一章
庚辛政局与辛丑乡试展期之争

1900 年，岁在庚子，是一个具有全球史意义的年份。不仅因为人类历史正跨入 20 世纪，更因为发生了轰动世界的庚子事变。这年五月二十五日，屡遭欺凌、备受屈辱的大清国，在义和团运动风起云涌、八国联军兵临塘沽口的形势下，向世界列强同时宣战。不久，天津、北京相继沦陷，慈禧太后和光绪皇帝仓皇西走，中国陷入了空前的民族危机。无疑，庚子事变极其深刻地影响了 20 世纪中国的发展历程，表现之一就是打乱了科举考试的节奏、加速了科举制度的变革。

清朝科举时代，除非发生大规模战争等极端情况，作为抡才大典的乡试、会试一般按期举行，不可动摇。有清一代导致乡试停科、展期、补考的重大变故共有三次，分别是康熙平三藩、咸同时期的战乱和庚子事变。① 如果说前两次纯粹由于战事影响，那么庚子事变后的开科问题无疑夹杂着新的时代难题。此时政治格局和内外形势复杂微妙：两宫尚在西巡，北京正在议和，刘坤一、张之洞等封疆大吏因东南互保"有功"而权势凸显；清政府准备开启新政以挽救危局，朝野上下正在为新政建言献策，而改科举、兴学

---

① 参见商衍鎏《清代科举考试述录及有关著作》，商志䜭校注，第 122～124 页；王立新《咸同年间文闱停科问题考订》，《近代史研究》2016 年第 5 期，第 143～153 页。

堂摆在新政首位。因此，辛丑乡试是否按期举行实与科举改章、启动新政相互缠绕，关系众多士人与官员的切身利益，故成为朝野关注的一个热点。

揆诸史实，辛丑年（1901）围绕是否再展乡试，朝臣与东南督抚分歧巨大，经历了多回合明争暗斗。这既反映了庚子乱后当局协调稳定与变革的两难处境，又显示了清末新政伊始主张渐改与急改的不同趋向，更是清廷与东南督抚权力关系的微妙体现，值得认真梳理。[①] 本章利用档案、日记、书信、报刊等材料，紧扣朝臣与东南督抚的论争及士绅舆论的反应，详论展期之争的来龙去脉，并尝试从庚子西狩、东南互保的权力格局中探讨展期之争所反映的历史内涵，借以揭示庚辛政局与辛丑科举改制的多层关联。

一 奏展乡试朝臣督抚大起分歧

本来，庚子年（1900）为光绪帝三十正寿，故开恩科乡试，次年辛丑年举行恩科会试，庚子、辛丑本有的正科乡、会试则递推至辛丑、壬寅（1902）举行。岂料庚子年五月二十五日中外宣战，军务倥偬，清廷遂将恩科乡、会试分别展至辛丑年三月初八日和八月初八日，正科乡、会试则向后顺延，并命已放的乡试考官折回。[②] 七月北京城破，两宫西狩。但乡、会试开科既是朝廷仍须面对的未了之务，也是众多士人关心的功名大事。

九月十五日，留京办事大臣崑冈领衔具奏，以"明春三月乡试"，困难重重，故请"俟和议就绪，再行请旨举办"。奉旨允准。一个多月后，沿江督抚刘坤一、张之洞、奎俊等奏请将三江、两湖、四川庚子恩科乡试展至辛

---

① 关晓红教授曾有所论述，意在说明当局未能把握住借暂停科举以发展学堂的建议和契机，对改科举不无遗憾（参见关晓红《科举停废与近代中国社会》，第 49~58 页）。惟因侧重不同，加以资料限制和解读偶偏，尚有继续探讨的较大空间。

② 中国第一历史档案馆编《光绪宣统两朝上谕档》第 26 册，广西师范大学出版社，1996，第 187 页。

丑年八月初八日，并照同治时先例，将正科乡试归并举行，再于壬寅年春归
并会试。奉旨允行。① 袁世凯经刘坤一通报后，亦奏准归并山东乡试。② 十
二月，清廷索性电令各省庚子恩科乡试"一律展缓归并"。③ 于是恩科乡试
因庚子兵燹再次展期。

辛丑年三月，又届题请简放乡试考官之期，各方遂展开新一轮因应。如
果说前两次因军务正紧，展缓乡试尚少异议，那么此时和局将定，清廷急需
借科举考试以稳定人心。结果，围绕是否再展乡试，朝内重臣与东南督抚分
歧巨大。

当日中央政府分行在和留京两支。行在当局的立场是按期举行恩、正并
科乡试，以固结士心。大乱初平迅速开科，也正是清廷和朝官熟悉的历史经
验。所以，当三月初三日陕甘总督崧蕃电询本年乡试"是否准行"时，军
机处次日即给出肯定答复。④ 与此同时，留京办事大臣崑冈等建议京师礼部
与行在礼部分别将北京、西安两地应开列人员名单咨送军机处，"由军机处
酌定省分先后，程限远近，随时开单请旨简放"。随后奉旨依议。⑤ 西安行
在中对科举事宜最有发言权的大臣，当属礼部尚书、翰林院掌院学士孙家鼐
与军机大臣王文韶。三月初九日，孙家鼐专程找王文韶商议"本年乡试应
行变通事宜"。⑥ 同日，军机处电令崑冈尽快查明应放试差的京官名单，咨
送该处。⑦ 显然，中枢与行在礼部准备照崑冈的建议简放考官，按期乡试。

不过，正在酝酿改科举等新政的两江总督刘坤一却有不同意见。三月初

① 《大学士崑冈等奏请俟议和就绪再行举办乡试折》（光绪二十六年九月十五日）、《两江总督
刘坤一等奏请将恩正两科乡会试归并举行折》（光绪二十六年十月十八日），中国第一历史
档案馆编《光绪朝朱批奏折》第 105 辑，中华书局，1996，第 103～104、105 页。
② 《恩正两科乡会试请归并举行片》（光绪二十六年十一月十九日），骆宝善、刘路生主编
《袁世凯全集》第 8 卷，河南大学出版社，2013，第 91 页。
③ 《电谕》（庚子十二月初五日），中国第一历史档案馆编《清代军机处电报档汇编》（以下
简称《电报档》）第 2 册，中国人民大学出版社，2005，第 307 页。
④ 《崧蕃来电》（辛丑三月初三日），《电报档》第 21 册，第 421 页；《致崧蕃电》（辛丑三月
初四日），《电报档》第 2 册，第 396 页。
⑤ 《崑冈等奏变通简放试差折》（光绪二十七年三月初三日），《光绪朝朱批奏折》第 105 辑，
第 116～117 页。
⑥ 袁英光、胡逢祥整理《王文韶日记》下册，中华书局，1989，第 1022 页。
⑦ 《拟致崑冈等电信》（辛丑三月初九日），《电报档》第 2 册，第 399 页。

五日，刘坤一向湖广总督张之洞探询再次展缓乡试的可能性。① 张之洞迟疑数日后主张再展一年，但建议先与军机处商妥，再电奏。② 刘坤一自然赞同，且更进一步希望由领班军机大臣荣禄面奏请展，因为"外间已奏展两次，此次能由内发，较为得体"。③ 督抚接连奏展乡、会试，既不免有挑战中央权威之嫌，也会得罪众多京官与士子。刘坤一虽然权势煊赫且素来敢言，也不得不有所斟酌。张之洞之所以建议先与军机处商妥，也是预料到朝中必有反对之声。

三月初十日，刘坤一吸纳张之洞的建议后致电军机处，商请军机大臣面奏请旨，将乡、会试再展一年。其理由如下：（1）大局未定，回銮尚难定期；（2）京师贡院被焚，本年顺天乡试势不能开科；（3）长江一带匪徒未靖，骤聚数万人举行乡试，隐忧很大；（4）陕西、山西奇荒，直隶近畿兵燹，流亡的士民尚未复业；（5）和议条款规定暂停滋事地方科举考试，但究竟需停何处，尚未议定。④

刘坤一所举情形虽存在，但为了增强说服力，显然不无夸大渲染之处。荣禄虽与刘坤一关系密切，但对科举的看法却未必一致，其更尊重进士出身的王文韶、孙家鼐的意见。军机处如奏请再展一年，无疑推翻了前几日给崧蕃、崑冈的答复，既不成政体，也有违既定方针。且各省情形不同，一律奏展既过于草率，也将得罪众多士子和官员。此外，乡、会试一再展期，也会产生局势失控、朝廷苟且的不良印象，这是清廷极力要避免的。

因此，刘坤一乡、会试一律再展一年的提议被否决。三天后，清廷特下旨云："各直省乡试，前已降旨将恩正两科归并于今年秋间举行。现在和局将定，各士子观光志切，自应仍遵前旨一律举行。著该督抚各就地方情形，详

---

① 《江宁刘制台来电》（辛丑三月初五日午刻发、酉刻到），《张之洞档》第86册，虞和平主编《近代史所藏清代名人稿本抄本》第2辑（以下《张之洞档》各册均载此辑，不再注出），大象出版社，2014，第323页。

② 《致江宁刘制台》（光绪二十七年三月十一日巳刻发），苑书义等主编《张之洞全集》第10册，河北人民出版社，1998，第8556页。

③ 《江宁刘制台来电》（辛丑三月十一日酉刻发、戌刻到），《张之洞档》第86册，第399页。

④ 《寄行在军机处》（光绪二十七年三月初十日），中国科学院历史研究所第三所主编《刘坤一遗集》第6册，中华书局，1958，第2620页。

细体察有无窒碍之处，迅即据实电奏。"① 如此既维护了先前谕旨的权威性，又摆出嘉惠士林的高姿态，同时也检测各督抚的意见，以便做进一步决定。

　　督抚们对此上谕反应不一。江西巡抚李兴锐愿意开科，立即"以江西教案将次办竣，民情安静，电请代奏届期举行"。② 刘坤一、张之洞却决定奏请展期。十四日，刘电告张，拟约江苏巡抚聂缉椝、安徽巡抚王之春会奏请展一年，并询问张的意思。③ 袁世凯亦致电刘、张，询问复奏方略。④ 当晚，张之洞复电认为，湖北既需防票匪再行扰乱，也需防考生闹教，故"今年乡试断不能办，拟奏展一年"。张之洞还提醒刘坤一"江西应否同展，似须一询"，同时告以"湖南已电询，尚未复"，并询问袁世凯山东能否开科。⑤ 十五日，刘坤一会同聂、王二抚电奏请展，并电请李兴锐奏展，又将浙江亦请展缓的消息知会张之洞。⑥ 奉旨允准后，刘即于十七日通报鄂督张之洞、川督奎俊、闽督许应骙、赣抚李兴锐、鲁抚袁世凯、护理浙抚余联沅。⑦ 袁世凯认为山东"必须和局大定，始可议及开科，亦拟请展限"，并强调京师贡院"已毁大半，明春断难会试，乐得从缓"。⑧ 十六日，张之洞添上贡院被毁，明春不能会试，"似展缓一年于士林登进之阶，亦尚无妨"的说辞，奏请湖北乡试展至次年

① 《电谕》（辛丑三月十三日），《电报档》第2册，第404~405页。关晓红教授说："这道上谕，一方面表明政府对士子应试心切的理解和体恤，另一方面则将是否照前议开科的权力下放给督抚，让各地就实际情况自行决定是否举办。"甚是。但接着又说刘坤一"从清廷前后矛盾的几道谕旨窥破当道的心思，既不想举行当年科考，又不愿担当停科的罪名，以免失去士心"，却值得推敲。首先，时间逻辑有误。关晓红教授先论述时间在后的几道谕旨、电奏，然后说这是"一道新的电寄上谕"，以致刘坤一可以"从清廷前后矛盾的几道谕旨窥破当道的心思"，其实该电谕系因刘坤一前日致电军机处而发，此时尚无前后矛盾的几道谕旨。更重要的是，谓清廷当道不愿担当停科罪名则可，谓其此时不想举行当年科考，恐与史实不符。参见关晓红《科举停废与近代中国社会》，第53页。
② 《李兴锐电》（辛丑三月廿一日缮递），《电报档》第21册，第515页。
③ 《江宁刘制台来电》（辛丑三月十四日申刻发、戌刻到），《张之洞档》第86册，第485~486页。
④ 《致两江总督刘坤一、湖广总督张之洞电》（光绪二十七年三月十四日），骆宝善、刘路生主编《袁世凯全集》第9卷，第209页。
⑤ 《致江宁刘制台、济南袁抚台》（辛丑三月十四日亥刻发），《张之洞档》第35册，第169页。
⑥ 《江宁刘制台来电》（辛丑三月十五日午刻、未刻发，均酉刻到），《张之洞档》第86册，第510、511页。
⑦ 《江宁刘制台来电》（辛丑三月十七日午刻发、申刻到），《张之洞档》第86册，第564页。
⑧ 《致湖广总督张之洞电》（光绪二十七年三月十五日），骆宝善、刘路生主编《袁世凯全集》第9卷，第210页。《全集》误"始可议及"为"始我及"，已据《张之洞档》改。

秋，奉准后又通报相关各省。① 这是刘、张最初的串联活动。

然而，也不乏奏请按期乡试的督抚。十六日，来自西安孙宝琦的消息表明，江西、河南、甘肃均请按期举办。② 随后，广东、广西、云南、贵州也奏请按期举行。③ 有意思的是，湖南巡抚俞廉三虽似意见摇摆，却不无远见。他认为，按局势自以展缓为妥，但忧虑各省步调不齐而导致两个不良后果。一是士心不稳。考生"望试逾年，情甚迫切，如朝廷以俟回銮举行，悉展一年，士子自必安心延企。倘或缓或否，如鄂、湘人士目击滇、黔、桂、粤考官经过，则觖望倍甚，怨谤繁兴，即难保不别生变故"。二是京官、言官的态度。"况京官望试差，一若生、监望乡试，设一二省独请展缓，而言官陈奏，以为可行，辩论纷纭，更伤政体。"因此，俞廉三请示张之洞可否密商刘坤一，"密请降旨，悉展一年。或密约各省，俱请展缓"。张之洞览电赞许，认为如果"顺天、山东、三江、两湖诸大省皆不能乡试，而边省举办，亦欠平允"，更重要的是，"现正议变法，科举必须改章，缓试一年，于考生亦有益"，所以电询刘坤一可否"电商枢垣，一律展期"。④可见，俞廉三在意政令统一和京官、士子的态度；而张之洞意在一律展缓乡试一年，以利其正在努力的科举改章。

不过，因几天前一律展期的提议已被否决，刘坤一了解中枢有意开科，故不愿再牵头饶舌。相反，刘氏希望"各省合力奏请，若请缓者多，纵有一二省仍请举行，朝廷必一律展缓，万无只考一二省之理"。此外，刘坤一对俞廉三担心京官、言官指摘的心理，露出不屑之意："时局至此，但可就事论事，斟酌办理，至于京官之望差，言官之陈奏，非所敢计。"⑤显示出东南督抚领袖的决断和权势。只是，刘坤一显然低估了督抚之间的

---

① 《致西安行在军机处》（光绪二十七年三月十六日辰刻发），苑书义等主编《张之洞全集》第3册，第2210～2211页。《致江宁、四川、福州督署，南昌、济南、杭州、湖南抚署》（辛丑三月十七日亥刻发），《张之洞档》第35册，第184页。
② 《西安孙道致上海盛大臣电》（辛丑三月十六日辰刻发、申刻到），《张之洞档》第86册，第539页。
③ 中国第一历史档案馆编《光绪宣统两朝上谕档》第27册，第68页。
④ 《致江宁刘制台》（辛丑三月十七日丑刻发），《张之洞档》第35册，第178～181页。
⑤ 《江宁刘制台来电》（辛丑三月十七日午刻发、申刻到），《张之洞档》第86册，第569～570页。

分歧。事实上，仍请按期举行的至少有七省，与奏请展期的省份数量相当。

随后，四川总督奎俊在电询江、鄂后，亦请展缓一年。福建、山东、浙江、湖南、江西亦准展缓。然湖南巡抚俞廉三的奏词颇首鼠两端："倘各省一律举行，湖南自难独异。如沿江省分展缓办理，则湘省亦请展缓一年。"[①] 江西巡抚李兴锐则是迫于刘坤一的压力及邻省环境而奏请展期。[②] 至此，三江、两湖、四川、福建、山东等八省奏准将庚子、辛丑恩、正并科乡试展至壬寅年秋举行，而云贵、两广、甘肃、陕西、河南等七省则奏请于辛丑年秋按期乡试。直隶、山西因与议和大纲中闹教滋事地方停止科举考试五年条款关系最深，议和全权大臣李鸿章等正与外人进行交涉，故暂未明了（各省乡试情形详表1-1）。所以，清廷意欲开科的立场受到局势限制，只能折中办理，政令无法统一。围绕乡试是否再次展期，中枢、礼部与东南督抚以及督抚之间分歧巨大。这种分歧格局，正是庚子东南互保的某种延续。

表1-1　各省辛丑乡试情形

类别	省份	辛丑乡试举行情形	正、副考官
条约停试	直隶（顺天）	壬寅年八月借闱河南补行	裕德、陆润庠、陈邦瑞、李联芳
	山西	壬寅年八月秦、晋合闱补行	曹福元、杨士燮
坚持展期	山东	壬寅年八月补行	支恒荣、陈伯陶
	江南（江苏、安徽合闱）	壬寅年八月补行	戴鸿慈、黄均隆
	浙江	壬寅年八月补行	朱益藩、李家驹
	福建	壬寅年八月补行	载昌、吴荫培
	湖北	壬寅年八月补行	宝熙、沈曾桐
意见摇摆	湖南	奏请如全国一律按期举行,湖南亦举行;如沿江省份展缓一年,湖南亦然。壬寅年八月补行	李士鉁、夏同龢
	四川	有意奏请辛丑九月补行,受刘坤一、张之洞压力而取消念头。壬寅年八月补行	毓隆、俞陛云

① 《俞廉三电》（辛丑三月廿一日缮递），《电报档》第21册，第514页。
② 《李兴锐电》（辛丑三月廿一日缮递），《电报档》第21册，第515页。

续表

类别	省份	辛丑乡试举行情形	正、副考官
意见摇摆	江西	起初奏请举行，后因刘坤一压力及邻省环境，又奏请展至次年。壬寅年八月补行。	李昭炜、顾瑗
	河南	起初奏请举行，后因筹办回銮大典奏请展至次年。又因顺天乡试借闱河南开封贡院，故壬寅年十月补行。	定成、景方昶
	陕西	起初奏请举行，后因筹办回銮大典奏请展至十月举行，最终奏请展至次年。壬寅年八月补行。	朱延熙、段友兰
坚持举行	广东	辛丑年八月按期举行	裴维侒、夏孙桐
	广西	辛丑年八月按期举行	李传元、伍铨萃
	云南	辛丑年八月按期举行	吴鲁、冯恩崑
	贵州	辛丑年八月按期举行	吕佩芬、华学澜
	甘肃	辛丑年八月按期举行	饶士端、郑沅

注：（1）辛丑年八月乡试全称为"光绪二十七年辛丑科补行庚子恩科乡试"，壬寅年八月乡试全称为"光绪二十八年补行庚子、辛丑恩、正并科乡试"。（2）辛丑年八月各乡试仍用八股文（四书五经）、试帖诗、策论考试；壬寅年补行各乡试施行科举新章，皆用中国政治史事论、各国政治艺学策、四书五经义考试。（3）因《辛丑条约》禁止北京、直隶、山西五年内举行乡、会试，故顺天乡试借闱河南，河南乡试延后两月，山西乡试借闱陕西，秦晋合闱。

资料来源：据《上谕档》、《德宗实录》、《电报档》、《光绪朝朱批奏折》、《张之洞档》、《清秘述闻》等材料编制而成。

按理说，东南互保各省因教案而停试的府县甚少，局势也相对安定，更具备按期乡试的条件。如果仔细分析刘坤一、张之洞奏请乡试展期的理由，可以说着眼于外省者多，立足于东南者少，内中只有票匪滋事可以作为长江各省不能乡试的直接理由，而该理由实多夸大渲染。[1] 况且，沿江省份湖南、江西尚有教案，但此两省巡抚却不反对举行乡试，刘坤一、张之洞主政江苏、湖北并无教案，反而坚持展期。可知刘、张不愿按期乡试必别有其故。

其实，刘坤一、张之洞之所以坚持乡试展期，是因为其"正议变法"，

[1] 富有票案被镇压后，英国驻汉口代理总领事曾私下说："南方的叛乱只是一场闹剧而已，主要是报纸借题发挥，大加渲染。……长江一带特别平静。"《法磊斯来函》（1900年12月18日），骆惠敏编《清末民初政情内幕：〈泰晤士报〉驻北京记者、袁世凯顾问乔·厄·莫理循书信集》（以下简称《莫理循书信集》）上册，刘桂梁等译，知识出版社，1986，第191页。

而"科举必须改章"。① 然而，影响重大的科举改章绝非一份奏折、一纸诏书即可了事。不仅士子需要调适准备，政务处、礼部也需要相当时间商订实施细则，并需征求督抚、学政等官员的意见。倘若辛丑秋按期乡试，次年春会试，正在酝酿中的科举新章则来不及实施，八股旧科举必将再考一科，科举改章的落实就势必要往后拖延。此时改科举摆在新政首位，需要率先推行，故科举改章的拖延，有可能产生连锁反应，影响兴学堂等其他新政次第展开。相反，如展缓乡、会试一年，作为士子准备科举新章的缓冲期，更利于科举新章获得通过。

所以，从发起新政角度看，这是权谋之计，能做不能说；但从清朝体制讲，乡、会试一展再展，却是极不寻常的。刘坤一、张之洞更看重改科举、行新政，而对于清廷、朝官及部分督抚，以下几个方面也甚为重要：庚子乱后，乡、会试接连展期对士子的冲击，外人要求滋事地方停止考试对清廷权威的损害，以及清廷急欲通过科举考试收拾人心、提振权威的迫切需要。几个月后，慈禧太后与前河南巡抚于荫霖的对话就颇能说明问题。因《辛丑条约》禁止北京五年内举行乡、会试，于荫霖说："停科举之旨一下，天下士子皇皇，条约臣不深知，皇太后、皇上回京以后，但能开科，不妨借河南贡院乡、会试，以固人心。皇太后曰：本来是固结人心要紧，你说得话都是当办的事。"② 以故，当刘坤一、张之洞串联东南各省奏请乡试展期后，清廷和朝官集结力量向其"发难"，也就并不意外。

二 乡试万不可再展：张百熙代表朝官诘责东南督抚

庚子乱后，枢垣缺人，瞿鸿禨和张百熙则是朝野瞩目的有力候选人。有意思的是，作为翰林出身的佼佼者，两人双双主张乡试万不可再展。辛丑年三月初，留京的翰林院编修叶昌炽收到行在礼部侍郎陆润庠的私信，获悉瞿

---

① 《致江宁刘制台》（辛丑三月十七日丑刻发），《张之洞档》第35册，第180页。
② 于荫霖：《悚斋日记》，沈云龙主编《近代中国史料丛刊》（224），台北：文海出版社，1968，第1263~1264页。参见关晓红《科举停废与近代中国社会》，第53页。

鸿禨的立场："瞿子玖尚书到秦，言各省士气嚣然不靖，乡试万不可再展，欲分为水陆两途，以秦、晋、陇、蜀、齐、豫、滇、黔由行在乘轺而出，其余各省电简京员由轮船航海，以省材官供帐。"① 这与崑冈的建议有相通之处。至于张百熙的态度，关晓红已据《德宗实录》，指出张氏认为"停办乡试，有碍大局。请照旧举行，以定人心"。② 惟张百熙上奏的表面理据与背后考量，支持和反对张氏的力量分野及争议所在，还可深入挖掘探讨。

三月二十六日，张百熙上奏激烈反对乡试展期，认为现在"和局大致已定，一切照常"，乡试"万不可缓"，故请"特下明诏，所有本年乡试饬各省仍一律按期举行"，借以"收涣散之人心，而励颓靡之士气"。其理由如下。

首先，展缓乡试有碍士子进身、工商生计，影响社会安定。因乡试"业经展缓一年"，士子"观光之志更切"，若再展缓，不肖者"不免觖望生事"。"穷乡僻壤，不知时局，轻信谣言，但闻乡试一停再停，必至人心惶惶，流言四起。且工商各业皆赖省会士子麇集"，销售货物，流通银钱，"一旦无故停科，不独士子无进身之阶，四民皆有失业之患，恐非国家之福也"。

其次，东南督抚以长江票匪滋事为借口展缓乡试，难以成立。其一，票匪源于广东，而广东三点、三合等会更是防不胜防，但庚子前后张百熙在广东"学政任内，按部考试，并无窒碍"。其二，咸同年间局势更糟，但只要有"一隅安堵"，即照例考试。"虽当贼氛甚炽之时，而开科各省仍复帖然如故"，曾国藩"甫克金陵，首行乡试，实见及于此"。故"借考试可以收解散之益，未有因考试而反贻滋蔓之忧者"。其三，"如谓票匪可虑"，则各省防军虽"不足扞御外人，岂并不能弹压内地。况此类匪徒名目，自嘉道以来即已无地无之、无时无之。若如该督抚所陈，是票匪永无净绝之时，即乡试永无举行之日"，恐士民失业而流为匪类，票匪益多，各督抚更将无所

---

① 叶昌炽：《缘督庐日记》第 6 册，江苏古籍出版社，2002 年影印本，第 3410 页。
② 关晓红：《科举停废与近代中国社会》，第 52 页。

为计。此外，"乡试人多易杂，稽察为难"的说法也站不住脚。因为各省童试人数也不少，并有较乡试加多者。"若以乡试为必不可行"，难道也令各省学政一律停考正在进行的童试？

最后，张百熙从庚子乱后国势、民心、士心的高度发论，谓国势强弱视乎民心从违，民心从违视乎士心向背，故从来没有"防其士之为乱者"，也没有"因一二人不肖，而遂波及千万人者"。即此次义和团滋事之处概行停考，"尚且分别城镇"，既非"合数省而停之"，也非一省全停，甚至无一府一县全停者。进而，张百熙以代朝廷的口吻责问东南督抚道："乃以风闻之富有余党，转更甚于有据之义和匪徒，以无事之东南，转更甚于有事之西北。是直令天下士子之心不重为票重为拳，不但驱之为潜图滋事之票匪，且将托名为明目张胆之拳匪矣。各督抚其何术以弭之？朝廷亦将何术以弭之哉？"①

如前所述，票匪滋事更多是东南督抚展缓乡试的借口而已，故张百熙的激烈奏词无异于诘责东南督抚借机渲染，意图"欺君"。折上当日，清廷即下电旨，称"本年恩、正并科乡试原应一体举行，展缓本非得已"，故令东南督抚再行详细体察本年可否照常乡试，迅速电复，并将张百熙原折抄寄阅看。②

此时，瞿鸿禨和张百熙既是军机大臣候选人，不久前又分别卸任江苏学政和广东学政，途经大半个中国来到西安行在，可谓既了解东南局势，又熟悉各地士子动态。因此，他们的意见自然受到清廷重视。进言之，在瞿、张背后，实际上还有一大批期待试差的京官反对乡试展期；这些京官背后又有更大一批士人，期待借科举考试谋事。三月初八日，京城风传考试一律停办五年，翰林前辈朱益藩言下即有"不豫之色"，据叶昌炽说，内阁学士秦绶

---

① 以上几段均见《都察院左都御史张百熙奏停办乡试有碍大局拟请照旧举行以定人心折》（光绪二十七年三月二十六日），中国第一历史档案馆编《庚子事变清宫档案汇编》第5册，中国人民大学出版社，2003，第1744~1746页。

② 《电谕》（辛丑三月二十六日），《电报档》第2册，第423、424页。

章"则必怒于言矣"。① 翰林院编修伍铨萃庚子已放云南乡试考官,因奉旨展期,遂折回广东探亲,这时已奔赴西安。三月二十日,伍氏曾拜访张百熙,随后又在给梁鼎芬的信中议论"东南停乡试"。②

更重要的是,孙家鼐、王文韶等当朝重臣均反对东南督抚奏展乡试。消息灵通的袁世凯很快得知"寿州(指孙家鼐)主此议"。③ 随后,刘坤一得到的情报表明,"奏展乡试,寿州、清河(指王文韶或陆润庠)均不谓然"。④ 事实上,就在张百熙上奏前一日,他曾与瞿鸿禨先后拜访王文韶,⑤不可能不谈及此事。此外,以张百熙与荣禄的密切关系,上如此重要的封奏,很可能事先已经荣禄首肯。这就部分解释了为何清廷刚允准东南各省乡试展期,几天后突然因张百熙一道奏疏,便又命东南督抚再议复奏。

因此可以说,张百熙上奏反对展缓乡试,不仅仅是一己之见,也不仅仅是其与瞿鸿禨的共识,在很大程度上还代表了进士出身的朝官群体的意志。该群体上自大学士、军机大臣、翰林院掌院学士、礼部堂官,下至翰林院编修、检讨、部院司官。科举制度带给这些进士(特别是其中的翰林)出身的朝官巨大的政治、经济和情感利益,其反对展缓乡试实属必然。相对而言,东南督抚与科举考试的利益纠葛要少得多,这也是其坚持乡试展期的原因之一。故而,张百熙洋洋千言的激烈奏词,实乃朝官群体对刘坤一、张之洞等东南督抚一再奏展乡试的集结反击。

值得进一步讨论的是,张百熙为何此时出来挑头?若从政见看,他在此前后有关科举的条陈,系以张之洞戊戌年改科举方案为本,⑥ 则与刘、张政

---

① 叶昌炽:《缘督庐日记》第6册,第3410页。
② 伍铨萃:《北游日记》,吴相湘主编《中国史学丛书》(39),台北:台湾学生书局,1966年影印本,第199、203页。
③ 《致两江总督刘坤一、湖广总督张之洞、会办商务大臣盛宣怀电》(光绪二十七年三月二十八日已刻发、申刻到),骆宝善、刘路生主编《袁世凯全集》第9卷,第559页。按,编者系于四月二十八日,疑误。
④ 《江宁刘制台来电》(辛丑四月十二日未刻发、申刻到),《张之洞档》第87册,第258页。"清河"有可能借"清河王"指王文韶,也可能借西晋陆云的《陆清河集》指礼部侍郎陆润庠。
⑤ 袁英光、胡逢祥整理《王文韶日记》下册,第1024页。
⑥ 参见谭承耕、李龙如校点《张百熙集》,岳麓书社,2008,第15~16页。

见相近。若从人脉看，刘坤一系张百熙同乡前辈，张对刘称侄，① 刘则自称于张"属韩、欧旧谊"。② 更重要的是，庚辛之交，张百熙在沪与盛宣怀商议后，为与刘坤一、张之洞洽谈，将来内外一心，特意改道襄阳赴陕。③ 张百熙随后致函刘坤一讨论新政，也默契有加。④ 那么，张百熙此时公然诘责刘坤一、张之洞，固由其敢言的本性和南书房翰林、左都御史的特殊身份使然，似与斯时朝廷和东南督抚的权力格局及微妙关系也密不可分。

有意思的是，与张百熙颇有联络的盛宣怀却不以张氏此举为然。四月二十日，张致函盛云："科场事，弟请一律举行，竟与公所见相反。然揣公意，当系欲借缓办以为变通科举之计，此则适与弟所上条议相符矣。上意当俟鄂督折到，即有明发。"应该说，张百熙此处不无狡辩之嫌，因为从前引其奏疏中看不出借缓办以变通科举的意思。其实，更可能的原因是张百熙抵陕后，即探知朝廷变法宗旨，与他和盛宣怀在沪"所商各节颇多扞格"，虽然开特科等谕旨"颇足以鼓舞群情，而三数有权力者犹不免于锢蔽"，故"亦只好行之以渐耳"。⑤ 这说明与东南督抚及盛宣怀的急改主张不同，此时朝中掌权者倾向渐改。

可见，张百熙的公开主张，既受到朝中形势制约，又受到周围环境影响，故不无迎合上意及荣禄、王文韶、鹿传霖等"三数有权力者"之意味。况且，虽然刘、张东南互保居功厥伟，朝廷倚重正深，但据行在归来的吴品珩说，慈禧太后"终言洋人欺我实甚，恨诸臣不能同心攘夷"，⑥ 心中不无芥蒂。经过庚子事变，清廷权威已经丧失太多。上年东南督抚公然"抗旨"、形同独立自不必说，即刘、张一再奏请乡、会试展期，实亦不免有挑战中央权威之嫌。朝野上下，明眼人看得非常清楚。以至于英国汉口总领事

① 《代大学堂发南洋大臣电》（光绪二十八年三月初四日），《电报档》第 25 册，第 480 页。
② 《复夏彝恂》（光绪二十六年十月），《刘坤一遗集》第 5 册，第 2277 页。
③ 《盛宣怀致刘坤一》（光绪二十六年十二月二十八日），陈旭麓等主编《盛宣怀档案资料选辑之七：义和团运动》，上海人民出版社，2001，第 532 页。
④ 《复张埜秋》（光绪二十七年正月二十日），《刘坤一遗集》第 5 册，第 2282 页。
⑤ 本段见《张百熙致盛宣怀》（光绪二十七年四月廿日），王尔敏、陈善伟编《近代名人手札真迹》第 1 册，香港中文大学出版社，1987，第 51～56 页。
⑥ 劳祖德整理《郑孝胥日记》第 2 册，中华书局，1993，第 783 页。

都明言，此时东南总督比总理衙门权势更大，即使军机处也不能向他们下命令。① 因此，洋人固然是当前大敌，但慈禧太后、中枢高层亦不会不留意到东南督抚的尾大不掉。事实上，在复奏新政条陈时，清廷即希望督抚单奏，而不愿其联衔会奏，② 担心出现"要挟"朝廷的状况。故而，张百熙就举国瞩目的科举问题，用激烈言辞诘责东南督抚，虽尚无中枢高层授意的直接证据，却明显有提振中央权威、迎合最高层的意涵。

三　奏改科举以展乡试：刘坤一、张之洞的反击

张百熙的奏疏可谓一石激起千层浪，使朝臣与东南督抚的分歧暴露无遗。刘坤一、张之洞等人如何因应，成为朝野上下关注的问题。

三月二十七日，刘坤一接到再次垂询的电谕后，即致电东南各督抚，斩钉截铁地表明坚持展期的立场，虽"询问"各处意见，实已不容反对。③ 次日，张之洞亦致电各督抚，意见相同。其理由是：京城贡院已毁，本年必不能举行顺天乡试，如首善之区和东南大省均缓期，则"明春会试，此数省均无新举人，必致士多觖望。若明春不会试，则中举何必早此一年"。此时因尚未收到抄有张百熙奏疏的寄谕，故张之洞说："但不知建言者筹虑及此否"。然而，张之洞不愿留下鼓动各省的把柄，于是末尾云："至贵省应如何复奏，敬请尊裁。"④ 至此，因张百熙将长江票匪滋事的借口揭破，故奏请展期的理由渐从票匪滋事易为壬寅年春不能会试。所以，刘坤一称赞张之洞"今年举人明春仍不能会试"的说法"最切当"。⑤

---

① 《法磊斯来函》（1901 年 7 月 17 日），骆惠敏编《莫理循书信集》上册，刘桂梁等译，第 207 页。
② 参见李细珠《张之洞与清末新政研究》，第 90 页。
③ 《江宁刘制台来电》（辛丑三月二十七日午刻发、酉刻到），《张之洞档》第 86 册，第 721～722 页。
④ 《致江宁刘抚台等》（辛丑三月廿八日子刻发），《张之洞档》第 35 册，第 197～199 页。
⑤ 《江宁刘制台来电》（辛丑四月初四日未刻发、戌刻到），《张之洞档》第 87 册，第 82 页。

四月初七日，刘坤一奉到寄谕后即电奏仍旧展期一年。① 张之洞随后亦然。② 刘、张之所以坚持展期，不惜与朝官"对抗"，一方面与其此时的微妙处境有关。刘、张奏请乡试展期之初，显然预计到必有反对之声，但还是低估了反对力量。然而，当张百熙公然上奏诘责、举朝皆知之后，却也只好硬着头皮坚持己见。因为这时若突然转圜、按期乡试，不仅严重损害二人东南督抚领袖的颜面，更坐实了此前所奏不实、有意欺罔朝廷的"罪名"。这是刘、张极力避免的。另一方面是为了尽快实现科举改章，迅速推进新政，"改善"中国形象。因为环球各国以变科举"觇中国之能否变法，和议难易亦大有关系"。③

与此相应，袁世凯在电奏展缓的同时，也认为各国既以军机大臣"多守旧顽固"，又"皆盼我变法"，倘回銮后要挟"更换执政"、照行新法，拒之势力不足，允之则国体无存，故"回銮以前，如不先行新政"，甚为可虑。故请刘、张"或联名电枢，或会衔电奏"，"将兴学堂、改科举等事先行数件"，以图"各国耳目一新"。④ 也是将改科举与尽早推行新政、改善中国形象相联系。不过，这种"挟洋"以急切变法的主张，与清廷中枢的渐改趋向颇有不同。

其实，陷入尴尬的刘坤一此时亦生新招，谋划借奏改科举，以展缓乡试一年。袁世凯的建议来得正是时候。迟至四月十二日，刘坤一奏展乡试的电报已发出五日，仍未奉旨允准。这时南京内外"士心皇皇，多有以仍行开考为请者"，于是有人劝刘坤一主动出击，"先将科举变法一节奏请明谕，暂停乡试一年，俾各士子知所从事，磨厉以须，较为得体，借定人心"。⑤ 如此既可推进改科举的既定方针，又能使本年暂停乡试理由充分，疆臣既免

① 《刘坤一来电》（辛丑四月初七日），《电报档》第 22 册，第 16～18 页。
② 《致西安行在军机处》（光绪二十七年四月十二日），苑书义等主编《张之洞全集》第 3 册，第 2216 页。
③ 叶昌炽：《缘督庐日记》第 6 册，第 3410 页。
④ 《致西安军机处电》（光绪二十七年四月初七日）、《致两江总督刘坤一、湖广总督张之洞电》（光绪二十七年四月十一日午刻发、酉刻到），骆宝善、刘路生主编《袁世凯全集》第 9 卷，第 414、434 页。
⑤ 《江宁刘制台来电》（辛丑四月十二日未刻发、申刻到），《张之洞档》第 87 册，第 258 页。

奏展乡试之诮，中枢亦可从容措辞，士子也易于安抚。故刘坤一击节称赏，遂邀张之洞联名会奏。

张之洞亦称赞该主张"洵为定士心之善策"。至于"变法改科举章程"，只能仿其戊戌年已奏准办法：头场试中国政治史事，二场试西国政治地理，三场试四书五经经义论说，但声明二场删去声光化电之类专门艺学，"盖照前奏者，取其系已经奉旨成案。将艺学等删去者……以冀易准"。同时必须声明：此乃学堂未设之时取士的权宜之计，迨"学堂广设，实学成就者多，再请将凭文考试之中额渐次酌减。详细办法当于复奏内详陈云云。或将陶（模）、袁（世凯）两奏大意酌采叙入，以见科举旧法必应变通"。①

此时《江楚会奏变法三折》尚未定稿，刘、张已在筹划先将科举改章奏请明发。刘坤一赞同张之洞的改科举方案，并谓"引证陶、袁两奏，以见科举改章具有同心，尤易动听"。② 于是张之洞拟一奏稿，经刘坤一略改字句，于十七日电奏："今日中外大势，科举不改章，势有不能。然改章之始，士林必须宽期肄习。拟请旨先行宣谕：现正议科举改章，讲求有用之学，仍必崇尚五经四书。所有展缓乡试省分各士子，正可借此一年之暇，精心讲求，俾临试时得以尽其所长，则多士知所向往，益可安心肄业，不致悬盼疑阻。惟科举要政，当必俟各省奏到，详核妥议。此次谕旨可否浑言大略，但将讲求实学、不废经书之宗旨揭明，其详细章程俟定议后，再行颁谕通行，则诸事皆无窒碍。"③

这是刘坤一、张之洞在《江楚会奏变法三折》之前，为全国一律展缓辛丑乡试而提前上奏的改科举主张。既往研究者将此事与《江楚会奏变法三折》混一而论，尚有未谛。④ 值得注意的是，在奏改科举的同时，刘、张

---

① 《致江宁刘制台》（光绪二十七年四月十三日未刻发），苑书义等主编《张之洞全集》第10册，第8586~8587页。

② 《江宁刘制台来电》（辛丑四月十四日申刻发、亥刻到），《张之洞档》第87册，第321~322页。

③ 《刘制台来电》（光绪二十七年四月十八日子刻到），苑书义等主编《张之洞全集》第10册，第8587页；《致西安行在军机处》（光绪二十七年四月十六日亥刻发），苑书义等主编《张之洞全集》第3册，第2217页。

④ 参见李细珠《张之洞与清末新政研究》，第133页；关晓红《科举停废与近代中国社会》，第89页。

还致电军机处，建议缓放云、贵乡试考官："科举必须改章，拟请旨先行揭明宗旨，俾多士有所凭依，已另电具奏。惟五月朔即须简放云、贵考官，陕距云、贵较近。现在章程未定，似可稍缓旬日，再行请简。"① 这就将刘、张借改科举以展缓本年乡试的意图全部道出。其如意算盘是，清廷一旦明发上谕改科举，那么本年乡试各省就立即面临如何考和考什么的问题。清廷很可能就以新改科举，须为士子留出准备时间为由，一律展缓乡试一年。张百熙以定士心为言，刘、张亦以定士心说法，且带出改科举的既定方针，实为巧妙而有力的反击。

可是，以王文韶、孙家鼐、瞿鸿禨、张百熙等人为代表的行在重臣，既不以展缓乡试为然，自然不赞同刘、张的新主张。而且，四月十一日孙家鼐亲口告知伍铨萃："云、贵、两广、陕、甘、汴七省，已奉慈意，准已开科，余省想不能考云。"② 亦即经过全盘考虑和慎重权衡，慈禧太后已同意七省开科，但刘、张的意见也须迁就，③ 故东南各省今年仍不能乡试。果然，刘、张请变科举的电奏于四月十九日由军机处缮递，清廷未予采纳，但于二十二日下旨"仍准"东南各省乡试展缓一年。④ 至于缓放云、贵考官的建议，早已备好单子的军机处当然不予理睬，不等五月初一，便于四月二十六日提前简放了。⑤ 难怪张之洞的幕僚郑孝胥一见上谕，即痛议其非。⑥

有意思的是，云、贵、两广放考官后，四川颇受波及，"士子各怀怨望，并有巨绅以陕西乡试改于九月举行，纷请援照办理"。川督奎俊甚欲开

① 《刘制台来电》（光绪二十七年四月十八日子刻到），苑书义等主编《张之洞全集》第 10 册，第 8587~8588 页。
② 伍铨萃：《北游日记》，吴相湘主编《中国史学丛书》（39），第 215 页。
③ 议和中颇需刘坤一、张之洞出力。比如，英国公使萨道义坚持五年内禁止北京举行会试、殿试，军机处恐李鸿章、奕劻难于力争，故又请张之洞"从旁托他国设法转圜"。《致鄂督电》（辛丑四月十六日），《电报档》第 2 册，第 436 页。
④ 《张之洞、刘坤一来电》（辛丑四月十八日缮，十九日递），《电报档》第 22 册，第 78~80 页；《电谕》（辛丑四月二十二日），《电报档》第 2 册，第 440 页。
⑤ 伍铨萃：《北游日记》，吴相湘主编《中国史学丛书》（39），第 222、223 页。
⑥ 劳祖德整理《郑孝胥日记》第 2 册，第 799 页。

科，但"深恐江南、两湖士子有所借口"，影响江、鄂的安定局面，故电询刘、张："如本年川办乡试，究与贵省有无窒碍？"① 刘坤一接电即复，明确反对四川开科："乡试事既经两次奉旨展缓，未便再改。且体察沿江情形，亦实遽难开考。自云、贵、两广放考官后，江、皖绅士亦多以九、十月补试为请，均已批驳。蜀若开考，江、鄂势处两难。请乐帅仍照奏准之案办理为荷。"② 不知何以此电途中耽搁，二十四日下午才到，张之洞此前已电询刘坤一如何答复奎俊。过了好几天，张之洞复电意在反对，然不如刘坤一强势，而是请奎俊裁酌。③ 这样，四川有意开科的念头便被刘、张压制了下去。

由于科举直接联系着无数士子和千家万户，因此朝臣、督抚围绕乡试是否展期的论争和决策，自然在士绅舆论中引发广泛关注和回响。

四 士绅舆论对乡试展期的反应

庚子事变导致的前两次乡试展期，已打乱众多士子正常的备考、应考节奏。庚子年夏，新疆巡抚饶应祺之子饶凤璜正在赴京赶考途中，这时饶应祺得知京师闹义和团，中外宣战，遂急电其子南下湖北本省乡试。然而，不久又获悉湖北乡试亦展期至次年三月，斟酌再四，饶应祺只好令饶凤璜暂在湖北书院用功，"候明春乡榜"。④ 随后湖北乡试又经张之洞两次奏展，直到壬寅年八月才补行，距饶凤璜庚子赶考已过两年多，其间焦急等待的心情可以想见。乡试展期，会试自然延后，令一些举人愤恨不已。辛丑年二月初二日，山西举人刘大鹏做梦都在赴京会试，醒后感慨道："若非洋寇犯顺，扰

---

① 《成都奎制台来电》（辛丑五月二十一日亥刻发、二十二日午刻到），《张之洞档》第88册，第202~203页。

② 《江宁刘制台来电》（辛丑五月二十二日申刻发、二十四日未刻到），《张之洞档》第88册，第225页。

③ 《致江宁刘制台》（辛丑四月二十四日丑刻发），《张之洞档》第19册，第418页；《致四川奎制台、江宁刘制台》（辛丑四月廿九日），《张之洞档》第35册，第318页。

④ 《饶应祺电报》（庚子），李德龙编《新疆巡抚饶应祺稿本文献集成》第22册，学苑出版社，2009，第16~17、19页。

乱京都，则去秋之乡试不停，今春之会试莫止矣。……身未能诣都应礼闱试，而乃形诸梦寐中。"①

迨辛丑年三、四月间，当朝臣与东南督抚争论是否再展乡试时，报刊舆论的传播成为影响时人行止、心态的重要因素。三月底，报刊纷传李鸿章奏请全国一律停试五年，刘坤一亦以为然，奉旨允准。《申报》称："和议条约中有闹教省分停止大小考试五年一条，朝廷已准如所请。江南一省原不在停试之内，而全权大臣李傅相不知是何意见，忽奏请一律停试，两江督宪刘岘帅亦以为然，刻已奉旨允准。"② 同日，《中外日报》亦有类似传闻，且与改科举相联系："江督刘制军以新政将兴，科举必变，士子安常习故，猝难更张，适全权大臣李傅相奏请将各省考试全停五年，刘制军遂亦以傅相之言封章入告，俾八股中人，得乘五年之中改习时务实学。昨奉上谕，准如所请。"③ 两天之后，《申报》评论大加赞赏，并倡议停试后大开学堂。④《台湾日日新报》（汉文）随后亦有相似报道，也以停试可为兴学堂创造机会为言。⑤ 外文报纸的评论，则认为此举"不过欲全中国政府之体面，使华民以停止试事非出于洋人之命，乃中国政府之意耳"。⑥

其实，三月初八日以前，在京的朱益藩已"闻有旨明发，各项考试一律停办五年"。⑦ 然而，事实上并无相关谕旨。李鸿章或许私下表达过类似意见，但不大可能形诸奏章，清廷更难俞允。因为停试本就是外人逼迫所致，即使清廷主动下旨通国停试五年，无疑也是掩耳盗铃，根本无法自圆其说。倘如此，则既令天下士子寒心，也使清廷权威丧尽。况且，由于下届乡、会试就是慈禧太后"万寿恩科"，故军机处早就敦嘱全权大

---

① 刘大鹏：《退想斋日记》，《近代史资料》编辑组编《义和团史料》下册，中国社会科学出版社，1982，第 779 页。

② 《停试述闻》，《申报》光绪二十七年三月廿七日，第 1 版。

③ 《时事要闻》，《中外日报》光绪二十七年三月廿七日，第 1 版。

④ 《停考试后必须广开学堂说》，《申报》光绪二十七年三月廿九日，第 1 版。

⑤ 参见关晓红《科举停废与近代中国社会》，第 51 页。

⑥ 《论中国停试事》，原刊《文汇西报》，《中外日报》译载，光绪二十七年五月初四日，第 1 版。

⑦ 叶昌炽：《缘督庐日记》第 6 册，第 3410 页。

臣，如果外人议及乡、会试停科，须指明滋事"州县不准予考，如牵涉全省，务须设法顾全"。① 甚至连李鸿章的女婿兼谈判助手张佩纶也愤愤地讲，外人要挟直隶、山西停试五年，不准京师乡试、会试、殿试，将"大失士心"。② 遑论主动奏请全国一律停试五年。其实，李鸿章等正在为顺天、山西乡试，尤其是北京会试努力交涉，③ 不可能贸然奏请一律停考五年。至于刘坤一，只要注意到三月初为奏请乡试展期一年，已经小心翼翼地请荣禄由内面奏，就可推知，他更不会奏请一律停科举五年。直到四月初十日，刘坤一尚不清楚李鸿章与外人就停试问题商议到了何种程度。④

因此，若说当时官员、士人、报刊有全国一律停试五年的议论则可，若据此而谓李鸿章、刘坤一奏请全国一律停考五年，奉旨允准，则是不确实的。既然并无此事，若说统一停考五年的主张以及借停考以兴学堂的思路被张百熙的上奏打断，也就与史实不符。⑤ 如前所述，张百熙所奏乃是针对东南督抚奏展辛丑乡试一年而发，并非针对全国停试五年。

进言之，不必说全国一律停试五年，即刘坤一、张之洞等奏展乡试一年，已在士绅舆论中引起颇多争议。湖南名儒皮锡瑞虽然倾向于废科举、兴学堂，但当他听闻江、皖、湖广请停本年乡试时，却"以为非计"，也是从人心、士心、士子读书进身方面着眼。当听说张百熙奏请仍行本年乡试，朝廷令督抚再行体察复奏后，皮锡瑞论道："不知诸公

---

① 《军机大臣致全权大臣奕劻、李鸿章电信》（光绪二十六年十一月初四日），故宫博物院明清档案部编《义和团档案史料》下册，中华书局，1959，第841页
② 《致鹿崧砚尚书》（约辛丑三月），张佩纶：《涧于集·书牍》第6卷，1926年涧于草堂刻本。
③ 参见边文锋《萨道义与〈辛丑条约〉谈判中取消北京会试的问题》，《北京社会科学》2012年第3期，第102~103页。
④ 《江宁刘制台来电》（光绪二十七年四月初九日）、《寄南京刘制台》（光绪二十七年四月初十日），顾廷龙、戴逸主编《李鸿章全集》第28册，安徽教育出版社，2007，第222、226页。
⑤ 相关说法见关晓红《停废科举与近代中国社会》，第51~52页。

不护前否"。① 显然是希望本年乡试仍旧举行。留京的浙籍士人冯汝琪因浙江乡试展期，"南北两闱今年已无指望，此后举行特科，改试策论"，不免觉得"科甲之心可以从此绝望矣"。其浙江亲戚此前也来信"抱屈"。②

在南京，刘坤一奏展乡试一年后，"一时士林中人谣言四起，爰由省垣某巨绅联合同志会议于某书院中，拟就条陈洋洋二千余言，禀请制军吁乞天恩，照常考试"。③ 四日后，以濮文暹（青士）太守、陈光宇（御三）太史领衔的进士、举人 20 多人所上禀牍，登上《申报》，吁请本年按期乡试。其理由有四。其一，再缓乡试，士子将"皇皇如失所恃"，"弦歌之声将辍"，而商民亦以"屡年不举乡试，生计愈艰"。其二，"缓试之故，一因教案牵连，一因票匪蠢动"，但在刘坤一领导下，"拳匪肇衅之后，本省无一教案。康、梁滋事以后，本省无一票匪之案……苟亦如他省之因教案而停科举，何以劝善"。其三，如谓"两宫尚未回銮，乡试似属不急之务"，然当年洪杨之乱，江苏、安徽大半沦陷，咸丰皇帝允疆臣之请，借闱浙江举行己未江南乡试，"维时两省流离被难之人，读诏书而感泣，事竟亦帖然。今两省皆无恙，而忽然停试，似不足以慰士心"。其四，现在赶办供给，完全来得及举行乡试。最后，强调科举维持士心民风："自近日邪说横行，士心浮动，不复守其业，造作谣言，一倡百和。其所恃以维系者，惟此科举之一途。若复令其绝望，聪明才辨之士进取之心既懈，流弊甚多，于士习民风关系实非浅鲜。"④ 与张百熙条奏理由颇有相通之处。

有意思的是，《申报》三日后又发表题为《展缓乡试之善》的社论，似针对前引禀牍。其要点有三。首先，展缓试期可以为科举改章提供时机。科举中八股、试帖和小楷流弊甚大，故"欲取人才，非变通科举不可。然变

---

① 皮锡瑞：《师伏堂日记》第 4 册，国家图书馆出版社，2009 年影印本，第 380～381、398～399 页。

② 《冯汝琪致冯金鉴》（辛丑六月十四日），《冯汝琪家信》，中国社会科学院近代史研究所档案馆藏，档号甲 203。

③ 《请行秋试》，《申报》光绪二十七年四月十八日，第 2 版。

④ 《请行乡试禀牍》，《申报》光绪二十七年四月二十二日，第 2 版。

通必有其机，机之未来，虽有意变通，而必多捍格。戊戌之事其明证也。去岁拳匪事起，外人要约指明闹教之处停试五年。既而朝廷允疆吏之请，各省乡试一律展缓一年。此即变通科举之机也"。因此批评请行乡试者"不识时务、不顾大局"。其次，一一反驳士心、民风、商务、生计等理由，进而指出展缓乡试有三善：一是省经费，对各省筹款不无小补；二是匪徒借乡试滋事，停试可以绥靖地方；三是既奉经济特科之诏，科举必改章，乘此停试时期，士子可以埋头向学，"一旦科举既改，庶不致茫无头绪"。再次，针对停试之意出自外人，未曾闹教的大批士子无端被累、士心难服的质疑，评论解释道："若允外人之请，分别停试，固不足以服士子之心。而此则一概停试，是出自疆吏之深心、庙谟之独运，与外人无与也。"[1] 意谓一概停试，可以左右逢源。考虑到刘坤一、张之洞此时正在奏请明谕变科举，以便一律展缓乡试一年，此社论似在为其张目。[2] 不过，三天之后《申报》又刊社论，呼吁江南举行乡试。一则称，江南人士与外人和平相处，故"半壁东南最臻安谧"，忽然停试，说不过去。再则谓，云贵等省既举行乡试，则江南停试有失公平。[3]

西南、西北各省举行乡试的事实，对长江各省产生持续冲击。四、五月间，云贵、两广放乡试考官后，四川"士子各怀怨望"，听闻陕西缓至九月乡试，巨绅又请奎俊援案举行。[4] 五月，"南京各书院诸生"公恳巨绅致函刘坤一，"请今秋仍举行乡试"，只是刘坤一"坚持不允"。[5] 同时，"江、

---

① 《论展缓乡试之善》，《申报》光绪二十七年四月二十五日，第 1 版。
② 目前尚无刘坤一与《申报》幕后交易的直接证据，但早在 1898 年 11 月，刘坤一就化名"江南人"，在《申报》登文章反驳康有为对慈禧的攻击（参见崔运武《中国早期现代化中的地方督抚——刘坤一个案研究》，云南大学出版社，2011，第 185 页）。1901 年，刘氏又在上海报界"制造舆论"：删改电报，嘱咐上海道袁树勋"登入洋报"，为荣禄"辩诬止谤"。《刘坤一致荣禄函》（辛丑），《荣禄档》，虞和平主编《近代史所藏清代名人稿本抄本》第 1 辑第 69 册，大象出版社，2011，第 286 页。
③ 《江南仍宜举行乡试说》，《申报》光绪二十七年四月二十八日，第 1 版。
④ 《成都奎制台来电》（辛丑五月二十一日亥刻发、二十二日午刻到），《张之洞档》第 88 册，第 202 页。
⑤ 《时事要闻》，《中外日报》光绪二十七年五月廿一日，第 1 版。

皖绅士亦多以九、十月补试为请", 但均遭批驳。① 张之洞虽然奏称缓试
"官绅众论皆同", ② 其实云贵放考官后, 湖北省城"各绅邀集学校中人公禀
督辕, 请仍循例举行", 也认为湖北并未闹教, "今若将秋闱展缓, 竟与他
省之因教案而罚停科举者无分, 深恐民心无从折服"。③ 其理由与南京士绅
相类。因此, 刘、张坚持乡试展期, 在东南士绅舆论中颇有争议, 似亦不得
人心。不过, 此时科举问题已溢出内政范围, 而有外人干预的因素在, 故
《辛丑条约》谈判中的科举停试论争也有必要加以澄清。

五　《辛丑条约》与科举停试

在庚子、辛丑议和中, 外人要求滋事地方停止科举考试五年, 就中北
京、直隶、山西涉事最深, 波及最广。经过数番交涉后, 考虑到"府城停
考, 其所属外县生童尚可调赴临府考试, 若乡试借闱甚非易易, 至会试更无
在外省开科之例", 且"乡、会为抡才大典, 京师乃首善之区, 停试五年,
虑无以振起文风而慰士望", 议和全权大臣李鸿章等遂同意滋事府县停考,
而"仅与商酌会试及顺天、山西乡试照常开科"。④ 岂料英国公使萨道义
(Ernest Satow) 坚执不允。至四月初, 双方在此问题上陷入僵局。当时在京
协助谈判的张佩纶致信军机大臣鹿传霖, 透露了交涉的困难情形: "停考一
节, 我分别城镇, 而彼坚欲肇乱地方府县不准考试, 京师亦然, 不但不准乡
试, 并不准会试、殿试, 一切全停。照复驳之, 而来文竟斥为欺妄迂谬。已
欲奏结矣。鄙以为大失士心, 屡托赫德、联芳疏通, 有一二国使臣明白。昨
又具照会疏解, 不知能许开考否。(贡院已拆毁, 今年万不能行)。"⑤

① 《江宁刘制台来电》(辛丑五月二十二日申刻发、二十四日未刻到), 《张之洞档》第 88 册,
　第 225 页。
② 《致西安行在军机处》(光绪二十七年四月十二日子刻发), 苑书义等主编《张之洞全集》
　第 3 册, 第 2216 页。
③ 《志切观光》, 《申报》光绪二十七年五月初十日, 第 2 版。
④ 《全权大臣奕劻等折》(光绪二十七年四月十六日), 《义和团档案史料》下册, 第 1174 页。
⑤ 《致鹿崧砚尚书》(辛丑), 张佩纶: 《涧于集·书牍》第 6 卷, 1926 年涧于草堂刻本。

傲慢的萨道义之所以如此"固执",是因为他要通过停止北京会试,给全中国一个耻辱,亦即让中国人牢记首都北京曾被外国军队占领了一年甚至更长时间。因为经常有人告诉他,1860 年英法联军在北京待的时间太短,没给中国人足够的教训。①

四月初七日（5 月 24 日）,汉口英国总领事霍必澜奉萨道义电令,以直隶、山西停乡试,北京停会试、廷试,恐李鸿章等不愿奏请,故请张之洞转请朝廷照允。张氏当即驳以"直、晋并未处处仇教,且会试、廷试系各省举人、进士,非仅直、晋,何能概停"。而当时在坐的英国参赞杰弥逊则提供个人看法,以为"直、晋两省不闹事州县当可准小考,乡试必须全停,会试只可改在他省,或在南京"。张之洞将此情形通报给了西安军机处、刘坤一、李鸿章等。② 四月初八日,南京英国总领事也以此意致函刘坤一:"奉公使电,和款内诸国人民遇害被虐之境停文武乡、会试五年,最重要惟北京、太原,讵意全权谓许多无预士人被累,不欲停试,各钦差不能于该二处稍为姑容,嘱请南洋详电行在。"刘即电询李鸿章详情。李复电称:"停试事驳论许久,不得已改为只商北京会试及顺天、山西乡试,各使仍坚执不允,现拟将送来停考清单具折请旨宣示。"③

四月十三日（5 月 30 日）,李鸿章、奕劻致电军机处,备述交涉艰苦,抱怨萨道义"性情执拗,颇难与商",为了不"牵碍撤兵要务",准备在停试问题上妥协:"如实不能争,拟即具奏,乡、会等试或可借闱举行"。④ 十五日（6 月 1 日）,军机处电询李鸿章:萨道义"刁难不撤兵,有无别故?他国不至效尤否?廷、会试全停,与条约城镇之言不符,能托美、日使居中

---

① 参见边文锋《萨道义与〈辛丑条约〉谈判中取消北京会试的问题》,《北京社会科学》2012 年第 3 期,第 102 页。
② 《致西安行在军机处、江宁刘制台、上海盛大臣转全权大臣》（光绪二十七年四月初八日未刻发）,苑书义等主编《张之洞全集》第 10 册,第 8577～8588 页。
③ 《附江督庚电》（光绪二十七年四月八日）、《寄南京刘制台》（光绪二十七年四月十日）,顾廷龙、戴逸主编《李鸿章全集》第 28 册,第 222、226 页。
④ 《寄西安行在军机处》（光绪二十七年四月十三日）,顾廷龙、戴逸主编《李鸿章全集》第 28 册,第 234～235 页。

转圜否？"① 清廷此时最在意撤兵问题，至于停试问题则更关心会试、殿试，故顺天乡试与山西乡试，似已放弃。所以，十六日（6月2日）军机处致电张之洞，谓"停会试、廷试，英使持之甚坚，难于理喻"，虽电请全权磋商，"恐难力争"，希望张之洞"从旁托他国设法转圜"。② 看来顺天、山西乡试，中枢已不再争。

李鸿章获知中枢的这一立场后，便为北京会试再做争取。事实上，从萨道义方面的材料和新近的研究看，李鸿章等确实做了很大努力，公使中也不乏支持者。四月十七日（6月3日），李氏当面向萨道义提出："朝廷确实可以发布一道上谕，叫停顺天乡试和在太原府的山西乡试，但是，两天前来自西安军机处的电报显示，如果停止北京会试，皇帝将不回銮。萨道义表示，他会将这点通报英国政府。"③ 其实，萨道义并不相信李鸿章所说，而且，他的如意算盘是，在这件事上"刁难"，能够让他得到其他东西。④ 不知是李鸿章自信太过以致误解意思，还是有意"欺罔"，他随即致电军机处称："停考昨已由驿奏结，廷、会试已允不停，奏到请即降旨。"⑤

可是，直隶人张之洞对于顺天、山西乡试全停大不以为然。张氏于十五日已获悉全权大臣电告枢垣的内容："英使坚不允京城会试及顺天、太原乡试"，并通报刘坤一。十九日（6月5日），张之洞托英、德两领事转电英国公使萨道义、德国公使穆默（A. Von Mumm），认为直隶、山西两省乡试全停，于未滋事之处"太欠平允，士心定必不服"，妨碍将来民教相处，且与议和大纲内"滋事城镇停考"一语不符。鉴于北京、太原"断不能开考"，

① 《军机处致全权大臣奕劻、李鸿章电信》（光绪二十七年四月十五日），《义和团档案史料》下册，第1169页。

② 《致鄂督电》（辛丑四月十六日），《电报档》第2册，第436页。

③ 参见边文锋《萨道义与〈辛丑条约〉谈判中取消北京会试的问题》，《北京社会科学》2012年第3期，第102~103页。译文据英文原书略有调整。Ian Ruxton, ed., *The Diaries of Sir Ernest Satow, British Envoy in Peking* (1900–1906), Morrisville: Lulu Press Inc., 2006, Volume One, p. 112.

④ Ian Ruxton, ed., *The Semi-Official Letters of British Envoy Sir Ernest Satow from Japan and China* (1895–1906), Morrisville: Lulu Press Inc., 2007, p. 247.

⑤ 《全权大臣奕劻、李鸿章电报》（光绪二十七年四月十七日），《义和团档案史料》下册，第1186页。

遂提出借闱乡试方案：直隶借山东，山西借河南。次日，张之洞又电刘坤一，请其"即照此意切商驻宁沪英、德各领事，或杰（杰弥逊）参赞转电各使"，并强调萨道义"重在北京、太原不准开科，故借闱一法必须详告"。① 二十一日，刘坤一复电称："借闱乡试，最为妥善……英、德两领事，均允电商公使。据云，必能照准。俟得回信，再会电枢。"②

二十二日（6月8日），萨道义复电张之洞，允许"直、晋不滋事地方，可借闱山东、河南乡试"。张之洞当即将该消息通报刘坤一，同时电告其姐夫、军机大臣鹿传霖，待刘坤一复电后再会奏，并强调会试不停的消息已见李鸿章的电报。③ 有了李鸿章北京会试不停以及张之洞顺天、山西乡试可以借闱的消息，清廷遂于二十五日（6月11日）接到奕劻、李鸿章的奏折后，即下旨山西省之太原府，直隶省之北京、顺天府等府县停止文武考试五年。④

英国顾及在长江流域的巨大利益，必须维持与刘坤一、张之洞的关系。所以萨道义确实曾在6月8日的复电中表示，个人不反对张、刘提出的顺天、山西乡试分别借闱山东、河南的建议。由于俄、美、日等国公使均支持中方的立场，加以张、刘的交涉，萨道义甚至感到自己将不得不在北京会试问题上妥协，因而正打算告诉刘、张北京会试本来也应该借闱举行（亦即现在可在北京举行，不必借闱）。⑤

然而，就在萨道义准备妥协之际，四月二十五日（6月11日）停考上

---

① 《致京英国钦差萨大臣、德国钦差穆大臣》（光绪二十七年四月十九日子刻发）、《致江宁刘制台》（光绪二十七年四月二十日丑刻发），苑书义等主编《张之洞全集》第10册，第8589~8590页。

② 《江宁刘制台来电》（辛丑四月廿一日酉刻发、亥刻到），《张之洞档》第87册，第464页。

③ 《致江宁刘制台》（辛丑四月廿二日亥刻发），《张之洞档》第35册，第270页；《致西安鹿尚书》（光绪二十七年四月二十二日亥刻发），苑书义等主编《张之洞全集》第10册，第8591页。

④ 中国第一历史档案馆编《光绪宣统两朝上谕档》第27册，第87页。

⑤ Ian Ruxton, ed., *The Semi-Official Letters of British Envoy Sir Ernest Satow from Japan and China (1895–1906)*, p.247. 边文锋说萨道义"甚至同意将北京会试也改到其他地方举行"，似对萨道义妥协的内涵有所误会。边文锋：《萨道义与〈辛丑条约〉谈判中取消北京会试的问题》，《北京社会科学》2012年第3期，第103页。

谕发布，因其并未明说北京会试，以致各方解释不一。李鸿章、奕劻认为北京会试不在禁止之列。尽管俄、美、德、日等国公使倾向于支持中方意见，但萨道义坚持认为，据该上谕，北京会试应该停止。① 五月初六日（6月21日），李鸿章致电军机处称："惟闻各使中仍有不愿北京会试者，请借河南考棚。萨使于此节未能践言，殊出意外，然于撤兵似无妨碍。"② 六月十一日（7月26日），李鸿章、奕劻的奏片称："萨道义面称会试仍必须停"，"揆度情形，会试难在京城举行，将来只可由礼部另筹变通之法。"③ 十九日，清廷为此特发寄谕，称"会试为抡才大典，各直省士子齐集应试，碍难易地举行。前据该王大臣与各使业经商允，自可仍践前言"，因令"奕劻、李鸿章再与各使切实磋商，务期议明仍在京办理会试为要"。④ 七月初九日（8月22日），李鸿章电奏无法再商："北京会试，前经设法磋商，各使颇有允意。始料英使萨道义未必能以一人违众，不意萨使始终坚持，各使意无如何，遂仍由领衔日使备文驳复。臣等前奏已将详细情节叙明，今各使已将条款签字，断难再与商议。此次明降谕旨，请将日前片奏内所陈商明免停之河南陈州府、郑州、河内县三处扣除。会试仍不必提，庶条款画押不至因此迟延。"⑤

至此，由于英国公使萨道义的一再坚持，直隶、山西停试五年期间，北京不可以举行会试。其实，京师贡院此时被毁，壬寅年（1902）会试实难按期在北京举行，随后清廷也将会试展至癸卯年（1903）。然而，停止北京会试，也就使得修复京师贡院暂时成为不急之务。直到1905年，停试解禁前夕，议修京师贡院问题才摆上议事日程，在朝野上下掀起了广泛讨论，引

---

① 参见边文锋《萨道义与〈辛丑条约〉谈判中取消北京会试的问题》，《北京社会科学》2012年第3期，第103页。

② 《寄西安行在军机处》（辛丑五月初六日），顾廷龙、戴逸主编《李鸿章全集》第28册，第291页。

③ 《全权大臣奕劻等奏片》（光绪二十七年六月十一日），《义和团档案史料》下册，第1263页。

④ 中国第一历史档案馆编《光绪宣统两朝上谕档》第27册，第131页。

⑤ 《寄西安行在军机处》（辛丑七月初九日），顾廷龙、戴逸主编《李鸿章全集》第28册，第405页。

发了诸多争议,与当年立停科举的重大决策实有关系。① 问题是,倘若辛丑议和中北京会试不停,那么,京师贡院的修复便不会等到1905年才成问题,而是至少在癸卯科会试之前,便须修复完工。如此,科举的命运恐怕会大不一样。在庚子事变大冲击的背景下,一个一意孤行的英国公使,也在有意无意间充当了最终毁灭科举制的推手。② 外人的因素与历史的偶然性,常常影响到中国近代史的走向,科举制的变革也概莫能外。而科举的任何变动,又直接影响着无数士子和千家万户。

清末新政伊始,朝臣与东南督抚围绕乡试展期的明争暗斗复杂微妙,远超过既有认知。辛丑东南各省乡试最终展期一年,是刘坤一、张之洞立场的体现,是其向清廷坚持己见,对各省串联施压的结果。刘、张之所以如此,主要是因为其正筹划新政变法,而改科举为新政首务。如辛丑乡试按期举行,则科举新章颇来不及实施,八股旧科举势必再考一科而延续生命,科举改章的落实必然延后。如此有可能引发连锁反应,影响兴学堂等其他新政次第展开。至于说李鸿章、刘坤一奏请全国一律停考五年,奉旨允准,因张百熙反对而作罢,并不符合史实和情理。李鸿章等议和人员为了顺天、山西乡试,尤其是北京会试,做了艰苦的交涉努力,最终由于英国公使萨道义固执己见,使得五年内无法在北京举行会试,但殿试仍可照旧进行。

与此相应,慈禧太后和王文韶、孙家鼐、瞿鸿禨等朝臣,根据大乱之后迅速开科的历史经验,希望按期举行辛丑乡试,以固结士心并提振权威,与刘坤一、张之洞意见冲突。张百熙于是代表朝官群体激烈奏驳刘坤一、张之

---

① 参见关晓红《科举停废与近代中国社会》,第115~138页。

② 刘海峰敏锐地指出了外人焚毁京师贡院以及辛丑条约的禁考规定影响了科举制的最终命运,惜未能深入涉及及条约内部,注意到停止北京会试这一关键点,故他将借闱河南乡、会试完全归因于京师贡院被毁,尚有未谛。参见刘海峰《外来势力与科举革废》,《学术月刊》2005年第11期,第69页。边文锋正确地指出了北京会试问题是《辛丑条约》谈判中停止科举考试五年条款的关键分歧点,并在文章末尾说:"该条款的通过与执行,也在一定程度上影响了1905年科举制度的废除。"(参见边文锋《萨道义与〈辛丑条约〉谈判中取消北京会试的问题》,《北京社会科学》2012年第3期,第104页)惟未能进一步说明此举究竟如何影响了科举的废除。

洞,力主乡试万不可再展。但在庚子西狩、东南互保的权力格局下,刘坤一、张之洞、袁世凯在清廷和洋人之间机敏应付,形成第三势力。[1] 清廷虽有不满,却不得不倚重和迁就。最终东南各省辛丑乡试再次展期,西南、西北等省则按期举行。双方主张均未实现。清廷希望通过科举大典稳定士心、重拾权威的思路和努力,遭遇重大挑战,其决策受到东南督抚严重制约。从坚持己见并串联东南各省与清廷立异角度看,刘坤一、张之洞的举动实为东南互保的某种延续。两宫回銮后"解决"东南尾大不掉问题,也就成了政局变迁的一支暗流。

庚辛政局对科举改制的直接影响是,辛丑年的乡试仍以八股文体的四书五经及策问取士,而展缓至壬寅年的各省乡试,则已改用科举新章,以论、策、经义取士。可以想见,如果辛丑年各省乡试不再展缓,那么,八股文至少还会"苟延残喘"。即使科举改章通过,也只能在下科实践。那么,科举的走向或许还有不同。更重要的是,下章将看到,朝臣与东南督抚在科举问题上的严重分歧,直接影响了辛丑科举新章的内容及其落实,甚至科举制的停废。

---

[1] 参见王光祈译、刘鑫宁整理《瓦德西拳乱笔记》,中华书局,2009,第152页。

第二章

辛丑奏定新章：科举改制的重启

　　研究清季科举改制，辛丑科举新章的重要性不言而喻。长期以来，学者多聚焦于辛丑年七月十六日废八股、改策论之上谕，而对随后政务处会同礼部，据上谕意旨而奏定的详细新章及其后续修改，还注意不够。[①] 关晓红最近的研究则是一个例外，展开讨论奏定详细新章的规定和实施情况。[②] 美中不足的是，其所引新章系据报刊而来，并非政务处、礼部会奏之定本，二者颇有参差。故关晓红对辛丑科举新章的概述与分析，既有洞见，也不免有误，实有再做检讨之必要。

　　进言之，辛丑科举新章系从戊戌科举新章损益而来，故要更好地理解前者，至少须上溯后者。不过，从1898年戊戌变法到1901年推行新政，至少有以下六种科举新章曾在庙堂之上讨论颁行：（1）丁酉、戊戌之际沈曾植、汪

---

① 傅吾康尚未涉及（Wolfgang Franke, *The Reform and Abolition of the Traditional Chinese Examination System*, pp. 52 - 53）；王德昭略有提及（《清代科举制度研究》，第240页）；刘龙心、李林有所引用和分析，惟侧重不同，亦未展开讨论。刘龙心：《从科举到学堂：策论与晚清的知识转型（1901～1905）》，《中央研究院近代史研究所集刊》第58期，2007年12月，第112～113页。李林：《从经史八股到政艺策论：清末癸卯、甲辰科会试论析》，香港《中国文化研究所学报》第55期，2012年7月，第177、179～180、187页。

② 参见关晓红《科举停废与近代中国社会》，第62～65页。

大燮主笔的经济常科章程；（2）戊戌康梁派的方案；（3）戊戌张之洞、陈宝箴的新章；（4）戊戌礼部先后议奏颁行的两份科举详细章程；（5）辛丑刘坤一、张之洞的方案；（6）辛丑政务处、礼部会同奏定科举详细新章。就中（2）、（3）、（5）为人所熟知，但礼部所拟的几种科举详细章程尚未经仔细讨论。将上述多种新章合而观之，再综合考察朝野上下的其他议论和方案，有助于揭示辛丑科举新章的流变及出台背后的曲折，加深理解戊戌变法至清末新政时期科举改制的多种可能性和历史复杂性，进而反思制度设计的利弊得失。

一　新章的众版本与真内容

光绪二十七年七月十六日，清廷下诏废八股，规定"嗣后乡、会试头场试中国政治史事论五篇，二场试各国政治艺学策五道，三场试四书义二篇、五经义一篇"，三场合校，以定去取，不得偏重一场。至于"各试场详细章程及其余各项考试未尽事宜"，则令礼部会同政务处妥议具奏。①

由于上谕仅为改科举的原则规定，部拟详细章程则系可操作的具体办法，命题范围、答题体裁、阅卷标准及考试程式等俱包于内，直接关乎众多士子的备考，所以一时间，改科举详细章程成了士子和舆论追逐的目标。虽然政务处、礼部的奏定新章后来广颁天下，然时至今日，研究者对其真面目似仍隔膜，以致将颇有错漏的报刊传抄本当作定本，用以概述和分析辛丑科举新章。盖缘此期涌现了多种版本的"新章"，其借由报刊媒介的传播，影响了无数士子及其亲友，后来的研究者亦不免受其干扰。②不过，虽然定本对此前流传各版本有重大损益，但通过梳理各版本的传播并比较其内容异同，也未尝不可窥见辛丑科举新章拟订、讨论、修改之一

---

① 中国第一历史档案馆编《光绪宣统两朝上谕档》第 27 册，第 152 页。

② 当然，之所以造成这种情况，或许也因为《上谕档》、《德宗实录》、《光绪东华录》均未载完整的奏定新章。不过，此新章其实早已有两个校点本，只是文字标点偶有小误。参见张静庐辑注《中国近代出版史料二编》，群联出版社，1954，第 60~66 页；朱有瓛主编《中国近代学制史料》第 1 辑下册，华东师范大学出版社，1986，第 130~134 页。

斑。

辛丑年九月初十日，《申报》率先登出"新章八条"，谓系"政务处王大臣拟订"。① 同处沪上的《新闻报》则以《部拟乡会试章程》为题，刊出相同"八条"，只个别词句微异。② 不久，《清议报》据礼部司官刘某的拟稿，称乡、会试"头场题目以钦定《三通》暨《御批通鉴纲目》、《御批通鉴辑览》五种为主，二场以西政之浅显者命题策士"，废除誊录，"除殿试尚用大卷外，其白折等均改用红格试卷"，"词章等另考一场……愿应者听"。③ 可谓简版"八条"。

两个多月后，《中外日报》获得"友人抄示"的"全稿"。这无疑是其压过《申报》、《新闻报》等同城竞争对手的绝好材料。故其编者按不无得意地说："至九月初十日某报亦曾载有新章八条，而此则多至十二条，文字亦详略迥殊。且彼止有章程，并无奏稿。此则全录无遗，其为定本可知。"④ 观其所载奏折与章程，的确有模有样，不易启疑。关晓红鉴于此十二条"不仅完全吸取了原'新章八条'中的基本内容（只是措辞语气稍有变化），在不少方面更有关键扩展"，故其"所述内容，采用的是后面这份奏折"。⑤

然而，必须指出的是，《选报》于十一月二十一日也刊出了同样内容的奏折和十二条章程。⑥ 但在十天后郑重"更正"："变通科举事宜折已登前期报内，兹据《苏报》云，寄到颁定刊本，核对之下，有不同处甚多。"⑦ 事实上，政务处会同礼部的奏折于十一月初一日递上，当日获准。其章程含十

---

① 《照录京师政务处所拟考试章程》，《申报》光绪二十七年九月初十日，第 2 版。
② 《部拟乡会试章程》，《新闻报》，《北京新闻汇报》录载，辛丑九月十七日，第 1~3 页。
③ 《乡会试改章先声》，《清议报》第 97 册，辛丑十月初一日，第 12 页。
④ 《政务处、礼部会奏变通科举事宜折》，《中外日报》，《北京新闻汇报》录载，辛丑十一月二十日，第 4521 页。
⑤ 关晓红：《科举停废与近代中国社会》，第 63 页。
⑥ 《政务处、礼部会奏变通科举事宜折》，《选报》第 6 期，辛丑十一月二十一日，第 6~9 页。按，《选报》所载此折，关晓红（《科举停废与近代中国社会》，第 64 页）也引用了。
⑦ 《更正政务处、礼部会奏变通科举事宜折》，《选报》第 7 期，辛丑十二月初一日，第 11 页。

三条，确与报刊传抄版大有不同。①

兹将"新章八条"（以下简称"八条"）、"新章十二条"（以下简称"十二条"）与政务处、礼部奏定新章十三条（以下简称"定本"），做一对比分析，从中既可略知新章之"版本"流变，亦可把握其真内容。

1. 关于拟题者，"八条"、"十二条"均称首场论题五道，"顺天乡试及会试仍请钦命题目，各省乡试由考官拟出"。而"定本"则规定"顺天乡试及会试第一场论题、第二场策问题均由考官酌拟，其第三场四书五经义题，仍请钦命"。

2. 关于首场论题的命题范围，"八条"称命题不外《九通》和《御批通鉴辑览》。"十二条"则谓"谨按"《九通》及《御批通鉴纲目》、《御批通鉴辑览》诸书。而"定本"却规定《三通》、《续三通》，士子平日"均宜博览周知"，但"考官命题则谨以《御批通鉴纲目》、《御批通鉴辑览》及历代正史为本"，亦即并不以《九通》出题。至于国朝掌故，"应听考官酌举命题，不必定以专书"。其实，癸卯科会试首场五论即尽出于《御批通鉴辑览》。②

3. 关于二场、三场的考试内容和命题标准，三者规定比较接近。二场各国政治"以学校、财赋、商务、兵制、公法、刑律、天文、地理为大纲"，"其艺学则格致、算术、制造、声光化电等类，亦宜研究入微，各求心得"，但"惟恐边远省分风气尚未大开，现译各书，亦未流传悉遍"，故"拟请近科考试先以各国政治、艺学中之切于实用者命题"，"迨数年后……再由典试学臣酌量文风高下，由浅入深，或酌分门类，仿国初分经试士之法，以蕲专精而收实效"。值得注意的是，"定本"多出关于算学的规定："有应绘图者，准其于卷内绘图"，且"既归入二场考试"，先前所定乡、会

<hr />

① 《礼部、政务处会奏变通科举章程》，光绪二十八年刻本，第 1~10 页，北京大学图书馆古籍部藏。按，此章程除"十三条"外，还包括光绪二十八年五月礼部通过议复江苏、湖南、甘肃、贵州四省学政及江西巡抚的奏折，而制定的科场事宜新规。末页墨笔亲署"光绪二十八年六月西安臬司樊印增祥施送"，可知当系光绪二十八年续刻本。

② 史晓风整理《恽毓鼎澄斋日记》第 1 册，浙江古籍出版社，2004，第 218 页。

试算学中额应即裁撤。至于三场出题，三者均强调遵照四书五经原文，"不得删改增减"，"割裂圣经"，惟"定本"少了前两者批评先前考官出题"搭截虚缩"的激烈言辞。

4. 关于论、策、义的答题要求、文体与程式，三者规定基本一致。（1）就答题要求来说，头场五论，须切题发挥，"上下古今，指陈得失"；"策则每举一事，亦必穷原竟委，议论详明"；义则须"朴实说理，研究精义，会通各家经说，阐发无遗，不得剿袭讲章"。（2）就厘正文体而言，既"不得涂泽浮艳，作骈俪体"，亦不得"钩章棘句，作怪涩体"，且如八股时代所要求，仍不准阑入诸子杂家议论，释、老二氏妄谈，"异域方言、报馆琐语"。（3）就策题的对答程式来讲，因"向例策题五道"，每道八至十条不等，"题目字数过多，故功令仅书第几问"，以致士子空对者"依题敷衍"，"即实对者，亦不过钞袭坊本，剿说雷同"，故规定此后"每道约举一二事，字句无多"，士子"即可书写全题"，"切实敷陈"。可见除挑明几项"禁区"外，其正面规定颇为空泛，虽然也说"论、策、义体例，较之八股文律，固应从宽，惟考官衡文，亦不得不限以程式"，但在废八股、改策论伊始，"程式"其实很模糊，还须慢慢摸索。

5. 关于科场防弊措施的改革，三者有同有异。（1）就废除誊录、对读来说，"八条"称论、策字数多，"势必多雇书手"，但书手惯于作弊，故不如一举废去誊录，令考官"秉公衡鉴"；"十二条"意思相近，但较"八条"直言"书手皆系积惯作奸"，言辞较为和缓；"定本"则全未提誊录、对读积弊，仅称誊录"现经政务处议准裁撤，则对读官亦应裁去"。（2）针对起草、默写、起讲等旧例，"十二条"称彻底废除起草及二三场默写、头二场起讲之例；"定本"则规定乡、会试及其复试，裁去起草，"其余一切考试应行起草者，悉仍其旧"，改乡、会试默写头二场起讲，为"默写首艺前四行，以凭核对"。（3）就磨勘而言，三者规定均大为放宽，惟"定本"在"有关弊窦及文理悖谬、剿袭雷同"三项后添入"直犯庙讳、御名"的磨勘规条。

6. 关于考官衡鉴标准，"总以经术湛深，史学渊博，通达时务，切于实用者为准"，故"诗赋已属无用"，小楷"亦与实学无裨"，所以"十二条"与"定本"均强调考官衡文专取文理优长，不得以小楷优劣定去取，"定本"更是"准其添注涂改"。为了落实不重小楷的精神，"定本"规定，除贡士殿试"仍用朱丝直格大卷"外，其他如朝考、散馆、考差及考取优贡、拔贡、中书、教习、誊录等考试，均用含直、横格的试卷，以便书写。此外，因"馆阁中向有撰拟应奉文字"，"十二条"本定有另行考试一场，听进士中精于诗赋、小楷者赴考录用；"定本"则无。

7. 考官的参考书：有关中国政治史事者，经礼部开单咨取，由江、浙、鄂、粤等省官书局照单咨送；有关各国政治艺学者，则由两江、两湖、两广各督抚在"已译成之书"中择要开单，咨送礼部。此外，学堂藏书亦许乡、会试闱中随时调阅。

8. 新定生、童"岁、科两考，先试经古一场，专试中国政治史事及各国政治艺学策论"，"十二条"称经古应与正场并重，"未进经古场者，不得与考正场"，"定本"则规定经古一场，"生、童愿考与否，仍听其便"，只当"正场试卷文理同属通顺"时，"应先尽其经古场之入彀者，以励实学"。优、拔贡考试，亦改试中国政治史事论、各国政治艺学策和四书五经义。宗室乡试、会试、复试及翻译会试等亦改策论。

从以上八个方面看，政务处会同礼部奏定科举新章与数种报刊传抄版"新章"，异同参半。同处不少，说明传抄版亦系"内部"流出，并非完全杜撰；异处颇多，且相较传抄版，定本文字简洁而少激烈语，说明后者由前者修改而来。由于修改的背后即是政务处、礼部甚至其他京官、督抚、学政讨论与折中的结果，故透过比对不同版本的流变，也未尝不可窥见新章出台背后的玄机。此中尤以前两项变化最大，考虑到首场论题在考试中最为重要，故这样的变化尤其值得注意。

就拟题者的变化来讲，当与会试须借闱有关。就在辛丑年十月，礼部曾上一《会试变通详细条目清单》，称"会试首场向请钦命题目，由礼部堂官恭领，赍交内帘严密刊刻。今借闱会试，首场题目拟仍请钦命，由派出之总裁官于启程时亲赴军机处恭领，敬谨赍至该省，俟入闱封门后拆封刊刻，于进呈试卷时一并恭缴，以昭慎重"。① 这或许就是"十二条"等所谓顺天乡、会试首场五论题目，仍请钦命之所本。不过，此议随后被否决。于是，政务处、礼部鉴于向来顺天乡、会试首场四书文题均请钦命，而今"改八股为四书义"，虽"移于后场，仍合校三场，以定去取"，故第三场四书五经义题"仍请钦命，庶于讲求实学之中，仍寓崇尚经术之意"。② 据癸卯科同考官、甲辰科内监试王振声的日记，首、二场论、策由总裁出题，三场四书五经义题则系"钦命"，三场皆在正总裁处刻印。③ 关晓红称癸卯科会试"三场试卷均由孙家鼐亲自出题并监刻"，是不准确的。④

至于首场论题以何书命题，直接涉及考试内容和范围，关乎士子读书和备考，则更为紧要。"八条"与"十二条"均称以《九通》命题，是颇有误导性的。实则《九通》只作参考，考官命题"则谨以《御批通鉴纲目》、《御批通鉴辑览》及历代正史为本"。此中变化值得深究。就在《申报》九月十日登出"新章八条"后，吴汝纶致函顺天学政陆宝忠，激烈批评"拟以《九通》试士"的做法：

> 昨见报纸谓礼部议复举场章程，拟以《九通》试士。穷乡下里，难得此书，又卷帙浩繁，不易卒业，就中杜、马二家最善，然马书唐前尽袭杜文，渔仲纪传全抄正史，皇朝《三通》，彼此因袭，并非不刊之典。学者不读正史，则《三通》乃凌杂丛碎之书，不能得其要领。若先攻廿四史，再读《九通》，则无此日力。且用功烦难，而获效殊少。使学徒尽能记识历代制度沿革，亦只已陈之刍狗，谓遂成为政治之通

① 礼部：《续增科场条例》（光绪十一年至二十八年）第 11 册，光绪二十八年刻本，第 10 页，北京大学图书馆古籍部藏。又，此条例影印本见沈云龙主编《近代中国史料丛刊三编》（486），台北：文海出版社，1989。
② 礼部：《续增科场条例》（光绪十一年至二十八年）第 11 册，第 21 页。
③ 王振声：《心清室日记》，李德龙、俞冰主编《历代日记丛钞》第 152 册，学苑出版社，2006 年影印本，第 23 ~ 25、95 ~ 99 页。
④ 关晓红既据"十二条新章"，称会试首场论题五道仍请钦命题目，此处又据王振声日记，说三场均由正考官孙家鼐亲自出题，显然有些自相矛盾。关晓红：《科举停废与近代中国社会》，第 63、69 页。

才，未必然也，而况绝无尽记者乎！且《九通》制度之书，固非政治之学也。求政治之学，无过《通鉴》，而毕氏《续编》及国朝儒臣所编《明纪》，又不逮涑水元书远甚。今不以《通鉴》试士，而用《御批通鉴辑览》，岂不以《通鉴》繁重，学者难读，不如《辑览》之简约而易竟哉！《九通》卷帙之多，过《通鉴》倍蓰；今史学用《通鉴辑览》，而政治用《九通》，一何用意之自为矛盾如此！

愚见：史学试士当用《史记》、《汉书》。……后代之史固不足熟读，则亦不足以考人。必以详备为事，则马、班之书之外，益以《通鉴辑览》足矣。其政治之学当以国朝为主，国家纪载流传者稀，无已，则于皇朝《三通》择用其一，使习国家掌故，庶亦可也。①

无独有偶，不久《苏报》论说亦批评以《九通》命题太泛："今政务处议定新章，头场论说五篇，皆按《通典》、《通志》、《通考》及《御批通鉴纲目》、《御批通鉴辑览》等书命题考试。试问上而尚书、侍郎，下而翰詹、科道，向之以帖括进者，其能熟悉《九通》者有几人乎？其能博览群书有几人乎？"②

观新章定本，不再以《九通》出题，且加入国朝掌故，与吴汝纶的意见颇觉近似。考虑到陆宝忠本系南书房行走，为"里边人"，③ 又与王文韶、瞿鸿禨、张百熙、陆润庠等深度参与改科举讨论与决策的中央大员关系密切，则吴汝纶的声音很有可能通过陆宝忠传递给上述诸人。事实上，就在吴汝纶写信后五日，时在直隶定州主持考试的陆宝忠，即致信张百熙，讨论礼部议复科举新章问题："礼部议复科举事宜，尚未得见，窃谓竭士子之力，首、二场论、策三艺，已足觇本领，逐场去取，阅者可以专心，不审尚能申言否？"④

① 《与陆伯奎学使》（辛丑九月十七日），徐寿凯、施培毅校点《吴汝纶尺牍》，黄山书社，1990，第 255 页。
② 《科举宜变通章程议》，《苏报》十一月十八日，载《时事采新汇选》辛丑腊月初六日刊，第 4～5 页。
③ 慈禧太后曾称南书房行走张百熙为"里边人"。徐一士：《一士谭荟》，中华书局，2007，第 130、131 页。
④ 《陆宝忠致张百熙》（辛丑九月廿二日），《同光年间名人书札》第 2、9 册（一信分装两册，"去取"二字以下在第 2 册），近代史所档案馆藏，乙 C19。

可见陆宝忠支持张之洞的分场去取之法，但认为其方案题量太大，希望减少。

不过，虽然报刊传抄版并非定本，但因其传播广，影响实不容轻忽。值得留意的是，辛丑腊月出版的《万国公报》所载科举章程，仍是"新章十二条"。① 更有甚者，杭州的《浙江五日报》迟至光绪二十八年（1902）正月，仍在转载"新章十二条"。② 而光绪二十八年夏天刻印的《皇朝经世文新编续集》录载的竟也是"新章十二条"。③ 与此同时，诡异的是，吴汝纶虽然不以《九通》试士为然，且定章亦已去此一条，然而他似乎未见定本，仍以报刊传抄版为据。吴氏在给其子吴闿生的信中虽然批评"《九通》数百卷，谁能悉读，以此考人，直是谬妄"，但他也不忘为闿生兄弟各购一部上海新印的《九通》，以便乡试时携入场中。④ 从上文所引《选报》的"更正"来看，早在光绪二十七年十一月，上海的《苏报》馆已获见礼部所刊章程定本。此外，光绪二十八年三月，远赴奉天查办案件的吉同钧，亦从《邸报》中读到了新章定本。⑤ 那么，在这种情况下，并非定本的"新章十二条"仍能通过报刊、《经世文新编续集》广泛传播，不仅"误导"了当日的士子及其亲友，也"干扰"了后来的研究者，就值得深思。

从辛丑奏定科举新章看，此次改科举确是清代历史上"力度最大，空前未有"的。⑥ 不过，辛丑奏定新章既与戊戌张之洞、陈宝箴科举新章，辛丑刘坤一、张之洞江楚会奏方案颇多延续，但也损益甚大。其产生和流变背后的曲折，远超既有认知。

---

① 《政务处、礼部会奏变通科举事宜折》，《万国公报》第 156 卷，辛丑腊月，第 18~20 页。
② 《政务处、礼部会奏变通科举事宜折》，《浙江五日报》第 1 期，光绪二十八年正月中旬，第 5~6 页。
③ 甘韩辑、杨凤藻校正《皇朝经世文新编续集》（壬寅夏五日），沈云龙主编《近代中国史料丛刊》（781），台北：文海出版社，1972，第 353~356 页。按，王德昭（《清代科举制度研究》，第 240 页）即引此书。
④ 《谕儿书》（壬寅二月五日），施培毅、徐寿凯校点《吴汝纶全集》第 3 册，黄山书社，2002，第 599 页。
⑤ 杜春和、耿来金整理《吉同钧东行日记》，《近代史资料》总第 87 号，1996 年 5 月，第 83~84 页。
⑥ 参见关晓红《科举停废与近代中国社会》，第 64 页；刘龙心《从科举到学堂：策论与晚清的知识转型（1901~1905）》，《中央研究院近代史研究所集刊》第 58 期，2007 年 12 月，第 106 页。

二　奏定新章的流变曲折

庚子事变后，新政再起。两江总督刘坤一、湖广总督张之洞经由东南互保，地位更加突出。其《江楚会奏变法三折》也成了清廷推行新政的蓝图。① 于是，张之洞、陈宝箴戊戌年曾经奏准的科举新章成为辛丑科举改章的底本，经过修改后，再度颁行各省，在最后的科举考试中得到了实践，因而影响最大。

不过，必须指出的是，辛丑奏定科举新章虽在场次、题量等方面延续了张、陈的戊戌方案，但其间的损益也非常明显，既有张之洞的主动修改，也有政务处、礼部议奏时的权衡取舍。其背后的曲折，与第一章所述中枢、礼部与东南督抚在科举问题上的严重分歧密切相关，值得细致讨论。与戊戌新章相较，辛丑奏定新章的变化主要有三。

首先，二场策题的考试范围缩小，取消了专门艺学。张之洞在给刘坤一的电报中提议，二场"但试各国政治学、地理、史事、武备、算学及绘图学、格致学、工商学大义等事，其专门艺学，如声光化电之类，仓卒不能通晓，且试卷只能空言其理，非场内所能考验，自可缓试"。张氏解释说，之所以"将艺学等删去"，是因为"原奏本意，系令考生说其大义，为引人入胜之资，并非携器试验。今略加删改，以冀易准。若原奏照办，今日时局，必难准也"。② 其实，张之洞的《劝学篇》以及戊戌科举新章，系针对康、梁方案而发，暗含"诋康"的深意，明显有争夺改制主导权的考量。③ 故而，张之洞虽号称"合科举、经济、学堂为一事"，"体用一贯"，④ 看似面

① 关于《三折》的详尽研究，参见李细珠《张之洞与清末新政研究》，第 80～110 页。
② 《致江宁刘制台》（光绪二十七年四月十三日未刻发），苑书义等主编《张之洞全集》第 10 册，第 8586～8587 页。
③ 参见李细珠《张之洞与清末新政研究》，第 54～56 页；茅海建《戊戌变法的另面："张之洞档案"阅读笔记》，上海古籍出版社，2014，第 360、364 页。
④ 《妥议科举新章折》（戊戌五月十六日），苑书义等主编《张之洞全集》第 2 册，第 1304～1310 页。

面俱到，实则不免高自标置，故意炫博，刁难士子，不易施行。

吴汝纶曾对此大为抨击："世俗不足责，若朝廷大臣所议改革之法，乃与康、梁书生不晓事者略等，此何说耶！……外国专门之学，中国尚无其人，何能以之试士！且所谓专门之学，必有专门师授，国家亦遣专门考官赴学堂考验，岂如中国以之出题作文，与他业并责之场屋间哉！此议之谬，众所共见，即所云外国时务，见之各报章者，亦仅九牛之一毛，何从窥见全豹，此亦不能用以试士也。"① 类似的批评尚多。迨拟定辛丑新章时，情势已变，必须更为务实，故张之洞将专门艺学剔除出了二场考试范围。

其次，变化最大，且对随后的两科乡、会试产生了重大影响，引发了诸多争论的，无疑是"分场去取"的被否决和废除誊录两项。

"分场去取"的是非

辛丑科举新章出台过程中关于"分场去取"的论争和是非，需从戊戌改科举谈起。戊戌春间，张之洞在著名的《劝学篇》中，援引北宋欧阳修的观点，称欧阳修当日欲以策论救诗赋，犹如今日欲以中西经济救八股时文。故远师欧阳修遗意，近仿童生府县考复试之法，提出将乡、会试三场场次互易，又逐场发榜、分场去取的构想。② 本来张之洞拟首场试时务策，专问西政西学，而陈宝箴担心"俗情专事吹求"，建议将中国史学、国朝政治移作首场，"著尊王之义"，以西政西学为二场。张接受了陈的建议。③ 随后《劝学篇》的定稿和戊戌六月初一日张、陈会奏科举新章，均如此设计。

其实，在张之洞之前，逐场发榜、分场去取的构想，亦有时人提出。乙酉科（1885）举人、后来做过意大利公使的许珏，曾著文论贡举，即建议逐场放榜，以救考官草率之弊，使三场并重的原则落到实处。同时，既议逐场去取，则三场顺序宜有改易，乡试头场试经文、二场策问、三场四书文，

① 《答傅润沅》（戊戌六月廿八日），徐寿凯、施培毅校点《吴汝纶尺牍》，第138～139页。
② 参见《劝学篇》，苑书义等主编《张之洞全集》第12册，第9749～9754页。
③ 参见李细珠《张之洞与清末新政研究》，第130～131页；茅海建《戊戌变法的另面："张之洞档案"阅读笔记》，第354～356页。

会试头场试策问，二场试经文、三场四书文。如此则经、策并重，若只精于四书文，无益也。① 许珏此文未标写作时间，然从其不废八股、不提西学来看，必作于《劝学篇》之前。许珏是许同莘的伯父，张之洞的总文案张曾畴是许同莘的舅父，许珏和张曾畴亦关系甚密，则不能排除一种可能性，即许珏的议论，可能通过张曾畴在张之洞及其周围传播，影响到《劝学篇》的相关内容。

不过，乡、会试分场去取的构想，虽然不乏支持者，尤其在张之洞系统的官员、学者中颇得赞誉，但是，这一办法也并非无懈可击。就在张、陈戊戌新章刚刚奉旨颁行后，吴汝纶在给新科翰林傅增湘的私信中，就批评分场去取之法，谓"欧公先考策论，后改（考？）诗赋，乃先易后难"，而今头场考中国史事、国朝政治，二场考西政西艺，三场考四书五经，"乃先难后易，适与欧公相反，何谓用欧"。故吴汝纶认为，应"仍三场连考，不用欧公去取之法"。②

如果说吴汝纶的声音介于朝野之间，且不免李鸿章系统对张之洞的"偏见"，那么，主管科举事务的礼部的意见就必须认真考虑。礼部于戊戌年七月初二日就张、陈科举新章拟定详细章程十三条，其中五条都是针对分场去取而发。

一是揭晓期限问题。礼部一则谓"乡、会试士子例于初八日入场，十六日三场完毕。现定随场去取，二、三场须俟前场发榜后，再行投卷入场，揭晓例限自宜稍为宽展"，再则称"现在更正新章，内外帘一切事宜均不能复循旧制，各省中额及应试人数多寡不同，其如何每场酌定期限之处，臣部实难悬断"，顺势将球踢给了各地："应请饬下顺天府府尹及各直省督抚体察本省情形，速议具奏。其会试场期，应俟乡试议定后再行核议"。二是每

① 许珏：《贡举私议》，《复庵遗集》第2册，《清末民初史料丛书》第49种，台北：成文出版社，1970，第523～528页。
② 《答傅润沅》（戊戌六月廿八日），徐寿凯、施培毅校点《吴汝纶尺牍》，第139、140页。此外，候补内阁中书龙学泰、贵州巡抚王毓藻亦均上折反对分场去取之法。参见安东强《晚清科举的场次和选才》，《中山大学学报》2013年第5期，第83～84页。

场取中名额问题。针对张、陈提出的首场十倍录取、二场三倍录取，礼部根据会试及顺天乡试通常约取中三百名的情况，计算其首场需取录三千余名，"其余大省乡试均在一千名上下，而各房荐卷又须浮于所取之数，计考官每人校阅，多者千五六百卷，少亦将及千卷"，认为大大超过了以往乡、会试中主、副考官校阅的头场荐卷之数，"即使宽其日限，亦恐难于精审"，因此建议变通处理，"但照入场人数酌定去取，每场以次递减，不必尽拘十倍、三倍之额，应统由该府尹、督抚通筹妥议，一并复奏"。三是誊录、对读人手问题。既定随场去取，则"二、三场以后誊录书手、对读生均可递减其数"，礼部认为应由"监临等于每场事竣，核计下场应用若干名，分别留遣"。四是防弊问题。随场去取后，三场人数最少，礼部建议"令各监临于三场点名后，或在誊录所，或在贴近至公堂两旁号舍，将诸生扃试，另派妥员随同监试官昼夜搜巡"。五是发榜问题。相比以前，由于头、二场也须发榜，但又要与最终正榜区别，所以礼部设计了一套比较复杂的程序。[①]

我们知道，礼部遵照戊戌年五月初五日废八股、改策论之上谕，于二十二日上奏了乡、会试详细章程，刚刚准行，却被张之洞、陈宝箴的科举新章推翻。礼部当局自然甚觉脸上无光。而张、陈新章准行后，礼部又须据此新章重拟详细章程，且此番变动尤大，则礼部当局有些愤懑不平之气，也就可以想见。所以针对随场去取这一重大变动，礼部既然不能直接反对，就条举为难之处，并屡屡"不敢悬断"，建议顺天府尹和督抚妥筹具奏，以"不作为"表达不满。进言之，礼部对分场去取之法，是不以为然的。就在七月初二日礼部的详细章程刚刚准行后，十一日，安徽学政徐致祥奏请岁、科两试照乡、会试新章，分场去取。奉旨礼部议奏。旋遭礼部议驳。[②]

明了戊戌变法时期礼部的这一立场，尤其是其针对分场去取的可操作性提出的种种质疑，有助于理解辛丑科举新章从奏请到出台过程中，何以权倾

---

① 礼部：《科举章程》，光绪二十四年刻本，第4~7页，北京大学图书馆古籍部藏。
② 《德宗实录》（6），戊戌七月壬戌，《清实录》第57册，第553页。

一时的刘坤一、张之洞反复建议采用分场去取，但均被否决的历史过程和复杂原因。①

辛丑年四月，即《江楚会奏变法三折》还在讨论修改之时，刘坤一、张之洞已联衔电奏，请先颁布变科举明谕，即包含分场去取之法。② 斯时清廷未有表示。随后六月递到行在西安的《江楚会奏变法三折》第一折，亦如是奏请。迨七月十六日，改科举的明发上谕虽然基本采纳了刘、张的建议，但并未接受分场去取之法。

此时，礼部正会同政务处拟定科举详细章程。张之洞希望通过再次陈奏，将分场去取之法纳入正在制定的详细章程。为此，他于八月十七日致电鹿传霖，以期获得支持："学堂不说明给予举人、进士出身，天下不能鼓舞。科举三场不分场发榜，去取不能认真。此两层关系人心、人才，十分紧要。鄙人拟再陈奏。公卓见如何？"③ 然而，中枢对于分场去取不能接受，鹿传霖也未必以为然。九月三十日，刘坤一、张之洞再次联衔电奏，先说"改科举一事，已奉旨允行"，接着重申分场发榜的主张，并不厌其烦地解释其益。

首先，"可以防考官草率偏重，三场仍如一场"，盖"惟有分场发榜，则场场认真，互相维持，有实济而无流弊"。张之洞还不忘引欧阳修、钱大昕之论以张其说。其次，由于乡试发榜，"中省约须一月，大省加多，寒士候榜日久，资斧艰难"，同时"场内誊录，场外游民，动滋事端，极费弹压"。更重要的是，"校阅者为多卷所困，房官草率，主考疲劳，于甄拔真才之道，种种有妨"。故"若分场发榜，寒士免久候，内外帘各官免昏疲，地方少事端"。再次，针对分场发榜，揭晓期限必须延长的质疑，刘、张解释说，"假如中省头场八月二十五六日发榜，二场九月初七八日发榜，三场

---

① 清廷何以未采分场去取的建议，关晓红说"目前未见相关说明"。关晓红：《科举停废与近代中国社会》，第 72 页。安东强亦未有进一步的解释。安东强：《晚清科举的场次和选才》，《中山大学学报》2013 年第 5 期，第 84 页。

② 《致西安行在军机处》（光绪二十七年四月十六日），苑书义等主编《张之洞全集》第 3 册，第 2217 页。

③ 《致西安梁星翁转鹿尚书》（辛丑八月十七日），《张之洞档》第 35 册，第 401 页。按，学堂毕业给予举人、进士出身，后来获准。

九月十五日发榜"，比此前"仅多五日，而人数既少，事简弊清，经费转可节省，洵为一举数善"。至于头、二场发榜需要的额外手续，他们认为"或即照学政岁科考先发红号，尤为简速"。与此同时，刘、张主张废除誊录，因为"讹脱毁失，作弊改窜，大省尤甚"，"万卷笔迹"，考官无法一一辨识，"若欲舞弊，仍可藏关节于字句之中"，故防弊实不在此。其实，张之洞之所以突然主张废誊录，似与分场发榜有关。盖揭晓时限过长正是分场发榜被质疑之处，而采用誊录无疑揭晓时限会更长。

刘坤一、张之洞大约预计到礼部持有异议，故称"各省议复，礼部核奏，为期太迟，士心游移观望，鼓励难期"。① 意欲不经各省议复、礼部议奏，直接下旨。不过，清廷虽未交礼部核奏，却于十月初二日交政务处议奏，以致明旨迟迟不出。张之洞急切难耐，因于初六日致电鹿传霖：敦劝"学堂毕业，请作为进士、举、贡、生员出身，及分场发榜，免去誊录各节"，"早降明旨，俾资鼓舞"。②

十月十五日，政务处议复称："臣等详绎该督等原电，恐主试者有所偏重。惟分场去取，亦不免仍有偏重之弊。科举甫经改章，一时亦难遽得全才，应俟学校大兴，人材辈出后，再行斟酌办理。目前仍宜三场合校，无庸更张。至删除誊录一节，尚可试办，自应照准。"③ 当日奉旨礼部知道。④ 随后十一月初一日，政务处、礼部会奏变通科举详细章程，便规定"仍合校三场，以定去取"。⑤

政务处如此决策，很可能有以下几点考虑。首先，分场去取虽号称三场并重，且标榜尤重末场四书五经，但大多数人在头场中国政治史事论中就会被淘汰，根本没有机会参加第二场，即使进入第二场，不善"西学"，也没有机会进入第三场。与此相反，一旦进入第三场，即使四书五经不够好，但

---

① 以上三段见《致郑州行在军机处》（光绪二十七年九月三十日），苑书义等主编《张之洞全集》第 3 册，第 2227～2228 页。
② 《致开封鹿尚书》（光绪二十七年十月初六日），苑书义等主编《张之洞全集》第 10 册，第 8651 页。
③ 礼部：《续增科场条例》（光绪十一年至二十八年）第 11 册，第 7 页。
④ 中国第一历史档案馆编《光绪宣统两朝上谕档》第 27 册，第 213 页。
⑤ 《礼部、政务处会奏变通科举章程》，光绪二十八年刻本，第 5 页。

取中的选择已经不多，既然如额取中，则很可能不得不有所迁就。①

其次，科举甫改章，按张之洞的设计，连过三场的全才恐怕寥寥无几。吴汝纶在戊戌变法时就说，按张之洞、陈宝箴"折难士子"的科举新章，"一省不过二三人，多则十人、八人"有可能合格，若仍按旧额取中，"则向所谓抄袭旧文、草率完卷者，皆在必取，则悬格虽高，仍与向来三场策问略同，尽是有名无实耳"。② 虽然在辛丑新章中，张之洞删去了声光化电等专门艺学，考试难度有所降低，但政务处还是认为科举改章之初，实难遽得全才。于荫霖在辛丑年九月十七日也向慈禧太后当面说："国家造士，全为中材，如刘坤一、张之洞所议普通学，合今日臣工、士子，恐无一能交卷者，合三年而论，秀才数万，举人将数千，使之尽通，乌乎能？势必如圣谕所云，抄写洋报而已。"③ 既然士子西学水准极为有限，就更不宜只凭一场定去取。

再次，更重要的是，倘若分场发榜，大多数考生首场即被淘汰。这对于熟悉三场考毕静等出榜"红录"的考生来说，无疑是非常剧烈的变动。准备数载、辛苦跋涉、远道而来的士子，首场即遭淘汰，难免觖望，抗议生事可以预卜。在刚刚经历了庚子战乱动荡的背景下，这无疑是朝廷必须着重考虑而极力避免的。

此外，第二场西学发策，士子既感困难，考官亦觉挑战。如三场合校，便可藏拙，若分场取中，则第二场如何去取，成为科举改章伊始的难题。因此，三场合校，暗含稳定士心、防止骚乱的效果，且理论上确实可以避免只凭一场定去取的弊端，同时也缓解考官校阅压力。

所以，政务处权衡之后，否决了刘坤一、张之洞的意见。但是，正如第

---

① 安东强说：场次调整后，"四书文、五经文在表面上降为第三场文体，实际上反而成为最终取中与否的关键，其固有的重要地位和作用丝毫没有降低"。时人反对张之洞将四书五经的内容置于三场，建议仍置于首场，而将政治史论、时务策分别置于二、三场。安东强说："这显然并未读懂张之洞所谓分场去取的深意。"安东强：《晚清科举的场次和选才》，《中山大学学报》2013年第5期，第82～83页。均可再商。张之洞"着重尤在末场"更多是托词而已，似不可太过当真。

② 《答傅润沅》（戊戌六月廿八日），徐寿凯、施培毅校点《吴汝纶尺牍》，第140页。

③ 于荫霖：《悚斋日记》，沈云龙主编《近代中国史料丛刊》（224），第1260页。

一章所述，清廷此时东南半壁就靠刘、张，其意见即使不听，也不能完全拒绝，况且像这样"渎请"。故政务处否决了分场去取，但允许"试办"废誊录，算是"两害相权取其轻"，也是给刘、张一个台阶下。然而，这样权谋之后的妥协，却成了一大败笔。

废除誊录成败笔

誊录即糊名易书，自北宋以来，行之数百年，实为科场防弊妙法。殿试、朝考因为不用誊录，读卷大臣直接评阅考生原卷，以致通关节、重楷法，久为时人诟病。而乡、会试因有誊录，"应试者字体之工拙，无关得失"，故相对公平。[1] 因此，废誊录的结果颇具讽刺意味：张之洞一方面奏请改科举，讲实学，不较楷法之高下，但另一方面正因为废誊录，却导致本不凭楷法取中的乡、会试，也开始看重楷法。

其实，在戊戌改科举时，废誊录既非康梁派的主张，也非张之洞、陈宝箴科举新章的内容。相反，康有为、梁启超及宋伯鲁还准备奏请在殿试、朝考中采用誊录，以纠正偏重楷法之弊。[2] 迨至辛丑年，尽管刘坤一、张之洞的《江楚会奏变法三折》第一折就包含酌改文科的条目，但亦未及废誊录。然而，张之洞在随后的电奏中却加入了这一主张，且因政务处的策略性妥协，废誊录竟成了现实，使得最后两科乡、会试皆无誊录，颇为特殊。

不过，废誊录的消息一出，即遭到朝野上下的反对。张之洞的下属，刚刚调任武昌府知府的余肇康便是一个激烈的反对者。辛丑年十二月，他在致其亲家、军机大臣、政务处大臣瞿鸿禨的私信中抱怨道："糊名易书，唐宋以来行之已久。今日情面之天下，非此更将百弊丛生。闻近议拟裁誊录。窃谓必不可行。且此事实无害于求才，而有益于防弊，亦何必毅然去之耶？"[3]

---

[1] 徐凌霄、徐一士：《凌霄一士随笔》，第 209 页。
[2] 参见茅海建《戊戌变法史事考二集》，三联书店，2011，第 422、426 页。
[3] 《余敏斋致瞿鸿禨》（光绪二十七年十二月），《瞿鸿禨朋僚书牍》，近代史所档案馆藏，甲 375。

显然，余氏觉得废誊录简直莫名其妙。刑部司官吉同钧随后在日记中也严厉批评废誊录的做法："至易书糊名，实防弊要法。今日殿试考课，尽绚（徇？）人情。惟乡、会二试，较为公道。寒士真才尚可出头者，惟赖此易书糊名之一法。然以此严防，尚有关节、暗号等弊，若并此而亦废之，从此更无公道矣。"[①] 余肇康、吉同钧均从誊录制度作为长期行之有效的防弊妙法的角度着眼，谓其虽亦有弊，但非此则人情、关节、暗号等弊更将防不胜防，势将严重影响到考试公平。吉同钧并强调乡、会试之所以比殿试公道，正因为有誊录之制。此外，江西巡抚李兴锐也致电政务处，称"乡场试卷例应糊名易书，今誊录朱卷既裁，以墨卷校阅，士子履历开列卷首，虽经弥封，究有未便"，建议采取编号、盖戳等防弊办法。[②]

与此同时，名士孙宝瑄则估计到，在初改八股为策论，而策论程度尚浅，难免剿袭雷同的背景下，必然导致凭楷法取中的恶果。他说："今日改科举法，以策论取人，于是头、二场考生皆抄胥。其所对之本国政治、外国史事，千手雷同，于是不能不以书法之工拙，定甲乙去取，势使然也。是故八比废而乡、会试考字矣。"[③] 孙宝瑄虽然没有直接点出废誊录，但他立论的前提之一正是乡、会试废除誊录制度。盖若誊录未裁，乡、会试是不可能"比字"的。

果然，经过壬寅年秋无誊录的乡试后，批评之声再起。不仅是人情、关节问题，更严重的是，此前乡试因有誊录，故不重楷法，而今裁去誊录，考官直接校阅士子墨卷，以致凭楷法以定去取的倾向大肆蔓延，与科举改章的本意南辕北辙。壬寅顺天乡试举人冯汝琪因为字写得好，同考官在荐卷簿中特别指出。冯氏因而特意提醒乃弟冯汝玖留心楷法："房师以字肖莲棠宗长，特于荐簿记之。可见字亦要紧也。"[④]

---

① 杜春和、耿来金整理《吉同钧东行日记》，《近代史资料》总第 87 号，1996 年 5 月，第 84 页。
② 礼部：《续增科场条例》（光绪十一年至二十八年）第 11 册，第 46 页。
③ 孙宝瑄：《忘山庐日记》上册，上海古籍出版社，1983，第 509～510 页。
④ 《冯汝琪致冯金鉴》（壬寅十月廿九日），《冯汝琪家信》，近代史所档案馆藏，甲 203。

　　壬寅年十二月十七日，山西乡试副考官、御史杨士燮返京后上折，除了批评场次、题量外，认为"不用誊录，裁割卷面，尤滋弊窦"，因请"规复旧制，仍用誊录"。① 次日，给事中熙麟也奏请乡、会试仍用誊录。② 十九日，署礼部侍郎、政务处提调郭曾炘亦上奏论会试事宜，认为"试卷不用誊录，闱中阅卷但取适观"，日久相沿，恐重蹈殿试以楷法定高低的覆辙。但郭氏显然更了解废誊录的内幕及政务处、礼部的"处境"，故不仅措辞和缓，而且颇有为政务处、礼部复奏张本的意味："应否规复旧制？或俟一两科后察酌办理，此时尚可不必纷更也。"③ 杨士燮、熙麟、郭曾炘的奏折，先后交政务处会同礼部一并议奏。据说，礼部"各堂意见相同，皆以为从杜弊起见，莫善于糊名易书"，大约当允所请。④《新民丛报》的消息也说："壬寅举行庚子乡试，试卷不易书，于是考官辨认字迹取中，又有专重小楷者，礼部议复用誊录，以杜弊端。闻已定议。"⑤

　　乡、会试将恢复誊录的消息一经传开，即对士子的应考产生影响。翰林出身的四川道员冯金鉴立即在家信中为其子冯汝琪支着："果用誊录，字不必求好，专力于作，较为省力。"⑥ 可见，乡、会试一旦用誊录，则士子自不专意于字，而必用力于文和学。

　　可惜，议准乡、会试废誊录，在很大程度上是政务处否决刘坤一、张之洞分场去取主张的"补偿"。因此，若恢复誊录，既使刘（新逝）、张下不了台，更使自身难免朝令夕改之诮。故政务处复奏一则谓，上年之所以同意试办废誊录，是因为刘坤一、张之洞电称"誊录积弊，亟宜删除"，而今杨士燮、熙麟等"或称辨认字迹，偏重楷法，或称熟识字迹，转以避嫌屏弃各节，其弊亦不能不防"；再则自相矛盾地说，"惟本年各

① 《请改考试章程》，《选报》第 47 期，1903 年 4 月 12 日，第 17 页。
② 《户科给事中熙麟奏请乡会试仍用誊录以公去取事》（光绪二十八年十二月十八日），台北"故宫博物院"图书文献馆藏军机处档折件，档号 152706。
③ 《署礼部右侍郎郭曾炘敬陈会试事宜事》（光绪二十八年十二月十九日），台北"故宫博物院"图书文献馆藏军机处档折件，档号 152716。
④ 《请改考试章程》，《选报》第 47 期，1903 年 4 月 12 日，第 17 页。
⑤ 《又用誊录》，《新民丛报》第 25 期，1903 年 2 月 11 日，"近事纪要"，第 3 页。
⑥ 《冯金鉴致冯汝琪》（癸卯闰五月十八日发），《冯汝琪家信》，近代史所档案馆藏，甲 203。

省乡试尚无此弊，明年会试拟请暂行照办"，嗣后由礼部斟酌情形，奏请应否仍用誊录。① 如此便采用了郭曾炘的说法，同时委婉地否决了杨士燮、熙麟恢复誊录的建议。

可是，批评废誊录，连带反思朝廷改科举举措乖张的声音却没有停歇。《鹭江报》的议论最为痛切：

> 夫从前之尚楷法，止于殿廷考试而已。此外乡、会两试概用弥封，主司只以衡文为事。今誊录既废，为主司者自知才学浅薄，不足以较妍媸、别优劣，但取其小楷工者，列之中额。其间有耆儒宿学，读书谀古，具有本原，反不获与少年子弟争一日之长，其有以援据篇籍，典瞻渊懿者，主司一望茫然，目呆口噤，悉屏之孙山之外。此风一倡，而父兄之教，子弟之率，悉从事于其易为者，终日摹拟，以求速售。夫以楷法求人，而复责有根柢之学，是南辕而之燕赵，北辙而之吴越，此必不可得之数也。圣天子在上侧席求贤，如恐不及，而诸臣泄泄，不能奉宣德意，至于如此，岂非大可痛恨太息者乎？吾有感于近日取士之法，而不能默然已也。②

所谓主司"但取小楷工者，列之中额"，未免过火，但其着重批评的取士之法的矛盾性，无疑是制度设计者无法自解的，亦即一方面求实学，拒楷法，另一方面却因废誊录而导致更偏重楷法的恶果。

更为吊诡的是，废誊录的流弊反而成为趋新者倡废科举的理据。主废科举的夏曾佑就说，废八股后衡文无上下可守之标准，"誊录既废，楷法已占天然之胜势，若再以忌讳太多，文章竟无优劣，则一切弃取必纯以楷法决之，是乡试、会试均以朝考、殿试之法行之耳，是并求其如当初之乡、会试而不得也。呜呼！此岂议废八股时所能见及哉？"意谓废八股、废誊录后的

---

① 《政务处大臣奕劻等议复御史杨士燮条陈会试事宜事》（光绪二十八年十二月二十八日），台北"故宫博物院"图书文献馆藏军机处档折件，档号153133。

② 吴孝忱：《乡会试不用誊录议》，《鹭江报》第55册，1904年1月8日，第5页。

科举，反不及先前之科举，因此更应废去。①

迨至民国，癸卯科进士、对历代社会制度风俗研究颇深的著名学者尚秉和，依然认为废誊录是科举改制的大败笔。他说："自糊名誊录之法兴，于是主试虽门生故吏，无能为力。……自此以后，凡平民进取者，只致力于文学，不患不达。故历元明清，行之千年而不改。及清末春、秋两闱，竟废誊录而不用，不知此为防弊之唯一良法。幸科举废耳，设沿袭至今，其弊不可胜言矣。"② 意谓废誊录的科举，其弊将不可胜言。

刘坤一、张之洞以誊录有弊，欲废去防弊的制度而依靠人的道德品格以防弊，不知情面天下，非制度更将百弊丛生。政务处之所以勉强议准废誊录，很大程度上因其否决了刘、张的分场去取主张，故以此"补偿"刘、张。行之数百年的誊录制度竟成了权谋妥协的牺牲品。此举不仅造成严重恶果，而竟难以迅速扭转。可以说，废誊录无疑是科举改制中"始谋不臧"的显例。

三 戊戌以来科举改章思路检讨

上文表明，辛丑奏定新章既是张之洞、陈宝箴戊戌方案的延续，也有重要损益。不过，从戊戌到辛丑，改科举的具体方案实有好几种，甚至已经颁行。既往研究多关注于经济特科、康梁派、张之洞与陈宝箴的改科举方案，其实，礼部拟定的几种科举详细章程，亦值得合而论之。

戊戌变法时几种科举改章方案检讨

光绪丁酉年（1897）十一月二十三日，贵州学政严修请开经济科的奏折递达御前，光绪帝当即谕令总理衙门会同礼部妥议具奏。戊戌年正月初

---

① 《论政府把持科举之故》（1903 年 9 月 16 日），杨琥编《夏曾佑集》上册，上海古籍出版社，2011，第 80 页。
② 尚秉和：《历代社会风俗事物考》，母庚才、刘瑞玲点校，中国书店，2001，第 491～492 页。

六日，总署与礼部复奏拟分特科、常科。其常科以算学、艺学各书院、学堂的"高等生监"为对象，以策问试之，初场专门题、次场时务题、"三场仍试四书文"，与乡、会试平行，中式者称经济科举人、贡士，与文闱举人、贡士一体复试、殿试、朝考，惟另编字号，"不责以楷书、不苛其讹脱，一以学问为高下"。[①] 该复奏折由总理衙门大臣张荫桓负责，系汪大燮、沈曾植起草，并经总理衙门大臣、礼部尚书许应骙修改。[②] 如此则经济常科重专门、时务，但八股文（四书文）仍予保留，只不过已置于最不重要的第三场。当日奉旨允行，惟其详细章程仍责成总署与礼部会同议奏。上谕还不忘勉励各生监："当思经济一科与制艺取士并重，争自濯磨，力图上进"。[③]

经济特科、常科的详细章程尚未奏上，康有为、梁启超等人已在京"精心运动"，接连发动"废八股攻势"，终于促成清廷于五月初五日做出废八股、改策论的重大政治决策。[④] 不过，明发上谕只立原则，"其如何分场命题考试一切详细章程"，仍需礼部妥议具奏。仅仅七日之后，御史宋伯鲁又奏请将经济岁举（常科）归并乡、会试正科，奉旨"乡、会试既改试策论，经济岁举亦不外此，自应并为一科考试"。[⑤] 此时当局甚重策论，结果四个月前甫定的经济常科就此湮灭，各算学、艺学书院、学堂的生监与乡、会试平行考试的新途突然关闭。礼部遂于当日片咨总理衙门：经济常科章程应归入礼部议复乡、会试改试策论折内，一并议奏。故总署随后仅议复经济特科详细章程六条。[⑥]

礼部奉命议复科场详细章程，无疑备受关注。康有为、徐致靖等人尤其

---

① 《总理衙门会同礼部遵议开设经济特科折》（戊戌正月初六日），中国史学会编《戊戌变法》第 2 册，上海人民出版社，1957，第 406 页。

② 参见茅海建《从甲午到戊戌：康有为〈我史〉鉴注》，第 283～287 页。

③ 中国第一历史档案馆编《光绪宣统两朝上谕档》第 24 册，第 11～12 页。

④ 参见茅海建《从甲午到戊戌：康有为〈我史〉鉴注》，第 400～401、442～443、454～458 页；茅海建《戊戌变法的另面："张之洞档案"阅读笔记》，第 356～357 页。

⑤ 中国第一历史档案馆编《光绪宣统两朝上谕档》第 24 册，第 206、213 页。

⑥ 《总理各国事务奕劻等折》（光绪二十四年五月二十五日），国家档案局明清档案馆编《戊戌变法档案史料》，中华书局，1958，第 228～231 页。

在意，并随时准备施加影响。五月十八日，在探知礼部"草定章程，有两场之议"后，徐致靖奏上康有为代拟的折子，据此前经济常科办法而损益之，对各项考试策论文体提出方策：（1）专门未通，而时务应晓，其中内政外交最要，故改二场时务策为首场；（2）经济常科"二场有时务策而无史学策，三场有四书文而无五经文"，均为缺憾，故请二场考试经论、史论。此事重大异常，光绪帝不便自作主张，遂将折"暂存"，并呈慈禧太后阅览。在此情况下，光绪帝愈加期待礼部复奏，故当日催令礼部于五日内将科举考试详细章程迅速具奏。① 礼部岂敢怠慢，于二十二日奏呈详细章程十条，并请示五言八韵诗是否保留。当日奉旨："嗣后一切考试，均着毋庸用五言八韵诗，余依议"。② 鉴于徐致靖（康梁派）和礼部几乎同时推出的两份方案，均是在经济常科归并乡、会试正科的背景下提出的，将三者做一对比，或许饶有趣味（见表 2 - 1）。

表 2 - 1　戊戌时期几种改科举方案对比

项目	经济常科大略	徐致靖方案	礼部方案
场次	三场	两场	两场
头场题目与题量	专门题	时务策，五通	四子书论、经论、史论各一篇
头场命题范围/答题标准	内政、外交、理财、经武、格物、考工	内政、外交	四书论以朱注为宗；五经论出题不拘何经，但答题以恪遵先儒传注及御纂钦定诸说为断；史论以《御批通鉴辑览》为断
二场题目与题量	时务题	四书论、五经论、史学论各一篇	策问，五通

---

① 《翰林院侍读学士徐致靖折》（光绪二十四年五月十八日），国家档案局明清档案馆编《戊戌变法档案史料》，第 223～224 页；中国第一历史档案馆编《光绪宣统两朝上谕档》第 24 册，第 231～232 页。按，徐折系康有为代拟，参见孔祥吉《康有为变法章奏辑考》，北京图书馆出版社，2008，第 289 页。

② 《礼部尚书怀塔布等折》（光绪二十四年五月二十二日），国家档案局明清档案馆编《戊戌变法档案史料》，第 224～227 页；中国第一历史档案馆编《光绪宣统两朝上谕档》第 24 册，第 241 页。

续表

项目	经济常科大略	徐致靖方案	礼部方案
二场命题范围/答题标准		四书论必作,经论、史论均自认一科。经分五科:《诗》;《书》;《易》;《仪礼》、《礼记》;《春秋公羊》。史分八科:史记、汉书、后汉书;三国、六朝、唐书、五代、宋史;辽金元史;明史;资治通鉴、纪事本末;文献通考;国朝掌故	第一问专门题,从内政、外交、理财、经武、格物、考工六门中各出一道,士子择其所长以对;次出时务题四道,通场合试。考官合校五策,酌量取中
三场	四书文	无	无
试帖诗		一律停止	请示圣裁
誊录			保留

资料来源：中国史学会编《戊戌变法》第 2 册，第 406 页；国家档案局明清档案馆编《戊戌变法档案史料》，第 223～227 页。

从比较可知，（1）徐致靖方案和礼部方案最大的不同在于，前者首场试策题，后者首场试论题。考虑到论题全系"中学"，策题则包含"中外"，而双方均深谙荐卷、阅卷程序决定了首场具有压倒的重要性，则其不同设置自有深意在。（2）二者的另一不同在于经论、史论的命题方式和范围，前者经分五科、史分八科，令士子自择一科，后者则五经不拘何经命题，史论以《御批通鉴辑览》为断，可操作性更强。[①]（3）尽管异处不少，其相似处亦值得留意：二者的策题，均从经济常科的专门题、时务题衍化而来，也大体近似。（4）最重要的同处在于，两者均试两场，题型相似，题量亦同，与废八股前的乡、会试相较，除强调"实学"外，鲜明地体现了简化场次、减少题量的改革倾向。这与张之洞、陈宝箴的科举改革思路大为不同。

就在礼部详细章程刚刚奏准之后，六月初一日，湖广总督张之洞、湖南巡抚陈宝箴联衔上奏的"妥议科举新章折"摆到了光绪帝面前。帝览奏大悦，不惜推翻九天前已颁行的礼部方案，明发上谕："乡、会试仍定为三场。第一场试中国史事、国朝政治论五道。第二场试时务策五道，专问五洲

---

① 茅海建已对比过徐致靖方案和礼部方案，惟其意在强调两者的区别，故尚少论及相近之处，解读亦间有不同。其认为徐氏方案强调"时务"、"五经"、"史学"、"微言大义"，代表了"康学"的背景，亦颇有启发。参见茅海建《从甲午到戊戌：康有为〈我史〉鉴注》，第 491～492 页。

各国之政、专门之艺。第三场试四书义两篇、五经义一篇",分场发榜,如额取中。其未尽事宜仍责成礼部随时妥酌具奏。① 七月初二日,礼部遵旨拟定《乡会各试详细章程》十三条,奉旨依议。② 迨八月政变作,张、陈新章又被废弃,礼部为张、陈新章拟定的详细章程自然随之搁置,经济特科亦遭停罢,科场悉复旧制。从经济常科到礼部方案,从张、陈新章到八股旧制,短短几个月间,改科举经历了"朝令夕改"的曲折过程,为戊戌朝局的波谲云诡做了一则妙注。

将戊戌时期几种科举改章思路做一比较,可以说,张之洞、陈宝箴方案彻底改变了科举改制的途辙:一方面,由简化场次(二场)、题量缩减(八篇)的思路,变为场次(三场)、题量(十三篇)增多的做法;另一方面,更重要的是,将四书五经放在三场之末,难免导致士子荒经的结果。康梁派的方案,虽将四书五经放在第二场,但因只有两场,故亦不致如张之洞方案那么后果严重。后来,参与阅卷的癸卯科会试同考官恽毓鼎就发现四书五经置于三场最末的结果是,士子对经义题多草草了事。恽氏因而建议改为两场:"头场试史论三篇……时务策两道,不拘中西;二场试四书义二篇,五经义二篇。阅卷者两场合校,精力既觉宽余,次场便可着重救不读经书之失。"③ 此建议意在救济士子荒经之弊,但也与场次、题量缩减的思路颇为相通。

张之洞戊戌、辛丑新章检讨

张之洞、陈宝箴科举新章虽被戊戌政变打断,但因其业经颁行天下,且通过《劝学篇》的宣传流播而朝野熟知,故天然获得优先地位。加以张之洞、刘坤一在庚辛之际地位凸显,其《变法三折》又是新政改革的蓝图,故辛丑科举改章仍以张、陈戊戌方案为本。只是,该方案虽在张之洞圈子内颇有研讨,貌似斟酌至善,其实并未经过更广泛的充分讨论,而是在戊戌变

---

① 中国第一历史档案馆编《光绪宣统两朝上谕档》第 24 册,第 251 ~ 252 页。
② 礼部:《科举章程》,光绪二十四年刻本,第 1 ~ 9 页,北京大学图书馆古籍部藏。
③ 史晓风整理《恽毓鼎澄斋日记》第 1 册,第 221 页。

法的特殊时期，由光绪皇帝直接颁行的。此举颇不寻常，与文科乡、会试之于国家的重要性极不相称，也是非常冒险的。吴汝纶在给山西巡抚胡聘之的信中就感慨道："小人不解朝论于武科既如此博问周咨，其文科应更郑重，何仅于仓卒之间，遽行定论。"①

迨至辛丑新政之际，虽不似戊戌维新时日下诏书，但同样是变法改制的特殊时期，亦无暇从容讨论。从前文可知，此时中枢、礼部与刘坤一、张之洞等东南督抚在科举问题上分歧颇大，双方并未能平心静气地切实探讨，将抡才大典斟酌尽善，而是权谋相加，"两害相权取其轻"。故张之洞极为看重的分场去取之法并未实现，其临时提出的废誊录却作为"补偿"而得以施行，成了科举改制的一大败笔。某种程度上讲，在辛丑科举新章中，该保留的未保留，不该废除的却惨遭废除。

进言之，张之洞戊戌、辛丑科举方案本身就有诸多不妥之处。就戊戌方案来说，如前文所述，因有与康梁派竞争学术霸权的考量，故难免"炫博"，以中体西用为标榜，号称熔科举、经济、学堂为一炉，实则求全求难，标置太高，未必适于科举改章之初的社会实情。据张之洞的设计："取入二场者必其博涉古今明习内政者也，然恐其明于治内而暗于治外，于是更以西政西艺考之。其取入三场者必其通达时务研求新学者也，然又恐其学虽博、才虽通而理解未纯、趋向未正，于是更以四书义、五经义考之。其三场可观而中式者，必其宗法圣贤、见理纯正者也。大抵首场先取博学，二场于博学中求通才，三场于通才中求纯正。先博后约，先粗后精，既无迂暗庸陋之才，亦无偏驳狂妄之弊。"针对考官"罕通新学"的质疑，张之洞说："应试则难，试官则易。近年上海译编中外政学、艺学之书不下数十种，切实者亦尚不少，闱中例准调书，据书考校，似不足以窘考官，且房官中通晓时务者尚多，总裁、主考惟司覆阅，尤非难事。……惟是变法之初，兼习未久，其研求时务者岂能遽造深通？是宜于甄录之时稍宽其格，以示骏骨招贤

① 《致山西胡中丞》（戊戌八月初五日），徐寿凯、施培毅校点《吴汝纶尺牍》，第143~144页。

之意。"①

针对张之洞方案不切实际的"理想色彩",吴汝纶批评道:"二场发策,若问时务,彼此抄袭,若问专门,尚无应者,且亦无此考官,知亦如前此之考算学,奉行故事而已。"②又说:"外国专门之学,中国尚无其人,何能以之试士!……即所云外国时务,见之各报章者,亦仅九牛之一毛,何从窥见全豹,此亦不能用以试士也。此二场之谬也。"

即使头场中国政治史事论,亦不易言。吴汝纶说:"讲求中国史学,若廿四史全责人强记,即令通才入场,若不怀挟,恐亦不能角胜。"故史学当有区别,《史记》、《汉书》"与六经同风",必应熟读,《晋书》以下,"止可供浏览之用,能记不为功,不记不为耻"。若仅求往代史迹,"当如礼部初议,以《御批通鉴辑览》为主,既系国家颁定之书,又卷帙无多,中才可以为力。若不择精粗,不知要害,专以多难人,虽闳通之才,不能与其列矣"。至于国家政治,"其书藏之中秘,通都大邑,求《平定粤捻方略》且不可得见","穷乡僻壤,岩穴之士"更无论矣。吴氏因此总结道:"凡若此者,皆故示瞻博,以折难士子,非国家培养人才之本意也。此由误信顾亭林'科场之法,欲其难不欲其易'之二语,亭林固亦书生之论,不能尽见之施行也。此头场之谬也。"吴氏甚至认为"诗赋亦不可废,如汉赋、如汉魏以来大家之诗,皆中国之奇宝,奈何以词章少之!若末流难处,则策论之末流,庸独愈乎!此等议论,正坐无学耳。世俗不足责,若朝廷大臣所议改革之法,乃与康、梁书生不晓事者略等,此何说耶!"

对于张之洞方案既折难士子于前,又谓变法之初宜稍宽其格于后,吴汝纶讥其自相矛盾:"彼所悬之格,一不能及,则皆抄袭旧文,或竟草率完卷耳。苟宽其格,何所不至,此决不可。"吴氏担心:"如其法则一省不过二三人,多则十人八人,而彼则谓所取仍如旧额。苟如此,则向所谓抄袭旧文、草率完卷者,皆在必取,则悬格虽高,仍与向来三场策问略同,尽是有

---

① 参见《妥议科举新章折》(戊戌五月十六日),苑书义等主编《张之洞全集》第2册,第1304~1310页。
② 《答贺心铭》(戊戌六月初六日),徐寿凯、施培毅校点《吴汝纶尺牍》,第138页。

名无实耳。何也？考之以难，则应之以伪，必然之势也。"① 此外，吴汝纶向严复直言张之洞的科举章程不妥："近日议法之家，皆自奋其室中之见，楚中所议科举，尤为难行，今之秀、孝，虽未必果材，然国家一切屏弃不齿，恐亦有不测之忧。吾恐西学不兴，而中国读书益少，似非养育人才之本意也。"②

值得注意的是，吴汝纶也提出了自己设计的科举方案："考试三场仍如旧法，头场易八股为论，经、子、史各一题；二场试策，经、史、时务唯所命；三场诗赋，或他杂题，文体多而不必全作。"③ 可以看出，虽为三场，但题量、题型，却与礼部所议章程不乏共通之处。

作为李鸿章的重要幕僚，吴汝纶难免对张之洞怀有偏见，但他针对张之洞戊戌科举新章的批评，尤其是在场次分配、考试内容、出题范围、难易程度、考官等方面，确是切中肯綮而值得反思的。

迨至辛丑年再议科举新章时，鉴于既乏擅长的考生与考官，亦难场内测试，张之洞终于删除了乡、会试二场考专门艺学的浮夸规定，表示更为务实。但对于普通士子来说，新章难度依然颇大，而在场次、题量与荒经方面，皆存隐忧。即使趋新的报刊评论亦感慨科举新章难度过大，不切实际："从前乡、会试首场四书文三篇，二场五经文五篇，命题不出经书，作文不过八股，应试者尚未必兼工。今改首场中国政治史事论五篇，二场各国艺学策五道，其难奚翅十倍。纵考取真才，不厌其过难，俾不致滥竽充数，而安得如许通人而试之。即以中国政治史事言，三千年沿革损益之故，治乱兴衰之原，能著为论说，深知灼见者，已千百中无一二，若各国政治艺学，尤为科条繁多，各有专门名家，即在泰西极博之名士，亦不能并通政艺两项。似此绝大经济绝大学问，而骤期诸向为八股之人，不待智者而知其不可矣。"同时，评论认为题量需要核减："乡、会试首二场论、策皆定五篇。果欲精

① 以上三段见《答傅润沅》（戊戌六月廿八日），徐寿凯、施培毅校点《吴汝纶尺牍》，第138～140页。
② 《答严几道》（戊戌七月初七日），徐寿凯、施培毅校点《吴汝纶尺牍》，第141～142页。
③ 《答傅润沅》（戊戌六月廿八日），徐寿凯、施培毅校点《吴汝纶尺牍》，第140页。

心结撰，断非一日夜之力所能成。盖从前经文五篇，策五道，以偏重首场，至此不过潦草塞责，所谓不求有功，但求无过者。今既实事求是，应将篇数减少，不致太形局促。夫学业深浅，一二篇中已足觇见，才高之人尤可从容磨炼，以显其长。若限于时刻，一律敷衍，则剽袭者反易混目，而开侥幸之途。似宜核改篇数，请旨酌夺。"① 《苏报》论说亦认为"际此实学废弛，淹博之才无多，而风檐寸晷之中，论、策多至五道，日力已虞其不给"。②

趋新报刊如此，保守士大夫更不待言。辛丑年九月，前河南巡抚于荫霖在慈禧太后召见时，直言批评张之洞的科举新章标置过高，不切实际："国家造士，全为中材，如刘坤一、张之洞所议普通学，合今日臣工、士子，恐无一能交卷者，合三年而论，秀才数万，举人将数千，使之尽通，乌乎能？势必如圣谕所云，抄写洋报而已。"同时，于氏认为新章推行之后必然导致荒废四书五经的后果，故建议调整场次顺序："变法宜专宜简，即如科举一事，谕旨令以四书五经为本，诚得其要，但在三场，恐久而如今日三场对策，必至废弛。莫若仍将四书五经义挪在头场。即曰严加去取，头场有何不可严去取。"③

然而，辛丑之际，张之洞已相当激进，欲"大变西法"，甚至不断倡言所谓的皮毛也能救国论。④ 而许多时候，他正扮演着撷拾西学皮毛、轻变旧制的角色。早在辛丑年四月，张之洞已有废科举之心，他私下向其核心幕僚言及新政办法有三等，第一等中就包括"罢科举"。⑤ 事实上，在《江楚会奏变法三折》中，科举新章只是作为过渡时期的权宜之计，张之洞主张分科"递减科举取士之额，为学堂取士之额"，用学堂逐渐取代科举，实际指向的就是废除科举。⑥ 所以，张之洞对科举新章自然就欠缺深入而长远考

---

① 《科举变制余论》，《中外日报》辛丑七月廿四日，第 1 版。
② 《科举宜变通章程议》，《苏报》辛丑十一月十八日，载《时事采新汇选》，辛丑腊月初六日刊。
③ 于荫霖：《悚斋日记》，沈云龙主编《近代中国史料丛刊》（224），第 1260 页。
④ 参见劳祖德整理《郑孝胥日记》第 2 册，第 786 页；李细珠《张之洞与清末新政研究》，第 86 页。
⑤ 劳祖德整理《郑孝胥日记》第 2 册，第 796 页。
⑥ 参见李细珠《张之洞与清末新政研究》，第 133 页；关晓红《科举停废与近代中国社会》，第 89 ~ 90 页。

虑，未能真正为国家设计万全之策，于是只将太过不切实际的二场专门艺学删去，却又突发奇想地要废除"无害于取材而有益于防弊"的誊录制度。

沈曾植的科举、学堂分途思路

其实，庚辛之际，科举改章还有其他思路值得注意，尤其是沈曾植的方案。既有研究已表明，《江楚会奏变法三折》所用底本正是沈曾植的稿子。沈氏建议"科举、学堂分途考试，不废八股"，但比张之洞稳健的刘坤一亦觉"尚须酌改"。① 虽然如此，沈氏关于改科举、兴学堂乃至整个变法的思想却值得格外重视。

沈曾植的原稿尚不得见。但他在给陶模的信中，就科举、学堂分途考试，互不相杂有所论述："世之言学堂者必废科举，某独以为学堂、科举，不相杂而后相安。"这是因为"新政者，将以求政道之开明，非以快人心之惧忿也。先布新而后除旧者人情安，先除旧而后布新者人心危。既有革故鼎新之事者，不可复快我愤世嫉俗之言。无好人三字，非有德者之言也；无人材三字，非政治家之言也"。②

辛丑年三月中旬，刘坤一将沈曾植的稿子寄给张之洞以为底本。沈氏随后又致信张之洞，畅论变法思想和步骤："变法，大刺割也……不得谓非天下一大痛楚也。故尝谓开新与守旧二说不必并提，兴利与除弊两事不可并进，新既开，不忧旧不去，利既兴，不忧弊不除，此事理之自然。若嚣嚣然日以诟谇之声闻天下，人匿其情，而争心并起，则无一事可行、行而可成者矣。……彼赫德，驵侩才耳，于关税，于邮政，尚能规模素定，相人情之缓急而次第施之，终以集事。常关之习未尽除，信局之旧不尽去，何害于关税

---

① 《刘制台来电》（辛丑三月十五日），苑书义等主编《张之洞全集》第 10 册，第 8562 页；李细珠：《张之洞与清末新政研究》，第 95 页。

② 《与陶制军书》（约辛丑三月），许全胜：《沈曾植年谱长编》，中华书局，2007，第 243 ~ 244 页。信中说"闻行在已设一督催所"，按督办政务处设于三月初三日，传言当在此前后。

之日增，邮政之日扩乎？"① 立论与其致陶模函近似。

此后，沈氏在致密友丁立钧的信中，进一步阐述了对科举、学堂问题的理解："承询学堂意见云云，此事植在昔年为先觉，而在今日为背时，举世冥冥，事未立而弊已形……凡国所已（整理原文）立于天地间者，宗教一也，文字二也，伦理三也。世必无敢背周、孔之人，然仇经议（整理原文）而灭理学，则宗教之根柢摇；必无偭仓、许之人，然轻译本而重欧文，则文字之根柢摇；必无逆纲常之人，然蔑师长而傲齿德，则伦理之根柢摇。凡此三弊，皆托于废科举之说以发之。然则废科举也，是将举二千年生人之天秩、天序、宗教、文字、伦理一举而尽废之也。恶少之乖张不足论，而名流诡激之谈，官场峭薄之气，不相谋而适与相应，兹则大可惧矣。非掊克不得为人才，非诟厉不得为论议。吾视今人日诟康、梁，而所操之术其为毁瓦画墁，盖无二致，其不大可怪且可惧耶？"② 沈氏议论针对的正是张謇、汤寿潜、郑孝胥等东南名士以及张之洞等趋新大官。

沈曾植学问好、功名高、交游广，又在总理衙门任章京多年，可谓眼界、学识与经验兼具，绝对不算守旧者。他这种持重的想法，与其戊戌年拟定经济常科章程的思路是一脉相承的。亦即保留科举旧法，以安顿旧人，保持政局、人心的相对稳定，同时开辟新科举之途，为学堂"新学"学生谋出路。二者分途进行，两不相妨而相安。期望渐进地转移风气，实现新旧人才的稳妥交替，使中国的固有秩序、礼教、文化不致断裂崩溃。其实，在未受庚子事变的巨大冲击和刺激之前，作为旧学权威但颇为趋新的吴汝纶，就科举、学堂的分合问题，亦有类似的冷静思考："科目登进，必尽改为出于学堂，吾初亦持此议，继思此亦难行。学堂荐举，是欲反科目为选举，其蔽（原文）不能胜诘。中国之试士，不离文字，文字之业，止可试之场屋，不

---

① 《与南皮制军书》（约辛丑三至四月），许全胜：《沈曾植年谱长编》，第243页。按，许全胜称刘坤一将沈稿转呈张之洞，事当在二月，故系此函于二月。然据前引刘坤一致张之洞电，寄呈沈稿当在三月中旬，所以此信必更晚一些。

② 许全胜整理《沈曾植与丁立钧书札》，上海图书馆历史文献研究所编《历史文献》第16辑，上海古籍出版社，2012，第146～147页。

宜用之选举。即云以平日考试等级为凭，要自可行贿赂请托于其中也。窃谓中西之学，终须分途。其由学堂荐举者，止可由西师试西学；为中国之学，仍以考场糊名易书之法为之耳。"①

关晓红曾将晚清科举变革总结为两个阶段：纳洋学于科目，并科举于学堂。甚有启发。但二者均是将科举、学堂合并为一的思路。在此之外，沈曾植、吴汝纶的思考值得注意。可惜，沈曾植的方案虽然写进了江楚会奏变法的底本中，最终却被抛弃了；而他向陶模、张之洞的上书申言，也未获采用。相反，在辛丑年三月沈曾植给陶模致信前后，陶模在奏折中已将兴学堂与废科举联系在一起，而以学堂取代科举为最终目标，与梁启超 1896 年在《变法通议·科举》中提出的最激进的"上策"相呼应。② 不过，陶模的奏词虽然痛快，但将科举与学堂完全对应，既混淆了培才和抡才的区别，也轻视了科举在政治、社会、文化等多层面的重要功能，不免拾康、梁之唾余；而《变法通议》出自梁氏早年，实多臆想空言。这与沈曾植的科举、学堂分途思路完全相反。

然而，陶模言辞决绝的奏折却带来了广泛影响，一方面是"为科举改革树立高标，使其他督抚的出奏有了参照"；另一方面，随着陶模有关科举与学堂不能并存的断言持续发作，科举不废、学堂不兴迅速成了趋新之士的口头禅。③ 此说法后来也成为停废科举的重要理据。科举、学堂固然有相碍之处，但随后趋新者一味强调学堂与科举的先进落后之别，夸大学堂之难和科举侥幸之易，将学堂不兴的板子完全打在科举的屁股上，体现了国人非黑即白、无妥协精神的躁动。至于决策者"急于观成，仓猝定制"，实难辞其咎。迨废科举后，许多人又发现科举竞争大、去取严，而学堂只要经过年限毕业即授功名，反而容易。④ 此外，当日批评科举阻碍学堂的重要理据是，

---

① 《答傅润沅》（戊戌六月廿八日），徐寿凯、施培毅校点《吴汝纶尺牍》，第 139～140 页。

② 参见关晓红《科举停废与近代中国社会》，第 87～88 页。

③ 参见关晓红《科举停废与近代中国社会》，第 89、92～93 页。

④ 何刚德：《客座偶谈》卷 2，《春明梦录·客座偶谈》，上海古籍书店，1983 年影印本，第 9 页 b～10 页 a。

一遇科举考试时间，学生纷纷赴考，耽误功课，导致学堂无功。一定程度上，这也是科举、学堂合一思路和政策的结果。科举与学堂分途而行，学堂自然不会"一日千里"。但是，"大跃进"式的学堂"普及"更不可取。因为在经费不充，尤其是师资奇缺的情况下，遍开学堂既不可能，也没必要。若为开学堂而开学堂，大量用速成科、师范传习所短期培训的人员任教习，搞似是而非的开民智，谬种流传，祸患更大。

督抚的交互激进与联衔模式

现在看来，趋新督抚在改、废科举中有一个交互激进的运作过程。辛丑年三月，袁世凯在新政复奏中提出了"增实科"的主张："旧科仍按期举行，不必一旦全废。但将各省岁、科、乡、会各试取中定额，先行核减二成，另增实学一科，即将旧科所减之额，作为实科取中之数。"令"南北洋、两广、闽浙各督臣，会同妥议条规，按中西各学分门别类，募考实学"，先仿童试规模，"由该督臣等精选试员，认真校试"，择优作为附生，复试取中者作为举人，由礼部会同总署，"遴调试员，并奏请简派考官，订期会试，中式者为进士"。[①] 可见该方案并不废八股，系在保留旧制的同时，另开实科新途，与戊戌年沈曾植、汪大燮拟定的经济常科章程有共通之处。

值得指出的是，据新材料可知，袁世凯本建议"科举旧额，每科减一成，减至五成为止"，亦即旧科与实科并行。然而，张之洞却更为激进，认为"科减一成，已觉太久，留此五成，顽固不绝于天壤"，科举改章绝不可仍照旧式考八股。袁世凯只好复电解释说："鄙意并非欲将科举旧额永留五成，为考试八股之地，不过欲逐渐转移，惟词久〔欠〕醒豁。"于是改为"旧科中额，每次递减二成，实科递增二成，以六成为度。……迨三科之后，学堂中多成材之士，考官中亦多实学之人，即将旧科所留四成帖括中额

---

① 《遵旨敬抒管见上备甄择折》（辛丑三月初七日），骆宝善、刘路生主编《袁世凯全集》第9卷，第146页。

概行废止，一并按照实科章程办理"。① 如此，所谓的"增实科"就变成了最终用实科彻底取代旧科举。张之洞对此与有力焉。

随后，刘坤一、张之洞在《江楚会奏变法三折》中提出三科递减科举方案，只是清廷未予接受。刘坤一去世后，袁世凯旧事重提，拟定三科递减奏折，会同张之洞于 1903 年春陈奏，遭到王文韶以下诸多京官强烈抵制。当年，张之洞进京，努力半载，最终实现了三科递减方案。② 因此，1903 ~ 1904 年三科递减一事，出头在袁世凯，达成却是张之洞出了大力。袁世凯在给徐世昌的私信中亦谓："此老（指张之洞）竟将科举办减，近日称赞不去口。"③ 可是，仅仅一年多之后，袁世凯、端方等人又联络奏请立停科举，结果在 1905 年 9 月 2 日，延续了一千多年的科举制度被清廷宣告立停。在此过程中，袁世凯、端方又扮演了最重要的角色。④

有意思的是，1905 年亦甚特殊。因为有恩科及庚子事变的冲击，科举考试的年份被彻底打乱，其中 1901 ~ 1904 年，乡、会试连绵举行。同时，按照此前上谕，1906 年和 1907 年将分别举行乡试和会试。所以，从 1901 年至 1907 年，只有 1905 年没有乡、会试。鉴于乡、会试之年，例不言科举，因此，除了议修京师贡院和王文韶出军机等因素，⑤ 对于趋新督抚来说，1905 年确是奏停科举最合适的年份。

此外，趋新督抚奏请废科举，也经历了一个从分奏到联衔的过程，体现了中枢与督抚权力格局的变化。在辛丑议复新政时，刘坤一、张之洞、袁世凯等督抚本欲联衔会奏，但中枢示意分奏为宜，故最终刘、张二位参预政务

---

① 《湖广总督张之洞来电》（辛丑三月初七日）、《致湖广总督张之洞电》（辛丑三月初七日）、《遵旨敬抒管见上备甄择折》（辛丑三月初七日），骆宝善、刘路生主编《袁世凯全集》第 9 卷，第 146、149 ~ 150 页。

② 参见李细珠《张之洞与清末新政研究》，第 134 ~ 138 页；关晓红《科举停废与近代中国社会》，第 93 ~ 101 页。

③ 《致练兵处提调徐世昌函》（1904 年 3 月 22 日），骆宝善、刘路生主编《袁世凯全集》第 12 卷，第 55 页。

④ 参见关晓红《科举停废与近代中国社会》，第 128 页。

⑤ 参见关晓红《科举停废与近代中国社会》，第 116 ~ 128 页。

大臣联衔会奏，其他"普通"督抚则单衔复奏。① 迨 1903 年奏请三科递减科举，袁、张本欲多拉几位督抚以壮声势。岑春煊、端方、周馥亦愿意会衔，且岑、端二位还贡献了修改意见。② 因此，李细珠称此折"由袁世凯领衔与张之洞、周馥、端方等人会奏"。不过尚有未谛。关晓红谓"张之洞曾想串联更多的督抚联衔会奏，袁世凯并未照办"，亦不确。③ 实则此折仅袁、张会奏，盖有"京友"提醒袁世凯，"不宜多会衔，恐嫌为疆臣要在必行"。④ 看来中央高层此时仍不愿督抚联衔奏事。然而，1905 年立停科举之奏，则由袁世凯、端方、张之洞、周馥、岑春煊、赵尔巽等多位督抚联衔。如此多督抚联衔会奏而不见中枢高层示意反对，既折射出中枢与督抚权力格局的变化，也很可能是迎合上意的结果。无论如何，这为后来多位督抚奏请速开国会、设责任内阁的联衔行动开了先河。

当然，这一系列改、废科举的动作，均是督抚主动发起并促成的。下章我们将讨论枢臣主动推进科举改制的思路、举措、论争与反响。

---

① 参见李细珠《张之洞与清末新政研究》，第 90 页。
② 《致署两江（湖广——引者注）总督端方等电》（1903 年 3 月 10 日），骆宝善、刘路生主编《袁世凯全集》第 11 卷，第 66 页。
③ 李细珠：《张之洞与清末新政研究》，第 135 页。关晓红：《科举停废与近代中国社会》，第94 页。又，许同莘称"此折川督、鄂督、东抚皆列衔"；胡钧谓"此折川、鄂、东皆会衔"，均误。许同莘编《张文襄公年谱》，北京图书馆编《北京图书馆藏珍本年谱丛刊》（174），北京图书馆出版社，1999，第 83 页；胡钧编《清张文襄公（之洞）年谱》，台北：台湾商务印书馆，1978，第 202 页。按，《袁世凯奏议》编者将此折系于光绪二十九年三月十二日，李细珠据《光绪朝东华录》改于二月十五日。现据《袁世凯全集》和《宫中档光绪朝奏折》系于二月十二日。
④ 《致署两江（湖广——引者注）总督端方等电》（1903 年 3 月 10 日），骆宝善、刘路生主编《袁世凯全集》第 11 卷，第 66 页。

第三章

壬寅诏开进士馆：科举改制的扩大

　　作为清末新政的重要举措，科举改制复杂而曲折。在考试新章之外，从庚子前后的整饬翰林院，到壬寅年十一月的诏开进士馆，是另一条关键的改制脉络。这一脉络是在最高层调适科举与学堂关系的重要步骤，鲜明地体现了中枢大臣主动变革科举的努力和争论，既与辛丑科举新章相配套，共同构成科举改制的主要内容，又蕴含着抑科举而扬学堂的深意，因而在科举改制中具有标示风向的意义。正因为如此，诏开进士馆不仅在枢臣中颇有争论，在包括京外官、广大士子及报刊舆论界的朝野上下，更是引发了多方面回响。毫无疑问，此举影响了大量士子的抉择，改变了癸卯、甲辰二科诸多进士的仕途发展和人生命运，对科举、学堂地位的此消彼长也不无推动之效。

　　学界以往关于改科举的研究已经不少，但对庚子前后从整饬翰林院到诏开进士馆的改制脉络尚注意不够；开进士馆与科举考试新章的配套关系，还有待论证阐发；开进士馆的动因、讨论决策过程及内幕，牵涉中枢大臣主动变革科举的努力和争论，其中迷雾重重，更需用切实材料加以揭示。上述问题直接关系到我们对清末新政开始后科举改制的思路、举措及其力度的整体理解，涉及科举与学堂、翰林院与大学堂的关系问题。本章从庚子前后翰林院的整改、京师大学堂仕学馆的筹办、中枢要人的幕后推动、枢臣的争论与妥协，以及诏开进士馆的朝野反响等方面，梳理从整饬翰林院到诏开进士馆的改制脉络，并阐明诏开进士馆乃科举改制的扩大和深入。

一　庚子前后翰林院的整改

有清一代重科名，又以入翰林为尤荣。进士朝考、馆选等制度的推行，使翰林院成为科举制的自然延伸，玉堂人物成为科举出身之最上一层。科举考试的考官——会试总裁、同考官，乡试主考，各省学政——绝大多数又为翰苑人员。因此，科举制与翰林院的关系至为密切，[①] 翰林院的整改与科举改制息息相关。

清季世变日亟，科举诟病渐多，翰林自不能幸免。尽管同治中兴手定大难的胡林翼、曾国藩、李鸿章皆翰林，然形势比人强，改科举逐渐从"坐言"走向"起行"。戊戌变法中，光绪帝接受张之洞、陈宝箴奏请，更定科举考试新章。当年七月初三日，又颁下废朝考之谕。进士朝考"专为选庶吉士而设"，[②] 由翰林院主持，[③] 今一朝停罢，表明朝廷开始对翰林院下手了。七月十四日，往日与翰林院同居清要、供词林迁转的詹事府遭到裁撤。词臣的升转之途大受限制，翰林院的地位遭到削弱。惟政变旋作，悉复旧制。但翰林院显然已受到严重质疑，它的整改只是时间的问题了。

---

① 参见邸永君《清代翰林院制度》，社会科学文献出版社，2007，第8、161页。

② 商衍鎏：《清代科举考试述录及有关著作》，第157页。

③ 《会典》"翰林院掌院学士职掌"条谓："萃礼部之进士以朝考（每科于殿试、传胪后，礼部以进士名册送殿，掌院学士奏请御试于保和殿，曰朝考。——原注）。"《钦定大清会典》（嘉庆朝）卷55，沈云龙主编《近代中国史料丛刊三编》（638），台北：文海出版社，1991，第2545页。又，光绪二十一年御史熙麟奏参壬辰、乙未朝考阅卷是非倒置，上谕即令掌院学士将有关朝考原卷封固呈进。《德宗实录》（5），光绪二十一年五月上，《清实录》第56册，第798页。关晓红两次断言进士朝考由吏部负责主持，似可再商。其所引王庆云《石渠余记》的材料，恰亦说明朝考之设，为选庶吉士。《科举停废与近代中国社会》，第229、238页。

庚子事变后再度变法，首先就是整顿翰林院。当改科举、兴学堂尚在酝酿之时，吏部尚书、翰林院掌院学士孙家鼐于光绪二十七年四月十八日奏请整顿翰林院。他建议"庶常入馆，即宜课以政治，兼习洋务。政治以《大清会典》、《六部则例》为宗，旁及古今政书、直省通志，凡有关经世之务者，皆令肄业。洋务以历年条约、万国公法为先，旁及语言文字，一切格致之学，皆当通晓。散馆时即以所学命题"。至于考评的方式，则庶吉士不仅授职前有月课，即使"授职以后，仍随时札记所学"，由掌院学士等分别优劣，或"进呈御览，以示鼓励"，或"分别纠劾、以杜横议之渐"。孙家鼐认为"如此则今日所学，即他日所用"，可祛学非所用之弊，"非但有益于人材，亦且有裨于政治"。①

次日，清廷针对奏片明发上谕，慨言"兹当变通政治之初"，作为储才之地的翰林院"允宜首先整顿"，遂令编修、检讨以上各官，"专课政治之学，以《大清会典》、《六部则例》为宗，旁及古今政书、直省通志"，而"条约、公法以及天算、格致诸书"，则"听其分门肄业"。并令"掌院学士酌定课程，每月呈送札记"，据优劣而定奖惩。更重要的是，与翰林密切相关的"散馆、大考、考差，均应一律变通"，上谕令掌院学士就此"妥拟章程，咨送政务处王大臣覆核，请旨办理"。②

值得讨论的是，虽然上谕由奏片而来毫无疑问，但二者实质差异甚大。据孙家鼐的建议，庶吉士肄业及考试内容将大为改变，庶常馆制度定需调整。与此对应，上谕的规定颇为微妙，一方面，由于庶常馆之制牵涉太多，在无替代机制出现以前，绝非旦夕可改，故绝口不提庶吉士应做何功课。另一方面，既明言翰林院应首先整顿，则不得不有所表示，故令业已散馆的"编、检以上各官"专课政治之学。需要强调的是，孙家鼐变

---

① 《孙家鼐奏为庶常入馆即宜课以政治兼习洋务敬陈管见事》（光绪二十七年四月十八日），中国第一历史档案馆藏录副奏片，档号 03－7203－127。按，此标题系档案整理者所拟，原拟事由为"翰林院讲求实学拟定课程由"、李国荣主编、中国第一历史档案馆编《清代军机处随手登记档》第 157 册，国家图书馆出版社，2013，第 242～243 页。

② 中国第一历史档案馆编《光绪宣统两朝上谕档》第 27 册，第 81 页。

通庶常肄业的主张既未被采纳，庶吉士做何功课又未予规定，而散馆却要求变通，[①] 则庶常馆势必改制。这就为开进士馆埋下了伏笔。

然而，翰林院衙署为庚子兵燹所毁，此时汉掌院学士孙家鼐在西安行在，满掌院学士崑冈为留京办事大臣，翰苑人员或留京，或在行在，或散处各地。因此，且不论整顿办法何如，此时实无从整顿，因而迟迟不见掌院学士酌定的具体办法。不过，整顿翰林院的讨论在高层中继续发酵。光绪二十七年九月十六日，工部尚书张百熙奏称：欲救翰林取非所用、用非所取之弊，"莫如使取与用出于一"，亦即"莫如使今日已取之士尽习有用之学"。故奏请归并詹事府于翰林院，令学士以下分研经世实学。[②] 这就提出了科举已取之士再学习问题。其实，欲取与用出于一，还有另一种思路，即变取士之法，直接用所谓经世之学来取士。该思路即体现为科举考试新章。因此，奉行科举考试新章与令新进士入大学堂，确为实现人才取、用合一目标的配套举措。

光绪二十七年十一月二十八日，两宫銮驾抵京，次日即传"翰詹读、讲以下俸深编、检二十员"预备明日召见。[③] 召见翌日，即十二月初一日，再度发布整顿翰林院上谕："翰林院为储才之地，平日并无公事，从容清暇，正宜博通经济，期为有用之才，以备国家任使。着掌院学士将该衙门人员督饬用功，于古今政治，中西艺学，均应切实讲求，务令体用兼赅，通知时事，而无习气。限五个月后甄别一次，由该掌院学士严行考核，分别优劣，据实奏闻。"[④]

与四月十九日上谕相较，虽未再提翰林专工诗赋、小楷，空疏无实，语气看似稍缓，实则"平日并无公事"云云，足令翰林气短。参加了召见的叶昌炽在日记中大发牢骚："不佞在史馆四五年，簿书鞅掌，何异司员，而

---

① 上谕要求散馆、大考、考差一律变通，而是年七月十六日废八股、改策论的上谕，连带规定散馆、考差的题型一体改变，显示出翰林院整改与科举改制密切关联。
② 王钟翰点校《清史列传》第 16 册，中华书局，1987，第 4821 页。
③ 叶昌炽：《缘督庐日记》第 6 册，第 3534 页。
④ 中国第一历史档案馆编《光绪宣统两朝上谕档》第 27 册，第 249 页。

日并无公事，闻命饮冰。代言者皆非个中人，即枢臣亦不以词曹进，惟子玖官翰院三十年，轺车遍于四方，偶一入都，席不暇暖，未尝一日当馆差，宜其全不知甘苦也。""代言者"似指拟旨的军机章京，无一翰苑人员，而当时枢臣荣禄、王文韶、鹿传霖、瞿鸿禨四位，惟瞿翰林留馆，但似未当馆差，故叶昌炽谓其全不知翰林甘苦。叶还将严旨归罪于召见的翰詹人员"大半皆腐头巾"，尤其是支恒荣、朱延熙召对不称旨。① 其实，整改翰林院早有成议，其主张者正是翰林出身的孙家鼐、张百熙、瞿鸿禨等人。孙、张之奏已如前述，瞿鸿禨的亲家余肇康则称瞿入枢后"首请废八股文，大小试均试策论……整饬翰林院，课编、检以上官以政治之学"。②

该上谕一经发布，即获得了一些报刊舆论的积极回应。《中外日报》称，士人以科举为正途，又以翰林为华选，故翰林风气，为天下士子所效。谕旨责令用功于古今政治、中西艺学，则翰林自不能不从事于此。翰林中"多一谙晓时事之人，即少一故见自封之人，施诸政事，收效实大。且风声既树，而向往日众"，实足开风气、兴实学。③《苏报》评论认为，掌院学士果能认真督核，使翰林"于古今政治、中西艺学各有专长"，则其中将有如张九龄、陆贽等杰出人才涌现。④

需要指出的是，就在该上谕颁布当天，朝廷又任命张百熙为管学大臣，重建京师大学堂。这正说明改科举与兴学堂同时进行，亦预示着翰林院与大学堂纠葛难免。一个多月后的光绪二十八年正月二十七日，清廷落实翰林院整改，命詹事府归并于翰林院。同日，掌院学士崑冈、孙家鼐奏请督饬翰林院人员用功办法一折，奉旨依议。⑤ 该办法分为四条。

（1）严定课程。以古今政治、中西艺学为纲，"督饬各员分门认习"。

① 叶昌炽：《缘督庐日记》第 6 册，第 3538 页。

② 余肇康：《清故诰授光禄大夫经筵讲官军机大臣协办大学士外务部尚书瞿文慎公行状》，闵尔昌纂录《碑传集补》（1），周骏富辑《清代传记丛刊》（120），台北：明文书局，1985，第 190 页。

③ 《恭读初一初二日上谕书后》，《中外日报》光绪二十七年十二月初四日，第 1 版。

④ 《录独立山人读宣示翰林衙门谕旨书后》，原刊《苏报》，载北京《时事采新汇选》壬寅正月初二日，第 4 页（文页）。

⑤ 中国第一历史档案馆编《光绪宣统两朝上谕档》第 28 册，第 27 页。

各员按期入署登记阅读情况，提交读书札记，供掌院学士查考。（2）酌派人员。因"教习庶常馆向有提调、收掌等员司理其事，兹编、检以上人员用功，体制不同，事应比照"，故派侍读、侍讲学士为提调，以办事翰林官为收掌。当时翰林"在京者有六七十员，除现充南书房、政务处、本衙门办事官、国史馆提调各要差诸员"，"其余读、讲、修撰、编、检俱一体按日交课"。（3）调取书籍。咨行各省官书局调书，并在上海等处择要采购西学书。（4）筹建堂舍。"此次督饬各员用功，即仿前此大学堂立仕学院之意。诚以筮仕人员素有中学根柢，教已成之才，较诸教未成之才，其收效尤速，致用益宏。"然而平日接见署员，每日不过十员，尚易位置，今到署各员人数众多，所以"应设讲习堂一区"，为掌院等接见之所，"分设两斋，为各员修业之地"，其藏书处、收掌所亦必不可少。①

需要强调的是，比照庶常馆，另设提调、收掌，且按日交课的为"讲、读、修撰、编、检"，则说明庶吉士不在此列，他们理论上还在庶常馆肄业。同时，此举的思路亦被点破，即仿前此（1898～1899年）大学堂立仕学院之意，教科举已成人才，期收速效。

从容清暇的翰林院经此整改，那些在政务处、南书房等处没有要差的编、检以上人员，须用功于古今政治、中西艺学。那么，"入官之始"更应"加意陶成"，② 但事实上却"闲旷三年"③ 的庶吉士群体，当如何加以督课？同时，"嘉道以后，庶吉士在馆肄业之制渐见废弛，同光时得馆选者，照例到馆应三五课，即告假回籍，俟散馆之年，始销假还京，大、小教习漫不过问"。④ 那么，同光以来业已徒存虚名的庶吉士肄业之制，又当如何整改？而且，"庚子年后，教习庶常馆划在扩充各国使馆界内，该馆已无地基"，⑤ 明

① 《崑冈、孙家鼐奏为遵旨督饬翰林院人员用功实学酌拟办法事》（光绪二十八年正月二十七日），中国第一历史档案馆藏录副奏折，档号 03－7175－008。
② 中国第一历史档案馆编《光绪宣统两朝上谕档》第 28 册，第 281 页。
③ 《致瞿子玖》（光绪二十九年十一月十三日），赵德馨主编《张之洞全集》第 12 册，武汉出版社，2008，第 100 页。
④ 商衍鎏：《清代科举考试述录及有关著作》，第 164～165 页。
⑤ 《崑冈、孙家鼐、徐郙等奏为补行辛丑会试改至明年举行庶吉士散馆今年应否举行请旨事》（光绪二十八年三月初五日），中国第一历史档案馆藏录副奏折，档号 03－7204－013。

年新科庶吉士又当如何安顿呢？壬寅年十一月初二日诏开进士馆之举，给出了明确回答。此举令新进士中授京职者入馆肄业，"讲求实用之学，延请中外专门教习按堂授课"，癸卯、甲辰两科"一甲修撰、编修及庶吉士"，例须住馆学习，"以代替从前之庶常馆"，毕业考验授职，"类于旧制之散馆"。① 此举使业已奉行考试新章的科举再度经历重大改制。其之所以能够定议，又与大学堂仕学馆的筹办及改科举的进展密切相关。

二　诏开进士馆的幕后推手

就在翰林院仿前此大学堂立仕学院之意，督饬编修、检讨以上官肄习政艺之学，教科举已成之才，期收速效之际，朝野上下不断传出设立京师仕学院，造就已成人才的呼声。

光绪二十七年十二月初六日《苏报》称："顾未成之人才，固宜教以有用之学，而已成之人才，尤宜化其无用之学。"针对五日前整顿翰林院的上谕，作者认为"从容清暇，平日并无公事者"尚多，故议设京师及各省仕学院。京师仕学院分吏、户、礼、兵、刑、工、外务、警察八科，无论翰詹科道、六部额外司员，俱准入院肄业，毕业考列优等，给予执照，尽先补用。②

如果说报刊议论较为随意，未可太过当真，那么当时最具影响的直、江、鄂三督联衔请设京师仕学院一事，就颇值得关注。

光绪二十八年正月，直督袁世凯向江督刘坤一、鄂督张之洞发电，提出了借才异国问题。张之洞复电认为，政务处延聘外国顾问官，恐"必有干预，将来挥之不去"，但考虑到变新法则必须访西人，故提出"莫若京城设一仕学院"。袁世凯、刘坤一复电赞成，并提议请张百熙兼管仕学院。张之

① 商衍鎏：《清代科举考试述录及有关著作》，第 165 页。
② 《学堂设政治专科议》，《苏报》（辛丑十二月初六日），载北京《时事采新汇选》辛丑腊月十九日，第 1～3 页。

洞认为"甚妥",请袁主稿,会江、鄂衔上奏。① 其大意为:"诚欲取济一时之急,莫若造就已成之材。"拟请在京师设仕学院,饬管学大臣张百熙妥订章程,先行开办,令军机处、政务处、外务部各司员及四品以下京堂、翰詹、科道、部曹,与在京外官,均得身入其中。附立讲论会,访求外国通儒为讲友。各署遇有改革政令,或须采用西法者,均可派司员赴仕学院讨论。不过,折上即留中。② 张之洞得知后,又复电刘、袁,就刘所言"洋员宜慎重"问题,请其详筹妥拟"慎选防维之法",再电荣禄,以免"内意疑惑",以期获得俞允。③

然而,看来此举实在走得太远,无法获准。即使获准,由于既有客卿问题,又牵涉众多京衙京官,实也操作匪易。请张百熙主持,恐怕他也难以接受。张百熙此时正忙着筹划京师大学堂的重建,单是辞退丁韪良等西洋教习就够他忙活了。④ 更重要的是,张氏另有教已成之才的方案,即开设速成科仕学馆。

张百熙受命管学大臣后,鉴于各省学堂尚少,一时并无应升大学的学生,故奏请先立一高等学校,为大学之预备科。又因"国家需才孔亟,士大夫求学甚殷","欲收急效而少弃材",故又请设速成科,分仕学馆和师范馆。⑤ 待到操办起来,再变为"将速成一科先行开办"。⑥

就仕学馆来说,招生对象为京官五品以下、八品以上,外官候选暨因事留京者,道员以下、教职以上。考试分初试、复试,均有淘汰。初试分两

---

① 《致京袁制台、江宁刘制台》(光绪二十八年正月三十日丑刻发)、《致保定袁制台、江宁刘制台》(光绪二十八年二月十四日午刻发),赵德馨主编《张之洞全集》第 10 册,第 359、361 页。

② 《请饬在京特设仕学院并附立讲论会折》(光绪二十八年二月二十七日),廖一中、罗真容整理《袁世凯奏议》上册,天津古籍出版社,1987,第 482~484 页。

③ 《致江宁刘制台、京袁制台》(光绪二十八年三月初五日午刻发),赵德馨主编《张之洞全集》第 10 册,第 368 页。

④ 参见郭卫东《西方传教士与京师大学堂的人事纠葛》(《社会科学研究》2009 年第 1 期)和《严复与京师大学堂辞退洋教习事件》(《福建论坛》2009 年第 6 期)。

⑤ 《管学大臣张百熙奏陈筹办大学堂情形折》,北京大学、中国第一历史档案馆《京师大学堂档案选编》,北京大学出版社,2001,第 101~109 页。

⑥ 《时事要闻》,《大公报》光绪二十八年九月初二日,第 3 版。

场，头场试史论、政治策、算学策、英文论各一篇，二场试舆地策、交涉策、物理策各一篇。外国文论未习过者可不做。①

光绪二十八年九月十三、十五两日，分别举行头、二场考试，仕学馆投考165人，挑取范熙壬等33人，再经二十二日复试，正取范熙壬、达寿、叶恭绰、朱献文等20人，备取袁励贤等6人。② 鉴于学生尚未足额，且前次考试正值乡试甫竣，未及赶到之人甚多，张百熙又发布《续行招考告示》，定于十月十七、十九两日初试，特别指出前次考而未录者，概不再行收考。③ 这次投考120人，初取胡子明、余荣昌、靳志等33人。④ 经二十八日复试，合第一次取中学生，"大约仕学馆可满四十名"。⑤ 此时教习已聘就，校舍已修葺，大学堂只等开学。

从考试科目、场次、录取比例来看，想要入彀，颇不容易。因此，第一次招考录取后，即传闻有人条陈"大学堂考试过为严苛，取数亦甚寥寥"，故"请嗣后凡进士正途出身人员"，只要愿入仕学馆，但由其衙门咨送收录，毋庸考试。⑥

就在用速成之法育科举已成之才的共识渐多，大学堂仕学馆开学可期之际，清廷中枢高层也在酝酿着继续用速成教育之法，从整饬翰林院的脉络推进科举改制，故欲令新科进士中的翰林、主事、中书在大学堂肄业三年，再出服官。光绪二十八年十一月初二日的上谕正体现了该决策：

储才为当今急务，迭经明降谕旨，创办学堂，变通科举。现在学堂

① 参见《招考告示》，《大公报》光绪二十八年九月初二日，第3版；《大学堂考选入学章程》，载《京师大学堂档案选编》，第171页。
② 《京师大学堂头场题目》，《大公报》光绪二十八年九月十六日，第3版；《时事要闻》，《大公报》光绪二十八年九月廿四日，第3版；《时事要闻》，《大公报》光绪二十八年九月廿八日，第5版。
③ 《京师大学堂续行招考告示》，《大公报》光绪二十八年九月廿七日，第4版。
④ 《时事要闻》，《大公报》光绪二十八年十月二十日，第2版；《时事要闻》，《大公报》光绪二十八年十月二十八日，第3版；《时事要闻》，《大公报》光绪二十八年十一月初二日，第4版。
⑤ 《大学要务汇志》，《新闻报》光绪二十八年十一月初四日，第2版。
⑥ 《时事要闻》，《大公报》光绪二十八年十月初七日，第3版。

初设，成材尚需时日，科举改试策论，固异帖括空疏，惟以言取人，仅能得其大凡，莫由察其精诣。进士为入官之始，尤应加意陶成，用资器使。著自明年会试为始，凡一甲之授职修撰、编修，二三甲之改庶吉士，用部属、中书者，皆令入京师大学堂分门肄业。其在堂肄业之一甲进士、庶吉士，必须领有卒业文凭，始咨送翰林院散馆，并将堂课分数于引见排单内注明，以备酌量录用；其未留馆职之以主事分部，并知县铨选者，仍照向章办理；如有因事告假及学未卒业者，留俟下届考试。分部司员及内阁中书，亦必领有卒业文凭，始准其奏留，归本衙门补用；如因事告假及学未及格，必须俟补足年限课程，始准作为学习期满。……所有一切课程，著责成张百熙悉心核议具奏，随时认真经理。……①

很明显，此举革新了庶吉士肄业之制，延续了前此整饬翰林院人员用功政治时务的思路，而且一并回应了部属、中书"新学"培训问题。不过，若非仕学馆筹备就绪，即使有令新进士接受学堂教育的想法，苦于无处就学，想法也很难成议。当时了解内情之人，即谓新进士入学为"明年殿、朝考试录用人员送入仕学馆"。② 可见，正是由于仕学馆已办理就绪，同为速成教育的进士入学，即诏开进士馆，才有了提上议事日程的条件。只不过后来大学堂当局决定在太仆寺街为进士新造馆舍，而将仕学馆归并其中，两馆教习相同，课程近似，惟分班授课而已。

值得讨论的是，尽管令新进士学习政治时务后再出服官的想法并不新颖，但想法归想法，要形成决策，付诸实践，则离不开当政者的主持和推动。

戊戌六月初九日，来京参加拔贡朝考的湖北士子甘鹏云在日记中从容发

---

① 新进士中的即用知县则令入各省课吏馆学习。中国第一历史档案馆编《光绪宣统两朝上谕档》第 28 册，第 281 页。
② 《张缉光致汪康年》（光绪二十八年十月廿八日），上海图书馆编《汪康年师友书札》第 2 册，上海古籍出版社，1986，第 1795 页。

论："进士初释褐，须学政治三年，而后予以官"，应在"京师创设仕学院，俾部属、词林皆得入院，稽诹政治，练习时务"。① 甘氏的想法与进士馆立意颇似。袁世凯在光绪二十七年应诏陈言中亦谓："人材登进，向重正途，究之释褐之初，用非所学，类多娴于文艺、拙于政事"，故有设京师课官院之请。② 可见前引袁、刘、张三督请设京师仕学院的主张其来有自。无独有偶，严复在光绪二十八年三四月间论教育称："近今海内，年在三十上下，于旧学根柢磐深"，欲考求西国新学之人甚多，"上自词林、部曹，下逮举贡，往往而遇。此亦国家所亟宜设法裁成，收为时用者也"。严复对此极为看好："此等多聪明强识、知类旁通之材"，只要方法得当，待遇优厚，"其成殆可操券"。③

类似的想法尚多。不过，从切实材料看，光绪二十八年秋冬，瞿鸿禨、荣庆是朝中促成诏开进士馆的幕后推手。

《荣庆日记》是年九月二十五日记道："同徐、铁诣瞿前辈处面酌奏稿，并陈科举、学堂合一办法，颇蒙赞赏。"徐、铁即徐世昌、铁良，二人时任政务处总办，荣庆任政务处提调，瞿前辈即瞿鸿禨。那么，荣庆所"陈科举、学堂合一办法"究为何物？他十一月初二日日记给出了线索："早至政务公所……科举并入学堂旨下，申归。"④ 当天的明发上谕，正是前引令新进士入大学堂肄业之诏，即荣庆所谓的科举并入学堂之旨。

即使荣庆所陈办法与上谕的规定容有出入，但可以肯定的是，荣庆的提议及办法与开进士馆有直接关系。癸卯庶吉士、进士馆学员郭则沄直言"进士馆之议发自蒙古荣文恪"。⑤ 其实，荣庆在上年应诏陈言，论及人才学

---

① 甘鹏云：《北游日记》，《潜庐随笔》卷9，1933年潜江甘氏崇雅堂刻本，第18页。
② 《遵旨敬抒管见上备甄择折》（光绪二十七年三月初七日），廖一中、罗真容整理《袁世凯奏议》上册，第269～270页。
③ 《与〈外交报〉主人书》，王栻主编《严复集》第3册，中华书局，1986，第564页。
④ 本段见谢兴尧整理《荣庆日记》，西北大学出版社，1986，第56页。
⑤ 子厂（郭则沄）：《杂述进士馆旧事以资谈柄仍叠前韵》，载《科举概咏》，《中和月刊》第1卷第11期，1940年11月，第52页。荣庆，蒙古人，身后谥文恪。郭则沄之父郭曾炘，时任领班军机章京，并与荣庆同任政务处提调。郭则沄好研掌故，庭闻既多，熟悉内情，他的话绝非圈外人臆测之言可比。

校时，本有"重仕学"一条，谓"今日培植后进，原收异日人才，惟任时局之艰危，则以当今百寮庶司得人为亟"。① 他的办法，就是要用学堂"实学"补科举空疏之偏，使科举已取之士接受学堂再教育，期速得人。

上文表明，荣庆所陈办法颇蒙瞿鸿禨赞赏。有意思的是，下文将看到，瞿鸿禨正是进士馆之议的实际主持者，这也间接证明荣庆确与开进士馆颇有关系。当然，如果说进士馆之议发自荣庆，那么，时任军机大臣、政务处大臣、外务部会办大臣兼尚书，慈眷甚隆的瞿鸿禨则是此议的强力推手，作用更大。

材料显示，在荣庆向瞿鸿禨陈说办法之后，政务处很快便开始讨论该议题。十月末，张缉光致汪康年密函透露出重要讯息："第一号信……所言明年殿、朝考试录用人员送入仕学馆一节，王相执意派掌院入学堂，鹿公和之。经师座造膝密陈，谓掌院入学堂，必致事事掣肘，慈意谓然。闻其折不日即上，或可免掌院一节，而师属万勿宣传。"② 张缉光系瞿鸿禨善化同乡，师事鸿禨，又任瞿氏儿辈老师，③ 他与朱启钤（瞿为朱的姨丈）同受汪康年之托，替汪的《中外日报》密探消息。④

可知王文韶（王相）、鹿传霖（鹿公）并未直接反对进士馆之议，但王却执意派翰林院掌院学士入大学堂，鹿附和，瞿虽不以为然，但显然没能在讨论中说服王、鹿。于是瞿在独对中密陈利害，获得了慈禧的支持。"其折"即指政务处议令新进士入大学堂肄业折，在随手登记档中的事由为"变通新进士章程等由"，于十一月初二日递上，当天便明发上谕，事由亦同，⑤ 说明上谕即据该折而拟。该密信证实了瞿鸿禨为此事的幕后推手。

---

① 王季烈：《蒙古鄂卓尔文恪公家传》，钱仲联主编《广清碑传集》，苏州大学出版社，1999，第 1220～1221 页。

② 《张缉光致汪康年》（光绪二十八年十月廿八日），上海图书馆编《汪康年师友书札》第 2 册，第 1795 页。

③ 《〈历代统系歌〉序》，谌东飚校点《瞿鸿禨集》，湖南人民出版社，2010，第 194 页。

④ 参见张缉光致汪康年诸信（《汪康年师友书札》第 2 册，1793～1799 页），有几通更是张缉光、朱启钤共同署名。瞿鸿禨此次特"属万勿宣传"，正说明平日"宣传"已多，而瞿完全知情，甚且有意为之。

⑤ 李国荣主编、中国第一历史档案馆编《清代军机处随手登记档》第 161 册，第 288 页。

值得注意的是，政务处此次极为保密，故报刊报道绝大多数是在上谕发布后才做出的。有关上谕动因的消息有同有异，以时间为序稍做考察，有助于坐实瞿鸿禨的推手角色，并可澄清讹闻，检视报道的趋向和可靠性。

如前所述，汪康年因有张缉光、朱启钤做线人，消息直接来自瞿鸿禨，故汪氏远在沪上的《中外日报》反而较早地获知确情。还在上谕发布的前一天，该报就率先曝光了此事："闻政府近又奏请，于明年为始，朝考后，凡三鼎甲及庶常、主事、中书等员，皆须入京师大学堂所附设之仕学馆肄业。其以知县用者，即在各省仕学馆肄业，均以三年为限，俾士人咸知讲求新学。"① 观十一月初二日上谕，便知该报道多么准确。有意思的是，《中外日报》虽然预知内情，但仅在十一月初二日的论说末尾附带论及。② 此时外界尚未看到上谕，汪康年如此小心翼翼，很可能与瞿鸿禨"万勿宣传"的口谕有关。

同处沪上的《新闻报》于十一月初四日则据"京函"称："上月下旬有某侍御专折条陈，请将明年新科进士及前科未殿试之进士，自此科为始，均须发入大学堂肄业"，政府颇以为然，故明降上谕。③ 该日《新闻报》、《申报》均就上谕发表了专论。④ 远在日本的《新民丛报》于十一天后，也报道了此事，与《新闻报》内容相近。⑤ 遗憾的是，资料中尚未发现相关御史条陈的线索。不过，即便有类似的条陈，如无中枢大员力挺，也很难过政务处议复这一关。故《选报》谓进士入学之谕，"虽系某御史具奏，亦瞿尚书赞成之力为多"，⑥ 不无道理。

近在天津，一向消息灵通的《大公报》，此次却落了后手，直到十一月

---

① 《北京近事述要》，《中外日报》光绪二十八年十一月初一日，第1版。
② 《论明岁恩科不必举行》，《中外日报》光绪二十八年十一月初二日，第1版。
③ 《大学要务汇志》，《新闻报》光绪二十八年十一月初四日，第2版。
④ 《论进士入大学堂肄业》，《新闻报》光绪二十八年十一月初四日，第1~2版；《读本日报端恭录上谕谨注于后》，《申报》光绪二十八年十一月初四日，第1版。
⑤ 《进士肄业》，《新民丛报》第22号，光绪二十八年十一月十五日，第101~102页。
⑥ 《议废科举汇述》，《选报》第47期，光绪二十九年三月十五日，第16页。

初九日才发出声音："某大臣于召见时面奏，历陈本年科举之有名无实，不如竟废科举，专由学堂取才。皇上颇为所动，闻虽有竟废科举之意，因皇太后七旬万寿在迩，姑俟恩科举行后，即永远停止。"故次日即下新进士入学之旨。[1] 报道注意到此举与废科举、兴学堂的联系，甚是，惟谓某大臣一经面奏，次日即下旨，显然不了解内情。四天后，该报终于探到了"确实消息"：初二日所降进士入学之旨，"闻出自瞿大军机之意"。[2]

三　枢臣关于进士馆的论争

上节已证实瞿鸿禨是诏开进士馆的幕后推手，王文韶与鹿传霖则因开进士馆而执意要派翰林院掌院学士入大学堂。值得追问的是，其原因何在?[3]

就瞿鸿禨来说，开进士馆是整改翰林院的自然延续，乃其政见所在。变通新进士章程，新科三鼎甲及数十位庶吉士将入大学堂肄业，必将变革庶常馆之制。考虑到瞿本来就是辛丑四月以来整饬翰林院人员用功实学的支持者，则瞿此时力推进士馆之议也就很可理解。

此外，湖南留日学生杨毓麟本年给瞿鸿禨的上书及张缉光的不断进言，也值得注意。杨毓麟首先力言派人留东学习速成师范，对国内学堂至关重要，然后话头一转谓："俟吾国教育办理有成绩，而后可以救亡，其收效尚在十年以外"，此十年中新政"在在须材"，而嚣然言新政者，"大率有理想而无实地研习，施之事实，必多粗确"，故为今日中国计，"莫若遣人东游学习速成政治、法律、经济三事"。接着又为打消顾虑，请瞿主持，称"师范可以速成，则政治、法律、经济上，何不可以速成者。但现在吾国人无主张此事者，是以无人自发其端耳"。选派对象则"京、外并遣"，"在京则词

馆、部曹"。① 张缉光致瞿鸿禨函云："又得杨笃生（杨毓麟——引者注）自日本寄来一函，有书呈鉴。……至所陈派京、外官员学习速成政治、法律、经济诸学，尤救急之方，多有论及者。"② 可见，张缉光亦以派京、外官出洋学习速成法政、经济，向瞿进言。而瞿鸿禨在进士馆动议之初，确也有择优派翰林出洋的打算，只不过先在仕学馆肄习一年。③ 不过，官员游学看来尚属超前，况且由于刚刚发生了成城学校入学事件，当局对留日学生疑虑正深。因而此时奏派京、外官留日学习速成法政，尚非其时。然京师大学堂仕学馆业已筹备就绪，在国内用速成之法育科举已成之才，看来阻力会小，可行性大。因此，当荣庆九月二十五日向瞿鸿禨陈说办法时，瞿对此其实已有谋及，"颇蒙赞赏"也就毫不奇怪。

就王文韶、鹿传霖来讲，既然要求新科翰林入大学堂肄业，则王文韶主张掌院学士入学堂，督饬翰林用功，也就并非毫无理据。进言之，令翰林入大学堂肄业，意在以学堂"实学"补科举空疏之偏，调和科举、学堂的同时，实含抑科举而扬学堂的意蕴。考虑到王、鹿二人，尤其是王，是枢臣中力挺科举者，④ 则王此举实有深意存焉。这实际上涉及翰林院与大学堂，亦即科举与学堂的竞争关系问题。在改科举、兴学堂的新政时代，科举业已改章，翰林亦须用功实学，而今更须入大学堂再做学生。面对学堂咄咄逼人之势，王文韶主张派掌院入大学堂，就不无"反制"的意味。瞿鸿禨当然对此一目了然，不惜造膝密陈，寻求慈禧的支持，力避掌院入学堂、事事掣肘的局面出现。

---

① 此信署"中六月八日，东七月十二日"，阴阳历相对照，可断其为光绪二十八年六月初八日无疑。但此函请张缉光转呈，而函到京之日，缉光正在开封应顺天借闱乡试，八月十六日试毕，回京后方收到函件。故呈给瞿鸿禨，或已在九月了。《杨毓麟致瞿鸿禨》（光绪二十八年六月初八日），《瞿鸿禨朋僚书牍》第3函，近代史所档案馆藏，甲375-2。

② 《张缉光致瞿鸿禨》（约光绪二十八年八月底），《瞿鸿禨朋僚书牍》第2函，近代史所档案馆藏，甲375-1。

③ 据了解内情的《中外日报》称："闻创议之始，并有翰林等入仕学馆一年，即择其中语言文字最优者，为出洋学生一款。"《北京近事述要》，《中外日报》光绪二十八年十一月初一日，第1版。

④ 参见李细珠《张之洞与清末新政研究》，第123、135～139页；关晓红《科举停废与近代中国社会》，第95～100页。

中枢议政讲究保密，讨论未必留有记录，外人往往难得其详。幸运的是，张缙光致瞿鸿禨的两通密信，可以进一步揭示政务处"变通新进士章程"的形成过程及命意所在；而当日政务处大臣争论的内幕，直接涉及科举与学堂、翰林院与大学堂的纠葛，关系甚重，也可从第二通密信中得窥梗概。

从第一通信首先可知，瞿鸿禨命张缙光拟稿，张即据庶常馆旧制及仕学馆章程，并发挥东西各国强迫教育制度之旨，连缀成稿。首先，他说："承谕拟稿，谨就愚见，敷析成篇，录呈钧采。篇中胪列旧制及语及仕学馆章程处，但凭记忆，无书可查，必有讹误。但缙光私见，窃以东西各国皆制为强迫教育制度"，即"国家以权力勒令士民就学，如英、德、日本各国，凡生子至六岁以上不入学堂者，罚其父母，凡民年二十未受普通教育者，不能享有国民权利，皆其强迫制度也"。张缙光认为瞿鸿禨"筹及此举"，令新进士入大学堂学习"新学"，考试合格方能毕业，"极得强迫之微意"。故张在稿中本强迫教育之旨"而隐其词"，以免"为流俗所骇"。其次，可知动议之初，本欲取消新进士分发中的内阁中书一途，改为分部主事，只是考虑到"现当诸事掣肘之时，更张太多，或反予人以口实。且变法不惟其名，惟其实，姑存其目，亦自无妨"，始作罢论。再次，在张缙光看来，经此改制，新进士须再做学生，科举将进一步式微，如果能"扩充此意而实行之"，则学堂教育将有勃兴之望。最后，虽然张缙光也不忘参加科考，且本年秋天刚刚中式顺天乡试举人，[①] 但他倾向于废科举。他说："至科举之废，万口同辞，故篇末揭明斯旨。"之所以如此，是因为变通新进士章程虽抑科举而扬学堂，但调和二者的痕迹甚显，张缙光担心倘不揭明废科举之旨，"恐人疑此奏为保护科举而设"，则瞿鸿禨抑科举而扬学堂的深意将不为世人所谅，甚至会遭到主废科举的趋新舆论的责难。有意思的是，张缙光在信尾，以王安石变法"三不足"的口吻耸动瞿鸿禨道："同僚之论不足凭，天下之评最

① 张缙光中第 24 名举人，《光绪二十八年补行庚子辛丑恩正并科顺天乡试同年全录》，1902 年刻本，第 2 页。

可贵，尚冀坚持此说而终成之，于人才大有造也。"①

可以想见，瞿鸿禨收到张绶光的稿子后，定有修改。比如明言废科举，想必瞿此时亦未必以为然，② 更不大可能贸然拿给王文韶、鹿传霖去商酌，因为王坚决反对废科举的立场，瞿了然于胸。当稿子在政务处层面讨论时，王文韶提出了两点修改意见：一是翰林院掌院学士入大学堂；二是新科翰林的教习必须是翰林、进士出身人员。张绶光得知此情后，愤激难掩，再次上书瞿鸿禨，痛切直言：

> 日前谕及之件，闻相臣颇有异议，欲以掌院插入学堂，而翰林必以进士、翰林为教习。窃怪旧见之难化，而不计事之无益，竟若此耶。国家于科举改试策论，是明明谓八股不如策论，今欲以八股之旧翰林、进士，教明年策论所得之新翰林、进士，似于变法初意太相矛盾（今大学堂教习，非无翰林、进士，亦适成为中国人才耳）。且翰林、进士之待教习者，教以新学也，其人果有学，自足教人，何必以至不足重之科名限之。且今中国之大，绝非无（原文如此——引者注）配充教习之人，盖现今人才，皆以八股出身，于科学一无所知，欲求实在办法，非尽聘洋教习不可，其次亦非以游学生为教习不可。盖所贵乎学堂者，学我所本无之学，高谈经史无益也。
>
> 至掌院一节，不惟无益，反生出无穷牵掣、无穷阻难。为掌院者，果由学堂出身，果非以八股得科名则可，否则八股旧见适足以为学堂之蠹贼，不独所教之翰林、进士无效，即现设之仕学馆亦必为所牵动。此事甚有关系，惟详虑之。议者果爱翰林为饩羊，视科举为命脉，则仕学之说可作罢论。即欲敷衍，可令翰林院设置仕学馆，以掌院为总教习，

---

① 本段见《张绶光致瞿鸿禨》（光绪二十八年十月十七日），《瞿鸿禨朋僚书牍》第 2 函，近代史所档案馆藏，甲 375-1。

② 瞿鸿禨此时在废科举方面，似不如直接办学的张百熙那么激进。据说，瞿表示："至废科举一节，当集六部九卿翰詹科道一律画诺而后下诏，以免日后议论参差。"《议废科举汇述》，《选报》第 47 期，光绪二十九年三月十五日，第 16 页。

又选派数老翰林为分教习,与大学堂之仕学馆分道扬镳可也。变法而不得法,不如不变之为愈。前闻尊议一出,管学告知学堂人士,皆极称颂,谓不如竟废科举之痛快,而能使天下之心目注重学堂,科举必难久立于世界,为功不小。

今若此,则八股掌院俨然有干预新学之权,而教习尤必以科名为重。是非重学也,重科名也。且亦必不能有成效,亦故作风波,取人笑骂而已。此事外间已知吾师主持,或得或失,不免集论于吾师。似不如坚持前见,以拯陷溺,否则竟作罢论,犹免讥嘲。……弟子非敢谓八股翰林无明通之才,但止足以言明通,不可以言实学。教习但取其学,若以科名为招,则夤缘自荐者何以御之。①

可知争论的焦点有二:新翰林的教习由何人来任;翰林院掌院学士是否入大学堂。这无疑既涉改制的理念,又牵扯用人问题。

首先,就教习言之,王文韶主张新翰林的教习必以翰林、进士出身人员担任,即是一定程度上保留了翰林前辈出任庶常馆大、小教习的旧制,显示出变政以渐,不欲更张过甚的态度。戊戌孙家鼐管学时期,"大学堂派出提调十人,翰林院居其六,又得教习者八人",用人即以翰林为主,所以叶昌炽谓"虽不尽公道,尚可为词馆吐气"。② 故大学堂一开始便与储才之地的翰林院颇多人事往来。③

而在年轻激进的张缉光看来,一则八股不如策论,不可以八股出身之旧翰林、进士,教策论出身之新翰林、进士;二则在学堂应学我本无之科学(分科专门之学),然国内人才皆系八股出身,无通科学之人,所以教习最

---

① 《张缉光致瞿鸿禨》(约光绪二十八年十月下旬),《瞿鸿禨朋僚书牍》第 2 函,近代史所档案馆藏,甲 375 - 1。

② 叶昌炽:《缘督庐日记》第 5 册,第 2702 页。

③ 罗志田曾指出大学堂与翰林院在功能上的"过渡"关系:"清季所设学堂,最初不过是要养成新型的'大夫'以应付新的局势。特别是京师大学堂,入学者本是官员,在功能上近于新型翰林院。"罗志田:《清季科举制改革的社会影响》,《中国社会科学》1998 年第 4 期,第 191 页。

好延聘洋人，其次亦需调游学生担任，万不可以科名限之。故张力劝瞿鸿禨坚持定见，否决老翰林入大学堂教新翰林的意见。

其次，掌院入大学堂问题，尤为重大。张缉光将八股、科名与学堂对立起来，昌言新旧势不两立的同时，更敏感在意的是，"八股掌院"入学堂"牵掣"、"阻难"、"干预"管学大臣张百熙的"新学之权"。为此，他发出"危言"：掌院一入大学堂，不仅新翰林、进士肄业无效，即仕学馆亦将为所牵动。无奈之下，要么干脆不办，要么分道扬镳，大学堂与翰林院各办各的仕学馆，而放弃科举、学堂调和之道。

与此对应，王文韶坚持掌院入大学堂，如前所述，既具有"反制"学堂的意味，也是延续了前此由掌院学士督饬翰苑人员用功实学的整改思路。更重要的是，张百熙依靠首辅荣禄支持，出掌管学大权，① 然在此前后颇受到所用非人的诟病与谤言。② 考虑到此时汉掌院学士正是前管学大臣孙家鼐，因此王文韶执意派掌院入学堂，似有变相保其同年孙家鼐再度入主大学堂的人事考量。③ 此外，该信显示，瞿鸿禨筹及此议时，早已与张百熙沟通过，达成了一定共识，而大学堂其他办学人士虽认同此举为学堂张目，将使科举式微而难以久存，但尚以此为不够痛快，意欲立废科举。

瞿鸿禨一向缜密，张缉光因以外间已知瞿主持此事，得失不免集于一身，力劝瞿坚持前议，否则宁愿放弃改革，所谓"变法而不得法，不如不变之为愈"。瞿接信后，当有造膝密陈之举，力持掌院不可入学堂，获得了慈禧首肯。张缉光获悉此情后，便于十月廿八日向汪康年通风报信，称

---

① 参见《谕儿书》，施培毅、徐寿凯校点《吴汝纶全集》第 3 册，第 597～598 页；徐一士《一士谭荟》，第 134、136 页。

② 《张缉光致汪康年》（光绪二十八年二月廿一日），上海图书馆编《汪康年师友书札》第 2 册，第 1787 页。

③ 满掌院学士崑冈已经衰病侵寻，即将退休，不足当此。王文韶与孙家鼐为咸丰元年辛亥恩科举人同年。当时也有类似的传闻："某翰林请将大学堂改归翰林院，管学改归掌院学士，又请派一亲王为监学大臣，盖欲阴掣大学堂之肘也。"《大学要务汇志》，《新闻报》光绪二十八年十一月初四日，第 2 版。

"或可免掌院一节"。①

从十一月初二日的上谕来看，丝毫不及掌院学士，而明令张百熙悉心核议，随时认真经理。看似瞿鸿禨掌院不可入学堂的主张获得了胜利。不过，仅仅两个多月后，荣庆就于癸卯（1903）正月出任另一管学大臣。不久，荣禄去世，张百熙失去后盾。十一月，改管学大臣为学务大臣，添派掌院学士孙家鼐为学务大臣，与张、荣鼎足为三而以孙为首。荣庆也在进士馆开馆之前署理满掌院学士，② 则实际上掌院还是入了大学堂。

至于教习问题，采取了类似搁置争议的办法。政务处上变通新进士章程折的同时，还附有一片："简派大教习由"。③ 大教习即教习庶吉士，乾隆以后例由翰林出身之满、汉大员中各简一人。④ 请简大教习，即是延续教习庶常馆之遗意。不过，上谕对该片未予理睬，而且对争论不休的教习由何人担任的问题，也避而不谈。但是，派资深翰林出任进士馆教习的传言却时有所闻。⑤ 从日后实情看：进士馆监督、学务提调最初派翰林前辈，而实际授课者则主要为日本教习及留学生教习。⑥ 看来各方在此处亦达成了妥协。

必须指出的是，虽然瞿鸿禨与王文韶在此事上意见参差，但并不意味着瞿、王有多么对立。在"人人欲避顽固之名"⑦ 的时代，王文韶坚持保全科举的政见，"不恤大被顽固之谤"，⑧ 实"固有深见"，也不愧大臣之风。⑨此外，翰林院、大学堂均为开进士馆的利益攸关方，故有必要考察孙家鼐与

---

① 《张绪光致汪康年》（光绪二十八年十月廿八日），上海图书馆编《汪康年师友书札》第2册，第1795页。
② 谢兴尧整理《荣庆日记》，第70页。
③ 李国荣主编、中国第一历史档案馆编《清代军机处随手登记档》第161册，第288页。
④ 参见商衍鎏《清代科举考试述录及有关著作》，第160页。
⑤ 《时事要闻》，《大公报》光绪二十九年四月十四日，第3版。
⑥ 进士馆首任监督为支恒荣，学务提调为华学澜。教习的详情，参见韩策《师乎？生乎？留学生教习在京师大学堂进士馆的境遇》，《清华大学学报》2013年第3期；李林《晚清进士馆研究：天子门生的转型困境与契机》，新竹《清华学报》新44卷第1期，2014年3月。
⑦ 胡思敬：《致同邑诸公论学堂书》（光绪三十二年），《退庐全集·笺牍·奏疏》，沈云龙主编《近代中国史料丛刊》（444），台北：文海出版社，1970，第450~451页。
⑧ 徐凌霄、徐一士：《凌霄一士随笔》，《国闻周报》第6卷第26期，1929年7月7日，第56页。
⑨ 郭则沄：《十朝诗乘》，林建福等校点，张寅彭主编《民国诗话丛编》第4册，第801页。

张百熙的态度。如前所述，孙家鼐于辛丑四月主张庶吉士入馆之初，即宜课以实学，当癸卯年制定《进士馆章程》时，又建议前一两科进士有愿入进士馆者，亦准一体就学，^①似知孙对开进士馆基本持欢迎态度。不过，张百熙的情况稍显复杂。一方面，从他奏请翰林用功政艺之学及开办仕学馆来看，开进士馆与他的政见相近；更重要的是，张百熙与瞿鸿禨此时关系密切，二人经营学务"苦心热血"，^②前引张绂光的密信，也说明瞿鸿禨推动此举时，早已与张百熙沟通过，而百熙并不反对。然而另一方面，进士入学的特旨颁布后，事实上给张百熙带来了不少麻烦：筹备开馆固然不易，更为严重的是，此举牵扯科举与学堂、翰林院与大学堂的纠葛，直接关系新进士的出路，这就使得本已颇受非议的大学堂，又多了一些或明或暗的反对声音。^③因而颇有张百熙"以其事为难，大约将来恐办不到"的传闻，^④屡有张不以此举为然的声音。^⑤不能排除一种可能性，即经常正面报道张百熙的《中外日报》在放烟幕弹，试图为张"澄清"，以减少科举新贵对张本人的非议。^⑥但是，也很有可能，这些报道恰好表达了张百熙开始筹办进士馆后，面对种种为难之处的真实想法。要知道，此时亲自办学的张百熙在废科举一事上，态度逐渐激进起来，开进士馆这种调和之法，对他来说，已不够惬心。不过，考虑到进士入学实系瞿鸿禨、荣庆在暗中推动，荣庆不久又被派为管学大臣，则张百熙即使不以此举为然，此议也很难逆转。有意思的是，甲辰（1904）四月进士馆开馆前，张百熙已于二月奉命担任甲辰恩科会试副总裁，赴汴衡文。因此，开馆前后，大学堂事务是由孙家鼐、荣庆负

---

① 《致张野秋》（光绪二十九年十一月十三日），赵德馨主编《张之洞全集》第 12 册，第 106 页。
② 参见徐一士《一士谭荟》，第 134~139 页。
③ 参见《北京近事述闻》，《中外日报》光绪二十九年正月廿一日，第 2 版。
④ 《北京近事述闻》，《中外日报》光绪二十九年二月初十日，第 1 版。
⑤ 参见《北京近事述闻》，《中外日报》光绪二十九年五月十九日，第 1 版；《北京近事述闻》，《中外日报》光绪二十九年闰五月七日，第 1 版。
⑥ 此期任职于大学堂的罗惇曧就说：清末设进士馆，"进士皆大佛，诸翰林以不得即散馆、考试差为大戚，怨张尚书百熙甚深"。罗惇曧：《宾退随笔》，沈云龙主编《近代中国史料丛刊三编》（256），台北：文海出版社，1987，第 265~266 页。

责的。孙、张、荣三位学务大臣的复杂关系，也可从此类事件上获得进一步的理解。

因为诏开进士馆是中央高层科举改制的关键步骤，既牵扯科举与学堂、翰林院与大学堂的重重纠葛，又涉理念之争，更及用人问题，颇有"新旧"相斗的意涵，所以在枢臣中引发了激烈争论。有意思的是，下节将看到，诏开进士馆上谕一经发布，即激起了一场"科举与学堂之辩"的广泛舆论反响。

四 诏开进士馆的舆论反响

前文曾说，中枢高层此次酝酿诏开进士馆颇为保密，所以在颁发诏书之前，仅《中外日报》因有瞿鸿禨方面的内线，才做了有限报道。不过，壬寅年十一月初二日新进士入学上谕颁布之后，《申报》、《新闻报》、*Peking and Tientsin Times*（《京津时报》）、《大公报》、《同文沪报》等南北大报，论说纷纭。此事顿成舆论热点。虽然观点有别，风格多样，但诸论说无不围绕科举与学堂这一时代问题发论。只是，与废八股、改策论迎来报刊舆论一片叫好之声不同，仅仅一年之后，清廷继续推进科举改制，却引起了响亮的质疑之声，甚至借批评此举而直呼废科举。

瞿鸿禨门生汪康年主办的《中外日报》虽然理解"政府诸公"的苦心，肯定此举"盖亦阴为挽回之计"，然对它的前景却不看好，理由是"士子得第后，方志得意满，必不能降心抑志，以俯听教习之讲授"。① 重在担心新进士不肯重做学生，虚心向学。

《申报》社论认为，此举"不过因学堂初设，成材尚需时日，故为此'急则治标'之计耳"，固胜于庶常馆肄业之有名无实，但仍不足以得真才实学。理由是"三年中为时有限，而大学堂之课则甚繁，无论年届二三十岁之人欲其学习外国语言文字，必不能造精深，即使择一专科，以冀卒业，

---

① 《论明岁恩科不必举行》，《中外日报》光绪二十八年十一月初二日，第1版。

然只此不足一千日之学问，而欲其因端竟委，探本穷源，恐千万人中亦不能选其一"。① 其质疑主要在时间有限，课程繁重，学员年岁又大，难期深造。

如果说《中外日报》、《申报》在批评上谕之时，尚稍稍肯定其用意，那么，英文报《京津时报》所载论说则几乎全是"炮弹"，极尽挖苦之能事。一则谓上谕近乎"正色而为戏言"，再则谓"愈读而愈觉其非"，断言此诏必不能行，倘若"遵而用之，不止于愚，其效使翰林、进士恨恶科学有余，以获其益，无是理也"。其理由有二：进士"自束发受书，中经无数之程式"，故已"心膻闭塞、灵襟澌断，决非新学所能输入灌溉"；"科学理境严恪，在在征诸事实之不可诬"，进士这班文史词章家必不能学且心生厌恶。② 意即学文史词章出身之进士，学不了新学，尤其是科学。

《京津时报》此文，由《大公报》译载，并附一论，以驳西报议论之非。首先，认为进士等科举出身人员可以接受学堂再教育，能获新学之益。故反驳西报道："至谓出身之人，无所可教，不宜使之更入学堂者，则又不尽尔。……此视所以教之者为何如耳。"《大公报》此论，代表了教科举已成人才的思路。其次，批评西报不解诏书之意："诏书之所期于出身之众者，未必如西报之所期也。"盖诏书乃鉴于庚子之前"中国士夫之暗汶"，故欲令即将做官的新进士入学堂，"但使于时势稍有所明，于吾民即为幸福……初何尝期其为专门知类之士"。不过，该论虽认为新进士入大学堂能得新学之益，但也不讳言其难度。因为进士"心习既成"，欲以新知入旧脑，"教之道，必加神焉而后可"。③ 这就提出了能否教进士新学以及如何教的问题。

与《申报》相似，《新闻报》论说提出具体质疑，以论证进士入学难期成效。首先，年岁精力不济。进士多三十开外，大学堂系专门学堂，"以三

① 《读本日报端恭录上谕谨注于后》，《申报》光绪二十八年十一月初四日，第1版。
② 《译第五十七号〈京津时报〉论本月初二日上谕》，《大公报》光绪二十八年十一月初九日，第1版。
③ 《译第五十七号〈京津时报〉论本月初二日上谕》，《大公报》光绪二十八年十一月初十日，第1版。

十、四十之人而学普通，而又居大学堂学习之名，其学力精力必不能到，徒以粉饰虚声而已"。其次，半路出家，不能卒业。"学问进境，幼年立其基，中年广其业，今进士年在四十、五十之人，令转而习西学，习西文，万万不能入彀，可以预决。将来舌强口吃，不能卒业，何以安置？"再次，抽大烟与学堂章程冲突问题。"洋烟为鸩毒之尤，断无吸烟之人而可以专于为学者。大学堂章程必有禁吸烟一条，将来进士中有吸烟者，令其入学堂则紊章，不令入学堂又违旨，何以安置？"最后，虚假卒业问题。肄业分数不能合格，"势必教习瞻徇情面，代为多填，盖学人既成进士，急于见用，岂肯终老学堂"。且舍中就西，必难专精，"则卒业一层虚文者十之五六"。所提难题，与《申报》论说相近而尤详。

值得称道的是，《新闻报》论说还提出了解决之道。一方面，严把入学关。学员"必遴选年在三十岁左右者，一年富力强，二不吸洋烟，方为合格，毕业之后，必量予优用。其有嗜好甚深者，不令入学堂，亦不令入翰林院，必勒令戒烟而后已，否则弃而不用"。另一方面，严把卒业关。进士入堂肄业，"亦必慎为考核"，宜预定章程，"凡成进士者不准改外官，必令卒业，领有大学堂文凭而后可，已捐京官者同例"。①

上海《同文沪报》论说亦不看好此举，理由有三。首先，新进士"方且趾高气扬，自鸣得意，以为读书十载，及今已有出身之日，则将置书高阁，而自负其才能，尚欲抑其猖狂之气，而使之俯首帖耳，勉就范围"，亦至难之事也。其次，既中进士，"则凡一切嗜好，必在所不免，断不能如为秀才时之犹能努力自爱，而屏绝外缘，孜孜以觊图上进也"。最后，自秀才而至进士与翰林，需时甚久，其人已老，"尚复欲其咿唔不绝耳从事于新学"，可行性不大。②

概言之，各论说对新进士入学之举的成效颇为悲观，其理据主要有以下几项。首先，大学堂课程繁重，而进士肄业三年，时间有限，且年岁已大，

---

① 以上两段见《论进士入大学堂肄业》，《新闻报》光绪二十八年十一月初四日，第1版。
② 《人才不必定由科举论》，《同文沪报》，载《时事采新汇选》光绪二十八年冬月十六至卅日。

精力不济，恐无法按期正常毕业。其次，进士"半路出家"，舍旧从新，难期深造。再次，既中进士，方志得意满，不肯降心抑志，俯听教习讲授。最后，进士嗜好难免。这些问题有的后来也有人提出，在进士馆随后的筹办和运行中，多少都有所回应，可以视为舆论影响实事的例证（详下）。

需要特别指出的是，除上述四项外，诸论说不看好，甚至直接反对进士入学的理由还在于，他们认为，欲收学堂教育之效而得人才，则须遵学堂教育之次第，即"须从娃娃抓起"，先注重蒙、小学堂，而后自中学而大学，循序渐进。《申报》论说就认为，欲得真才实学，自非由蒙学以至小学、中学、大学"挨次递升"不可，"童而习之，久而期之，乃始可以成就学业，乃始可以融会中西"，故应先植基于蒙学。故批评当轴"徒尽心于大学堂"，中学、小学用心不够，蒙学更漠然不顾，是不合理的。① 《同文沪报》论说以为，人才之兴，必赖于"学堂办理之得法"，由小学、中学以至省之大学而递进于京师大学堂，"有条不紊，层次井然"，久之，人才自勃然兴起。② 《京津时报》论说尤持此论："教育之维新"，"必自最下一层始"，各国皆然。故主张先"陶铸无数新学之塾师"，从娃娃抓起。③ 一旦视上述学堂教育之次第为正轨，则新进士直接入大学堂肄业之举，便是"先其最后"，颠倒次序，是胡来。

但是，开进士馆的用意在使新进士对于法政、交涉等实学知其大要，并不指望短短三年，就能造就西学湛深之才。进言之，从彼时实情来看，弃科举已成人才，不思裁成而用之，一心从娃娃抓起，用人方面，确有缓不济急的问题。况且接受学堂教育的少年长大后，也未必定是国家需要的应时人才。《大公报》论说即从此处入手，反驳《京津时报》的论点。④ 值得注意

① 《读本日报端恭录上谕谨注于后》，《申报》光绪二十八年十一月初四日，第1版。
② 《人才不必定由科举论》，《同文沪报》，载《时事采新汇选》光绪二十八年冬月十六至卅日。
③ 《译第五十七号〈京津时报〉论本月初二日上谕》，《大公报》光绪二十八年十一月初九日，第1版。
④ 《译第五十七号〈京津时报〉论本月初二日上谕》，《大公报》光绪二十八年十一月初十日，第1版。

的是，《同文沪报》论说虽持循序渐进之策，但也注意到"缓不济急"，然其药方则是，"于各省考选学问之优长者，使之遽入大学堂肄业，以期迅能收效，而不必其定自科目中出身也"。[①]《新闻报》论说主张"于省学堂多备高材生，使之毕省学堂之业，即入大学堂肄业"，不必果为进士而后入大学堂肄业。[②] 持论与《同文沪报》相通。只是，他们津津乐道的高招，京师大学堂其实已在付诸实践，速成科仕学馆和师范馆业已筹备就绪，即将正式开馆。

总之，诸论说不看好，甚至反对新进士入学的理据，有的不无道理，有的则属臆测误解。不过，反对的理由成立与否固然要紧，明确发出反对的声音则更为关键。整体趋新的报界舆论，在科举、学堂问题上成见已深，抑科举而扬学堂的倾向已相当明显，新进士入学之举，作为科举改制的又一项重大举措，正好给报界舆论一个批评的"题目"。通过评论该"题目"以贬斥科举，而为学堂张目，达致早废科举、专办学堂的目的，才是各论说的用意所在。

诏开进士馆，继续推进科举改制，体现着调和科举、学堂，而归重于学堂的意向。调和科举、学堂，则二者至少一定时期内必将并行，诸论说对此大为反感，哑哑论辩，断言二者势不两立，万难并行。归重学堂则科举地位相对降低，诸论说"见微知著"，或从中抉发出罢废科举的深意，或以此为话头，直呼遽停科举。

《中外日报》论说断然道："夫学堂之与科举，势不能两立者也。"首先，学堂课程繁，"阶级分明，非多年不能卒业"，科举文字无定，功名可侥幸得之，因此士子必不肯"舍科举之速化而就学堂之迟缓"，聪明者趋向科举，结果"学堂所取之士，或转非卓绝之流"。意谓学堂难而科举易，士子必趋易而就难。其次，举行乡、会试，已入学堂者必"分心于试事，不复能专精于所学"，不中式"固不免虚糜岁月，延误课程"，倘获隽则未必再入学堂。意谓科举存，则学堂学生大受干扰，难期大成。故主张加大科举

① 《人才不必定由科举论》，《同文沪报》，载《时事采新汇选》光绪二十八年冬月十六至卅日。
② 《论进士入大学堂肄业》，《新闻报》光绪二十八年十一月初四日，第1版。

之难度，或减额，或展限，如改三年一举为六年一举，"俾士子知科举得功名之难，等于学堂，而其得失之无定，更为学堂所未有，则或者就学堂之人多，就科举之人少，犹有真材之可造就也"。①

科举与学堂孰难孰易，实不易言，甚至都不好比较，《新闻报》论说便称秀才到举人再到进士，不知要历岁月几何。意谓科举非易。但这并不妨碍其得出相近的结论："窃谓学校、科举自古无并行之法，东西各国有学校而无科举，是以其业专。中国学校之所以不兴者，皆科举相妨之故，是以其业纷。专则成，纷则废。"②

《大公报》论说更是"斩钉截铁"："今日之科举，其势与后此之学校固不并立，科举存则学校衰，学校兴则科举废。"③《大公报》所载"来稿"大胆为诏书作注："此我皇上不得已之苦衷，非欲科举、学校并行也。"意谓科举虽已改制，仍不中用，然学堂初起，亦不能得人才。皇上鉴于"科举不废，虽学堂亦难育才，不重视学堂，则科举仍难遽废"的困境，不得已而出此。④

亟亟论辩科举、学堂不能并行的同时，诸论说更进一步，又从诏书中抉发出了罢废科举的意蕴。《大公报》论说阐释道："今日之诏书者，乃所以罢科举之先声也。昔者吾国人士，自束发受书至于成贡士，入词林，自谓流品之崇，极矣，学业之成，券矣。乃今诏书以为不然，必使之入京师之大学，必于彼卒业有据而后可以任器使。夫如是，天下将皆重学堂而轻科举，惟科举轻而后科举可以废，亦惟科举可以废而后府县中小诸学堂可以兴。此为政以渐而本末相及之致也。"⑤《新闻报》社论则说得更为显豁："成进士而后入学堂，彼不成进士而入学堂者占便宜矣。是轻之视科举也。成进士而入学堂者，业反迟成；不成进士而入学堂者，业反早成。是科举有碍出身

①　《论明岁恩科不必举行》，《中外日报》光绪二十八年十一月初二日，第1版。
②　《论进士人大学堂肄业》，《新闻报》光绪二十八年十一月初四日，第1版。
③　《译第五十七号〈京津时报〉论本月初二日上谕》，《大公报》光绪二十八年十一月初十日，第1版。
④　《恭读十一月初二日上谕谨注》，《大公报》光绪二十八年十一月十一日，第1版。
⑤　《译第五十七号〈京津时报〉论本月初二日上谕》，《大公报》光绪二十八年十一月初十日，第1版。

也。然则科举不可以不废矣。"①

令新进士入大学堂肄业之举，继续推进科举改制，确有归重学堂之意，新进士尤其是新翰林最受冲击。癸卯新进士陈黻宸朝考后在家信中明言："今年翰林亦不中用，入学堂三年，明岁不能散馆。"② 虽然如此，趋新的报刊舆论尚觉不够痛快，直呼立废科举。《同文沪报》论说"质问"道："科举之不足以得人，固已在圣明洞见之中。然则何为而不毅然决然而明诏特下，即遽行停止科举也？"③《新闻报》论说总结道："总之，上策为废科举。"④

五 官绅建言引发章程屡更

报刊舆论的上述反应，并非孤立现象，实代表了趋新士人，尤其是亲自办学者的立场。其实，供职京师大学堂的张缉光在替瞿鸿禨草拟变通新进士章程折稿时，已在文末揭明废科举之旨，只不过时机未到，后被修改。京师大学堂的其他办学人员，虽然赞同此举为学堂张目，将使科举式微，但也不觉满足，意欲罢废科举。张缉光的湖南前辈皮锡瑞看到上谕后亦觉不够痛快，直呼废科举：此举"似趋重学堂，曷不并废科举之尤愈乎？此所谓月攘一鸡也"。⑤

与此相关，此时力推减停科举的袁世凯、张之洞、赵尔巽等趋新督抚，并未直接参与该决策，可能亦不满足于此。不过，此举作为科举改制的继续推进，蕴含着抑科举而扬学堂的深意，故他们似亦乐观其成。所以，一个多月后，护理山西巡抚赵尔巽为奏请展缓癸卯科山西乡试，即以朝廷迭谕兴学，顷又令新科庶吉士等入大学堂肄业为立论导引。⑥ 次年二月，进士入学

① 《论进士入大学堂肄业》，《新闻报》光绪二十八年十一月初四日，第 1 版。
② 《致醉石弟书第二一》（1903 年 7 月上旬），陈德溥编《陈黻宸集》下册，中华书局，1995，第 1058 页。
③ 《人才不必定由科举论》，《同文沪报》，载《时事采新汇选》光绪二十八年冬月十六至卅日。
④ 《论进士入大学堂肄业》，《新闻报》光绪二十八年十一月初四日，第 1 版。
⑤ 皮锡瑞：《师伏堂日记》第 5 册，第 159 页。
⑥ 赵尔巽：《奏为晋省癸卯科乡试窒碍甚多拟请展缓折》（光绪二十八年十二月初二日），中国第一历史档案馆编《光绪朝朱批奏折》第 105 辑，第 192 页。

的特旨也成了袁世凯、张之洞奏请科举减额、专注学堂的部分说辞：皇太后、皇上"诏各行省普立学堂……并敕政务处明定学生出身，又令新进士悉就学堂肄业"。① 后来在制定《进士馆章程》时，多位政务处大臣起先颇嫌进士馆毕业奖励过优，张之洞私下则对瞿鸿機说："新进士果能在馆讲求实学有效，较之从前闲旷三年者，实远胜之，优奖亦不为过。"与此同时，孙家鼐欲令前一两科自愿肄业的进士，一体就学，张甚是赞成，称"此意极善，实为造就已仕人才之捷法，即速成科之意"。② 考虑到进士入学实由瞿鸿機一力促成，则此处或许不无"恭维"之意，但至少也说明，张之洞大体支持开进士馆。

　　然而，自进士入学的议题提出后，已在中枢高层争议颇多。迨特旨颁布后，自然成为朝中官员讨论的重要话题。光绪二十九年六月初八日，亦即癸卯科进士朝考分发不久，御史张元奇"博采众论"，认为"本科修撰、庶吉士、中书、主事悉入学堂肄业"，"尚有不便"，故"拟请酌为变通，或择年岁合格，其年长者听之；或考定额数，其额外者听之"，奉旨交"张之洞会同管学大臣妥议具奏"。③

　　此时，张之洞正奉命会同管学大臣张百熙、荣庆制定新学制，即后来的癸卯学制。《进士馆章程》亦是诸多学章之一。几个月后，张之洞会同管学大臣议奏，提出折中之策。一方面，额数未便限制，避免"转开趋避之门"，盖"凡新进士之授京职者"，特旨"一概令其入学堂，原欲使向业科举之士，增益普通学识，讲求政法、方言，以期皆能通实务而应世变，用意

① 《会奏请递减科举中额专注学校折》（光绪二十九年二月十二日），骆宝善、刘路生主编《袁世凯全集》第 11 卷，第 64 页。
② 《致瞿子玖》（光绪二十九年十一月十三日），赵德馨主编《张之洞全集》第 12 册，第 100 页。
③ 进士年岁问题，前引报刊舆论已有论及，不排除张元奇曾受影响。《酌定新进士入馆办法片》（光绪二十九年十一月二十六日），赵德馨主编《张之洞全集》第 4 册，第 170 页。按，张元奇上奏在 1903 年，距进士馆开馆尚有近一年时间。李林称"进士馆开馆仅历两月，1904 年 7 月，御史张元奇……奏请酌量变通，'或择年岁合格，其年长者听之，或考定额数，其额外者听之'"。又称"同年 12 月，张之洞亦奉旨议复张元奇奏陈"。均误。李林：《晚清进士馆研究：天子门生的转型困境与契机》，新竹《清华学报》新 44 卷第 1 期，2014 年 3 月，第 123 页。

至为深远"。另一方面，新进士中"年齿较长，有不能强就学堂程度者，亦属实在情形"，故"拟定一格，凡新进士年在三十五岁以下者，无论翰林、部属、中书，均令一体入进士馆肄业。并酌给津贴银两，由各该进士本籍省分筹款，解交大学堂按月转给，俾资旅费而示体恤，不准托词规避。其年在三十五岁以上，自审精力实已不能就学者，准其赴部呈明，改就知县，分发各省，与本科即用知县一律较资叙补。其自愿留学者听"。张之洞等认为："似此量为变通，自可免迁就入学，有名无实之弊矣。"①

因此《进士馆章程·入学规则章》第一条即规定：新进士授京职者本来"皆当入学肄业。惟年在三十五岁以上，自揣精力不能入馆学习者，准其呈明改以知县分发各省补用，仍令到省后入本省仕学、课吏等馆学习。其年在三十五岁以下者概不准呈请改外"。② 如此，三十五岁以上的新进士，可以自愿选择是否入进士馆肄业。不过，倘不肄业，则须改就即用知县，对于授京职者，尤其是翰林来说，似觉吃亏。总之，御史张元奇的封奏，对于章程的调整不无直接关系。

此外，章程中有如下几点值得注意。（1）以实用为宗旨，期望"初登仕版"的"翰林、部属、中书……明彻今日中外大局，并于法律、交涉、学校、理财、农工商兵八项政事，皆能知其大要"。若欲更求精深，则毕业后准其呈请入大学堂肄业。（2）因此，课程设置中以法政（可涵盖交涉）、理财为主；进士馆每周上课 6 天，每天 4 小时，共 24 小时，较其他学堂平均每周 36 小时课时为轻。（3）入馆肄业的翰林、中书每年津贴 240 两，部属 160 两，由进士原省筹解。（4）6 学期期满且获得学期及格凭照 3 次以上者，参加毕业试验。（5）毕业得奖者，将来作为外省高等学堂毕业试官候选人；部属、中书毕业得奖者，并准许考科举试差。③ 只是癸卯科进士入馆

---

① 《酌定新进士入馆办法片》（光绪二十九年十一月二十六日），赵德馨主编《张之洞全集》第 4 册，第 170 ~ 171 页。

② 《奏定进士馆章程》，舒新城编《中国近代教育史资料》中册，人民教育出版社，1981，第 628 页。

③ 《奏定进士馆章程》，舒新城编《中国近代教育史资料》中册，第 625 ~ 630 页。

次年，科举即废，所以科举试差成了泡影，而将来简派高等学堂毕业试官，亦口惠而实不至。

光绪三十年四月十二日正式开馆后不久，教员与学员颇生冲突（详第五章）。六月十三日，御史张元奇奏称："进士馆聘用各教员年轻望浅，所编讲义东涂西抹，粗浅陋略，学员皆有鄙夷不屑之意。择师不精，靡费无益，请饬将进士馆章程重为订定，俾收实效。"① 与此同时，进士学员也谋划着合词禀请严复出任进士馆总教习。当然，张元奇所奏，或许有替其同乡好友严复出掌进士馆张目的深意。② 七月十六日，御史王诚羲亦奏请变通进士馆章程："新进士学堂固应肄业，部务亦须学习，且部曹不必遽分部，知县不必遽分省，拟请变通章程，以期尽善。"③ 为此，学务大臣于八月拟定《更定进士馆章程》八条，奉旨允行。要点有，（1）分内、外班：翰林、中书为内班，须住馆肄业；外班定期到馆听讲，部属采取自愿，可留内班，亦可申请入外班，已得要差，经本部咨明留署者，且可毋庸听讲；翰林、中书如因精力不及，亦可改归外班。（2）进士办学与留学可以代替在馆肄业。新进士在学堂任教习及总理学务，三年期满，实能称职，或自备资斧呈请出洋游学，三年期满，得有毕业文凭，与在馆毕业者一律办理。（3）假期与守制：与之前统一给假八个月不同，新定进士朝考后，给正假五个月，续假五个月；丁忧学员除自愿回籍外，准其百日后入馆肄业。④

可见，进士馆奖励章程在制定过程中，就因部分政务处大臣嫌其过优，⑤

---

① 《德宗实录》（8），光绪三十年六月，《清实录》第59册，第83页。
② 参见韩策《师乎？生乎？留学生教习在京师大学堂进士馆的境遇》，《清华大学学报》2013年第3期。
③ 《德宗实录》（8），光绪三十年七月，《清实录》第59册，第101页。
④ 《政务处奏更定进士馆章程折》（并清单），北京大学校史研究室编《北京大学史料》第1卷（1898~1911），北京大学出版社，1993，第157页。此外，允许学员考御史及保送知府。针对馆内风潮，特意规定了"故犯学规，屡戒不改或声名素逊，造就其难者"的罚规。又参见李林《晚清进士馆研究：天子门生的转型困境与契机》，新竹《清华学报》新44卷第1期，2014年3月，第123页。惟其意主事皆入外班，理解小误。
⑤ 《致瞿子玖》（光绪二十九年十一月十三日），赵德馨主编《张之洞全集》第12册，第100页。

翰林前辈哄闹而核减。① 同时，伴随着新进士的抵拒情绪以及御史的不断上奏，开馆仅数月就大变学章，可谓学堂章程屡更的显例。

清末新政伊始，厉行科举改制。对此，甲辰科进士关赓麟曾总结道："癸卯、甲辰二科为千三百年科举之殿。时方改制，试论义，废誊录，借地汴闱，获隽者复入学堂习法政。此皆异于历来科举者。"② 概言之，科举改制包括两个方面：（1）辛丑年颁行考试新章，以废八股、罢试帖，改试论、策、经义，废誊录等为内容；（2）壬寅年变通新进士章程，诏开进士馆，令新科进士授京职者入京师大学堂肄习法政等"新学"，接受学堂教育。

就二者关系而言，开进士馆变革了新进士在"实习阶段"的具体走向和学习内容，是科举改制在翰林院及新科进士"新学"培养与任用、出路层面的反映。如果说辛丑科举新章是要变取士之法，用所谓经世实学来取士，那么壬寅诏开进士馆恰是要科举已取之士再入大学堂，接受经世实学教育。二者殊途同归，互相配套，均为解决取非所用、用非所取的问题。在改科举、兴学堂的转型背景下，翰林院的持续整顿是科举改制的体现，而京师大学堂的重建是学堂兴起的标志。开进士馆正是要将科举与学堂沟通起来，以便多快好省地获取应时人才。此举既是改科举的继续推进，与科举考试新章两相配套，共同构成科举改制的主要内容，又蕴含着抑科举而扬学堂的深意，标示着学堂取代科举的风向。

研究表明，诏开进士馆延续了庚子前后翰林院整改的思路，用速成之法，育科举已成之才，实现了翰林院庶吉士制度的重大变革，并与京师大学堂仕学馆的筹备工作紧密衔接。不过，在政务处初期的讨论中，王文韶、鹿传霖、瞿鸿禨等中枢要人意见参差，既包含理念之争，又牵扯人事问题，反映出翰林院与大学堂、科举与学堂关系的重重纠葛。既往研究显示，庚子之

---

① 子厂（郭则沄）：《杂述进士馆旧事以资谈柄仍叠前韵》，载《科举概咏》，《中和月刊》第1卷第11期，1940年11月，第51页。
② 稊园（关赓麟）诗题，子厂（郭则沄）辑《科举概咏》，《中和月刊》第1卷第11期，1940年11月，第50页。

后对科举变革的推动，陶模、袁世凯、张之洞、端方等疆臣多为主动，而枢臣更多是"合谋"的角色。[①] 此次从整饬翰林院到诏开进士馆，由于是科举改制在高层的推进，所以是枢臣（瞿鸿禨）等中央大员主动发起并积极促成的。从袁世凯、张之洞请设京师仕学院的思路和行动来看，他们似对此也乐观其成。当然，袁世凯、张之洞此时努力的主要方向却在科举减额。[②]

科举制几乎是最重要的既有制度，科举改制在储才之地的翰林院如何推进，直接反映了清廷的决心与力度，示范效应甚大，开进士馆就是这方面的典型事例。此外，政学相依，翰林院既与政治核心关系至密，又是士人观瞻所在，其改革自然深受瞩目。进士馆之设，已经涉及官员的养成和任职制度，关系到新进士的出路和仕途，因而影响亦大。

有以上原因，所以诏开进士馆上谕一经发布，即激起广泛的朝野反响。从报刊舆论方面看，至 1902 年底，津、沪报界在科举、学堂问题上成见已深，贬科举而扬学堂的倾向已非常明显。虽然当局此举明显在深化科举改制，归重于学堂的意味颇浓，但激进的报界舆论立意在废科举，并不以此渐进改革为满足。因而此举没有获得一年前废八股时那样的如潮好评。相反，却引来了程度不同的"差评"。趋新的报界舆论并以此为绝好"题目"，将批评进士入学演化成了废科举的宣传鼓吹。

同时，令新进士接受学堂再教育，新进士尤其是新翰林在心理层面及实际出路上，皆受到不小冲击。他们中许多人不以此举为然，甚至直接抵拒，也就可以想见（详第五章）。而朝内的科举出身者，也对此举抑科举而扬学堂的取向不满，故从特旨颁布直至进士馆开馆后，朝内的批评声音一直不断。新科进士的抵拒和朝内保全科举者的批评，导致进士馆章程屡变，一定程度上影响到此举的落实和成效。当局欲通过开进士馆以扩大科举改制的努力，遭遇重重阻力。在这样纷纷扰扰以及学堂、科举势不两立的聒噪下，科举的有形价值及无形价值均受到贬损。

---

① 王文韶除外。参见关晓红《科举停废与近代中国社会》，第 83～101、122～132 页。
② 参见李细珠《张之洞与清末新政研究》，第 134～135 页；关晓红《科举停废与近代中国社会》，第 94 页。

第四章

癸卯、甲辰借闱会试：科举新章的践行

　　癸卯、甲辰二科既是中国历史长河中最后的会试，又是清季科举新章的重要实践，因而具有独特的意义。诚如甲辰科进士关赓麟所言："癸卯、甲辰二科为千三百年科举之殿。时方改制，试论义，废誊录，借地汴闱，获隽者复入学堂习法政。此皆异于历来科举者。"[①] 本章首先重新解释会试借闱河南的缘由，接着着重考察两科会试的实际运行，借以讨论科举改章的利弊得失，最后在同治、光绪以来的会试脉络中，对两科贡士的取中情况进行统计分析。

一　借闱河南缘由新释

　　1900 年的庚子事变，彻底打乱了大清国的运行节奏，深刻影响了清末的制度变革和历史走向。就抡才大典的科举考试而言，乡、会试被迫一再展期，并引起朝臣和东南督抚巨大分歧。辛丑年（1901）八月，云南、贵州、广东、广西、甘肃五省举行了庚子、辛丑恩正并科乡试，而其余省份则俟之来年秋天。同时，按照中外交涉的最终结果，北京五年内既不能

---

① 秭园（关赓麟）诗题，子厂（郭则沄）辑《科举概咏》，《中和月刊》第 1 卷第 11 期，1940 年 11 月，第 50 页。

举行顺天乡试，也不能举行礼部会试，而事实上京师贡院也已被夷为平地。然则业经展至壬寅年（1902）三月的会试是否按期开科，借闱何处开科，便需当局首先加以确定。

辛丑年十月，礼部鉴于本年举行乡试省份不多，因而建议明年会试各省中额要区别对待。因为"明年会试恩正并行，自必酌量加中，以广皇仁"，但"若未经乡试各省，会试概行加中，未免漫无区别，且将来新科士子不获一律邀恩，亦非朝廷一视同仁之意"。故礼部奏请明年会试"由知贡举于开单奏请中额时，分别注明本年已经乡试及未经乡试字样，恭候圣裁。其未经乡试省分，应俟补行后，下次会试由礼部具折声明"。对此，政务处有不同意见，认为本年举行乡试只有五省，"若于明年举行会试，未曾乡试各省士子不免向隅，且举行经济特科前经奉旨定于本届会试以前，亦属办理不及"，故奏请会试再展一年至癸卯年（1903）春举行。至于借闱何处，政务处奏称："明年补行顺天乡试即须借闱，拟借用河南贡院考试，地属毗连，较为合宜。"八月先考顺天，十月再举行河南本省乡试。"乡试既借用豫闱，次年会试拟亦请仍就河南贡院办理，地居适中，于各省公车士子亦便。"① 十月二十四日，清廷根据政务处的意见明发上谕，大告天下。②

既往研究对借闱河南的原因已有探讨。③ 惟就河南论河南，最多说明河南开封贡院有条件成为借闱试点，但不足以说明必须借闱河南。其实，开封并非唯一选项，南京曾是重要选项，济南也是考虑之一。借闱河南的最终决策，是慈禧太后、政务处、礼部、全权大臣、刘坤一、张之洞，以及外人反复互动的产物。不同的借闱试点，必对来自五湖四海的数千举人的选择和境遇造成不同影响，给借闱当地的官场及周边商民带来截然不同的结果，甚至关系到科举制的最终命运。因此，借闱地点的决策过程及其

① 礼部：《续增科场条例》（光绪十一年至二十八年）第 11 册，第 7～11、14～15 页。
② 中国第一历史档案馆编《光绪宣统两朝上谕档》第 27 册，第 220～221 页。
③ 范沛潍：《清末癸卯甲辰科会试述论》，《历史档案》1993 年第 3 期；王瑶、李银良：《清末最后一次会试考述》，《黄河科技大学学报》2013 年第 1 期。

背后的权衡值得考察。

辛丑年三、四月间，由于英国驻华公使萨道义固执己见，要求顺天乡试、山西乡试甚至北京会试均停五年，中外议和代表在此问题上陷入交涉僵局。四月十三日，李鸿章、奕劻致电军机处，备述交涉艰苦，抱怨萨道义"性情执拗，颇难与商"，为了不"牵碍撤兵要务"，准备在停试问题上妥协，并提示"乡、会等试或可借闱举行"。① 不过，尚未商及借闱地点。经过积极磋商，李鸿章"认为"外人已同意北京会试不停，遂于四月十七日电告中枢。②

湖广总督、直隶人张之洞对直隶乡试、山西乡试停考五年甚为不满，但鉴于外人以直隶、山西系闹事最烈之地，乡试断不能行的立场，故向英国公使萨道义、德国公使穆默提出了借闱乡试办法："直隶可借山东之闱、山西可借河南之闱。"张之洞的提议得到了刘坤一的支持。③ 萨道义顾及英国在长江流域的巨大利益，必须维持与刘、张的友好关系，所以表示不反对顺天乡试、山西乡试分别借闱山东、河南的建议。④

如果此案就此了结，亦可谓不错的结果。可是，如第一章所述，英国公使萨道义在北京会试问题上最终并未让步。这就使得李鸿章颇为被动。而会试借闱何处，也就成为必须尽快考虑的问题。

五月初三日，身在北京的美国公使柔克义已经了解到："中国政府打算在北京停止考试期间，将京城会试移到某省的首府——可能在河南开封府举行。"⑤ 此处"中国政府"云云，似指北京的全权大臣。有意思的是，恰在

---

① 《寄西安行在军机处》（光绪二十七年四月十三日），顾廷龙、戴逸主编《李鸿章全集》第28册，第234~235页。

② 《全权大臣奕劻、李鸿章电报》（光绪二十七年四月十七日），故宫博物院明清档案部编《义和团档案史料》下册，第1186页。

③ 《致京英国钦差萨大臣、德国钦差穆大臣》（光绪二十七年四月十九日子刻发）、《致江宁刘制台》（光绪二十七年四月二十日丑刻发），苑书义等主编《张之洞全集》第10册，第8589~8590页。《江宁刘制台来电》（辛丑四月廿一日酉刻发、亥刻到），《张之洞档》第87册，第464页。

④ Ian Ruxton, ed., *The Semi-Official Letters of British Envoy Sir Ernest Satow from Japan and China* (*1895 - 1906*), p. 247.

⑤ 《柔克义致海函》（119号），天津社会科学院历史研究所编《1901年美国对华外交档案：有关义和团运动暨辛丑条约谈判的文件》，刘心显、刘海岩译，齐鲁书社，1984，第330页。

三日之后，李鸿章致电军机处云："惟闻各使中仍有不愿北京会试者，请借河南考棚。"① 李鸿章称外人请借闱河南，恐系托词。与柔克义的说法合观，似可知此时李鸿章等人主张借闱河南举行会试。会试借闱河南，顺天乡试虽未明言，但很可能也就借闱河南。

然而，这就与张之洞"交涉成功"的提议——直隶顺天乡试、山西乡试分别借闱山东、河南——有了冲突。七月初九日，《辛丑条约》画押前夕，张之洞致电军机处，历数其与刘坤一为直、晋借闱鲁、豫的辛苦交涉，恳请朝廷饬令全权大臣与各国切商"直、晋两省不滋事各州县，准其借闱乡试，俾免无辜向隅，以期民情帖服"。电文中且暗藏玄机："德使复电云，彼甚愿照办，惟有人不以为然，至为抱歉。"② 与此同时，张之洞又给其姐夫鹿传霖发一密电，透露了"不以为然"之人正是李鸿章："直隶不滋事地方不准借闱乡试一节。德使电告德领事，谓系合肥之意，嘱敝处勿怪伊等语。可骇可怪。特密达。此事务望请旨饬合肥妥商，于此次明降谕旨时，将两省借闱乡试提明方妥。不然，以后畿辅民心岂能安靖哉。"③ 不过，张之洞的诉求未获满足。

不久，会试借闱河南的消息就在报刊上传开："北京会试及一切殿廷考试，此后均须停止，惟各省举人仍须准其会试，已议定即借河南贡院办理。"④ 然而，事实上并未如此顺利定局。

九月初，当留京礼部拟稿请旨时，河南、山东，尤其是南京，均为选项。⑤ 身在北京的冯汝琪亦探悉"礼部奏请在南京会试"，惟"此折尚未拜发，出奏后尚不知谕旨如何"。⑥ 外人在华所办的《字林西报》此时却开始

---

① 《寄西安行在军机处》（光绪二十七年五月初六日），顾廷龙、戴逸主编《李鸿章全集》第28册，第291页。
② 《致西安行在军机处》（光绪二十七年七月初九日午刻发），苑书义等主编《张之洞全集》第3册，第2222～2223页。
③ 《致西安鹿尚书》（光绪二十七年七月初九日午刻发），《张之洞档》第35册，第354～355页。
④ 《时事要闻》，《中外日报》1901年9月6日，第1版。
⑤ 《时事要闻》，《中外日报》1901年10月25日，第1版。
⑥ 《冯汝琪致冯金鉴》（辛丑九月卅日），《冯汝琪家信》，近代史所档案馆藏，甲203。

调侃中方在借闱地点上的游移："中国北京乡、会试，以去年之乱，停止五年，已见诸和议草约之内。乃中政府先欲改行于开封，后欲举行于济南，今则竟欲改于南京行之。盖太后及顽固党以恐外人不允，故其初尚不过欲图易地，并非决意。今以各国不甚在意，故又决欲在南京举行矣。以此而论，李相之外交手段较各公使又胜一筹矣。盖会试事宜，暂在江南举行者，实为李相所奏也。"① 李鸿章是否曾奏过，目前尚无档案资料佐证，不过报刊据"京函"却说得煞有介事："李中堂会同礼部奏请所有会试事宜，暂在江南举行，俟揭晓一月后至京殿试，闻奏入，政务处颇以为然。"②

无论如何，十月礼部会同全权大臣（李鸿章此时已去世）所上奏折，确实意在南京：

> 今会试既难在京举办，只得移借外省乡试贡院。除停止考试地方及离京较远省分未便移借外，查山东、河南固属距京较近，惟总裁、同考等官员数众多，同日驰驿，诚恐沿途夫马及尖宿处所供应太繁，且山东、河南两省内帘房宇均系十四房，只有江南贡院两省合考，向系十八房，规模较宽，而总裁、同考、提调等官应须驰驿前往者，改由火车、轮船，亦觉便捷。至该三省现在情形，臣等未能深悉，应于何省借闱考试，较为合宜之处，伏候圣裁，以便钦遵办理。③

可知礼部欲借闱南京的理由主要是：考官便利、沿途地方供应负担较轻、贡院规模合适。其实，选择与京师贡院同为十八房的江南贡院，表面称规模较宽，实则暗含朝廷体制。考虑到礼部会试破天荒地不能在京举办，主要是英国公使等外人"压迫"所致，那么即使借闱，也须体制相当。因此，地位仅次于北京的南京自然是首选。不过，如何定夺，尚须最

---

① 《时事要闻》，《字林西报》（九月十三日），《中外日报》译载，1901 年 10 月 25 日，第 1 版。
② 《江南会试》，《选报》第 1 期，1901 年 11 月 11 日，无页码。
③ 礼部：《续增科场条例》（光绪十一年至二十八年）第 11 册，第 8 页。

高层仔细权衡。既要为考官、士子的便利着想，也须避免外人干涉，还要考虑借闱地方督抚的态度。

从外人角度看，英国公使、参赞此前均表示过会试可以借闱南京。早在 5 月 10 日之前，由于萨道义在北京会试问题上不肯松口，李鸿章放出风来——如果坚持停止北京会试，皇帝将不回銮。萨道义在给英国外交大臣兰士敦侯爵（Lord Lansdowne）的信中，已表示中国人或许可以借闱南京举行会试，但绝不允许北京举行任何科举考试。[①] 因此，英国参赞杰弥逊在 5 月 24 日与张之洞晤谈时，亦称直隶、山西"乡试必须全停，会试只可改在他省，或在南京"。[②] 况且，礼部奏折系会同议和全权大臣所上，想必外人的意见早已考虑。

看来最终未选南京，似与两江总督刘坤一的消极态度有关。礼部折递上后，旨下政务处议奏。据说最高层专门探询刘坤一之意，刘"于此颇觉难置可否"。[③] 会试借闱南京，无疑会给江苏增加诸多负担；且会试如借闱南京，顺天乡试就很可能也借闱南京，则江南乡试便须推迟至十月再举行，甚为不易。主张科举减额、大兴学堂的刘坤一自然不愿同意，但又不好表态反对。不过，以刘坤一斯时的权势威望，又系参预政务大臣，只要他不明确支持，政务处恐不便强行议准。这是政务处否决礼部的南京方案，最终选择河南开封的重要原因。

当然，选择河南亦有其他考量。范沛濰认为，除京师贡院被焚外，[④] 还有四点原因。（1）河南的义和团运动不似山东、直隶、京津地区剧烈，"在河南举行会试，就不易引起外交纠纷。这是癸卯、甲辰科会试借闱河南贡院最主要的一个原因"。（2）"开封地处中原，位置适中，交通便利。"（3）

---

① Ian Ruxton, ed., *The Semi-Official Letters of British Envoy Sir Ernest Satow from Japan and China* (1895–1906), p. 244.

② 《致西安行在军机处、江宁刘制台、上海盛大臣转全权大臣》（光绪二十七年四月初八日未刻发），苑书义等主编《张之洞全集》第 10 册，第 8577 页。

③ 《复奏踌躇》，《中外日报》1901 年 11 月 14 日，第 2 版。

④ 其实，因为全权大臣争取北京会试的交涉失败，所以即使京师贡院未毁，也须借闱。王瑶、李银良已指出此点（《清末最后一次会试考述》，《黄河科技大学学报》2013 年第 1 期，第 89 页）。

"河南贡院占地颇广，号舍众多，条件较好，完全有条件承担全国会试。"（4）"太后对开封产生了好感，特别是对河南官员的接驾十分满意……在开封举行会试，也可算是对河南的照顾与重视，给河南官员的体面。"① 只是这种解释最多构成借闱河南的充分条件，而不足以构成其必要条件。

首先，如果注意到礼部会同全权大臣奏请在南京会试，那么义和团运动的解释就站不住脚了。因为河南尚闹义和团，且南阳府、光州在停试之列，两江则在东南互保之下，并无义和团，江苏且无教案，更无外交纠纷。其次，开封确实位置适中，如在轮船、火车未通时代，四方之士子"固无远近悬殊之虑"，但在"东南诸省轮舟畅行"而芦汉铁路尚未全通的时代，开封与北京、南京相比，就算不上交通便利。迟至1903年，芦汉铁路虽已修至信阳州，但距离开封省城"尚有六七百里"，当癸卯科会试的时候，"吴、越、湘、鄂、闽、广等省之公车赴汴，无论自信阳州换车、由清江浦起岸，皆须陆行数百里始能得抵汴中。其间或因道路难行，或因车辆难觅，种种受累，窘不堪言"。② 因此，与南京相较，选择河南仅对河南、陕甘、山西地区士子便利，对大量南方士子几乎是个梦魇。再次，河南贡院占地广、气势雄伟则是实情。朝廷决定顺天乡试借闱河南后，开封贡院随即展拓扩建，其内帘规模较京师贡院尤宏。后来癸卯科会试同考官恽毓鼎就称赞"其规模胜京闱多矣"。③

至于说在开封举行会试，是出于慈禧太后对河南官员的好感、给他们的体面，恐怕要仔细分析。破天荒地在地方举行会试，对地方官来说，或许是"无上光荣"，但也是财政与精力的巨大负担。所以，这就取决于当地官员如何看待科举考试。如果在主张减废科举的刘坤一、张之洞、端方、赵尔巽等人的地盘举办会试，恐怕他们就未必觉得"体面"。不过，河南当局的情况却恰恰相反。辛丑年九月十七日，刚刚卸任河南巡抚的于荫霖在召对时，就主动"申请"在河南举办乡、会试："停科举之旨一

---

① 范沛潍：《清末癸卯甲辰科会试述论》，《历史档案》1993年第3期，第106~107页。
② 《论汴省举行乡会试之非宜》，《申报》1903年5月13日，第1版。
③ 史晓风整理《恽毓鼎澄斋日记》第1册，第216页。

下，天下士子皇皇，条约臣不深知，皇太后、皇上回京以后，但能开科，不妨借河南贡院乡、会试，以固人心。"慈禧说："本来是固结人心要紧，你说得话都是当办的事。"① 这一对话值得特别注意。而且，时任河南巡抚松寿也没有表现出废科举的倾向，且系满人，对朝命更无商量余地。此后直至 1905 年立停科举，历任河南巡抚锡良、张人骏、陈夔龙均倾向于保全科举。此外，借闱河南或许有照顾河南、陕西士子、商民的意思，但也给河南地方带来财政压力，而地方官出的钱还是来自老百姓。其实，参加顺天乡试、会试的士子来自全国各地，放在南京亦颇合适。

因此，清廷之所以决定借闱河南会试，很可能是这样考虑的：礼部与全权大臣意欲借闱南京，既便利考官，也方便大部分士子，但两江总督刘坤一不同意，于是只好作罢。河南与山东相比，有地处中心、贡院闳敞的优点，且督抚唯命是从，所以被政务处选中。看来会试借闱地点的确定，有一个从南京到开封的权衡过程。可以说，河南本来是个"备胎"。故李鸿章的谈判助手张佩纶颇不满于借闱河南，他说："顺天乡试乃借豫闱，成何气象！"② 顺天乡试如此，礼部会试借闱河南，更成何体统。张佩纶此处有可能是对洋人不许北京举行乡、会试表达愤慨，但考虑到张氏参与了辛丑谈判，知悉顺天乡试、会试必须借闱，也了解礼部和全权大臣倾向于南京，故更可能是因为未能借闱南京，体制稍逊，所以发此牢骚。

当然，考试地点固然重要，但欲进一步了解两科会试的详情，还须深入考题、答卷、阅卷、取中等考试的实际运行层面。

二　考题与答卷再析

清季科举改制的方案虽然不少，甚且明令颁行，但只有辛丑科举新章得到了实践。因此，癸卯、甲辰两科会试的考题与答卷，就成为分析科举新章

---

① 于荫霖：《悚斋日记》，沈云龙主编《近代中国史料丛刊》（224），第 1263～1264 页。
② 《致陈弢盦阁部》（约辛丑十一月），张佩纶：《涧于集·书牍》第 6 卷，1926 年涧于草堂刻本。

的落实、成效与局限的重要参考。考题不难寻觅，不过，先行研究多着意于二场策题及考生的对答，以其代表了"西学新知"。然而，如果回到考试本身，则对于考官与考生来说，最重要的无疑是头场中国政治史事论题。当然，二场各国政治艺学策题，指引"新学"时务，体现时代潮流，也在录取中起到一定作用。因经义题退居三场，故四书五经在考试中的地位急剧式微。综合分析三场考题和尽量多的考生答卷，同时利用考官日记、书信等材料追寻阅卷、取中的实际过程，可以窥测考官命题的出处、意旨和录取标准，观察考生的应对和知识结构，也可以检验科举改章的成效并反思其局限。本节先分析考题和答卷，下节将集中讨论考官校阅取中问题。

考题出处和意旨

清末废八股之前，会试头场四书文题例由钦命。癸卯、甲辰两科会试改试论、策、经义，头场论题与二场策题由考官酌拟，三场经义题则请钦命。癸卯年三月初八日会试出题当日，即未依向例请同考官六人"写题并监刻题纸"，而是由总裁自写，在正总裁孙家鼐处"封门刻题纸"。① 头场中国政治史事论五道，命题"谨以《御批通鉴纲目》、《御批通鉴辑览》及历代正史为本"。② 孙家鼐等对此严格遵守。故同考官恽毓鼎接到题纸后，"检书查题出处"，发现五道题"皆载《御批通鉴辑览》中"，当然也"别见《通鉴纲目》、《续资治通鉴》、《续通考》、《宋名臣言行录》"等书。③ 具体见表 4 - 1。④

次年甲辰恩科会试，虽仍由四总裁在正总裁裕德处封门监刻题纸。⑤ 然而，题型却有不小变化。不同于癸卯科五题均出自《御批通鉴辑览》，且皆就某一史事发问，甲辰科头场题目则流行长时段的"比较"史论（如表 4 - 2 所示）。

---

① 王振声：《心清室日记》，第 23 页。
② 礼部：《续增科场条例》（光绪十一年至二十八年）第 11 册，第 19 ~ 20 页。
③ 史晓风整理《恽毓鼎澄斋日记》第 1 册，第 218 页。
④ 以下考题见《光绪辛丑壬寅恩正并科会试录》，1903 年刻本，第 14 ~ 15 页；《光绪甲辰恩科会试录》，1904 年刻本，第 12 ~ 14 页。不再一一注出。
⑤ 王振声：《心清室日记》，第 95 ~ 96 页。

表4-1　癸卯科会试头场史论题

	题目	出处（《御批通鉴辑览》）	题眼
癸卯科 史论题	1. 管子内政寄军令论 2. 汉文帝赐南粤王佗书论 3. 威之以法，法行则知恩； 限之以爵，爵加则知荣论 4. 刘光祖言定国是论 5. 陈思谦言铨衡之弊论	卷四 卷十四 卷二十七诸葛亮治蜀语 卷八十九南宋光宗绍熙元年上疏 卷九十八元文宗至顺二年上疏	练兵、兵农分合、变法 筹边、战和、理势 内治、儒家、法家 是非、朋党、道学 铨选、取才、用人

表4-2　甲辰恩科会试头场史论题

	题目	出处	题眼	备注
甲辰恩科 史论题	1. 周唐外重内轻，秦魏外轻内重，各有得失论	苏轼《东坡奏议》："古者建国使内外相制，轻重相权，如周如唐则外重而内轻，如秦如魏则外轻而内重，内重之末必有奸臣指鹿之患，外重之弊必有大国问鼎之忧。"	中央地方、内外相维、封建郡县	与晚清内轻外重格局及新政时期中央集权有联系
	2. 贾谊五饵三表之说，班固讥其疏，然秦穆尝用之以霸西戎，中行说亦以戒单于，其说未尝不效论	汪中《贾谊〈新书〉序》："若夫五饵三表，秦穆用之遂伯西戎，而中行说亦以戒匈奴，则既有征矣。谓之为疏，斯一隅之见也。"	夷夏、筹边、中外	与日俄战争时期筹边、交涉问题有联系
	3. 诸葛亮无申、商之心而用其术，王安石用申、商之实而讳其名论	王夫之《读通鉴论》："无他，申、商者，乍劳长逸之术也。无其心而用其术者，孔明也；用其实而讳其名者，介甫也。"	儒家、法家、名实	与癸卯科头场第三道题有联系
	4. 裴度奏宰相宜招延四方贤才，与参谋议，请于私第见客论	《旧唐书·裴度传》："及度辅政，以群贼未诛，宜延接奇士，共为筹划，乃请于私居接延宾客。宪宗许之。自是天下贤俊得以效计议于丞相，接士于私第，由度之请也。"	揽才、储才、朋党	与新政时期破格用人政策有联系
	5. 北宋结金以图燕，南宋助元以攻蔡论	《御批通鉴辑览》卷八十一等处	合纵连横、外交和战	与日俄战争的现实背景有联系

合两科题目观之，时间跨度自先秦以至宋元，内容范围涉及变法改制、练兵沿革、中央地方、封建郡县、夷夏中外、筹边方略、治国理念、儒法之争、朋党道学、铨选考绩、揽才用人等。这些均是传统中国治国理政重要甚至永恒的主题。考官以此试士，表明其意欲考验士子对中国历史与现实中"经世治

国"问题的阅读、思考与认识。会试头场从四书八股文和试帖诗改为经世治国主题的史论，姑不论其利弊，显然科举考试内容与形式的变化不可谓不大。

若对比两科题目，癸卯科五题看似简略，然而题面的预设和指向却并不明显，同一题目，不同考生可以从不同角度进行论述，甚至论点相反，只要有新意、能自圆其说，都可以取中。甲辰恩科题目貌似宏大综合，需要用广博的知识和长时段的视野进行比较论述。然而题面信息呈露较多，预设与导引的痕迹甚浓，举子揣摩迎合，难免结论雷同。比如"周唐外重内轻，秦魏外轻内重，各有得失论"，看似跨越千年，主题宏观而重要，虽然也不乏跳出内外轻重者，但更多士子则是指出各自得失，而结论指向内外平衡、内外相维。第二道更是引导士子论证贾谊的"五饵三表"之说是否有效。第三道"诸葛亮无申、商之心而用其术，王安石用申、商之实而讳其名论"，也有结论先行、诱人"证实"之嫌。以上三道题面分别出自苏轼、汪中、王夫之的史论之中，考验士子能否在前人论说基础上推陈出新。第四道"裴度奏宰相宜招延四方贤才，与参谋议，请于私第见客论"，貌似相对"中立"，但在时事艰难、新政乏才的背景下，似也蕴含着赞同裴度做法的意味。其实，总裁张百熙正是常常在私第接见贤才的显宦。[1] 第五道"北宋结金以图燕，南宋助元以攻蔡论"则有日俄战争的现实背景。

头场史论固然在考试中占据最重要地位，但第二场各国政治艺学策题代表"新学新知"，也值得考察分析。两科策题如表 4 - 3 所示。

合两科共十道策题观之，均以教育问题打头且独占三道，而问富强之本、立国之本一条，考生也往往归结于教育。此外，外交占两道，财经、警察、农政、客卿问题各占一道，而变法改制的主题则贯穿始终。策题多须联系中国实际，所以考察的更多是中国现实问题，与其称各国政治艺学策，不如称为中外时务策更妥。联系实际的好处在于引导士子关心国事，而弊端在于比附援引，"想象"西国，难称其为学。同时，中外"比较"之下，看到的多是中国的落后和黑暗，容易产生不切实际的空谈臆想和难以推行的激进建策。

---

① 参见徐凌霄、徐一士《凌霄一士随笔》，第 1206 ~ 1208 页。

表4-3 癸卯、甲辰二科会试二场策题

	题目	题眼	备注
癸卯科	1. 泰西最重游学，斯密氏为英大儒，所论游学之损亦最挚切，应何如其质性，限以年例，以期有益无损策	游学防弊	出自严复译《原富》戊部
	2. 日本学制改用西法，收效甚速，然改制之初，急求进境，不无躐等、偏重之弊，东国名宿类自言之，取长舍短，宜定宗旨策	学制学堂	与壬寅学制、癸卯学制相联系
	3. 各国商会、银行皆财政之大端，预算决算又合制用古法，然所以行之故，必有本原，试参酌中国商贾官民情形，以期推行无阻策	财经商业	与清廷正酝酿设立商部相联系
	4. 警察之法，于政治关系极多，宪兵之设，尤足辅警察所不足，试详其典则事务，以便仿行策	警察宪兵	与建立巡警相联系
	5. 工艺、商贾、轮船、铁路，辅以兵力，各国遂以富强，其所以富者，果恃此数者欤？抑更有立国之本欤？观国者无徒震其外，宜探其深微策	富强之本	体用之辨
甲辰恩科	1. 学堂之设，其旨有三：所以陶铸国民，造就人才，振兴实业。国民不能自立，必立学以教之，使皆有善良之德，忠爱之心，自养之技能，必需之知识，盖东西各国所同，日本则尤注重尚武之精神。此陶铸国民之教育也。讲求政治、法律、理财、外交诸专门，以备任使，此造就人才之教育也。分设农工商矿诸学，以期富国利民，此振兴实业之教育也。三者孰为最急策	教育宗旨与先后缓急	与兴学堂相联系
	2.《周礼》言农政最详，诸子有农家之学。近时各国研究农务，多以人事转移气候，其要曰土地、曰资本、曰劳力。而能善用此三者，实资智识。方今修明学制，列为专科，冀存《要术》之遗。试陈教农之策	农政	与农事试验相联系
	3. 泰西外交政策，往往借保全土地之名，而收利益之实。盍缕举近百年来历史，以证明其事策	外交、近代史	日俄战争的背景
	4. 日本变法之初，聘用西人，而国以自强；埃及用外国人至千余员，遂失财政、裁判之权，而国以不振。试详言其得失利弊策	客卿	与延聘外国法政、财经专家相联系
	5. 美国禁止华工，久成苛例。今届十年期满，亟宜援引公法，驳正原约，以期保护侨民策	美国华工、公法	保护华侨问题

就两科比较言之，先行研究认为甲辰科命题的广度、深度、难度均胜于癸卯科，[①] 确有道理。此处需特别指出的是，因为有日俄战争的现实背景，

① 范沛濰：《清末癸卯甲辰科会试述论》，《历史档案》1993年第3期，第109页；李林：《从经史八股到政艺策论：清末癸卯、甲辰会试论析》，香港《中国文化研究所学报》第55期，2012年7月，第182页。

所以甲辰科三场命题均有影射，而于外交问题尤为强调。比如甲辰科头场最后一道题"北宋结金以图燕，南宋助元以攻蔡论"，即从宋辽金元的历史切入，"借古讽今"意味甚浓。而金梁在答卷中就明言日俄战争"以中国为战场，无中立之可守"。① 第二场第三道"泰西外交政策，往往借保全土地之名，而收利益之实。盍缕举近百年来历史，以证明其事策"，则是用近代外交史事，以为现实问题寻找借镜。

有意思的是，三场钦命的经义题也直指现实。其中第二道"中立而不倚，强哉矫义"，即暗含着中国在日俄战争中守"局外中立"的隐喻。考官与士子对此是心知肚明的。钦命题实为军机大臣、外务部尚书瞿鸿禨代拟。② 于式枚在给端方的密信中就讽刺道："政府得局外二字，以为完全良策，得意之至。至代拟钦命四书义题，用'不倚强矫'，以鸣得意。"③ 考生许同莘在日记中也记录了士子们的骚动："是题既出，议者甚众"，"盖是时日俄为东三省事开战，中国守中立之例，故发此题也"。④ 此外，"化而裁之"题讲的是变通，"致天下之民"题讨论"交易"，均联系现实。

但必须强调的是，科举新章置四书五经义题于最不重要的第三场，且四书义题只有两道，五经义题仅有一道。所以两科会试，五经义题总共只考过两道，均出自《周易》。如此考法，士子日久荒经的结果是必然的。

表 4-4　癸卯、甲辰二科会试三场四书五经义题

	题目	出处
癸卯科	敬事而信,节用而爱人义	《论语·学而》
	故为政在人,取人以身义	《中庸》第二十章
	化而裁之谓之变,推而行之谓之通,举而措之天下之民谓之事业义	《易·系辞上》
甲辰科	大学之道在明明德,在亲民,在止于至善义	《大学》
	中立而不倚,强哉矫义	《中庸》第十章
	致天下之民,聚天下之货,交易而退,各得其所义	《易·系辞下》

① 顾廷龙主编《清代朱卷集成》第 91 册，台北：成文出版社，1992，第 129 页。
② 谌东飚校点《瞿鸿禨集》，第 170 页。
③ 《于式枚致端方》(甲辰四月四日)，《端方档》，虞和平主编《近代史所藏清代名人稿本抄本》第 1 辑第 143 册，大象出版社，2011，第 12 页。
④ 《许同莘日记》，近代史所档案馆藏，甲 622-11，自编第 55 页。

考生备考与答卷

癸卯科二场第一道策题，以亚当·斯密论游学之弊切入，出自严复译《原富》戊部。严译《原富》全文刚于光绪二十八年十月由南洋公学译书院印行。短短几个月后就出此题，确实对考生的阅读和涉猎范围提出了很高要求。

浙江山阴县举人何寿章所处的环境比较开通，其本人不仅好学不倦，而且亲自办学堂，故有幸提前阅读了新出的严译《原富》，并记下了紧张兴奋的读后感。癸卯年正月初四日有云："灯下读《原富》部甲上，是书前年译印甲乙丙三部，去腊复译成丁戊两部，而全书告藏。严几道之译笔，诚空前绝后矣。而作者斯密·亚丹，潜心研究，辨析精微，言言至理，字字名言。严公加以铨（原文）释，凡斯密千虑一失，与夫时会之迁流，政约之变迁，一一标而出之，使读者益足以考进化之秩序，嘉惠支那，岂有极哉。但必静观默念，始可卒读，稍涉他想，便尔惝恍。呜呼，岂特作者、译者之难，即读者亦大不易也。"①

迨二月初五日，何氏读到了《原富》戊部，他说："读《原富》部戊上篇，其论幼民学校之费，扬榷教科，备极精当。"初六日，在舟抵上海之前，他读完了严译《原富》。② 在此前后，他还读过日本桑原骘藏的《东洋史要》（樊炳清译），市村瓒次郎的《支那史要》（陈毅译），加藤弘之的《讲演集》，《翻译世界》第一、二期中哲学、社会、宗教、政治学史、政治泛论、法律泛论、最新经济学等内容。到开封后，他重读了岸本能武泰的《社会学》（樊炳清译），又从亲戚处借得《万国政艺全书》、《直省舆图》、《万国舆图》，购入一部上海新出的石印《读史方舆纪要、郡国利病书详节》。初七日，即入场前一日，何氏"检理入场书籍、器物"后，又"取

---

① 何寿章：《苏甘室日记》，《绍兴丛书》第 2 辑《史迹汇纂》第 12 册（下略），中华书局，2009 年影印本，第 626 页。
② 何寿章：《苏甘室日记》，第 629 页。

《湘报文编》读之",作为考前的最后准备。① 何寿章后来果然考中。

云南士子马太元不像何寿章那么涉猎广泛,抵达开封安顿妥善后,才于二十五日出街购《史论观海》、《治平十议》、《四书精义》、《御批纲鉴》各一部。上述几种书,均为头场、三场预备。接下来的几天里,他临时抱佛脚,翻看《史论》、《治平》、《通鉴》各书数篇。至于二场考试用书,直到三月初五日,即入场前三天,才购入《西国新政辑览》一部。② 马太元最终名落孙山。

李林注意到 1897 年点石斋石印本《时务通考》,认为除了警察一题,"《时务通考》大致能涵盖两科会试第二场十道政治艺学策题的考察范围"。③ 所言大体不差。不过,点石斋主人后来又请人编辑续集,于 1901 年冬出版。④ 所以用该书正续集比照两科会试策题,当更为有效。此外,马太元所购的《西国新政辑览》,何寿章所借的《万国政治艺学全书》,亦是当时考场利器,与《时务通考》正续集一起,常年在《申报》登广告兜售。⑤ 而在《汴梁卖书记》作者王维泰看来,能购览《万国政治艺学全书》等,已是"渐有新旧过渡思想,临文时能解调查者"。不过,士子"最多之数必问《通鉴辑览》、《经世文编》,甚或问《子史精华》"等。尽管趋新的王维泰说这些士子"皆未脱八股词章窠臼",为"最下乘",⑥ 但《通鉴辑览》、《经世文编》等却是应对首场史论题的重要参考书,士子最乐寻购也是人情之常。

何寿章、马太元、许同莘等士子自带和购买的书籍,大都是要带入场中

---

① 何寿章:《苏甘室日记》,第 625、630、631、633、634 页。
② 马太元:《汴游笔记》(日记),第 9 页。
③ 李林:《从经史八股到政艺策论:清末癸卯、甲辰科会试论析》,香港《中国文化研究所学报》第 55 期,2012 年 7 月,第 182~183 页。
④ 《跋时务通考续编》,《申报》1901 年 12 月 2 日,第 3 版。
⑤ 《上海鸿文书局新辑〈万国政治艺学全书〉出售股票》,《申报》1902 年 3 月 29 日,第 4 版;《石印各省学堂应用各种大本时务新书发售》,《申报》1902 年 11 月 13 日,第 4 版。按,均系长期广告。
⑥ 王维泰:《汴梁卖书记》,张仲民:《出版与文化政治:晚清的"卫生"书籍研究》附录,上海书店出版社,2009,第 330 页。

备查的，这早已是晚清科场常态。李林看到几条辛丑科举改制后士子场内翻书的材料，就想当然地说，明清科场搜检极严，此时"乃准士子带书翻阅，应是考虑科制甫经从形式到内容的改革，难度骤增，故以此权宜之计方便考生"，进而论道"厘清这一事实，对评估考试答卷及其学识水平至关重要"。① 其实，嘉、道以后，搜检已渐从宽，"同、光间则虽仍派搜检官，不过循行故事，由吏役高呼一声搜过……后则此声亦寂无闻"，任士子随意挟书。② 1894 年商衍鎏参加广东乡试，书籍就一概听其带入。③ 许同莘于 1899 年参加院试，江苏学政瞿鸿禨"概不搜检"。④ 迨 1902 年参加江南乡试，起初还因"书籍繁重，颇以携带不便为虑"，岂料"入场可令仆人挑入号内，出场亦有亲兵层递背出"，⑤ 备极优待，遑论搜检。癸卯年三月初八日会试入场，马太元的"书籍以轮自拖"，⑥ 昂然入闱。所以，考生带书入场早是惯例，绝非科举改制初特为此权宜之计方便士子。只不过科举改制后，士子携带书籍的部头更大、种类更杂、数量更多。明乎此，则士子答卷中出现与严译《原富》字句完全一致的现象，就不值得大惊小怪，而对比分析同一道题尽可能多的答卷，才是了解士子如何应对科举改制的有效途径之一。

从取中的答卷来看，同一道题题眼固然一定，作答却须新警而有别于人，不偏不倚、四平八稳之卷未必能受到青睐。癸卯科头场五论最重要，首题"管子内政寄军令论"尤要，也存留下更多的闱墨。士子们的答卷一定程度上反映了这一情况。此题贯穿着变法与治兵的主题，也是现实的反映。所以士子须紧扣变法和治兵立论，至于切入的角度、论述的侧重、得出的结论，则可各自不同。故从兵农分合、古今异同、政军文武、王道霸道等方面立言均可，甚至直言当下，只要持之有故、言之成理，皆有可能入彀。

---

① 李林：《从经史八股到政艺策论：清末癸卯、甲辰科会试论析》，香港《中国文化研究所学报》第 55 期，2012 年 7 月，第 179 页。
② 商衍鎏：《清代科举考试述录及有关著作》，第 70 页。
③ 商衍鎏：《科举考试的回忆》，《清代科举考试述录及有关著作》，第 432 页。
④ 《许同莘日记》，近代史所档案馆藏，甲 622 - 11，自编第 57 页。
⑤ 《许同莘日记》，近代史所档案馆藏，甲 622 - 11，自编第 15 页。
⑥ 马太元：《汴游笔记》（日记），第 10 页。

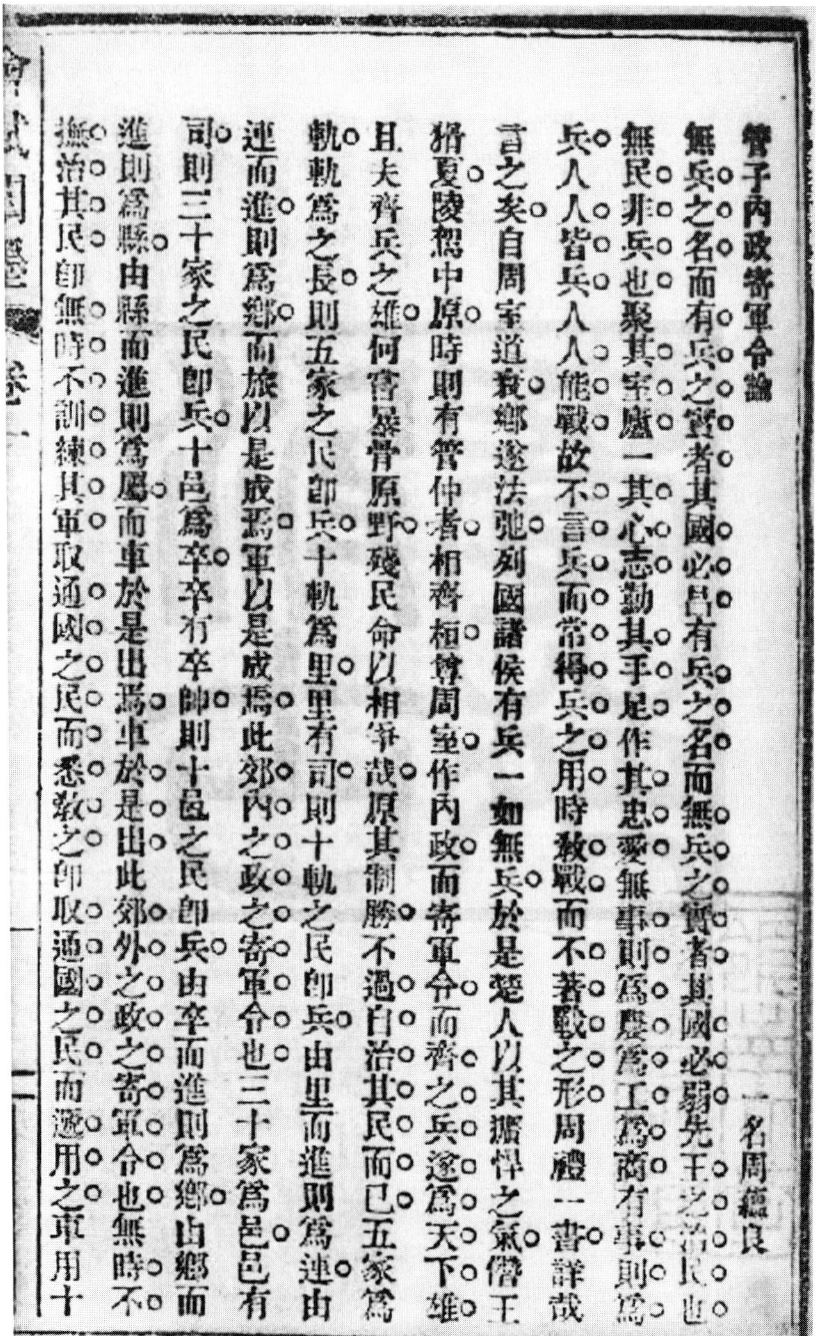

管子內政寄軍令論

無兵之名而有兵之實者其國必昌有兵之名而無兵之實者其國必弱先王之治民也

無民非兵也聚其室廬一其心志勤其手足作其忠愛無事則為農為工為商有事則為

兵人人皆兵人人能戰故不言兵而常得兵之用時教戰而不著戰之形周禮一書詳哉

言之矣自周室道衰鄉遂法弛列國諸侯有兵一如無兵於是楚人以其獷悍之氣僭王

猾夏陵忽中原時則有管仲者相齊桓齊周室作內政而寄軍令而齊之兵遂為天下雄

且夫齊兵之雄何嘗暴骨原野殘民命以相爭哉原其制勝不過自治其民而已五家為

軌軌為之長則五家之民即兵五軌為里里有司則十軌之民即兵由里而進則為連由

連而進則為鄉而旅即是戚焉軍以是威焉此鄉內之政之寄軍令也三十家為邑有

司則三十家之民即兵十邑為卒卒有卒帥則十邑之民即兵由卒而進則為鄉由鄉而

進則為縣由縣而進則為屬而車於是出焉車於是出此郊外之政之寄軍令也無時不

撫治其民即無時不訓練其軍取通國之民而悉教之即取通國之民而邃用之軍用十

图4-1　1903年光绪癸卯补行辛丑壬寅恩正并科会试会元周蕴良首题闱墨

会元周蕴良认为，管子此举不背《周礼》兵民合一之旨，但后世兵民分离，"民之为农为工为商者，皆以兵为贱事，于是召募有兵而常备无兵，行伍有兵而田野无兵，兵自兵，民自民"。最后暗讽时下："当事者犹矜言治兵，吾恐对于大国将忌我而先发以相乘，对于小国将疑我而协力以自保。"①　张鹏翔在梳理府兵、募兵之争的史事后，为当下支着，认为"匪惟当合兵民之势，抑且当通上下之交"，因为他觉得兵民合一与泰西常备、预备之制有暗合之处。②

不过，对于兵民分合问题，陈曾寿即有不同看法。他说："后世兵事日繁，战具日精，寓兵于农，以农为兵，势必至于兵不知兵，农不知农，兵农之一分而不可复合，亦必然之势也。"陈氏进而就文武关系阐发高论："至其兵与农工商分而独不与士分者，盖古者庠序之称曰士，卒伍之称亦曰士，兵农可分而文武必不可分也。"若文武不分，即无周蕴良所谓的"以兵为贱"之事。王震昌也认为古今时势不同，管子之法"概欲施之后世则未也"。不过他也觉得应该提高兵的地位："除其力役，蠲其租赋，就内政所载而变通之，务使民乐为兵，不以兵为贱而鄙之，不以兵为苦而避之。"③张家骏则强调三代以上之官制文武不分，故将皆儒臣，不同于武夫之骄悍，而管子正是才兼将相的代表。④

然而，杨兆麟的判断却有差异。他从比较管子与孙子切入，认为二人一相一将，故管子议兵制，而孙子言兵法。至于当下欲图自强，必须师管子之意，先强其民，储可用之兵而不轻用，同时培养将才如孙武者，以备非常之用。徐谦鼓吹民兵，不惧兵祸："今处开通之世，相竞为国，使其民犹昧夫大义，而惧兵祸，而书生之论必以穷兵黩武为戒，其如强邻之环伺何？"⑤朱寿朋则批评晚近士夫以外交为最急务的看法，指出军政更为重要："外人

① 《光绪辛丑壬寅恩正并科会试闱墨》，借河南闱文明堂镌，1903 年刻本，第 7、8 页。
② 顾廷龙主编《清代朱卷集成》第 88 册，台北：成文出版社，1992，第 278 页。
③ 《光绪辛丑壬寅恩正并科会试闱墨》，第 57、61～62 页。
④ 顾廷龙主编《清代朱卷集成》第 90 册，台北：成文出版社，1992，第 21 页。
⑤ 《光绪辛丑壬寅恩正并科会试闱墨》，第 29、30、109～110 页。

向背恒视主国之强弱以为衡，国势强弱恒视军政之兴废以为断。军政不修与无兵同，无兵之国与无国同。"①

因为管子此举通权达变的改制内涵正与清末新政的现实契合，所以这一思路也常常体现在答卷中。不过，即使思路类似，观点则未必苟同，而讲法更须各有亮点。褚焕祖强调管子不泥古而知通。② 田毓璠鼓吹豪杰变法："天下皆相随于势之中，而圣贤则准时以立法，豪杰则乘势以变法。"金兆丰突出权变以致富强：虽然管子此举"未尽合先王之遗制"，但是"法简一，令整严，寓权变于舒畅洞达之中，洵乎富强之嚆矢"。单镇的讲法则更为婉转曲折："兵制无百年不敝者也，夷吾之制取效一时不再传，而齐霸遽衰。……岂真立法之不善，有治人无治法，亦古今之通例耳。"进而说："以兵农合一规复古制"者意非不美，但英才如管子，"去古未远……尚不能泥成法以取胜，而必谆谆然思变计焉，而况下此者乎"，从而导出不泥成法但须变计的主张。③

夏启瑞虽亦赞赏管仲准古酌今，通经致用，但在末尾却来了一段春秋责备贤者之义，于是境界顿时不同："可惜管仲一世奇才，急于表见于天下，未能深求政令之大本，又不能收贤才以自辅，以永其传而恢其业。此则尚论之余，不能不为贤者责备之也。"袁祖光指出，管子的确善于变法，但"偶变为救时之策，不变为治国之经。不然专尚变更，事不师古，直商君、荆公耳。焉往而不病国哉"。陈畲则几乎是反对慕富强以变法："能修政则自能行令，能行令则自可用法，安见古法之必不富强哉。必有管子而后能变法，既有管子，亦何待变法。……后有慕富强而好言变法者，其自顾诚能如管子否乎？"④

王道、霸道之辨是中国政治思想中的一大主题。以此立意的答卷亦复不

① 顾廷龙主编《清代朱卷集成》第88册，第453页。
② 《光绪辛丑壬寅恩正并科会试闱墨》，第43页。
③ 顾廷龙主编《清代朱卷集成》第88册，第235、335、336、361页。
④ 顾廷龙主编《清代朱卷集成》第89册，台北：成文出版社，1992，第56、333、407~408页。

少。史宝安赞赏管子善于治兵的同时，指出其"失在于少仁义，设能广大其德，则不止于霸"。① 王大钧则有不同看法，他说当时列国皆治兵，管子"明乎强兵之转得弭兵也"，故"犹是王制"。② 王寿彭称："周礼一书法良意美，王莽伪托，安石误会，惟管子变通用之，故能相齐以大得志于诸侯。虽然，孔子议去兵，孟子言得道多助，苟以民心为兵，则井田虽不可复，而敌王所忾，固觉无民非兵也。"故认为"管子之法其犹未免于霸欤"。③ 彭世襄持论诡怪："管仲重内政，特以桓公急于图强，不得已托辞寄军令，以应付桓公，而自己内治政策适以从容布置"。后人谓管子一匡九合之烈，由于阴谋诡计，是厚诬管子。强调《管子》一书精义在于注重礼义廉耻以修内政。④ 黄兆枚则以王道、霸道切入，最后归结于世变日亟，不可忘武备。⑤ 与王道、霸道有关系的是兵家制胜之道。邵章认为管子将军令寄于内政，"有征伐而邻国不知，则千古兵家胜算，为强国弱敌者所当取法"。⑥ 郝继贞则持论完全相反："世论仅以寄之为义，取于邻国不知，为兵家秘密之计，偶一试其谲谋，必不可以常得志，固治兵者所不取也。"⑦

此外，郭则沄的答卷长于史学掌故，对府兵、募兵的历史沿革着墨甚多。钱振锽则考论管子相齐称霸的时间和史事，指出"以管子之才，齐国之富强，桓公之信任，必十八年而军政始成"。这与其他人隔空发论，颂扬管子变法成效立竿见影的观点大为不同。⑧

其他四道题存留的答卷较少，但取中各卷也大体呈现持论须新警、亮点要突出的特征。

二场各国政治艺学策题，被视为"新学新知"引入科举考试的体现。

---

① 《光绪辛丑壬寅恩正并科会试闱墨》，第38～39页。
② 顾廷龙主编《清代朱卷集成》第89册，第301页。
③ 顾廷龙主编《清代朱卷集成》第88册，第307～308页。
④ 顾廷龙主编《清代朱卷集成》第89册，第359～360页。
⑤ 《光绪辛丑壬寅恩正并科会试闱墨》，第34～35页。
⑥ 顾廷龙主编《清代朱卷集成》第89册，第166～167页。
⑦ 《光绪辛丑壬寅恩正并科会试闱墨》，第68页。
⑧ 顾廷龙主编《清代朱卷集成》第89册，第23～26页；《光绪辛丑壬寅恩正并科会试闱墨》，第73～74页。

由于题目的预设和导引倾向较浓，① 而士子"新学"尚浅，故答卷不甚可观。第一道游学如何有益无损策，暗含的意旨是游学之举不可因噎废食。《会试闱墨》和《朱卷集成》中存留的答卷几乎都切中此旨，只不过如何"固其质性、限以年例"则尚有同异之处。

周蕴良认为"深通经训，志趣正大，年在二十以外三十以内者，方为合格"。祝廷华说："归国年限，则宜以三年学有成效为限，俾不至淹久异地，习种种恶俗，生种种妄想。复由出使大臣刊订条规，申明例禁，使无参差紊乱先后迟速之弊。"② 郭则沄建议："二十以上、三十以下始准游学，远者限以五年，近者限以三年，俾于政治技艺各专门之学殚心考求，著为日记，年满归国，以日记之优劣为赏罚。"③ 以二十至三十岁划线本就不无可议，以三年学有成效为限、以日记之优劣为赏罚，均属空谈难行，显示诸人对游学和西学的理解还甚隔膜。

金兆丰主张"随其天资学力，优者期以三年，稍钝者或期以五年，回国考其文凭，量才器使"。高廷梅亦建议"以三年以外得有卒业文凭者为合格"。上海人朱寿朋所言较他人详尽：以重中学、定出身以固其质性，"至于年例，其就出游时言之欤，则当在中学普通以后，必不可在髫龄也。其就留学时言之欤，则学术繁简不同，学年迟速亦异，宜令出使大臣按学中年例先后咨回，既无中途辍业之忧，亦无靡费久淹之虑"。班吉本担忧"他人积数世之传授而成一法，积数十年之心力而精一艺，而学之者必欲毕业于数年间。堂且未升，安问入室"。因此他建议："选朴实之童，求聪颖之子，纳之书院之中，训之以廉耻，教之以忠义，使之幼而习焉，长而安焉。不见物而思迁焉，然后送之邻邦，躬亲其事，习见其器。远者二十年，近亦十数年。出使之才，翻译之才，制造之才，法律之才，武备之才，舍游学其焉储之。"④

① 李林：《从经史八股到政艺策论：清末癸卯、甲辰科会试论析》，香港《中国文化研究所学报》第 55 期，2012 年 7 月，第 181 页。
② 《光绪辛丑壬寅恩正并科会试闱墨》，第 18、80 页。
③ 顾廷龙主编《清代朱卷集成》第 89 册，第 29 页。
④ 顾廷龙主编《清代朱卷集成》第 88 册，第 242、460～461 页；《清代朱卷集成》第 89 册，第 252～253、463 页。

眼光长远，循序渐进，不慕速成，意非不美，不过实行起来亦甚不易。

此外，杨兆麟建议学堂中设理学科，资遣游学前，必习理学以晓然于纲常大义，而年例限制方面则"幼童不如通人，未仕不如已仕，庶僚不如亲贵"。[①] 王鸿翔亦拾《劝学篇》"游学之益，幼童不如通人，庶僚不如亲贵"之唾余，主张遴选"通人之有守及亲贵之颖异者就近派往日本，由使署延东西名宿督课，听其自占一科，第当责其学程，不复拘以年限。有事给假，仍往卒业。优其廪膳，核其功过，学成回华，量才录用"。[②] 不入学校，而由使署聘师督课，有事给假回国，何能推广收益。

叶景葵的对策有所不同："其往也，必使受汉文之教育，选志行敦笃、趋向远大之士，宽其年限，优其经费，尽其保护，密其考察。其归也，验其文凭之高下，而试之以事，授之以官。使游学者乐致用之可期，不至虚耗岁月，误入迷途。"不过，他认为"此犹治标之言"，盖"一国之教育，必先就本有之宗教社会风俗政治确定宗旨，而后精神立、国体尊。其于学也，千条万派以赴之，而不离其宗，故学于他国也可，学于己国也亦可"。[③] 立论稍异时流。

总之，令没有出洋游学经历的士子为游学防弊建言献策，其结果可想而知。所以，与其指责士子策题答卷空疏雷同，不如反思科举改制中各国政治艺学策的命题问题。当然，首场中国政治史事论题是取中与否的最关键因素，故就考试结果来说，二场策题的影响有限。

次年甲辰恩科，二场策题仍改观不大。第一道策题问学堂教育宗旨有三：陶铸国民、培养人才、振兴实业，何者为急。合观会试闱墨和朱卷集成及第六房、第十三房同门墨卷中所存答卷，除王季烈称政体已善之国（意谓立宪国）以陶铸国民为急，政体有待改良之国以培养人才为急，[④] 段国垣

---

① 《光绪辛丑壬寅恩正并科会试闱墨》，第32页。
② 顾廷龙主编《清代朱卷集成》第89册，第435页；
③ 《光绪辛丑壬寅恩正并科会试闱墨》，第46～47页。
④ 顾廷龙主编《清代朱卷集成》第90册，第408～415页。

以人才为急外，① 其他答卷虽然内容不无差别，但结论几乎均以陶铸国民为急，真有千手雷同之感。虽亦不乏张茂炯其人，可以扼要述论 19 世纪欧洲战争及和约的历史，对日本雇用客卿的史事亦能侃侃而论，② 然能如此者实不多见。况且此亦仅限于东西洋近代史而已。当然，考卷是一回事，能否考中，则要看考官如何校阅去取。

三　校阅取中的程序、标准与内幕

科举考试凭文取中，故考官的重要性不言而喻。两科会试考官有何特征？同考官如何阅卷、荐卷，主考官如何取中、排名，有否标准？标准为何？较前有何变化？下文用癸卯、甲辰两科同考官日记、内监试日记、主考官书信、朱卷等材料，讨论以上问题。

考官构成

早在戊戌年废八股、改策论时，即有一种声音认为，骤改科举，不惟考生无所适从，即考官亦难其选。③ 然而，一心改制的张之洞不觉其为问题，面对"主司罕通新学，将如之何"的质疑，他论辩道："应试则难，试官则易。近年上海译编中外政学、艺学之书不下数十种，切实者亦尚不少，闱中例准调书，据书考校，似不足以窘考官？且房官中通晓时务者尚多，总裁、主考惟司覆阅，尤非难事。"④ 据数十种编译新书即可考校衡文，张之洞的说法大胆得近乎荒唐。辛丑年四月，河南巡抚于荫霖仍担心骤改科举，考官乏人："今以不习天文、地舆、兵法、算学之主司，而使之主天文、地舆、兵法、算学之文衡，势必以绚烂奇异者为工，而所取非浮夸诞妄之人，必剿

---

① 《光绪甲辰恩科会试第六房同门墨卷》，1904 年刻本，第 3～4 页。
② 顾廷龙主编《清代朱卷集成》第 90 册，第 183～189 页。
③ 《与周玉山廉访》（戊戌五月十六日），徐寿凯、施培毅校点《吴汝纶尺牍》，第 132 页。
④ 《妥议科举新章折》（戊戌五月十六日），苑书义等主编《张之洞全集》第 2 册，第 1307 页。

袭剽窃之辈，求真才而才愈不可得。"① 不过，头场中国政治史事论，考官相对熟悉，考试亦以此为重，所以考官也能勉强胜任。而对于考官的选拔和配置，在考差制度的规约下，清廷也力图简派相对趋新的人选，于是主持兴学的管学大臣赫然列于两科会试总裁之中。

癸卯科会试四总裁，以大学士、翰林院掌院学士、前管学大臣孙家鼐领衔，配以管学大臣荣庆，而以二位山东籍重臣徐会沣、张英麟辅之。其中，孙家鼐与徐会沣曾主持上届戊戌科会试，连续总裁两科会试，光绪以来此为仅见。② 戊戌科会试举行于当年改科举前夕，且有开经济特科的背景，而癸卯科则是科举改制后的首次会试，看来开通但持重的孙家鼐总在新旧交替之际，担负衡文重任，树立标杆，以为后来矜式。

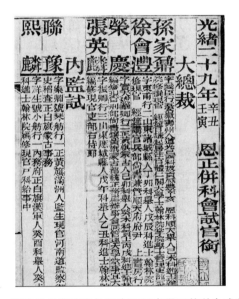

图 4 − 2　1903 年光绪癸卯补行辛丑壬寅恩正并科会试考官衔名

---

① 《遵旨条议敬抒管见折》（约辛丑四月），于翰笃编《于中丞（荫霖）奏议》，沈云龙主编《近代中国史料丛刊》（223），台北：文海出版社，1968，第 386 页。按，此折开头就称光绪二十七年正月、三月云云，而李林引用此折却称"御史于荫霖在 1898 年就奏称"云云（《从经史八股到政艺策论：清末癸卯、甲辰会试论析》，香港《中国文化研究所学报》第 55 期，2012 年 7 月，第 186 页），作者身份和时间均误。

② 参见法式善等《清秘述闻三种》中册，中华书局，1982，第 741～766 页；《清秘述闻三种》下册，第 962～1003 页。

甲辰恩科会试四总裁的配置，延续了癸卯科先例，以大学士、翰林院掌院学士裕德领衔，配以管学大臣张百熙，而以声望甚佳的陆润庠、戴鸿慈佐之。裕德、陆润庠曾共同主持壬寅顺天借闱乡试，此次可谓旧地重来，戴鸿慈系壬寅江南乡试主考官，故裕德、陆润庠、戴鸿慈三人均有科举改制后评阅策论的经验。张百熙虽是"新手"，且排名在正总裁裕德之后，但因其地位、身份、学识、性格等原因，在阅卷取中过程中却扮演了强势角色（详下文）。平心而论，甲辰恩科会试四总裁基本是清廷当日能够派出的最强阵容。连中西兼通的严复也在私下里说张百熙、陆润庠"皆具识别"。①

图 4-3　1904 年光绪甲辰恩科会试考官衔名

两科同考官均为十八名，比较而言，甲辰科同考官科分靠后，年龄较轻，整体更为趋新。会试同考官例分十八房，借闱河南亦然。考生入场前一日，即

---

① 《致熊元锷》（甲辰三月初八日），孙应祥、皮后锋编《〈严复集〉补编》，福建人民出版社，2004，第 250 页。

三月初七日，同考官照例掣签分房，"正主考掣某房，副主考掣某人"，[1] 为阅卷做准备。兹将癸卯、甲辰两科会试考官的基本情况整理如表4-5、表4-6。

表4-5 癸卯科会试考官题名

考官	姓名	官职	籍贯	进士科分	堂号、房次
正考官1人	孙家鼐	大学士、翰林院掌院学士、前管学大臣	安徽寿州	己未状元	正
副考官3人	徐会沣	兵部尚书	山东诸城	戊辰	大
	荣庆	刑部尚书、管学大臣	蒙古正黄旗	丙戌	光
	张英麟	吏部侍郎	山东历城	乙丑	明
同考官18人	胡逢恩	内阁中书	山东胶州	甲午	7
	恽毓鼎	侍读学士	顺天大兴	己丑	13
	杨捷三	侍讲学士	河南祥符	庚寅	16
	马吉樟	编修	河南安阳	癸未	8
	华学澜	编修	直隶天津	丙戌	14
	吴怀清	编修	陕西山阳	庚寅	3
	张鸿翙	编修	湖北黄冈	己丑	12
	夏孙桐	编修	江苏江阴	壬辰	15
	谢远涵	检讨	江西兴国	甲午	2
	王振声	御史	顺天通州	甲戌	9
	王乃征	御史	四川中江	庚寅	17
	王金镕	御史	直隶乐亭	癸未	10
	刘彭年	御史	直隶天津	己丑	11
	景淮	户部主事	满洲镶红旗	乙未	5
	杨芾	兵部员外郎	江苏高邮	己丑	6
	饶昌麟	刑部郎中	江西临川	癸未	4
	陈咸庆	刑部主事	江苏仪征	癸未	1
	张丕基	刑部主事	广东香山	丙戌	18
内监试2人	联豫	御史	满洲正黄旗	监生
	熙麟	御史	汉军正白旗	癸未

注：关晓红称癸卯科会试同考官11人，又谓癸卯恩科顺天乡试同考官11人，均小误。参见关晓红《清季科举改章与停废科举》，《近代史研究》2013年第1期，第45、46页；《科举停废与近代中国社会》，第69、108页。

资料来源：《光绪宣统两朝上谕档》第29册，第23页；徐沅、祁颁威《清秘述闻再续》，法式善等《清秘述闻三种》下册，第996、1031~1033页；《光绪辛丑壬寅恩正并科会试同年齿录》，第1~2页；《光绪辛丑壬寅恩正并科会试录》，1903年刻本，第4~5页。

---

① 史晓风整理《恽毓鼎澄斋日记》第1册，第217页。

表4-6　甲辰恩科会试考官题名

考官	姓名	官职	籍贯	进士科分	堂号、房次
正考官1人	裕　德	协办大学士、翰林院掌院学士	满洲正白旗	丙子	正
副考官3人	张百熙	吏部尚书、管学大臣	湖南长沙	甲戌	大
	陆润庠	左都御史	江苏元和	甲戌	光
	戴鸿慈	户部侍郎	广东南海	丙子	明
同考官18人	吴荫培	撰文	江苏吴县	庚寅探花	1
	阎志廉	检讨	直隶安平	庚寅	8
	蔡金台	编修、记名御史	江西德化	丙戌	17
	王会釐	编修	湖北黄冈	甲午	10
	刘廷琛	编修	江西德化	甲午	6
	赵启霖	编修	湖南湘潭	壬辰	5
	关冕钧	编修	广西苍梧	甲午	3
	萧荣爵	编修	湖南长沙	乙未	15
	龚心钊	编修	安徽合肥	乙未	13
	李稷勋	编修	四川秀山	戊戌	11
	孟锡珏	编修	顺天宛平	戊戌	12
	何作猷	编修	广东香山	戊戌	2
	袁励准	编修	顺天宛平	戊戌	18
	王兰庭	检讨	安徽六安	戊戌	14
	姚舒密	御史	山东巨野	甲午	4
	刘元弼	吏部主事	湖北谷城	庚寅	16
	傅兰泰	户部员外郎	蒙古正黄旗	甲午	7
	赵从蕃	工部员外郎	江西南丰	壬辰	9
内监试2人	忠　廉	御史	满洲镶红旗	翻译生员	
	王振声	御史	顺天通州	甲戌	

　　资料来源：《光绪宣统两朝上谕档》第30册，第18～19页；徐沅、祁颂威《清秘述闻再续》，法式善等《清秘述闻三种》下册，第1002、1034～1035页；《光绪三十年甲辰恩科会试同年齿录》，第1～2页；《光绪甲辰恩科会试录》，1904年刻本，第4～5页。

阅卷、荐卷程序

　　科举时代，考官典试日记颇多，其中有的具有衡文"攻略"的意味，所以在考官中相互传抄，以备借鉴。夏孙桐就抄录过一份《北闱分房日记》，自奉旨担任同考官之日起，至出闱后止，举凡预备过程、阅卷程序及注意事项，靡不详记。[①] 王振声是同治甲戌科（1874）进士，与张百熙、陆润庠系同年，科名甚早，可惜一直未获典试。癸卯科终于等来了机会，但颇感经验不足，于是在去开封的路上借抄了夏孙桐的《秋闱分校纪事》。[②] 该日记虽系顺天乡试同考官日记，但顺天乡试与礼部会试的配置相当，均为十八房、四总裁，题型、题量亦同，故可作为参考。将《北闱分房日记》与王振声、恽毓鼎任癸卯会试同考官的日记做一比较，也可窥见科举改制前后，阅卷、荐卷、取中方面的同异。

《北闱分房日记》将同考官阅卷过程分为以下几个阶段。

（1）初七日至十三日早上：出题、写题、刻题。

（2）十三日午后至二十二日：上堂校阅、推荐头场卷。

（3）二十三日至二十六日：圈荐头场已荐的二场卷。

（4）二十六日至三十日：圈荐头、二场已荐的三场卷。

（5）二十三日至三十日："复翻阅未荐之二、三场落卷，有才气及实对满卷者，查号取出头场之卷，加批补荐"；"再将头场卷翻阅，恐精神不到，或失佳卷，或漏圈点，或未加批，或圈点太少，如可补荐，即应从速"。是为补荐阶段。

（6）初一日以后，阅批落卷、磨勘中卷。[③]

癸卯科同考官的阅卷程序大体如此，但也有几处变化。（1）出题、写题、监刻题纸，俱由总裁亲自督办，同考官不再参与。（2）同考官提前一日，即于三月十二日午后开始阅卷。二、三场阅卷开始时间也都相应提前。这当是废誊录的结果。（3）补荐可以延长至四月初二日，即总裁取中前夕。

---

① 《北闱分房日记》（抄本），见王振声《心清室评语选录》附录，国家图书馆古籍部藏，无页码。内署"北闱分房日记，抄录夏闱之本"。按，北闱即顺天乡试，夏闱之即夏孙桐，曾任戊戌会试同考官，而并未任过顺天乡试同考官，可知此日记并非夏氏所记，很可能是其戊戌年任会试同考官时所抄录。

② 王振声：《心清室日记》，第14页。原文为"借夏闱之《秋闱分校纪事》钞录"，可见《秋闱分校纪事》与《北闱分房日记》当为同书异名。

③ 《北闱分房日记》（抄本），见王振声《心清室评语选录》附录，国家图书馆古籍部藏，无页码。

（4）因河南贡院"文明堂不明爽，阅卷不便"，故同考官于十二日上堂略坐之后，即各回本房阅卷。①

癸卯科头场有考生5287人，最终三场完卷者为5264人。② 18房同考官平分，每房得293卷或294卷。恽毓鼎头场即分得293卷。恽氏从三月十二日开始阅头场卷，至二十日头场一律阅毕，共荐61卷（日记整理如此，似为62卷）。自二十一日起至二十四日，评荐头场已荐的二场卷。从二十五日至二十七日，评荐头、二场已荐的三场卷。与此同时，从二十三日至四月初一日扫落卷，因"二、三场极佳"补荐浙江1卷，因二场"五策均明白晓畅"，补荐满洲1卷，共荐卷64卷。

缺乏经验且年岁较大的王振声比恽毓鼎速度稍慢，至二十一日阅完头场卷，荐64卷，二十二日检查头场备卷，又补荐4卷，故头场共荐68卷。从二十二日晚上开始阅二场卷，至二十六日早上，68卷的"二场荐卷阅齐，午后阅荐卷三场卷"，至二十九日三场卷荐齐。当日早上及四月初二日又分别补荐4卷和1卷，前后共荐73卷。③

由于会试总裁向系四人，遂以正、大、光、明代之。癸卯科总裁孙家鼐为正堂，徐会沣、荣庆、张英麟分别为大堂、光堂、明堂。"凡荐卷，必每堂一本，不得僭越，周而复始"，既配卷数，亦以防弊。④ 所以同考官每次荐卷之数，通常为四的倍数，至补荐时则可以通融，一卷、两卷也可以荐卷。

同考官的荐卷，须"装匣上锁"，令榜吏送到内监试处。内监试处"须对钥匙，开卷匣，写收条，注某房某日第几次荐卷几本，交榜吏连匣带

---

① 王振声：《心清室日记》，第23～29页；史晓风整理《恽毓鼎澄斋日记》第1册，第218～221页。

② 张守中编《张人骏家书日记》，中国文史出版社，1993，第158、159页。

③ 李林对同考官阅卷、荐卷的程序似有隔膜，故将房官评阅三场试卷13篇的时间平均计算，估算房官"批阅每篇文章的平均时间也大概仅五分钟"（《从经史八股到政艺策论：清末癸卯、甲辰科会试论析》，香港《中国文化研究所学报》第55期，2012年7月，第188页）。显然是偏差很大的。其实，房官阅头场试卷用时甚长，二场、三场用时较短，并非平均用力。

④ 史晓风整理《恽毓鼎澄斋日记》第1册，第219页。

回"，"旋即查堂表，粘堂签，用荐戳，供事登十八房分簿，监视官登四总裁总簿，而总簿之中又按房分十八页登记。凡日期、次数、房分、省分、字号、数目，处处对读，处处防错"。内监试处经过如此严密的手续之后，再将荐卷"分装四匣锁好"，令榜吏呈送四总裁评阅。甲辰科内监试王振声感慨道："官吏终日皆五官并用，心力俱疲"，常常"退食后犹有荐卷送监试处者，则收下付回条，归明日呈荐"。①

从恽毓鼎、王振声的例子可知，癸卯科头场每房荐卷大约 70 卷，18 房共计约为 1260 卷，四总裁平分，则每人约评阅头场荐卷 315 卷。然而，甲辰科头场考生共有 5424 人，头场荐卷却多达 1784 卷，每堂分 446 卷，每房则约荐 100 卷。前文已述，癸卯科头场考生为 5287 人，则甲辰科头场考生较癸卯科仅多出 100 余人，而荐卷却多出约 500 卷，似可知甲辰科头场考题的分辨率有所下降，亦即答卷趋同度高，故荐卷数猛增。如此自然导致甲辰科四总裁阅卷负担加重，大约每位总裁都比其癸卯科同事多阅 120 余卷。甲辰科四总裁至迟自三月十四日开始阅头场荐卷，到二十三日尚未阅毕。此时各房已有荐二场卷者，内监试王振声一概不收，"嘱其明日再荐，盖俟总裁将头场料理就绪，再荐二场，庶不致乱也"。岂料次日收二场卷后，"总裁传语，头场卷尚未阅讫，二场卷暂且停荐"，王振声"即传知各房"。② 这是癸卯、甲辰两科在荐卷、阅卷上的不同之处。

荐卷、取中标准

明了考官荐卷、阅卷程序之后，就可以从以下几方面讨论荐卷与取中标准问题。

首先是科举考试重头场问题。言此者，常引陈澧的一段名论云："今之科场，士子多者至万余人。人各为十四艺，试官不能尽阅也，于是三场专重第一场，视二场三场无足重轻，甚至有不阅者。故士皆专力于四书文，而成

---

① 王振声：《心清室日记》，第 101、102~103 页。
② 王振声：《心清室日记》，第 108、109 页。

荒经蔑古之风也。"① 意谓考生人数太多，考官阅卷任务过重，不能尽阅考卷，遂造成重首场的必然趋势。② 不过，陈澧说的很可能是广东乡试的情形。其实安徽、江苏合闱的江南乡试士子常过两万，比广东的问题更严峻，考官不能尽阅试卷也是实情。然而，会试却略有不同。光绪以来，历科会试入场士子自4000多人至7000多人不等，平均6000人左右（详表4－7），比大省乡试人数少了许多。且会试四总裁、十八房同考官的高配，除了顺天乡试之外，也非其他省份乡试可比。③ 因此，会试考官阅卷负担似不像某些省份乡试考官那么沉重。

看来解释科举重头场的问题，也可从阅卷、荐卷程序着眼。前文所述《北闱分房日记》以及恽毓鼎、王振声的记录，说明同考官全阅头场卷而荐其1/4左右（甲辰科则约1/3），二场、三场卷则先阅头场已荐者，一般照数续荐。恽毓鼎就说，三场即使草草了事，"阅卷者以头、二场已荐，于末场亦不能不稍予宽容"。④ 依此推之，二场若稍弱，因头场已荐，势必也通融续荐。商衍鎏亦指出，乡试中若第一场已荐，二、三场则加批续荐。⑤ 这样的荐卷程序和惯例无疑是导致重头场的重要因素。

表4－7　同治、光绪两朝历科会试中额、考生数与中率

时期	光绪朝									
科分	甲辰恩科（1904）	癸卯科（1903）	戊戌科（1898）	乙未科（1895）	甲午恩科（1894）	壬辰科（1892）	庚寅恩科（1890）	己丑科（1889）	丙戌科（1886）	癸未科（1883）
中额	276	306	337	266	320	317	328	318	316	316
考生数	5410	5264	7875	4734	6828	5996	6124	6607	5741	5944
中率（%）	5.11	5.81	4.28	5.62	4.69	5.29	5.36	4.81	5.50	5.32

① 陈澧：《科场议三》，《东塾集》卷2，光绪十八年菊坡精舍刻本。
② 李林：《从经史八股到政艺策论：清末癸卯、甲辰科会试论析》，香港《中国文化研究所学报》第55期，2012年7月，第187页。
③ 江南乡试虽亦十八房，但只两主考，其他省同考官则自八房至十六房不等。参见商衍鎏《清代科举考试述录及有关著作》，第98~99页。
④ 史晓风整理《恽毓鼎澄斋日记》第1册，第221页。
⑤ 商衍鎏：《清代科举考试述录及有关著作》，第101页。

续表

时期	光绪朝				同治朝					
科分	庚辰科 （1880）	丁丑科 （1877）	丙子 恩科 （1876）	光绪朝 平均值	甲戌科 （1874）	辛未科 （1871）	戊辰科 （1868）	乙丑科 （1865）	癸亥 恩科 （1863）	壬戌科 （1862）
中额	323	323	339	314	344	326	272	252	197	196
考生数	7458	6582	5543	6162	—	7148	4363	4288	3269	2963
中率 （％）	4.33	4.91	6.12	5.10	—	4.56	6.23	5.88	6.27	6.61

注：（1）张仲礼统计1863年、1868年、1874年三科中额分别为198、271、345，略有出入；1876年一科中额作330，似系误印。张仲礼：《中国绅士研究》表27，李荣昌等译，第132页。（2）庚寅恩科考生数为头场人数，比三场完卷人数多出数十人。其余各科考生数均为三场完卷人数。

资料来源：同治壬戌科至辛未科，分别见中国第一历史档案馆编《咸丰同治两朝上谕档》第12册，广西师范大学出版社，1998，第137～138页；《咸丰同治两朝上谕档》第13册，第131～132页；《咸丰同治两朝上谕档》第15册，第142～143页；《咸丰同治两朝上谕档》第18册，第117页；《咸丰同治两朝上谕档》第21册，第90～91页。同治甲戌科中额见《穆宗实录》（7），《清实录》第51册，第821页。光绪丙子恩科至丙戌科、乙未科、癸卯科、甲辰恩科，分别见中国第一历史档案馆编《光绪宣统两朝上谕档》第2册，第102～103页；《光绪宣统两朝上谕档》第3册，第87页；《光绪宣统两朝上谕档》第6册，第84页；《光绪宣统两朝上谕档》第9册，第103～104页；《光绪宣统两朝上谕档》第12册，第122页；《光绪宣统两朝上谕档》第21册，第92～93页；《光绪宣统两朝上谕档》第29册，第70～71页；《光绪宣统两朝上谕档》第30册，第55页。己丑恩科见《唐景崇档》，虞和平主编《近代史所藏清代名人稿本抄本》第1辑第114册，大象出版社，2011，第62～63页。光绪庚寅恩科、壬辰科、甲午恩科、戊戌科中额见《德宗实录》（4）、（5）、（6），《清实录》第55册，第776页；第56册，第27～28、326页；第57册，第454页。庚寅恩科、壬辰科考生数分别见翁万戈校订《翁同龢日记》第5册，第2398页；《翁同龢日记》第6册，第2559页。甲午科、戊戌科考生数见《上三届实在卷数并取中名数清单》（光绪二十九年三月二十三日），台北"故宫博物院"图书文献馆藏军机处档折件，档号155212。甲辰恩科考生数，见台北故宫文献编辑委员会编《宫中档光绪朝奏折》第19辑，1974，第293页。

　　不过，重头场无疑是事实，但程度到底有多高、具体如何操作也需要具体分析，笼统地讲重头场无助于深入理解取中标准和操作过程。如果考官只阅头场，头场未荐者不阅其后场，则不只是重头场，无异于是惟头场。恽毓鼎首日阅奉天、山西、贵州卷22本，荐4本，其余18本则几同落卷。他就不忘提醒自己："落卷已入箱中，而矮屋对策者，犹惨淡经营，以冀衡文者之一顾，岂不悲哉！故房官必当略参后场，断不可仅阅头场遂定去取，摈其余而不寓目也。"①

---

① 史晓风整理《恽毓鼎澄斋日记》第1册，第218页。

可以想见，只阅头场不看后场的情形必然存在。

恽毓鼎和王振声尚顾及后场，所以因二、三场卷佳而有所补荐，只是数量比较有限。恽毓鼎补荐 2 本，王振声补荐 5 本，而甲辰科 18 房共补荐大约 30 本。[①] 当然，一旦补荐，必系二、三场特别优秀，且经考官反复批阅斟酌，故中式的概率却也突增。恽毓鼎补荐 2 卷中至少有 1 卷中式，且甚得正总裁孙家鼐欣赏，竟高列恽氏第十三房房首。[②] 甲辰年四月初六日，副总裁张百熙也曾与第五房同考官赵启霖"斟酌撤河南卷一本，补中十二房河南卷一本"。[③] 癸卯科《会试闱墨》中，叶景葵只刻二场二道，祝廷华只刻二场三道，区大原、郭立山均只刻二场一道，说明诸人有可能靠二场补荐取中。陈善同仅刻第三场一道，也有可能由第三场补荐取中。[④] 从癸卯、甲辰两科的补荐情形看，估计每科有 30～50 份补荐卷，则通过补荐最终中式者至少当有十几人，甚至 20 多人。这提示出在头场未荐的情况下，靠二、三场出色而"死灰复燃"的概率：大约靠补荐中式者占中额的 1/15。

此外值得注意的是，头场已荐之卷，其二、三场的优劣对于取中有何影响。毫无疑问，相当部分荐卷因头场受总裁格外青睐，实已预定中式。癸卯年三月二十一日、二十二日，才开始荐二场卷之时，荣庆已经选中两人，拟刻其首场墨卷。其中之一为恽毓鼎所荐的湖北卷，拟刻其首场第三篇，对照《会试闱墨》可知为覃寿彭。[⑤] 不过，必有另一部分头场荐卷在总裁眼中相差无几，并不能遽定高下，故需要比较二、三场的优劣以定去取。由于甲辰恩科头场荐卷数量剧增，这一情况必更加常见，于是二、三场影响取中的权重也就相应提升。甲辰年三月二十二日，在开始二场荐卷之前，正总裁裕德就托第一房同考官吴荫培向内监试王振声传话，"各房荐二场卷，如有出色处，可加批，有疵谬处，亦批出，若平正无疵，即可不批，其批条须于卷上

① 王振声：《心清室日记》，第 111、112、113 页。按，二十四日至二十七日补荐 14 本，二十八日 3 本，四月一日 7 本，二日补荐数以□代，三日补荐数本。
② 史晓风整理《恽毓鼎澄斋日记》第 1 册，第 221 页。
③ 王振声：《心清室日记》，第 115～116 页。
④ 《光绪辛丑壬寅恩正并科会试闱墨》，第 46～49、68～70、75～76、79～85、111～112 页。
⑤ 史晓风整理《恽毓鼎澄斋日记》第 1 册，第 219 页。

露出少许，以便一望而知"，嘱其将此意"代达各房"。① 王氏"因书一纸，令送榜吏分达各房"。① 裕德已有科举改制后衡文的经验，如此便宜行事，想必二场平正无疵者总裁可能将不再寓目，而出色加批者可能成为脱颖而出的重要参考，因疵谬而被批出者势必遭到淘汰。裕德此举不仅是减轻四总裁二场阅卷的负担，同时也在压缩备取的范围，以易于对比取中。于是二场是否有批就甚为关键。所以二场的重要性也体现于上述情况中。

因此可以说，头场之所以具有压倒性的重要性，实由荐卷、阅卷程序所决定。然而一旦头场区分度不高，二、三场的权重也就相应增加。这与头场考题、考官阅卷态度和临时操作均有关系。②

较之阅卷、荐卷程序及场次权重，更为微妙的是同考官以何标准荐卷、总裁以何标准取中。科举考试凭文录取，八股文尚有一定格式，亦即学养文笔或许意见不一，而起承转合则有相对标准，但毕竟由人衡阅，亦难有一成不变之准则，不同考官品味有别也可想见。改试论、策、经义后，程式明显放宽，篇幅长短不一，同一题有人三页不到，有人则多至七八页。③ 且改制初期，尚在摸索。因此，取中标准更难预卜。但若说毫无标准，既乖情理，亦难以证实。或许比照考中的墨卷与科举中人的议论、考官的感受，可以略窥梗概。

现存朱卷及会试墨卷绝大多数为考中者的，且并非全貌，常常是从三场共 13 道答题中挑选几篇。同时，选刻的会试闱墨往往已经过同考官润色。不过，这也恰可看出哪些卷子为考官所喜而脱颖而出，哪道答题为考生得意之作而刻入朱卷。取中标准便可从中透视。前文已述，从头场墨卷看，同一道题往往有不同甚至完全相反的结论，即使结论相近，而切入的角度、论述的思路、内容的侧重、行文的风格也常常各自有别。二场策题预设和导向更

① 王振声：《心清室日记》，第 108 页。
② 商衍鎏讲科举改制前的情形就说：虽然重头场，尤其重头场首艺，但取列在前者，"三场各艺必须匀称，考官若重实学，则二、三场之草率者亦不予取中"（《清代科举考试述录及相关著作》，第 101 页）。
③ 李林说每篇 300～700 字（《从经史八股到政艺策论：清末癸卯、甲辰科会试论析》，香港《中国文化研究所学报》第 55 期，2012 年 7 月，第 188 页），不知何据。观《清代朱卷集成》所录癸卯、甲辰进士朱卷，可知超过千字的比比皆是。

强，结论雷同度高，但大同小异之处也值得注意。整体看来，想要获隽，须出新意于法度之中。立论新警、说理精透而行文有别于人者易受青睐，不偏不倚的答卷未必走俏。

癸卯年闰五月二十二日，吕佩芬奉派湖南乡试副考官。此时经济特科初试甫毕，张仁黻向吕氏谈及张之洞阅卷时不取三类答卷："一蹈袭康、梁之书例；二引用西书不择典正者；三誉外太过、立言失体者。……众皆服其宗旨之正。"吕佩芬答道："香涛所取一百二十余人，果皆无此三弊乎？吾则未之敢信也。"① 关晓红就此认为"特科如此，乡试、会试自然难逾其轨，即不偏不倚的试卷更易为考官青睐"，并以金兆丰、王寿彭、夏启瑞三人二场首道策题的答卷为例，证明"上述宗旨已贯彻落实"。②

其实，上述三人之所以能入毂，恐怕更多由于头场。金兆丰头场首题被刻入文明堂闱墨，开篇便不同凡响："固守之兵利用详，胜敌之兵利用简，独立之国利用经，列强之国利用权，仁义之师利用宽，节制之师利用严。"结尾更是以古说今，绝非不偏不倚之论："管子是举已开后世民团、保甲之先声，而为今日工战、商战之鼻祖也欤？"王寿彭也不同于许多答卷一味颂扬管子，而是先扬后抑，末尾称"管子之法其犹未免于霸欤？"夏启瑞虽亦赞赏管仲准古酌今，通经致用，但在末尾却来了一段春秋责备贤者之义，于是境界全新。③ 可以说三人头场首论皆非不偏不倚之作，其立论行文均有新颖出奇之处。

此外，科举中人对后辈的"指导"也值得注意。癸卯年正月，许同莘即将赴汴应试，其伯父许珏致信勉励道："场中文字放胆抒写，小心检点，得失听之于命，不必过事矜持。"许同莘不幸报罢后，次年许珏又劝令他早到开封，静养半月，至于"场中文字不必求异，总以持论平正，说理精透

---

① 吕佩芬：《湘轺日记》，李德龙、俞冰主编《历代日记丛钞》第 154 册，学苑出版社，2006 年影印本，第 130 页。
② 关晓红：《科举停废与近代中国社会》，第 69 ~ 70 页。
③ 顾廷龙主编《清代朱卷集成》第 88 册，第 235、237、308 页；《清代朱卷集成》第 89 册，第 333 页。

为贵，尤在相题有识"。① 两次说法不无差异，而许同莘亦均落榜。与许珏只有举人功名不同，冯汝琪之父冯金鉴翰林出身，且曾多次典试，熟悉科场实情。冯汝琪癸卯会试报罢后，冯金鉴评论其文曰："朱卷文字清健隽永有余，而饱满不足。变法之初，以辅佐富有为贵，徒以清隽胜人，此会试所以落第也。即如末篇公心如何可变，私心如何不能变，须将实在利弊痛切言之，加以辅佐，自然满当，易于动目。只以无文正之心亦未可行一句收束，似嫌空而力薄。"因而建议"明年会试宜从充实处着意，证佐多，篇幅长，不外多用时务书一法"。② 意谓变法初期，"以辅佐富有为贵"，故答卷须多引证佐，加大篇幅，饱满充实，则易于动考官之目。次年甲辰科冯汝琪果然高中，其答卷也确实有篇幅加长的倾向。

当然，这些指导意见与考中与否究竟有无直接关系，关系多大，亦难以证成。或许考官的切身感受更为贴近考场实情，从中也可窥探影响荐卷和取中的因素。

首先是史学功力。科举改制后，首场考史论，曾研史学者自是易于表见，所以史学功力高下是荐卷和取中的标准之一，自不待言。福建一卷，于《史记》、《汉书》、《三国志》"煞有功夫，处处读书得问（间），好学深思，心知其意"，恽毓鼎甚为欣赏，与王乃征商酌后，"逐细批出"。后来此卷果中。③

其次是书卷气息和古文义法。史论题结论容或不同，思路亦可多样，惟书卷气息和古文义法颇为进士出身的考官所看重。恽毓鼎阅江西25卷后，深感"不堪寓目"，"勉荐2卷，尚非惬意之作"，不禁感叹"大邦文风，何以至此"。然而，恽氏甚称陕西答卷"皆有书卷气"，并归因于屠仁守掌教之功。恽毓鼎又赞赏谢远涵所荐福建一卷，谓其"首场五篇纯中古文义法"。不过，此卷为孙家鼐摈弃。④ 从此例也可看出古文义法自然有其相对性。

---

① 许珏：《复斋戒侄书》（癸卯正月廿二日、腊月初五日），原件扫描，北京大学图书馆古籍部藏。
② 《冯金鉴致冯汝琪》（癸卯闰五月十八日），《冯汝琪家信》，近代史所档案馆藏，甲203。
③ 史晓风整理《恽毓鼎澄斋日记》第1册，第219页。
④ 史晓风整理《恽毓鼎澄斋日记》第1册，第222页。

再次，就二场策题而言，"谨守问义、扼要而谈"甚为关键，最忌陈陈相因之作。二场广东一卷，"通澈政理，于科学、经济学、法学、哲学皆有所窥，扼要而谈，一无枝蔓"，令恽毓鼎直呼可爱，随后果中。恽氏总结评阅二场策题的心得说："五策不难于征引繁富，横使议论，而难于谨守问义，扼要而谈"，盖前者"看似渊博可喜，其实皆由钞袭而来，一为所动，便受其欺"，后者则"莫非心得，即使语有所本，亦必剪裁熔铸，使宛转合题"。有意思的是，恽毓鼎并不讳言自身"新学"不足，故自称"暗中摸索"。对于佳卷，恽氏亦不吝夸赞：二场"尽有极通达者，吾辈断不如也"。①

又次，第三场标新立异，甚至诋毁孔子《论语》，驳斥程朱，既可能被淘汰，也可能被容纳。四书义首篇答卷多有驳斥程颐、杨时者，"甚至诋及朱子"。恽毓鼎认为"即使意见不同，各抒其理，自做文字"便可，"节外生枝，指而斥之"，就有心术不正之嫌，故"皆与抹出"。第八房马吉樟推荐云南一卷，已经总裁荣庆拟中，然其头场"首论因孔子讥管仲为器小，遂驳斥《论语》，诋为伪书"，马吉樟犹豫不定，商之恽毓鼎，恽氏"拍案大怒，力主撤去"，结果走访荣庆而另换一卷。② 可知在不少士子心目中，孔子、程、朱早已走下"圣坛"，而荣庆、马吉樟对孔子和经书地位的"维护"，不及恽毓鼎那么强烈，因而此类"驳斥圣贤"的答卷亦有中式可能。

与此相类，甲辰恩科第三场四书五经义题"中立而不倚，强哉矫义"，影射日俄战争中国局外中立，"致天下之民"题讨论"交易"，均观照现实。结果不少士子亦与时俱进，"谈洋务、说洋话"，因此遭到淘汰。陆润庠在阅卷期间致张百熙的短札就说："此次三场谈洋务、说洋话者已撤去佳卷不少，万不能再为人所摇。"③ 当然，陆氏此语既证实不少士子因三场"谈洋

---

① 史晓风整理《恽毓鼎澄斋日记》第 1 册，第 220 页。
② 史晓风整理《恽毓鼎澄斋日记》第 1 册，第 221 页。
③ 《陆润庠致张百熙》（约甲辰四月初），《同光年间名人书札》第 7 册，近代史所档案馆藏，乙 C19。按，"万不能再为人所摇"似指蔡金台补荐一卷，陆润庠不认可，故建议张百熙、戴鸿慈不必撤换。

务、说洋话"而被淘汰，也包含着一定的保全之意。

需要指出的是，《会试录》前、后序，由正、副总裁署名，均涉及评阅及取中原则。但因其系进呈之物，故难免冠冕堂皇，不离圣贤矩矱、中体西用等说辞，未必即与场中实情相合。况且有的序言并非考官所写，而是请人捉刀之作。[①] 因此，研究者若据《乡试录》、《会试录》序言而谈阅卷取中的原则和准绳，恐怕须加慎重，以防为表面文字所欺。[②] 此外，利用《朱卷集成》中考官评语，也须分清原荐批、原中批与后来加批，后者乃中式后所加，多为四字空语，不足为训，当然亦不可据此而谈评荐标准。[③]

最后，由于废誊录后考官直接评阅士子墨卷，故楷法的影响不容轻忽。以往殿试、朝考前，士子多练小楷，写大卷。乡、会试因有誊录，故并不重字。然自科举改制废誊录后，士子在乡、会试前便苦练小楷。壬寅年八月初，贺葆真与同伴以顺天乡试期近，连日"习小楷"。[④] 癸卯科会试前，何寿章、马太元购书阅书的同时，也数日练字。[⑤] 相反，癸卯科后传闻恢复誊录，冯金鉴即提醒其子说："果用誊录，字不必求好，专力于作，较为省力。"[⑥]

当然，若称场中全凭楷法，比字取中，则未免太过，亦非实情。比如许宝蘅楷法甚佳，但两科皆报罢，陈黻宸、汤化龙字皆一般，但两科却分别取中。只是字的优劣视为门面，给考官第一印象，尤其是考官评阅大量考卷、眼花缭乱之余，字的影响自然上升。况且翰林考官皆是楷法高手，颇在意此

---

① 单镇在自订年谱中称癸卯会试副总裁张英麟命其"代拟《会试录后序》一篇"。单镇：《桂阴居自订年谱》，单弘标点，《苏州史志资料选辑》总第30辑，2005，第145页。喻长霖的文集中亦有代拟壬寅顺天乡试录序、代拟癸卯浙江乡试录序的记载和序文。喻长霖：《惺諟斋初稿》卷3，宣统三年孟冬铅印再版。张佩纶也曾为李鸿藻代拟会试录前序。张佩纶：《涧于集·文集》卷上，1926年涧于草堂刻本。

② 曹南屏：《清末科举改制后的科举考试与新学传播》，《学术月刊》2013年第7期，第148～150页。

③ 李林：《从经史八股到政艺策论：清末癸卯、甲辰科会试论析》，香港《中国文化研究所学报》第55期，2012年7月，第190～191页。

④ 徐雁平整理《贺葆真日记》，凤凰出版社，2014，第85页。

⑤ 何寿章：《苏甘室日记》，第634页；马太元：《汴游笔记》（日记），第9页。

⑥ 《冯金鉴致冯汝琪》（癸卯闰五月十八日发），《冯汝琪家信》，近代史所档案馆藏，甲203。

层。贵州举人路朝銮癸卯科会试荐而未售，遂馆于河南新郑县管城驿，以待来年会试。其辛丑乡试座师、癸卯湖南乡试副主考吕佩芬当年六月南下经过管城，路氏遂呈"送大卷一本，折字半开"，请吕氏指导。吕佩芬以其"笔姿圆润，功力亦深，惟结构未密，意味亦差逊"，源于读帖太少，"因于其卷端略加评骘十余处，纠正其失"。① 甲辰科路朝銮果然中式。事实上，总裁取中时必会考虑楷法如何，名列前茅者尤其如此。所以甲辰科填榜之日，陆润庠手持一卷语陈夔龙曰"此卷书法工整，为通场冠"，揭封知为刘春霖，而张百熙举出拟中会元之卷（即谭延闿卷），亦称"写、作俱佳"。② "写"即指书法。因此，废誊录后的乡、会试中，楷法的因素绝不可轻忽，甚至还引出关节取中和考试公平问题。

总裁取中内幕：基于陆润庠甲辰科闱中手札的观察

值得进一步讨论的是，废誊录后不仅楷法的重要性提升，考官还可能认字取中。这对于考试公平确实构成威胁。山西举人刘大鹏考前就曾抱怨道：以前誊录为"防考官凭字取中"，而今"考官所阅之卷，即是士子之亲笔。……自今伊始，考官作弊，易如反掌矣"。③ 谭延闿得中甲辰会元，亦多传其为张百熙利用职权，商请裕德奉让的结果，难免暗箱操作之嫌。④

昔日糊名易书时代，考官无从认字，虽关节取中固然难免，惟暗中摸索，亦常走眼。史上著名的例子是，北宋苏轼任考官，因判断失误，致其高徒李方叔未中。⑤ 晚清亦不乏显例，光绪壬辰科会试正总裁翁同龢一心欲中张謇为元，结果误江苏刘可毅卷为张謇卷，成就了刘可毅的会元科名。不过，总裁阅卷、取中的具体操作如何，吾人其实所知尚少。

幸运的是，现尚存留的甲辰科闱中陆润庠致张百熙、戴鸿慈的一批函

---

① 吕佩芬：《湘轺日记》，李德龙、俞冰主编《历代日记丛钞》第 154 册，第 154 页。
② 陈夔龙：《梦蕉亭杂记》，第 78 页。
③ 刘大鹏：《乔梓公车日记》，《退想斋日记》，乔志强校注，第 609 页。
④ 谭延闿卷诚佳，但有小疵，详下文。陈夔龙：《梦蕉亭杂记》，第 78 页；徐凌霄、徐一士：《凌霄一士随笔》，第 310～311 页。
⑤ 徐凌霄、徐一士：《凌霄一士随笔》，第 294～296 页。

札手迹，可以帮助我们进一步了解总裁阅卷、取中、排名的操作过程与内幕。

首先，凭文、凭字辨识士子的情况确实存在。陆润庠致张百熙的短札有云："此卷决非贻重。"另一札则曰："义四七一卷首艺末二行云云，疑是贻重。"① "贻重"即湖南湘乡人陈毅，壬寅举人，刑部候补郎中，张百熙调其兼京师大学堂编书局襄校。② 可见张、陆二总裁早已在隶籍湖南的糊名试卷中"摸索"陈毅之卷。后来陈毅果然高中甲辰恩科会试第八名，并为刘廷琛第六房房首。③

其次，敲定会元及十八房房首（俗称十八魁卷）的操作过程和内幕。据甲辰会试知贡举陈夔龙讲，填榜当日，张百熙手执一卷对他说："吾乡本朝二百余年，三鼎甲俱备，独少会元。场中得湖南一卷，写作俱佳，以正大光明次序而论，我班次居二，例中会魁（即第二名——引者注）。科举将停，机会难得，情商裕相（裕德——引者注），恳将此卷作为会元，庶使吾乡科名免留缺陷。承裕相允让，即此卷是也。"④ 可以想见，张百熙在奉派总裁之后、开始阅卷之前，当已萌生取中湘人为会元之念，且得到了陆润庠支持。因此，张、陆从阅卷开始便在寻觅"可作领袖"的湖南佳卷。评阅头场时，湖南一卷即被挑了出来。陆润庠致张百熙手札曰：

> 此文或可作领袖矣，看二三场如何再定可也。五艺一律……珂乡多才，江南人士当低首拜下风矣。⑤

迨二场阅罢，评价更高：

---

① 《陆润庠致张百熙》（约甲辰三月中旬），《同光年间名人书札》第7册，近代史所档案馆藏，乙C19。
② 北京大学堂编《京师大学堂同学录》，1903，第17页。
③ 《光绪甲辰恩科会试第六房同门墨卷》，1904年刻本，第1页。
④ 陈夔龙：《梦蕉亭杂记》，第78页。
⑤ 《陆润庠致张百熙》（约甲辰三月二十日），《同光年间名人书札》第7册，近代史所档案馆藏，乙C19。

读佳卷，非但四千年史全题在握，是并上下球之大势而包括之，较之弟之闽卷又出一头，可贺可贺。惟三艺刻时甚费手，彼以申、商全误作申、韩，约须酌改一二十句，方可全刻。（幸而题目未误）。想早见及之矣。①

可知此卷固佳，但其实头场第三题答卷将"申、商全误作申、韩"，瑕疵亦显然。不过，张百熙、陆润庠等人可以在发刻之前帮其改正。改正之后，陆润庠先商请正总裁裕德"奉让"，获得了首肯。于是陆润庠通报张百熙道：

务二卷顷已拜读一过，一律精美，以此定元，极其体面。与寿相（裕德——引者注）商之，决计奉让，望即日发刻为要。但弟之闽卷亦不弱，尊处既有元公（？），则五房房首可否让我？头、二场卷谨奉阅，乞一比较。②

可知张百熙拟中会元的湖南卷，是先由陆润庠商请裕德同意的。或许张百熙不便直接向裕德提出，所以请与裕德同在东两堂的陆润庠先为"试探"。陆润庠与裕德系壬寅顺天乡试主考同事，且系状元出身，学问甚佳，说话亦有分量。陆润庠既助张百熙实现湖南士子夺取会元的"大业"，也以赵启霖第五房房首"相索"，张百熙自然答应。其实，赵启霖房首为福建人林志烜，会试第三，即陆润庠欣赏的"闽卷"。③

四月初二日，四总裁讨论决定会元和十八魁卷，内监试王振声的记载既坐实了会元系张百熙所定，又揭示了四总裁各自所定魁卷之多寡：

---

① 《陆润庠致张百熙》（约甲辰三月底），《同光年间名人书札》第7册，近代史所档案馆藏，乙 C19。
② 《陆润庠致张百熙》（约甲辰四月初），《同光年间名人书札》第7册，近代史所档案馆藏，乙 C19。
③ 赵启霖：《赵瀞园集》，施明、刘志盛整理，湖南出版社，1992，第332~333页。

四总裁会商各房首十八魁卷。午后，总裁前后将各房首卷封送，交监试转交各房磨勘加墨圈。计正堂五卷、大堂六卷、光堂四卷、明堂三卷，共十八卷，分开包封，令礼部供事分送，取回条。闻会元系八房阎（阎志廉）荐，大堂定。①

徐凌霄、徐一士曾将此事归结于裕德的谦让。② 不无道理。然而，值得思考的是，取中会试会元、殿试状元，既代表着总裁的学识，更体现着科场内外的权力，又带来美好声誉，历来是总裁争夺的焦点，翁同龢、徐桐、崑冈等人均曾有过激烈争论。③ 所以，此事亦可从甲辰恩科会试总裁的"权势"格局着眼。张百熙和陆润庠系同治甲戌科同年，又同值南书房，关系极密。一个状元出身的旧学权威，一个管学大臣，加上戴鸿慈，几乎可以架空正总裁裕德。因此，裕德恐怕也不得不谦让。事实上，在决定刻卷中，三位汉人副总裁经常互动，"排除"了满人裕德。

陆润庠一札谓："昨今得极佳二卷，意欲每本刻数篇，特呈大（张百熙）、明（戴鸿慈）公共欣赏之，且为我酌之。"另一札云："弟处广西、四川各一本，均不惬心。尊处有蜀、桂佳卷而向隅者否？如其有之，则可移赠也。大、明公以为何如？"又一札请张百熙阅过交戴鸿慈再阅："此卷顷始补荐前来，乞阅过再送明处一阅。"有一札更是明言不令裕德闻知："改得极好极好，早知已刻好，即不改亦无妨。此本弟意，无庸告裕（德）也。"④

进言之，不仅会元由张百熙所定，十八魁卷中，张百熙在让予陆润庠一卷后，仍以六卷居首。可见虽然裕德、陆润庠、戴鸿慈均有过主试策论的经验，但此次会试中权力最大的却是张百熙。这恐怕既与张百熙的声望和性格

---

① 王振声：《心清室日记》，第113页。
② 徐凌霄、徐一士：《凌霄一士随笔》，第311页。
③ 何刚德：《春明梦录》卷上，《春明梦录·客座偶谈》，第35页a～36页b。
④ 《陆润庠致张百熙、戴鸿慈》（约甲辰四月上旬），《同光年间名人书札》第7册，近代史所档案馆藏，乙C19。

有关，更与其管学大臣的身份分不开。要知道，此时不仅科举改制，而且几个月前三科递减的方案已奉旨依议，科举、学堂此消彼长的态势已逐渐明朗。

此外，张百熙在揭晓之前，还在撤换或改拨中式之人。王振声四月初六日记道："大堂与第五房赵（赵启霖）斟酌撤河南卷一本，补中十二房河南卷一本。"初九日又记道："今早大堂来函，十房中卷江苏位玖捌拨十五房，旋送卷来，改荐戳，改房签，仍送十房、十五房阅过，再送大堂。监试处将红号簿拨改。"①

有意思的是，这位江苏卷的作者正是大名鼎鼎的王季烈。本来，《朱卷集成》中王季烈卷的荐卷同考官竟有二人——王会釐和萧荣爵，颇不寻常。从前文同考官分房可知，王、萧二人分居十房和十五房，恰与王振声的记载吻合。值得注意的是，王会釐给王季烈的二场策题写了"长荐批"："首策以国势定教育先后，国民三项确有着落。言日本尤详。次言中国农务之弊，约举应办二事，与西法略参异同。三、四历举外交史及日、埃事，了如指掌。五逐层驳诘，使彼族无从置喙，尤为他卷所无。合观五艺，西学精通，伟词确识，不徒以满幅见长。"不过，总裁的原批却说："首场气势磅礴，饶有思议。次熟悉中外时事，指画周详。三多中肯语，惜得卷已迟，无额可取矣。四月初二日。"亦即王季烈二场突出，很可能系由补荐而来，卷到总裁之手已迟，故一开始因额满被摈。然而，次日总裁又批："细阅全卷，诸作气息深厚，议论崇闳，非究心时务，洞悉中外情形，不能有此杰构。于学务一首最中窾要。所谓人皆子子，我独有余。他卷似此透澈者颇少，特录之以为识时者劝。四月初三日。"② 说明张百熙在权衡之后，决定补中此卷，但很可能十房江苏佳卷已多，而十五房还可活动，故拨入萧荣爵的十五房。看来总裁阅卷取中的内幕和玄机还有不少可探究的空间。

① 王振声：《心清室日记》，第 115～116、118 页。
② 顾廷龙主编《清代朱卷集成》第 90 册，第 399～400 页。

四　两科贡士取中情况分析

作为举国瞩目的抡才大典，会试考生数、中额、中率及其变化是重要的面向。经过上文所述的考试运行过程，癸卯、甲辰会试分别取中 306 名和 276 名贡士。那么，与科举改制前的会试相比，此二科在考生数、中额、中率方面有何新特征？各省情形有何新变化？哪些举人更易脱颖而出？均是与借闱河南、科举改制直接相关的问题。

总考生数、中额与中率

有清一代自康熙五十一年（1712）开始，会试分省取中，中额以当科各省"入场举人数目，并上三科人数、中数"为据，临时钦定，大约二十取一。① 此后数科会试中额均在 200 人上下，至雍正八年（1730）暴增至 407 人，为清代峰值。此后大体一路走低，至乾隆末期跌至百人上下。嘉庆朝会试中额明显增加，均值为 232 人，道光朝则略有降低。咸、同军兴，入京会试人少，中额自然走低。同治四年（1865）举行镇压太平天国后的首次会试，中额开始回升。此后随着荡平捻军等动乱，宇内渐安，且乡试中额因地方捐输而颇有增加，新举人数量上升，故同治十年（1871）会试人数高达 7148 人，中额也飙升至 326 人。自此至 1905 年科举停罢的 30 余年间，除光绪乙未科与甲辰恩科外，每科会试中额均超过 300 人。②

据表 4-7 可知，光绪朝十三科会试中，考生数的极小值和极大值分别来自 1895 年乙未科（4734 人）和 1898 年戊戌科（7875 人）。前者因受甲午战争影响，大量南方举子裹足不前，入场无多，故中额亦创下光绪朝最低

---

① 商衍鎏：《清代科举考试述录及有关著作》，第 128 页。

② 清代历科会试中额（贡士数），参见张仲礼《中国绅士研究》表 27，李荣昌等译，第 129～133 页。同、光各科中额及考生人数，详表 4-7。

的 266 人。后者因 1898 年系举人大挑之年，故老举人来者甚多，既考会试，兼应大挑，所以人数最多。如山西举人就多达 382 人，为数科以来之最。[①] 最多与最少均属特例而非常态。统计光绪朝十三科，平均入场人数约为 6162 人，平均中额则为 314 人。如果除去乙未、戊戌两科特例以及借闱改制的癸卯、甲辰二科，只统计 1876～1894 年的九科，则平均入场人数约为 6314 人，平均中额则为 322 人。

从中率来看，会试定制二十取一，即 5% 的取中率，同、光两朝历科会试中率亦在 5% 上下浮动。大抵考生多，中率下降，反之上升，道理甚浅。不过，最高可达 6.61%，约十五取一，最低仅为 4.11%，约二十四取一，差距亦不容忽视。其原因在于，虽然中额随考生人数之多寡而升降，然中额的调整幅度一般小于考生人数的变化幅度，所以考生人数一旦超过 6500，则中率必然降至 5% 以下，人数不及 4500，中率则升至 6% 以上。惟光绪丙子恩科，系因光绪皇帝登基而开，又值同光中兴，海内安定，加恩多取，而考生人数亦不甚多，故中率亦升至 6.12%。

王德昭曾就清代 112 科会试说："各科应考会试人数，更无正确记录可据。大抵每科新中举人约 1200 人，历届会试未中举人来考者如以五倍计算，作 6000 人，则各届会试人数约七八千人，取中的机会仍仅约一与三十之比。"[②] 若据同、光两朝 19 科会试来讲，则每科考生人数比王德昭估计的要少一两千人，而中率普遍比 3.3%（一与三十之比）的估计要高出 1 至 3 个百分点。

反观科举改制下的癸卯、甲辰二科，三场完卷考生分别为 5264 人和 5410 人，仅高于战争时期的乙未科，远低于光绪朝十三科的均值。[③] 与考生人数不多相应，癸卯、甲辰二科之中额亦为同、光以来和平年份里的最

---

① 刘大鹏：《退想斋日记》，乔志强校注，第 80 页。
② 王德昭：《清代科举制度研究》，第 65 页。
③ 这与借闱河南导致不少考生视为畏途而未赴考，且有的考生迟误场期有关。此外，《辛丑条约》规定北京等闹义和团地方停试五年，故直隶考生人数较往常减少 200 余人，满洲、蒙古、汉军京旗考生亦减少 200 余人。

低值——分别为306人与276人。[①] 其实，癸卯科的正式称谓为"辛丑、壬寅恩正并科"，既有恩科，又系两科并考，故中额加广本是必然之理，然因考生不多，且朝内正议科举减额，所以中额亦不甚增加。[②] 但由于考生有限，故5.81%的中率亦属偏高，所以整体来看，癸卯科考中的概率较大。次年甲辰恩科，系因慈禧太后七十大寿而开，本应广额。然而，彼时张之洞等人力推的三科减停科举方案甫经颁布，科举已成弩末之势。[③] 所以，虽然甲辰科考生较癸卯科多出147人，而中额反较癸卯科减少30人之多。故甲辰恩科，亦即中国最后一科会试的取中率为5.11%，较癸卯科更难考中。

分省考生数、中额与中率

清代会试分省取中之后，各省的中额多寡不一，多者20多名，少者10多名，最少者仅数名。[④] 每科各省中额临时钦定，取决于两个因素：该省历来之文风高下和当科的人数多寡。前者体现为各省的"预期中额"，比较固定；后者则变动不居，如遇战乱或其他变故，人数更是颇为悬殊。晚清同、光以来，既有战争时期，又有多年和平岁月，更有最后两科借闱河南的特例，故将历科数据加以统计，可以据此观察和分析晚清会试分省中额的状况和分配原则。

从表4-8可以得出以下几点认识。（1）在同、光两朝的19科会试中，各省中额并非"通常不变"，[⑤] 而是围绕一个固定数值上下浮动。该数值接

---

① 按，每科会试中额，即贡士数，与进士数略有出入。李林据张仲礼统计的数据，计算出清代每科进士总平均数为239人，遂得出癸卯、甲辰二科进士数均高于有清一代总平均数的认识，固然不错，但考虑到同、光以来贡士数与进士数飙升的实际，则癸卯、甲辰贡士数较前减少才是两科会试更为切实的特征。李林：《从经史八股到政艺策论：清末癸卯、甲辰科会试论析》，香港《中国文化研究所学报》第55期，2012年7月，第192~193页。

② 同考官恽毓鼎亦称"恐因人数不多之故"。史晓风整理《恽毓鼎澄斋日记》第1册，第220页。

③ 《致熊元锷》（甲辰二月十八日），孙应祥、皮后锋编《〈严复集〉补编》，第249页。

④ 商衍鎏：《清代科举考试述录及有关著作》，第128页。

⑤ 张仲礼谓"实际上各省名额每次通常不变"，并以1889年会试中额为例作说明，略欠准确。张仲礼：《中国绅士研究》，李荣昌等译，第100~101页。

近表4-8中的"高频值",可以称之为各省的"预期中额"。(2)预期中额之多寡,代表着文风之高下,可据此分为大、中、小省:江苏、浙江、直隶稳居前三,江西、山东、福建紧随其后,均在20以上,为大省;河南、安徽、广东、湖北、四川、湖南、陕西在14~17之间,为中省;广西、云南、贵州、山西、甘肃及八旗、奉天、台湾为小省。(3)除河南、奉天、广西外,各省中额的"最小值"普遍与其"高频值"差距颇大,说明战争或其他变故期间,某省考生人数明显少于往常,其中额据入场人数酌定,必然远低于该省的预期中额。(4)各省中额的"最大值"普遍与其"高频值"相差无几,说明即使某科某省考生人数较往常多出不少,其中额增加的幅度也甚为微小。比如光绪戊戌科考生人数多达7875人,但各省中额也不过"以三科比较略有加增"。[①]

表4-8 同治、光绪两朝19科会试(1862~1904)分省中额统计

生源	江苏	浙江	直隶	江西	山东	福建	河南	安徽	广东	湖北	四川	湖南
最大值	27	26	25	23	23	21	19	19	17	15	16	15
最小值	13	9	20	14	16	3	16	7	8	9	5	5
高频值	26	25	24	22	21	20	17	17	16	14	14	14
频次	6	7	7	7	8	13	12	7	10	9	9	9
癸卯科	24	23	24	22	21	20	17	16	16	14	14	13
甲辰恩科	22	21	22	20	20	18	16	15	15	13	13	12

生源	陕西	广西	云南	贵州	山西	甘肃	满洲	汉军	蒙古	奉天	台湾	
最大值	15	14	14	13	12	9	9	7	4	4	3	
最小值	5	11	3	3	7	5	5	1	1	2	0	
高频值	14	13	12	11	10	9	8	6	3	3	2	
频次	8	12	9	11	10	12	7	8	9	14	12	
癸卯科	13	13	12	11	10	9	6	2	3	3	0	
甲辰恩科	11	11	10	10	9	8	5	1	2	2	0	

注:同治六科,陕甘算作一省,最高24名,最低5名。1876年陕甘分算,24名分陕西15名、甘肃9名。陕甘的最小值系1868年的5名,此时陕甘合算,所以事实上二省的最小值低于5名。

资料来源:据《穆宗实录》和《德宗实录》所载历科会试分省中额统计而成。

---

① 翁万戈校订《翁同龢日记》第7册,第3162页。

具体到癸卯、甲辰二科，大抵亦据各省的预期中额分配，而无一省超过其预期中额。癸卯科大多数省份与其预期中额持平，江苏、浙江、安徽、陕西四省缩水 1 至 2 名，而尤以满洲、汉军八旗减额为多。至甲辰科，各省则一律缩减中额。

不过，考虑到科举改制、条约停试、借闱河南的特殊情况，癸卯、甲辰二科在中额缩水的同时，各省考生人数也有不同变化，所以分省中率，亦即各省举子考中的难易程度也与此前有所不同，表 4-9 即是该情形的反应。以癸卯科为例，对比此前诸科，可分为以下几种情形。

（1）旗人名额缩水而取中率反而大升。首先需要指出的是，此前满洲八旗的取中率在 5% 上下，蒙古、汉军略高，但多在 8% 以内，且人数较少。所以，从会试取中率看，旗人并无特权。由于《辛丑条约》的影响，京旗人员被看作北京土著，[①] 五年内不能参加科举考试，故参加癸卯科会试的满洲、蒙古、汉军八旗人员均属各地驻防。所以旗籍考生人数大减，满洲八旗从约 180 人减至 64 人，蒙古八旗从约 40 人减至 21 人，汉军八旗从约 80 人锐减至 13 人。结果是，虽然满洲、蒙古、汉军的中额分别缩减至 6 名、3 名、2 名，其中率却分别飙升至 9.4%、14.3%、15.4%。

（2）直隶的"反常"情形。直隶为清朝第一省，若以今度古，理应在会试中"占便宜"。然而，事实却是，虽然直隶中额排前三，约 24 名，但一则举人多，二则赴考路近，所以同、光年间历科考生人数牢牢占据全国首位，多则近 800 人，少亦达 658 人。故直隶此前诸科的取中率仅略高于 3%，约三十人取一，可与广东并列全国倒数第一。迨癸卯科，既因直隶天津、保定等府部分士子停考，又因借闱河南较前路远，以致考生人数暴跌至 468 人，而中额仍为 24 名，所以取中率升至 5.13%。山西亦有停考地方，考生人数也有所减少，故中率略有升高。

（3）东道主河南人数多而中率最低。癸卯科借闱开封贡院，所以河南

① 礼部：《续增科场条例》（光绪十一年至二十八年）第 11 册，第 42 页。

举人高达 438 名，仅次于直隶，以致河南的取中率降至 3.88%，为癸卯科各省最低。陕西、甘肃此前取中率多在 8% 以上，高居各省之首。此次赴河南考试，较入京为近，所以入场人数反而较前稍多，而取中率也略有下降，不过，仍排在全国前列。

（4）江浙、西南各省人数减少而取中率多有提升。由于借闱河南，江苏、浙江、安徽（虽然邻省）考生均较此前为少，虽中额减少 1 至 2 名，而中率却有所提升，浙江尤为明显，其举人考中的机会更大。广东、广西、贵州考生亦减少，中率亦升。此外四川、两湖、江西、福建等省变化不大。

遗憾的是，暂未找到甲辰恩科各省考生入场人数。不过，甲辰恩科考生总数为 5410，较癸卯科多出 147 人，仅增 2.8%，中额却缩减 30 名，下降 9.8%，因而取中率减至 5.11%。该科各省中额普遍较癸卯科缩额 1 至 2 名，所以分省取中率自较癸卯科均有下降。

必须指出的是，在分省取中的规制下，虽然天下举人一同会试，但每科各省中额临时酌定，所以某个举人能否考中，取决于其本省考生内部的竞争（类似当下高考）。中额及名列前茅者的多寡，才显示各省文风之高下以及会试表现之优劣。

李林据进士题名录及曾重凯的研究数据，统计了癸卯、甲辰二科各省进士人数及其占该科总人数的百分比，并据何炳棣的研究数据列出了清代各省历科进士总数及其占清代总进士数的百分比。在比较两组百分比后，李林发现"河南、山西、陕西这三个内陆省份，癸卯、甲辰科进士数占据该科进士总数的百分比均低于其清代平均水平，而福建、湖北、安徽、广东、四川、湖南则刚好相反"，于是就讲这一变化"说明在从全考经史到加试西学的科举改制中，沿海及通商口岸，以及经济文化较为发达的省份，其士子在接触吸收西学方面相较内陆学子有近水楼台的优势，故两科会试表现相对较佳"。其实，各省进士人数比重的变化与最后两科会试的表现没有关系。如果要说明沿海及经济文化发达地区士子在科举改制后的会试中表现更好（其实不需证明，科举改制之前亦表现更好），应对比同一省内来自"发达"和"落后"地区士子的不同表现。所以，在同一张表中，江苏、浙江、直隶、山东四个经济文化更为发达的省份，其癸卯、甲辰两科进士所占当科进士总数的百分比，也低于其清代平均值，李林却"视而不见"。相反，他又发现更是落后地区的"云南、贵州、广西、甘肃、奉天"，其最后两科进士百分比，却都高于其清代总体平均水平。于是又说"这应是人为调控中额以保证落后地区士子中式机会所致"。① 既误读统计数据，解释也自相矛盾。这提示出，既要首先统计准确数据，更要理解其代表的意义，也须尽量警惕"过度"分析数据。同时，对比清代总体数据固然必要，也可看出一些趋势，但若不对比考察科举改制前几十年的情况，仅据几百年的"大数据"而谈癸卯、甲辰二科的特征，难免空疏偏颇。

从举人科分看贡士构成

癸卯、甲辰二科闱中举人和取中贡士的一大构成特征是，新举人，亦即辛丑科举改章之后的壬寅、癸卯两科"策论"举人，占据了入场考生和取中贡士的极高比例。

究其缘由，首先因为庚子、辛丑两科乡试并行，举额加倍，故辛丑年以八股文举行乡试的两广、云贵、甘肃五省新中"八股"举人 590 名，壬寅年直隶、江南等省乡试新中"策论"举人高达 2325 名，合计新科举人高达 2915 名。② 当然，有多少新科举人参加了癸卯科会试需要首先确定。

向例新中举人及前三科未复试举人，须于会试前在京师贡院复试。癸卯、甲辰会试既借闱河南，故举人复试也随之借闱河南，并援照同治年间成案，先会试，再补复试。③ 因此，复试人数恰为两科会试的举人科分构成提供了参照依据。据癸卯科会试知贡举张人骏的记录，会试后参加复试的举人

---

① 李林：《从经史八股到政艺策论：清末癸卯、甲辰科会试论析》，香港《中国文化研究所学报》第 55 期，2012 年 7 月，第 193～194 页。

② 据《光绪辛丑科补行庚子恩科各省乡试同年全录》下册（1901 年校刊，1902 年刻本，第 1 页）、《光绪壬寅补行庚子辛丑恩正并科顺天乡试同年全录》（1902 年刻本，第 1～22 页）统计。此外，壬寅顺天乡试，广东、广西、云南、贵州又分别取中"策论"举人 37 名、2 名、1 名、3 名，甘肃无之。

③ 礼部：《续增科场条例》（光绪十一年至二十八年）第 11 册，第 9～10 页。

表4-9 光绪朝若干科会试分省中额、考生数与中率

生源	甲辰恩科(1904)中额	癸卯科(1903)中额	癸卯科(1903)考生数	癸卯科(1903)中率(%)	戊戌科(1898)中额	戊戌科(1898)考生数	戊戌科(1898)中率(%)	乙未科(1895)中额	乙未科(1895)考生数	乙未科(1895)中率(%)	甲午恩科(1894)中额	甲午恩科(1894)考生数	甲午恩科(1894)中率(%)	己丑科(1889)中额	己丑科(1889)考生数	己丑科(1889)中率(%)	丙戌科(1886)中额	丙戌科(1886)考生数	丙戌科(1886)中率(%)	癸未科(1883)中额	癸未科(1883)考生数	癸未科(1883)中率(%)	庚辰科(1880)中额	庚辰科(1880)考生数	庚辰科(1880)中率(%)	丁丑科(1877)中额	丁丑科(1877)考生数	丁丑科(1877)中率(%)	丙子恩科(1876)中额	丙子恩科(1876)考生数	丙子恩科(1876)中率(%)
满洲	5	6	64	9.38	9	226	3.98	9	186	4.84	9	213	4.23	8	196	4.08	8	180	4.44	8	161	4.97	8	181	4.42	8	144	5.56	9	141	6.38
蒙古	2	3	21	14.3	4	52	7.69	4	44	9.09	4	53	7.55	3	45	6.67	3	37	8.11	3	43	6.98	3	40	7.50	3	41	7.32	3	30	10.0
汉军	1	2	13	15.4	7	100	7.00	6	71	8.45	4	73	5.48	6	87	6.90	6	79	7.59	6	91	6.59	6	105	5.71	6	101	5.94	6	75	8.00
直隶	22	24	468	5.13	25	850	2.94	22	658	3.34	24	756	3.17	23	726	3.17	23	693	3.32	23	708	3.25	24	795	3.02	24	795	3.02	25	734	3.41
奉天	2	3	37	8.11	3	46	6.52	3	24	12.5	3	35	8.57	3	31	9.68	3	27	11.1	3	30	10.0	3	31	9.68	3	28	10.7	4	25	16.0
山东	20	21	340	6.18	23	461	4.99	19	302	6.29	22	393	5.60	21	369	5.69	21	353	5.95	21	375	5.60	21	427	4.92	21	356	5.90	23	355	6.48
山西	9	10	224	4.46	11	366	3.01	10	252	3.97	10	287	3.48	10	326	3.07	10	257	3.89	10	258	3.88	10	310	3.23	10	292	3.42	12	240	5.00
河南	16	17	438	3.88	17	410	4.15	17	271	6.27	17	342	4.97	17	332	5.12	17	295	5.76	16	310	5.16	17	371	4.58	17	299	5.69	19	306	6.21
陕西	11	13	181	7.18	14	219	6.39	14	169	8.28	14	183	7.65	14	174	8.05	14	150	9.33	14	151	9.27	15	215	6.98	15	173	8.67	15	159	9.43
甘肃	8	9	131	6.87	9	158	5.70	9	106	8.49	9	110	8.18	9	118	7.63	9	101	8.91	9	89	10.1	9	107	8.41	9	108	8.33	9	95	9.47
江苏	22	24	385	6.23	26	515	5.05	15	217	6.91	25	518	4.83	25	492	5.08	25	452	5.53	25	454	5.53	26	616	4.22	26	513	5.07	26	438	5.94
安徽	15	16	210	7.62	17	276	6.16	10	144	6.94	17	258	6.59	17	256	6.64	17	242	6.94	17	258	6.59	18	310	5.81	18	300	6.00	18	241	7.47
浙江	21	23	324	7.10	26	555	4.68	14	193	7.25	25	561	4.46	24	463	5.18	24	453	5.30	24	482	4.98	25	620	4.03	25	556	4.50	25	448	5.58
江西	20	22	424	5.19	23	593	3.88	15	271	5.54	22	456	4.82	22	474	4.64	21	392	5.36	21	393	5.34	22	547	4.02	22	483	4.55	23	343	6.71
湖北	13	14	268	5.22	15	331	4.53	13	214	6.07	14	288	4.86	14	257	5.45	14	241	5.81	14	247	5.67	14	306	4.58	14	283	4.95	15	244	6.15
湖南	12	13	239	5.44	15	325	4.62	13	222	5.86	13	281	4.63	14	269	5.20	14	233	6.01	14	218	6.42	14	254	5.51	14	238	5.88	15	197	7.61

续表

生源	甲辰恩科(1904)	癸卯科(1903)			戊戌科(1898)			乙未科(1895)			甲午恩科(1894)			己丑科(1889)			丙戌科(1886)			癸未科(1883)			庚辰科(1880)			丁丑科(1877)			丙子恩科(1876)		
	中额	中额	考生数	中率(%)	中额	考生数	中率(%)	中额	考生数	中率(%)	中额	考生数	中率(%)	中额	考生数	中率(%)	中额	考生数	中率(%)	中额	考生数	中率(%)	中额	考生数	中率(%)	中额	考生数	中率(%)	中额	考生数	中率(%)
四川	13	14	331	4.23	15	451	3.33	14	321	4.36	14	359	3.90	14	392	3.57	13	248	5.24	14	278	5.04	14	406	3.45	14	321	4.36	15	233	6.44
福建	18	20	347	5.76	21	501	4.19	13	194	6.70	20	436	4.59	20	405	4.94	20	336	5.95	20	369	5.42	20	477	4.19	20	391	5.12	20	359	5.57
广东	15	16	352	4.55	17	643	2.63	13	382	3.40	16	587	2.73	16	521	3.07	16	476	3.36	16	498	3.21	16	555	2.88	16	481	3.33	16	376	4.26
广西	11	13	143	9.09	13	268	4.85	11	153	7.19	13	215	6.05	13	191	6.80	13	164	7.93	13	160	8.13	13	253	5.14	13	202	6.44	13	147	8.84
云南	10	12	171	7.02	13	295	4.41	11	157	7.00	12	224	5.36	12	258	4.65	12	151	7.95	12	196	6.12	12	273	4.40	12	229	5.24	14	174	8.05
贵州	10	11	153	7.19	12	234	5.13	11	183	6.01	11	200	5.50	11	197	5.58	11	159	6.92	11	157	7.01	11	237	4.64	11	226	4.87	12	164	7.32
台湾	—	—	—	—	—	—	—	2	—	—	2	—	—	2	28	7.14	2	22	9.09	2	18	11.1	2	22	9.09	2	22	9.09	2	19	10.5
合计	276/541	306	5264	100	337	7875	100	266	4734	100	320	6828	100	318	6607	100	316	5741	100	316	5944	100	323	7458	100	323	6582	100	339	5543	100
取中百分比	5.10	5.81			4.28			5.62			4.69			4.81			5.50			5.32			4.33			4.91			6.12		

资料来源：光绪丙子恩科至丙戌科、乙未科、癸卯科、甲辰恩科，分别见中国第一历史档案馆编《光绪宣统两朝上谕档》第2册，第102~103页；《光绪宣统两朝上谕档》第9册，第103~104页；《光绪宣统两朝上谕档》第30册，第55页。己丑恩科见《唐景崧档》第12册，第122页；《光绪宣统两朝上谕档》第21册，第92~93页；《近代史所藏清代名人稿本抄本》第1辑第114册，第62~63页。甲午恩科、戊戌科中名额见《光绪二十九年三月二十三日》图书文献馆藏军机处档折件，档号155212。甲辰恩科考生数见《上三届实士卷数并取中名数清单》（光绪二十九年三月二十三日），台北"故宫博物院"图书文献馆藏军机处档折件，档号155212。甲辰恩科考生数见台北故宫文献编辑委员会编《宫中档光绪朝奏折》第19辑，第293页。

高达 2703 人。[1] 而癸卯科三场实进举人共 5264 名。这就表明，复试举人占考生人数的一半以上。

不过，新科举人总数比复试举人还多出 212 名。显然，至少有 200 多名新科举人未能来到开封参加癸卯会试，其原因包括去世、生病、丁忧、回避、不愿会试、盘费不够、迟误期限等。[2] 同时，2703 名复试举人中也必然包括为数不少的前三科未复试举人，比如商衍鎏系甲午科举人，乙未科、戊戌科分别因战争和丁忧而未能赴京会试，所以癸卯会试后也须参加举人复试。因此，如果从 2703 名复试举人中排除甲午科、丁酉科举人，保守估计，很可能有 300 名新科举人未能入场会试。那么，参加癸卯科会试的新科举人当在 2600 人左右，不到总考生数的 50%，"策论"举人估计在 2100 人左右，约占总考生数的 40%。

如果我们再将癸卯科贡士的中举科分统计一番（详表 4 - 10），可以发现，辛丑、壬寅两年新中式举人共占 53.6%，而"策论"举人占 46.1%，高出其在总考生数中的比例（40%）约 6 个百分点。[3] 这说明在科举改制后中式的"策论"举人，不仅在癸卯科总人数中比例高，而且整体表现相对好，更易考中贡士。

表 4 - 10 癸卯科贡士中举科分统计

科分	壬寅 1902	辛丑 1901	丁酉 1897	甲午 1894	癸巳 1893	辛卯 1891	己丑 1889	戊子 1888	乙酉 1885	不详	总计
人数	141	23	49	28	23	15	20	3	2	2	306
百分比	46.1	7.5	16.0	9.2	7.5	4.9	6.5	0.98	0.65	0.65	100

注："壬寅"指 1902 年补行庚子辛丑恩正并科举人，"辛丑"指 1901 年补行庚子辛丑恩正并科举人。

资料来源：绝大多数举人科分据《光绪二十九年进士登科录》统计，1903 年刻本；于甲辰科补殿试的 10 名癸卯科贡士，其举人科分据《光绪三十年进十登科录》统计，1904 年刻本。

---

[1] 张守中编《张人骏家书日记》，第 160 页。

[2] 张人骏的儿子、侄子以及张佩纶子张志潜均因张人骏为知贡举而回避。谭延闿虽来到开封，但因其姐夫胡翔林被派为内场监试官而回避。此种例子当有不少。因丁忧、生病、误期及其他原因不能来汴的举人必然更多。

[3] 由于上文估计未参加癸卯会试的新举人人数时，相对保守，实际很可能比 6 个百分点更高。

迨至 1904 年甲辰恩科，三场完卷考生共 5410 人，其中参加举人复试的共 1508 人。[①] 经统计，癸卯恩科各省新中举人共 1469 名。[②] 这说明参加举人复试的一些士子是上年未参加癸卯科会试的辛丑、壬寅科举人。而癸卯恩科新举人中，必也有一些人因为种种原因而未能赴汴会试。保守估计，不会有超过 1400 名癸卯科新举人参加了甲辰会试。那么，癸卯科新举人占考生人数的比例则必然小于 25.9%。然而，癸卯科新举人考中贡士的比例则至少为 30.1%（详表 4 - 11）。这与癸卯科会试的情况相吻合，即新中式的"策论"举人在会试中整体表现更佳。

表 4 - 11　甲辰恩科贡士中举科分统计

科分	癸卯	壬寅	辛丑	丁酉	甲午	癸巳	辛卯	己丑	戊子	乙酉	壬午	不详	总计
人数	83	94	13	25	15	13	11	4	2	1	2	13	276
百分比	30.1	34.1	4.7	9.1	5.4	4.7	4.0	1.4	0.72	0.36	0.72	4.7	100

资料来源：据《光绪三十年进士登科录》统计，1904 年刻本。

值得注意的是，在癸卯科贡士中，科举改制后的"策论"举人占 46%，而仅仅一年之后，"策论"举人在甲辰恩科贡士中的比例已接近 65%。因此可以说，癸卯、甲辰两科贡士，其乡试多出于壬寅、癸卯二科。[③] 这自然因为壬寅、癸卯举人已通过科举改制下乡试的"洗礼"和选拔，在知识结构、答题技巧、楷法等方面更为擅长。同时也说明，科举改制后的乡、会试确实变动不小，拔取的人才也与此前有所不同，而具有一定程度的同构性和一体性。

---

① 台北故宫文献编辑委员会编《宫中档光绪朝奏折》第 19 辑，台北"故宫博物院"，1974，第 293、315～316 页。内监试王振声记录的数据分别为 5411 人和 1510 人。王振声：《心清室日记》，第 101、106 页。

② 《光绪癸卯恩科乡试十八省同年全录》，1903 年刻本，第 1 页。

③ 正因为癸卯、甲辰进士大多数是由壬寅、癸卯各科举人考中的，也即中举后一两年内就考中进士，所以拉低了癸卯、甲辰进士的平均年龄。李林已统计发现癸卯、甲辰贡士的平均年龄分别为 32.5 岁和 30.5 岁，低于张仲礼所统计的 1835 年（约 36 岁）、1868 年（约 34 岁）和 1894 年（约 33 岁）三科进士的平均年龄，且呈逐渐年轻化趋势，惟自称"具体原因待考"。李林：《从经史八股到政艺策论：清末癸卯、甲辰科会试论析》，香港《中国文化研究所学报》第 55 期，2012 年 7 月，第 194～195 页。

　　两科贡士中的绝大多数随后通过殿试成为进士。因此，对于癸卯、甲辰两科进士而言，许多人既是乡试同年，又是会试同年。不少人虽然分别为癸卯进士和甲辰进士，但又系乡试同年。加以变通新进士章程，癸卯、甲辰二科中诸多进士接着在京师大学堂进士馆学习法政、理财等"新学"，因此又兼了同学之谊。这种过渡时代所兼具的科举同年和学堂同学关系，在随后的清末民国时期，成了癸卯、甲辰进士聚合共事、发起结社与维系认同的基础。

　　癸卯、甲辰二科既是中国历史上最后的两科会试，亦是清季科举改制在会试层面的实践。考官基本按照辛丑科举奏定章程主持了会试大典。从三场考试来看，头场中国政治史事论题引导士子究心经世史学，二场各国政治艺学策题意在引导士子关注新学时务。史论题效果稍好，但以辅佐富强为上，且首道不出周秦范围，考生既不难预拟题目，[①] 考官出题亦易撞题，似较八股时代更甚。策题指向性强，答卷雷同度高，尚难称其为"学"，效果有限。四书五经义题置于三场，且题量太少，荒经之弊不可避免。

　　从阅卷取中的实际过程来看，重头场主要是荐卷、阅卷程序导致的。但二、三场既有补荐机会，且两科会试，尤其是甲辰恩科，头场荐卷率大幅提升，因而二、三场的作用亦不可轻忽，并非只看头场。二场"新学出彩"、三场经义湛深的卷子，亦有补荐的机会脱颖而出，经补荐取中者约占中额的1/15。从阅卷取中的标准和内幕来看，科举改制后，史学功底、古文素养的作用凸显，答卷则须新警动人。废除誊录突出了会试中楷法的重要性，且认字取中的弊端亦所不免。此外，斯时文网已大开，谭延闿卷虽然甚佳，但涉及辽、金题的答卷，若在康乾时期，很可能要吃文字狱，而竟高中会元。[②]

---

① 钱振锽：《科举题目》，《名山语类》卷4，第3页，载《名山全集》，民国活字本。
② 徐凌霄、徐一士：《凌霄一士随笔》，第312~314页。

第五章

甲辰年进士入馆：旧学新知的碰撞

如果说癸卯、甲辰会试是辛丑科举新章的践行，那么甲辰年进士馆的正式开办，就是令新进士入学之举的落实。在科举、学堂此消彼长的转型时代，进士馆这一旨在向科举进士传授新学的特殊学馆，在学员、教习、课程、规章等方面新旧杂陈，实具有科举、学堂、游学"三重奏"的特征。本章将考察进士馆的运行及进士游学的情况。

一 进士馆正式开办

光绪二十八年（1902）十一月初二日令新进士入大学堂肄业的特旨一颁，进士馆的筹备工作就摆在了管学大臣张百熙及其同事面前。事属创办，颇不易为。所以，次年癸卯科进士朝考分发后，尚无条件开馆，直到甲辰年（1904）四月才正式开办。此中曲折值得一道。

筹备开馆

首先是筹备馆舍。位于东城马神庙的大学堂旧址虽已修葺一新，然格局有限，仕学、师范两馆在此办理，尚称宽敞，但新进士授京职者人数上百，一旦入学，势难容下，故须另觅宝地，供进士馆使用。随后选址传闻纷纭莫辨。不过，最终馆址选在了离大学堂稍远的西城太仆寺街。原来此地"有虎神营地一大方，暂归神机营经管"，庆王奕劻慨允相让，张百熙遂计划在此"建造斋舍两层洋房一百六十余幢，讲堂七八处"，作为进士馆馆舍。① 不久，京师大学堂支应提调绍英就到"太仆寺街看进士科学堂地基"。② 据说之所以设进士馆于西城，与位于东城的大学堂拉开距离，还因为张百熙考虑到"学堂最难办"，而新进士"必不免有挟贵之意"，故单开一馆，以便在课程、待遇等方面对新进士"稍示通融"，从而减少他们对大学堂的干扰。③ 接着，大学堂又在太仆寺街购得民房一所，并在工艺局定购桌凳等器具。④ 显然，筹备工作正在渐次进行之中。

然而，照谕旨之意，癸卯科新进士朝考分发后便须入馆肄业，亦即1903年下半年就须开馆。可是，馆舍工程非小，半年时间实在赶办不及。不特此也，即使馆舍就绪，教习从何而来？课程都有哪些？在在需要一番布置。故着手筹办不久，就传说"管学颇以其事为难，大约将来恐办不到"。⑤

当管学大臣正为筹备工作头疼之时，四月中旬以后，汴闱会试新中贡士陆续入京，准备参加复试、殿试和朝考。令新进士入大学堂肄业，不免有轻视科举之嫌，众多科举出身者自然感到不快。且此举在感情、出路两方面都冲击着新科进士，故科举新贵们有所不满也很可理解。随着人数多达三百余人的贡士群体骤集都下，围绕诏开进士馆的争议再度升温。如果说此前报界舆论的声音至多发生间接影响，那么正志得意满的科举新贵却能发挥直接作用。只要他们与反对诏开进士馆的京官同乡走动串联，便会掀起层层波澜。五月初，北京官场传言政府有停罢此举之意；又有御史批评"此举徒增縻

---

① 《京师大学堂最近消息》，《大公报》光绪二十八年十二月廿三日，第3版。
② 《绍英日记》，国家图书馆出版社，2009年影印本，第300页。
③ 《北京近事述闻》，《中外日报》光绪二十九年五月十九日，第2版。
④ 《时事要闻》，《大公报》光绪二十九年二月廿二日，第2版；《时事要闻》，《大公报》光绪二十九年三月廿四日，第3版。
⑤ 《北京近事述闻》，《中外日报》光绪二十九年二月初十日，第1版。

费，毫无实益，且多滞碍难行，将来转生钻营之弊"。① 在这样的情势下，据说本来就对进士馆一事"大不谓然"的张百熙决计停办。②

不过，进士入学之议由瞿鸿禨力主促成，又奉明发上谕，所以彻底推翻的可能性极小。况且，此时入京陛见的张之洞，奉命与管学大臣张百熙、荣庆会商学务，也对此议颇为赞许，则进士馆势必仍开。张百熙此时对开进士馆纵然真的不以为然，恐怕更多的也是因为此事极易招致非议，甚至会牵连他倾注了大量心血的大学堂事业；同时，上谕责成他认真经理，而此时馆舍、教习两无着落，尚无条件开馆，发发牢骚，便可先占地步，少担责任，以期缓办。不久，张百熙果然与军机大臣等商定暂缓开办进士馆。

暂缓开馆，虽不得已，而实为良策。首先，停罢不办将直接违旨，并让发起此议的瞿鸿禨、荣庆等人下不来台，暂缓开办则尚可转圜。其次，大学堂方面可从容建造馆舍、延聘教习、设置课程、妥定规章，不致仓促开馆，致贻办理不善、有名无实之讥。最后，更重要的是，可借此给新科庶常放假，以安抚他们听说进士馆仍须办理的"不悦"情绪。③ 同、光以来，新庶常"照例到馆应三五课，即告假回籍，俟散馆之年，始销假还京"，④ 顺便"一路拜客，稍得程仪"，⑤ 更是人所共知之事，坊间谓之告假措资。"今既须入学堂，势不得请长假"，则趁着进士馆缓开而放假八个月，以便新贵们回籍扫墓或往他处措资，就是照顾到了人之常情。⑥ 否则，反对开进士馆的情绪必会更大。

此后张之洞、张百熙、荣庆会同制定《进士馆章程》时，规定自春至夏为第一学期，暑后至年终为第二学期，并将新进士给假八个月写进章程，未始不含有"体谅"新进士，以图减少阻力的苦衷。不仅如此，还规定入

---

① 《时事要闻》，《大公报》光绪二十九年五月初七日，第2版。
② 《北京近事述闻》，《中外日报》光绪二十九年五月十九日，第2版。
③ 《北京近事述闻》，《中外日报》光绪二十九年闰五月十六日，第1版。
④ 商衍鎏：《清代科举考试述录及有关著作》，第165页。
⑤ 《提款津贴》，《中外日报》光绪二十九年七月六日，第3版。
⑥ 《时事要闻》，《大公报》光绪二十九年闰五月廿二日，第2版。

馆翰林、中书每年给津贴银 240 两，部属 160 两，以示体恤。① 此举固然可说是解其内顾之忧，俾安心求学，② 但也可以理解为厚其待遇，以减少阻力的思路延续。

新进士放假的同时，筹备工作也在有序进行着。就馆舍工程来讲，进展颇为顺利，至癸卯年底已到扫尾阶段。腊月廿九，绍英"至进士馆看房"，除夕当天仍"至进士馆看应糊棚窗"，可谓克尽厥职。之所以除夕还在忙着赶工，是因为年前成立了总理学务处，管学大臣易为学务大臣，并添派大学士、翰林院掌院学士孙家鼐，与张百熙、荣庆共同担任。而总理学务处的办公地方暂设于新建的进士馆，学务处须搬入办公。甲辰年正月十五日，绍英见证并记录了这一历史时刻："至学堂照料，移在进士馆，名曰总理学务处，是日孙中堂、张大人到。"三月廿三日，工程终于完工，绍英又"至进士馆收工"。③ 据报道，进士馆工程颇为浩大，讲堂、寄宿舍有"楼房四百二十余间"，"每人各占楼房一间，约有三百精舍，器具精洁，全系工艺商局承办"。④

在管理员方面，甲辰年正月二十八日，学务大臣奏派翰林前辈支恒荣（荄卿）为进士馆监督，⑤ 总理馆中诸务。"又设提调三人"，斋务、庶务提调分别延定达寿、汪凤池，学务提调拟请汪凤藻，但"尚未到馆"。⑥ 很可能汪凤藻延请未果，后来延聘的学务提调是颇通算学的翰林前辈华学澜（瑞安）。所以，进士馆教习章宗祥说"汪乐（药？）阶及华卒庵分任提调"。⑦ 汪药阶即汪凤池，此前任大学堂杂务提调；⑧ 华卒庵即华学澜，卒庵

① 《奏定进士馆章程》，舒新城编《中国近代教育史资料》中册，第 628 页。
② 《学务纲要》，舒新城编《中国近代教育史资料》上册，第 214 页。
③ 《绍英日记》，第 370、378、399 页。
④ 《进士馆之内情》，《大公报》光绪三十年三月十日，第 3 版；《纪进士馆》，《大公报》光绪三十年三月十四日，第 4 版。
⑤ 谢兴尧整理《荣庆日记》，第 70 页。
⑥ 《进士开馆预闻》，《大公报》光绪三十年二月十八日，第 3 版。
⑦ "乐"与"药"的繁体字形（"樂"、"藥"）相近，疑自述整理者误"药"为"乐"。章宗祥：《任阙斋主人自述》，全国政协文史资料委员会编《文史资料存稿选编》第 24 册，中国文史出版社，2002，第 938 页。
⑧ 《京师大学堂同学录》，1903，第 15 页。

乃瑞安谐音。陶孟和给华学澜的《辛丑日记》写序，征引《天津新志》材料，亦称华学澜任"进士馆教授提调"，自是不虚。[①] 在教习方面，由于仕学馆并入进士馆，仕学馆的中日教习遂改任进士馆教习，同时又延聘了留日归国学生数人（详下文）。

馆舍、教员皆备，于是进士馆在甲辰年三月初发出示谕："教习进士馆为晓谕事。照得本馆定于四月十二日开课，已咨行各衙门将上科新进士学习人员开列衔名，送交本馆。为此示谕各该员知悉，务于三月十五日以前各赴本衙门呈请咨送，仍尽三月内亲身赴本馆报到，听候开学，毋得延误。切切。特示。"[②] 随后眼见报到者无多，又行文相催，并称如不愿入学，"须先期呈明"。到四月初，报名者达一百余人，已颇不少。[③]

四月十二日，进士馆如期开馆。《大公报》的报道颇有意思："本月十六（二）日为进士馆开馆之期。是日在堂上设供桌香烛。监督在堂中，提调、各教员及办事各员均在阶上。仕学学员及进士学员均在阶下。堂中设万岁牌，监督率各员望阙谢恩，行三跪九叩礼。次谒孔子，行三跪九叩礼。毕，各学员向监督行三揖礼，又向各提调、各教员行三揖礼，又向检查以下各官行一揖礼，而监督以下均答揖礼，毕而退。仕学与进士两馆互相往拜。是日均着衣冠，俨然官学会中人也。"[④] 十六日早上，教员、学员首次上堂，各教员依次演说。[⑤] 至此，经过一年半的筹备，进士馆正式开馆。

学员的科分和班次构成

进士馆的学员构成，可以先从科分、班次考察一番。一般印象，进士馆学员由癸卯、甲辰两科进士组成，然细加查对，却不尽然。事实上，有12

① 陶孟和：《辛丑日记序》，华学澜：《辛丑日记》，商务印书馆，1936，第1页。
② 《进士开馆》，《申报》光绪三十年三月二十日，第1版。
③ 《学务两志》，《新闻报》光绪三十年四月初十日。
④ 《开馆礼节》，《大公报》光绪三十年四月十五日，第3版。
⑤ 《学馆纪闻》，《大公报》光绪三十年四月十九日，第3版。

位乙未科和戊戌科进士在馆肄业六学期满，并参加了毕业考验。其中4人获得最优等，4人优等，3人中等，1人下等（详表5-1）。甚至还有3位戊戌科进士，在馆肄业未终就呈请赴日留学，卒业回国后，与癸卯、甲辰进士一起参加了进士馆游学毕业学员考验（详表5-2）。

表5-1 进士馆内乙未、戊戌科进士题名

序号	姓名	字号	籍贯	科分及授职	毕业考验等级	毕业总平均分数	毕业授职及奖励	备注
1	吕慰曾	卫生	河南彰德府林县	戊戌科内阁中书	最优等	87.18		
2	潘鸿鼎	舜来，铸禹	江苏太仓州宝山县	戊戌科庶吉士，癸卯散馆授编修	最优等	85.54	记名遇缺题奏	潘光旦之父
3	潘昌煦	春晖，由笙	江苏苏州府元和县	戊戌科庶吉士，癸卯散馆授编修	最优等	85.48	记名遇缺题奏	
4	秦曾潞	彦俦，杏衢	江苏太仓州嘉定县	戊戌科庶吉士，癸卯散馆授编修	最优等	84.58	改知县（？）	
5	赵东阶	跻堂	河南开封府汜水县	戊戌科庶吉士，癸卯散馆授编修	优等	79.51	赏加侍讲衔	
6	饶叔光	竹苏	湖北武昌府武昌县	戊戌科庶吉士，癸卯散馆用部属	优等	78.83	留部以原官尽先补用	
7	余炳文	浩吾	河南光州商城县	乙未科庶吉士，戊戌散馆授检讨	优等	76.53	赏加侍讲衔	
8	赵黻鸿	青侣	正白旗汉军人	乙未科庶吉士，癸卯散馆用部属	优等	70.53	留部以原官尽先补用	后改知县
9	吴功溥	用康，伯庸	广东广州府番禺县	戊戌科庶吉士	中等	64.36	以知县归部即选	
10	罗经权	子衡	甘肃兰州府金县	乙未科庶吉士	中等	63.16	以知县归部即选	
11	王思衍	仲蕃	山东沂州府兰山县	戊戌科分部主事	中等	60.16	准其留部	
12	鲁尔斌	襄臣	陕西同州府合阳县	戊戌科庶吉士，癸卯散馆授编修	下等	58.01		后补翰林院缺

资料来源：《京师大学堂档案选编》，第304~310、315页；《历史档案》1998年第1期。字号据朱汝珍《词林辑略》。

表 5 - 2 进士馆资遣戊戌科进士留学题名

序号	姓名	字号	籍贯	科分及授职	留学经历	毕业总平均分数	毕业授职及奖励	备注
1	华焯	兰石，瞻如	江西抚州府崇仁县	戊戌二甲庶吉士	1906 年 10 月咨送法政补修科，1907 年 11 月卒业	77.50	授职编修并赏给侍讲衔	进士馆学习二学期。癸卯未散馆
2	范桂萼	棣臣，华楼	直隶正定府藁城县	戊戌三甲庶吉士，癸卯散馆授检讨	1907 年 5 月法政速成科第 4 班卒业	71.25	赏给侍讲衔	
3	高桂馨	一山，丹五	直隶天津府天津县	戊戌三甲庶吉士	1907 年 5 月法政速成科第 4 班卒业	66.25	授职检讨	

资料来源：留学情况见《法政速成科特集》，第 150、151、153 页；字号、科分据朱汝珍《词林辑略》；毕业分数等见第《京师大学堂档案选编》，第 330、331 页。

这说明，如果从科分上严格划分，进士馆学员可分为乙未科、戊戌科、癸卯科和甲辰科（包括癸卯、甲辰两科的翻译进士）。本来，开进士馆的上谕针对的是癸卯科以下的新进士。乙未、戊戌两科进士之所以也可入馆学习，是因为翰林院掌院学士孙家鼐有此提议，而张之洞赞同，故写入了《奏定进士馆章程》。不过，上两科进士入馆与否纯属自愿，且须核准，与癸卯科以下新进士大不相同。有十几位"老进士"，甚至包括已经散馆授编修、检讨的"老翰林"仍愿入馆肄业，也说明虽然有很多新进士对开进士馆颇多抵拒，但仍有不少进士怀着期待主动去重做学生，接受学堂的"新学"教育。

就班次而言，进士馆开学之初，学员皆住堂学习。但教习、学员很快冲突不断。于是朝内批评之声又起，并奏请变通章程。随后学务大臣奏更定进士馆章程，遂分内、外班。翰林、中书为内班，住堂肄业；主事除自愿住馆肄业者，可以呈请改归外班，每周入馆听讲一次，已得要差而由本部咨明留署之员，可毋庸听讲；翰林、中书也可以精力不及为由，呈请改归外班。[①]

从第一次会考进士馆毕业学员情况来看（详表 5 - 3），在馆肄业六学期期满，参加毕业考试的 77 名内班学员中，庶吉士固然占了大多数，不过癸卯主

---

① 《政务处奏更定进士馆章程折并清单》，《北京大学史料》第 1 卷，第 157 页。

事亦不乏人，足有 18 位，考虑到有些主事中途呈请游学，则可知刚分内、外班时，自愿住堂肄业的主事应该更多。外班 28 名，主事为绝大多数，而呈请改归外班的癸卯庶吉士只有温肃一人。这即是旧内班和旧外班的情形。

以甲辰科为主，并包括若干癸卯科进士的新内班中，实际到堂肄业的只有 40 多名，内中除了 6 名内阁中书外，全是翰林，没有一个分部主事，且学员在馆学期自一期至四期不等，殊为参差。① 而以主事为主的新外班学员足有 70 多名，内中约 37 名呈请咨送日本法政速成科第 5 班肄业。②

据此，旧班与新班各自人数均在百名以上。然而，旧班中住馆肄业的内班学员占到绝对多数，相反，新班中每周只上堂一次的外班学员却占绝对多数。同时，旧内班中含有为数不少的自愿住馆肄业的分部主事，而新内班中再也难见分部主事。从这一变化很容易看出，相较于癸卯科进士，住馆肄业对甲辰科进士的吸引力大大降低了。这一变化，与更定进士馆章程的规定关系甚大。更定章程对进士入馆的规定已经宽松许多，而游学三年或办学三年也可与在馆肄业三年一同办理毕业，使得甲辰科进士有了更多选择。同时，此时各部裁书吏、用司员直接办公的改革，也要求分部主事抓紧练习部务，加以主事呈请改归外班，津贴照拿，毕业考验与内班一同办理，使得分部主事再也不愿住馆肄业。

从旧班、新班整体来看，住馆肄业的内班学员绝大多数是庶吉士，这一事实突出了进士馆替代庶常馆的历史变迁。此外，进士馆的学员还可分为三类：在馆肄业满六学期，参加毕业考验的学员；在馆肄业未满或因他故未到馆，后来呈请咨送游学，卒业归国，参加进士馆游学毕业考验的学员；在馆肄业未满而办理学务满三年的毕业学员。这样的划分，呼应着进士馆所具有的既办学堂，又派游学的特征，加以进士馆作为翰林院庶常馆"替身"的事实，新政变革时代改科举、兴学堂、派游学交织缠绕的历史，就透过进士馆这一特殊事物呈现出来了。

---

① 《学部遣派进士馆学员游学名单》，《学部官报》第 5 期，1906 年 11 月 7 日，第 44～45 页。这一参差混乱情况也是变通进士馆办法，咨送新班学员出洋的原因之一。

② 《学部遣派进士馆学员游学名单》，《学部官报》第 5 期，1906 年 11 月 7 日，第 45～46 页。

表5-3 光绪三十二年十二月会考进士馆毕业学员题名

序号	姓名	字号	籍贯	科分及授职	等级	分数	授职及奖励
1	郭则沄	蛰云,啸麓	福建福州府侯官县	癸卯二甲庶吉士	最优等	94.52	授职编修并记名遇缺题奏
2	胡大勋	莲洲	湖北武昌府江夏县	癸卯二甲庶吉士	最优等	93.77	授职编修并记名遇缺题奏
3	朱寿朋	锡百,曼盦	江苏松江府上海县	癸卯二甲庶吉士	最优等	91.07	授职编修并记名遇缺题奏
4	陆鸿仪	棣威,立盦	江苏苏州府元和县	癸卯二甲庶吉士	最优等	90.32	授职编修并记名遇缺题奏
5	水祖培	善端,元伯,巨翘,蘽船	湖北武昌府武昌县	癸卯三甲庶吉士	最优等	90.17	授职检讨并记名遇缺题奏
6	陈云诰	紫纶	直隶易州	癸卯二甲庶吉士	最优等	90.15	授职编修并记名遇缺题奏
7	陈善同	景虞,与人,雨人	河南汝宁府信阳州	癸卯二甲庶吉士	最优等	89.06	授职编修并记名遇缺题奏
8	夏寿康	受之,仲膺	湖北黄州府黄冈县	癸卯二甲庶吉士	最优等	88.26	授职编修并记名遇缺题奏
9	顾准曾	仲平	河南开封府祥符县	癸卯礼部主事	最优等	87.96	留部以原官遇缺即补
10	吕慰曾	卫生	河南彰德府林县	戊戌科内阁中书	最优等	87.18	
11	顾承曾	伯寅	河南开封府祥符县	癸卯二甲庶吉士	最优等	86.39	授职编修并记名遇缺题奏
12	朱国桢	伯翘,星胎,慧根	湖北武昌府大冶县	癸卯二甲庶吉士	最优等	86.06	授职编修并记名遇缺题奏
13	史宝安	吉甫,源洛	河南陕州卢氏县	癸卯二甲庶吉士	最优等	85.76	授职编修并记名遇缺题奏
14	潘鸿鼎	舜来,铸禹	江苏太仓州宝山县	戊戌科庶吉士,癸卯散馆授编修	最优等	85.54	记名遇缺题奏
15	潘昌煦	春晖,由笙	江苏苏州府元和县	戊戌科庶吉士,癸卯散馆授编修	最优等	85.48	记名遇缺题奏
16	杨渭	竹川,慕曾	山东莱州府潍县	癸卯二甲庶吉士	最优等	85.38	授职编修并记名遇缺题奏
17	汪升远	荷生,谷阳,鹄飔	江苏江宁府六合县	癸卯二甲庶吉士	最优等	85.22	授职编修并记名遇缺题奏
18	吕兴周	际昌,荫齐,志轩	直隶永平府乐亭县	癸卯刑部主事	最优等	84.88	留部以原官遇缺即补

序号	姓名	字号	籍贯	科分及授职	等级	分数	授职及奖励
19	秦曾潞	彦侍,杏衢	江苏太仓州嘉定县	戊戌科庶吉士,癸卯散馆授编修	最优等	84.58	改知县(?)
20	张祖荫	槐卿,怀清	顺天府宝坻县	癸卯二甲庶吉士	最优等	84.28	授职编修并记名遇缺题奏
21	张濂	中卿,众卿,仪周	直隶河间府献县	癸卯二甲庶吉士	最优等	84.03	授职编修并记名遇缺题奏
22	朱燮元	允调,荔塘	山东青州府诸城县	癸卯工部主事	最优等	84.00	留部以原官遇缺即补
23	范之杰	俊丞,显庭,洵天	山东济南府历城县	癸卯二甲庶吉士	最优等	83.92	授职编修并记名遇缺题奏
24	王寿彭	次篯,述亭,眉轩	山东莱州府潍县	癸卯一甲修撰	最优等	83.90	记名遇缺题奏
25	王大钧	伯荃,箄(音唾)庵	浙江嘉兴府秀水县	癸卯二甲庶吉士	最优等	83.74	授职编修并记名遇缺题奏
26	张家骏	骒超,毓皖	河南彰德府林县	癸卯二甲庶吉士	最优等	83.64	授职编修并记名遇缺题奏
27	林步随	寄湖,季武	福建福州府侯官县	癸卯三甲庶吉士	最优等	83.61	授职检讨并记名遇缺题奏
28	龚元凯	蔽屏,君黼	安徽庐州府合肥县	癸卯二甲庶吉士	最优等	83.13	授职编修并记名遇缺题奏
29	徐谦	季龙,士光	安徽徽州府歙县	癸卯二甲庶吉士	最优等	83.01	授职编修并记名遇缺题奏
30	孔昭晋	守谦,康侯	江苏苏州府吴县	癸卯礼部主事	最优等	82.60	留部以原官遇缺即补
31	吴增甲	达臣	江苏常州府江阴县	癸卯二甲庶吉士	最优等	82.15	授职编修并记名遇缺题奏
32	马振宪	冀平,公权	安徽安庆府桐城县	癸卯三甲庶吉士	最优等	82.14	授职检讨并记名遇缺题奏
33	赵曾樯		直隶易州涞水县	癸卯工部主事	最优等	81.73	留部以原官遇缺即补
34	王震昌	孝起,伯孟,幼舫	安徽颍州府阜阳县	癸卯二甲庶吉士	最优等	81.73	授职编修并记名遇缺题奏

序号	姓名	字号	籍贯	科分及授职	等级	分数	授职及奖励
35	左霈	雨荃	正黄旗汉军广州驻防	癸卯一甲编修	最优等	81.20	记名遇缺题奏
36	商衍瀛	云亭,云厂	正白旗汉军广州驻防	癸卯二甲庶吉士	最优等	80.97	授职编修并记名遇缺题奏
37	徐彭龄	商贤,企商	江苏松江府青浦县	癸卯刑部主事	最优等	80.61	留部以原官遇缺即补
38	张恕琳	心如,新畲	山东莱州府掖县	癸卯二甲庶吉士	最优等	80.30	授职编修并记名遇缺题奏
39	汪应焜	丙辉,南圃	安徽六安州	癸卯户部主事	优等	79.73	留部以原官尽先补用
40	赵东阶	跻堂	河南开封府汜水县	戊戌科庶吉士,癸卯散馆授编修	优等	79.51	赏加侍讲衔
41	张之照	远村,蓼阁	直隶遵化直隶州	癸卯二甲庶吉士	优等	78.95	授职编修并赏加侍讲衔
42	饶叔光	竹荪	湖北武昌府武昌县	戊戌科庶吉士,癸卯散馆用部属	优等	78.83	留部以原官尽先补用
43	史国琛	献甫,怡秋	江苏常州府荆溪县	癸卯工部主事	优等	78.08	留部以原官尽先补用
44	张新曾	焕宸	山东青州府博山县	癸卯工部主事	优等	77.48	留部以原官尽先补用
45	龚庆云	恕仁,瑞荪	安徽庐州府合肥县	癸卯兵部主事	优等	77.20	留部以原官尽先补用
46	杨廷纶	芸朗	福建福州府侯官县	癸卯二甲庶吉士	优等	77.09	授职编修并赏加侍讲衔
47	余炳文	浩吾	河南光州商城县	乙未科庶吉士,戊戌散馆授检讨	优等	76.53	赏加侍讲衔
48	胡藻	梦芗,懵相	江西南昌府新建县	癸卯二甲庶吉士	优等	76.09	授职编修并赏加侍讲衔
49	刘敬	龙生	福建福州府闽县	癸卯刑部主事	优等	75.72	留部以原官尽先补用
50	于君彦	伯敬,幼艻	福建福州府闽县	癸卯二甲庶吉士	优等	75.45	授职编修并赏加侍讲衔

序号	姓名	字号	籍贯	科分及授职	等级	分数	授职及奖励
51	丁毓骥	子展,清舫	山东登州府黄县	癸卯刑部主事	优等	75.40	留部以原官尽先补用
52	李玉振	佩珂	云南大理府太和县	癸卯户部主事	优等	75.10	留部以原官尽先补用
53	尚秉和	节之	直隶正定府行唐县	癸卯工部主事	优等	74.79	
54	胡炳益	谦仲,复修,镜沂	江苏苏州府昭文县	癸卯二甲庶吉士	优等	74.60	授职编修并赏加侍讲衔
55	延昌	子光,寿丞	蒙古镶白旗克明佐领下京口驻防	癸卯三甲庶吉士	优等	73.58	授职检讨并赏加侍讲衔
56	陈树勋	孔言,竹铭	广西梧州府岑溪县	癸卯二甲庶吉士	优等	73.53	授职编修并赏加侍讲衔
57	吴瓒	康伯,公璞	江西南昌府新建县	癸卯三甲庶吉士	优等	71.34	自请外用知县归部即选
58	区大典	裕辉,桂海,季恺	广东广州府南海县	癸卯二甲庶吉士	优等	70.63	授职编修并赏加侍讲衔
59	赵戴鸿	青侣	正白旗汉军人	乙未科庶吉士,癸卯散馆用部属	优等	70.53	留部以原官尽先补用
60	路士桓	尚卿,蒲亭	直隶冀州南宫县	癸卯二甲庶吉士	中等	69.30	授职编修
61	华宗智	雨岑,禹勤	四川重庆府长寿县	癸卯二甲庶吉士	中等	68.91	以知县归部即选
62	蓝文锦	絅章,云屏,鲁山	陕西汉中府西乡县	癸卯二甲庶吉士	中等	68.44	授职编修
63	徐绍熙	文明,忍龢	安徽池州府石埭县	癸卯户部主事	中等	68.13	以知县归部即选
64	恭正	次方	山东青州驻防	理藩部主事	中等	68.02	以知县归部即选
65	胡嗣瑗	翼仲,琴初	贵州贵阳府开州	癸卯二甲庶吉士	中等	68.01	
66	王塨	次平,叔掫	直隶河间府肃宁县	癸卯刑部主事	中等	67.94	以知县归部即选
67	程继元	述之,象愚	安徽徽州府休宁县	癸卯刑部主事	中等	67.75	
68	赖际熙	焕文,荔同	广东广州府增城县	癸卯二甲庶吉士	中等	67.04	授职编修
69	谈道隆	安澄,瀛客	广东广州府新会县	癸卯礼部主事	中等	65.24	准其留部

续表

序号	姓名	字号	籍贯	科分及授职	等级	分数	授职及奖励
70	吴功溥	用康,伯庸	广东广州府番禺县	戊戌科庶吉士	中等	64.36	以知县归部即选
71	周廷干	孟年,恪叔	广东广州府顺德县	癸卯三甲庶吉士	中等	63.93	授职检讨
72	朱德垣	崇典,树屏	广西桂林府临桂县	癸卯户部主事	中等	63.20	度支部学习主事,以知县即用
73	郑家溉	从耘,宗筠	湖南长沙府长沙县	癸卯二甲庶吉士	中等	63.08	授职编修
74	罗经权	子衡	甘肃兰州府金县	乙未科庶吉士	中等	63.16	以知县归部即选
75	刘凤起	未霖,威定	江西建昌府南城县	癸卯二甲庶吉士	中等	60.36	授职编修
76	晋魁				下等	59.29	
77	鲁尔斌	襄臣	陕西同州府合阳县	戊戌科庶吉士,癸卯散馆授编修	下等	58.01	

以上为内班77人

序号	姓名	字号	籍贯	科分及授职	等级	分数	授职及奖励
78	栾骏声	焕九,佩实	奉天奉天府海城县	癸卯刑部主事	优等	79.08	准其留部以原官尽先补用
79	郭铭鼎		河南河南府偃师县	癸卯兵部主事	优等	77.99	准其留部以原官尽先补用
80	徐冕		四川潼川府遂宁县	癸卯吏部主事	优等	74.63	准其留部以原官尽先补用
81	何启椿	寿芬	福建福州府侯官县	癸卯兵部主事	优等	72.92	准其留部以原官尽先补用
82	唐瑞铜	士行	贵州贵阳府贵筑县	癸卯户部员外郎	优等	72.81	
83	刘启瑞	翰臣	江苏扬州府宝应县	甲辰内阁中书	优等	72.45	以原官本班尽先补用
84	任祖澜	紫溟,号蕡孙	山东莱州府高密县	癸卯吏部主事	优等	72.10	准其留部以原官尽先补用
85	袁光祖	骥孙,晓邨	安徽安庆府太湖县	癸卯吏部主事	优等	71.89	准其留部以原官尽先补用
86	何景崧	岳生,又甫,又叔	顺天府宝坻县	甲辰工部主事	优等	71.06	准其留部以原官尽先补用
87	田步蟾	桂舫,偶盦	江苏淮安府清河县	癸卯工部主事	优等	71.06	已在本衙门补缺

序号	姓名	字号	籍贯	科分及授职	等级	分数	授职及奖励
88	萧丙炎	修己,新兹	江西吉安府庐陵县	癸卯内阁中书	优等	70.37	以原官本班尽先补用
89	杜述琼	玉方	江西临江府清江县	癸卯刑部主事	中等	69.97	准其留部
90	李汉光	春甫,雨苍,	河南光州直隶州光山县	癸卯户部主事	中等	69.56	以知县归部即选
91	温肃	南秀,毅夫	广东广州府顺德县	癸卯二甲庶吉士	中等	68.69	授职编修
92	杨绳藻	文垣,仲鸿,岫耕	江西临江府清江县	癸卯刑部主事	中等	68.49	以知县归部即选
93	王枚	孟皋,植棠	直隶河间府河间县	甲辰刑部主事	中等	68.41	准其留部
94	鲁藩	达生,东屏	江西南昌府新建县	癸卯户部主事	中等	67.70	以知县归部即选
95	白葆端	淑庄	直隶保定府新城县	甲辰工部主事	中等	67.65	以知县归部即选
96	张荫椿	砚孙,寿芗	浙江杭州府钱塘县	癸卯户部主事	中等	67.00	准其留部
97	蒋尊祎	彬侯	浙江杭州府海宁州	甲辰户部主事	中等	66.34	准其留部
98	黄兆枚	宇逵,俏斋	湖南长沙府长沙县	癸卯吏部主事	中等	65.66	准其留部
99	胡位咸	泽山,阮琹	安徽徽州府绩溪县	癸卯礼部主事	中等	65.33	以知县归部即选
100	吴建三	砺真,丽生	湖南长沙府长沙县	癸卯刑部主事	中等	65.12	准其留部
101	魏元戴	建侯	江西南昌府南昌县	癸卯吏部主事	中等	64.55	
102	绍先	舟生,复初	满洲镶黄旗江宁驻防	癸卯户部江南司主事	中等	64.48	
103	石金声	骏卿	山东青州府博山县	癸卯户部主事	中等	63.84	
104	杨巨川	济舟,松岩	甘肃兰州府金县	甲辰刑部主事	中等	61.54	以知县归部即选
105	王思衍	仲蕃	山东沂州府兰山县	戊戌科分部主事	中等	60.16	准其留部
106	张鼎		云南	癸卯礼部主事	优等	74.68	准其留部以原官尽先补用

资料来源:《京师大学堂档案选编》,第 304~310、314~315 页;《历史档案》1998 年第 1 期。字号、籍贯、科分据《同年齿录》、《词林辑略》、《癸卯甲辰旅京同年表》,授职据《缙绅录》。

二　学员对入馆肄业的复杂态度

壬寅年十一月初二日诏开进士馆的特旨一经颁布，就对科举制和无数士子造成多面冲击。新进士中的庶吉士、主事、中书须入大学堂肄业，毕业后方可散馆、留部，无异于给进士仕途平添了不可控因素，客观上增大了科举入仕的难度。因为若不能毕业，便无法散馆、留部。况且学堂所学乃进士相对陌生的法政、理财等新学。这就让许多士子望而生畏，从而降低了进士的吸引力。同时，举人既中进士，本可高高在上，而今却须重做学生，"屈伏充生徒"，[①] 也拉低了科举的声价。因此，士子如何回应此举，无疑是值得考察的问题。

甲辰科进士冯汝琪于1902年中式壬寅补行庚子、辛丑恩正并科顺天乡试举人。这是科举改章后的首次乡试。冯汝琪在八股时代，已"五试秋闱"，此番得中，欣喜可知。其父冯金鉴时任四川建昌道，得信狂喜，赞其"卒能慰老人二十年之期望，从此可继书香，可入正途"。其弟冯汝玖斯时随侍任所，本欲捐官出仕，受其中举鼓舞，"颇肯发奋用功，必欲下一二场，方可出仕"。[②]

然而，当冯金鉴见到进士入学的上谕后，即生疑虑："明年庶吉士、部属、中书均须先入学堂，有卒业文凭，方可散馆、奏留。琪纵联捷，亦不能即作实官。"冯汝琪此时也在筹划捐官，冯金鉴因此关切地询问："捐郎中究竟合算否？印结每月若干？榜下分部，未卒业以前，准分印结否？倘不能卒业，虽中进士亦无用，不如俟此屯差期满保知州分省矣。"冯金鉴在致赐谷函中亦不无担心地说："此时圣学不彰，科举将废，（汝琪）纵或联捷，

---

① 胡思敬：《国闻备乘》，中华书局，2007，第67页。

② 《冯金鉴致冯汝琪》（光绪二十八年十月初五日、十一月十二日），《冯汝琪家信》，近代史所档案馆藏，甲203。

仍以学堂卒业为凭，恐不谙时务，难与新造人才争胜。"① 在此情况下，冯汝玖信心顿失，不像之前发奋用功准备乡试。

不过，身在京城的冯汝琪则稍显乐观，认为不必过虑，因为进士入大学堂"卒业本系空谈，较学堂一切从宽，何难之有。至于举办学堂，再有三年，亦无成效，科举仍不能废，亦可无虑"。所以他请其父劝告冯汝玖"万勿灰心，一面用策论功夫，一面兼习洋语。下科尚有四年之久，大事变迁，难以逆料，总以今科应试为要，得失有命，不在文也。科举、学堂我皆优为，自能出人头地，况功夫用成，中会〔试〕后更容易乎，又何虑卒业不卒业乎？又何虑不能得文凭乎？进士学堂亦另采地，章程亦宽于大学堂"。他称自己如果癸卯科考中进士，"不怕入大学堂"，因为"曾学东文，任此一门，即可了事"。冯汝琪在京的弟弟冯汝玠亦请其父劝冯汝玖"万勿以入学堂自馁"。② 冯汝琪因为正在鼓励其弟，所以难免把进士入学说得稍微轻松。不过，对于徘徊在科举、学堂、捐纳之前的冯汝玖来说，开进士馆之举却令其对科举之途灰心自馁。

冯汝琪自称不怕入大学堂，不过其癸卯科会试未能联捷，也就不用入学。可是，癸卯科进士中的翰林、主事、中书，却须面对再做学生的挑战。内中尤以长久以来人人仰望的翰林受到的冲击最大。因为按照惯例，"庶吉士散馆向由翰林院办理，每逢会试之年，于四月十八日考试"。③ 甲辰年慈禧太后七十大寿，故举行恩科会试，如果没有进士入学的新政，则癸卯科庶吉士在一年后即可散馆，考试差。但由于要在进士馆肄业三年，方可散馆，所以连带导致新科进士对翰林的期待略有降低。癸卯科浙江进士陈黻宸本来一心想点翰林。他在致其弟的家信中，一则谓"若殿试二甲、朝考一等，

① 《冯金鉴致冯汝琪》（光绪二十八年十二月初八日）、《冯金鉴致贻谷》（光绪二十八年十二月初七日），《冯汝琪家信》，近代史所档案馆藏，甲203。
② 《冯汝琪致冯金鉴》、《冯汝玠致冯金鉴》（均光绪二十九年二月初五日），《冯汝琪家信》，近代史所档案馆藏，甲203。
③ 《崑冈、孙家鼐、徐郙等奏为补行辛丑科会试改至明年举行庶吉士散馆今年应否举行请旨事》（光绪二十八年三月初五日），中国第一历史档案馆藏录副奏折，档号03-7204-013。

则翰林尚可望"，再则谓"论资格似可得翰林。但二甲前三十名浙江人得其十人，邵章、陈敬第均以书法见取。观此，则兄之翰林必不易得"。可惜，榜发以主事用，陈黻宸不禁大叹"书法不佳为考试累"。不过他接着却说："然今年翰林亦不中用，入学堂三年，明岁不能散馆。"① 虽然不无酸葡萄之嫌，却也道出了翰林因进士入学新章而贬值的现实。

因此，开进士馆自然招致许多新科进士、翰林反对。此期任职京师大学堂的罗惇曧就证实："进士皆大佛，诸翰林以不得即散馆考试差为大戚，怨张尚书百熙甚深，是时张方为管学大臣也。"② 所以，癸卯科进士朝考前后，颇有传说张百熙不赞成开进士馆，"现已与军机等商定暂缓，大约本科进士仍可照曩年录用，无须俟三年卒业也"。③ 可是，此举乃系瞿鸿禨、荣庆等人促成，并奉有特旨，所以很难逆转。

1903 年春，正值袁世凯、张之洞联衔奏请三科减停科举之时。张之洞更是奉召入京，科举存废的重大问题正在朝中激烈争论。④ 据说癸卯科进士"因闻新进士学堂仍须办理，俱为不悦"。他们的反对意见和上下左右串联，已成为当时"停废科举、普设学堂之一大阻力"。⑤

所以，开进士馆已与朝内存废科举的争论和运作互相缠绕，纠结难分。张之洞力主三科减停科举，王文韶大为反对，张之洞无可奈何，"于是向之主废科举者渐改宗旨，主不废科举者益复得意"。甚至传言有人奏请"新进士入学堂，宜与庶常散馆、部属报满并行不悖，不宜俟毕业后方准散馆、报满"，王文韶"极龃之"。⑥ 考虑到上年瞿鸿禨等发起进士入学之议时，王文韶就极力主张翰林院掌院学士入主大学堂，而进士馆教习必以翰林、进士出身者充之，维持科举，反制学堂，那么，此时新科进士可否不等学堂卒业，

---

① 《致醉石弟书第十九、二十、二十一》（1903 年 6 月 16 日、6 月 27 日、7 月上旬），陈德溥编《陈黻宸集》下册，第 1057、1058 页。

② 罗惇曧：《宾退随笔》，沈云龙主编《近代中国史料丛刊三编》（256），第 265～266 页。

③ 《北京近事述闻》，《中外日报》光绪二十九年闰五月初七日，第 1 版。

④ 参见李细珠《张之洞与清末新政研究》，第 135～136 页；关晓红《科举停废与近代中国社会》，第 94～100 页。

⑤ 《北京近事述闻》，《中外日报》光绪二十九年闰五月十六日，第 1 版。

⑥ 《北京近事述要》，《中外日报》光绪二十九年六月二十日，第 2 版。

便能散馆考差、报满奏留，就可视为上年争议的延续，其背后即暗含着科举与学堂、翰林院与大学堂的深层纠葛。

事实上，癸卯科庶吉士争取不等毕业即散馆的"斗争"一直没有消歇，并与废科举的争论和运作相始终。光绪三十年四月，甲辰恩科会试出榜后，据说某大臣循例奏请散馆，但上届癸卯科"庶吉士均入进士馆肄业，无庸散馆"，结果遭到慈禧太后的当面诘责："他们尚未卒业，卒业后给予出身，你不知道么？"① 光绪三十一年三月，进士馆开馆将近一年，多名庶吉士学员又禀请学务大臣，改三年毕业后散馆为两年即可散馆。② 这是因为"进士馆各学员须在丙午年假时卒业，而丙午为乡试之年，若按癸卯庶常，早已散馆，例得考差，若迟至年假时，则不得考差矣"。③ 本来癸卯科庶吉士一年后即可照例散馆，因进士馆之制被迫延后。同时，考差在五月开始放乡试考官之前，若至丙午年年底毕业后再散馆，则赶不上丙午年考差。况且，"新科得差者易"。④ 所以，进士馆中的庶吉士学员禀请提前散馆，也是人情之常。岂料是年八月，袁世凯等督抚联衔奏请立停科举，自丙午科始，乡、会试一律停止。于是癸卯、甲辰两科翰林就没有考差与简放试差、学差的念想和机会了。所以，癸卯科翰林郭则沄有诗句云"抡才虚望三清出"，因为"留馆后科举已停，学、试差俱辍"。⑤

必须指出的是，趋新舆论种种报道的指向，仿佛翰林、进士或者朝中保全科举者，仅仅是为了尽快入仕、考差的现实利益。其实，这固然是非常重要的一面，但其中未始不含有不同群体对科举、学堂、新学、旧学的不同理解。

如果全面考察新科进士群体对入进士馆接受"新学"教育的态度，可以看出，固然有许多进士不愿入馆肄业，但也不乏主动学习，希望借此更新

---

① 《奏请散馆笑柄》，《大公报》光绪三十年四月廿一日，第 3 版。
② 《禀请散馆纪闻》，《大公报》光绪三十一年三月十八日，第 2 版；《进士散馆再志》，《大公报》光绪三十一年三月廿七日，第 4 版。
③ 《进士散馆原因》，《大公报》光绪三十一年三月十七日，第 3 版。
④ 《冯金鉴致冯汝琪函》（约光绪二十八年秋），《冯汝琪家信》，近代史所档案馆藏，甲 203。冯金鉴官翰林时，曾多次典试衡文，故所言系经验之谈。
⑤ 子厂（郭则沄）：《稊园同年诗述癸甲两科异于历来春试者，纪事殊有未尽，俳体补述，博同人一笑》，载《科举概咏》，《中和月刊》第 1 卷第 11 期，1940 年 11 月，第 51 页。

自身知识结构、改善地位者。整体言之，这是改科举、兴学堂的转型时代，士人选择更加多元、取向渐渐分化的体现。如果具体到进士个人，则个体的选择，又与其年龄、出身、地域、教育背景等因素密切相关。因此，通过讨论新进士对于入学的态度取向，既可观察他们是怎样看待科举、学堂此消彼长的现实变化的，也可窥见最后的进士群体是如何借助知识更新和身份转型，以改善地位并施展抱负的。

不愿入馆肄业的进士自然不少。其实，前述报刊舆论一开始就质疑进士未必肯虚心向学。大学堂办学人员亦有类似担忧，林纾致严复函戏谓："新进士都入大学堂肄业，张筱圃真得天下英才而教育之矣。不知于思者将亦屈之北面否？一笑！"① "于思"指"多须貌"、"白头貌"，② 新进士年在三四十以上者甚夥，多须自不必说，白头恐亦不少，故此处"于思者"殆指新进士。张筱圃即京师大学堂副总教习张鹤龄。看来林纾也对新进士会否北面称弟子，虚心以向学有所疑虑。

迨进士馆开馆之前，又"传闻有某进士纠同年数人，递禀学务大臣，不愿入进士馆肄业"。③ 癸卯科庶吉士温肃则明言"不乐就进士馆学"，"厌听"进士馆教员所讲授的法政学。后经其房师于齐庆咨调，兼任翰林院编书处协修，"遂改外班，不常到馆"。④ 最极端的例子是癸卯科进士、工部学习主事、江苏阳湖人钱振锽。钱氏曾自述道："新例新进士入进士馆学习三年，不则无出路。振锽入馆，见西洋教习登坛宣讲，群进士执笔谨记其语，以为无耻，归而大书其壁曰：生若入进士馆，死不上先人茔。"⑤ 甲辰科进士金梁亦称：钱振锽"以进士用主事，既入部，例至进士馆，谓不能事夷师，弃职径归，专著述"。⑥

① 孙应祥、皮后锋编《〈严复集〉补编》，第380页。编者谓"此函当作于1904年7月"，恐误，当作于光绪二十八年十一月初二日上谕颁布后不久。
② 《辞源》第1册，商务印书馆，1979年修订版，第128页。
③ 《进士递禀》，《大公报》光绪三十年正月廿九日，第3版。
④ 温肃：《清温侍御毅夫年谱》，台北：台湾商务印书馆，1986，第9页。
⑤ 钱振锽：《钱振锽传》，钱仲联《广清碑传集》，第1384页。
⑥ 金梁：《四朝佚闻》，沈云龙主编《近代中国史料丛刊三编》（605），台北：文海出版社，1990，第254页。

不过，钱振锽、温肃均为比较极端的例子。因为从后来毕业考验结果看，癸卯科庶吉士改归外班的仅温肃一人。相反，癸卯科进士甘鹏云，甲辰科进士汤化龙、黄远庸的例子，则可说明有一些"与时俱进"的士子，主动希望入进士馆学习"新学"，以改善地位，出人头地。光绪三十年四月，甲辰会试榜发，汤化龙榜上有名，然而在殿试、朝考前，他却甚为惶惶，一则希冀做京官入进士馆，一则担心用即用知县。十九日，汤化龙在致其弟汤芗铭的家信中真实地流露了此时的心境和趋向：

> 兄此次侥幸，实出望外。所虑者，湖北中者皆善楷书，而兄独否，虽得进士，终无用耳。兄现所希冀者，惟用京官入进士馆，方有出脱之日。倘不幸而得即用，则终身入傀儡场，永无复快意之望矣。然今科十三人，惟兄字最劣，又安禁其不即用也。焦灼焦灼。①

汤化龙随后以主事用，做京官、入进士馆的梦想有惊无险地实现。不过，以汤化龙学问才华之出类拔萃，未能点翰林，在许多人看来，未免可惜。然而，湖北长大的汤化龙已颇趋新，而其家亦甚开通，与他壬寅年同榜中举的弟弟汤芗铭此时已经赴法留学。汤化龙于当年九月致汤芗铭的家信中，贬斥科举、翰林，赞美留学。虽然不能排除与陈黻宸同样的酸葡萄意味，且有鼓励其弟坚持游学的意涵在，但也未始非其真情之流露：

> 中国科名万不可恃，得一翰林，不足聊生，视外国下等工人月可得洋三四十元，犹且弗及。兄前于朝殿试时，敢于违格，实怀此意。以今体察，尤觉不虚。吾辈以印结之资助，月可得六七十金。薪桂米珠，当可（以上叶1）供给。使兄得翰林，则且仰屋束手，为饔飧虑矣。然而世情习惯骤难更移，金马玉堂，视同天上，三五涂拭少年方且以此自鸣

---

① 《汤化龙致弟函》，《汤宅存札》（光绪三十年四月十九日），近代史所档案馆藏，甲366–9。

得意，花间柳市，车水马龙，对人扬扬道是玉堂香案吏，惟遇虬须深目客，则退避三舍，冷眼旁视，大是可怜。每以是与人言，彼昏皆掩口胡卢，以为牢骚不平语，其实下怀鄙此久矣，不自今日始也。勖（？）哉，吾弟于科名外能自树立，即是上品人物，况将来成就实出科名万万乎。①

陈焕章后来亦说"当日犹幸用中书，入进士馆，苟外用知县，则一行作吏，困于风尘，且不获赴美留学矣"。② 黄为基（即黄远庸）就没有汤化龙、陈焕章那么幸运，用即用知县，"不得京职"，无法入进士馆。不过黄氏"深有志于游学，谋于当事，屡请乃许"，遂赴日本中央大学习法律。③ 甘鹏云虽然比汤化龙年长十余岁，但曾在两湖书院就学，故亦颇有中西新旧兼学的抱负。早在戊戌年日记中，甘氏已表达过与诏开进士馆类似的想法：新进士"须学政治三年，而后予以官"，应在"京师创设仕学院，俾部属、词林皆得入院，稽诹政治，练习时务"。④ 所以，尽管癸卯年中进士时已经年过四旬，但他对入进士馆肄业法政、理财等新学，却颇思努力。光绪三十一年，他在致其师梁鼎芬的信中，这样报告在进士馆的学习状况：

> 入京以来，曹务甚简，利有余闲，讲求法政之学，用弥数年之阙。同馆诸人，互相盂晋，析疑问难，颇不寂寞。此则鹏云近况，可以上告师门者也。⑤

据国家图书馆古籍部所藏甘鹏云的《潜庐书牍》手稿，可知原信在刊

---

① 《汤化龙致汤芗铭函》（光绪三十年九月初三日），近代史所档案馆藏，分装在两函：《汤化龙上书·函札等》，甲290-5，《汤芗铭存札》，甲366-2。
② 徐凌霄、徐一士：《凌霄一士随笔》，第209页。
③ 李盛铎：《黄君远庸小传》，钱仲联编《广清碑传集》，第1419页。
④ 甘鹏云：《北游日记》，《潜庐随笔》第9卷，第18页。
⑤ 甘鹏云：《与梁节盦师书一》（光绪三十一年），《潜庐类稿》，沈云龙主编《近代中国史料丛刊续编》（339），台北：文海出版社，1976，第499~500页。

刻时有所删节。从原信内容及删节情况看，甘鹏云当日在进士馆肄习法政、财政等"新学"，学习日文，译读东书，热情甚高，颇为卖力，亦似收获不小，感到充实：

> 入京以来，曹务甚简，利有余闲，讲求法政（由"中西致由"改为法政）之学，用弥数年之阙。而法律之公例，教育之□目，财政之纲要，国际之公法（上句先改为政治理财诸科），举凡可作我借鉴，资我取法者，尤所究心。务洞其原，务会其通，最要提纲，期能推诸实用而止，余力所及，兼肄和文，译读东书，幸无隔阂。（画线部分删去）同馆诸人（友字改），互相孟晋，析疑问难，颇不寂寞。①

故而，钱振锽、温肃与甘鹏云、汤化龙，可以视为分别代表了抵拒和拥抱进士馆"新学"的进士群体。

邵章则提供了另一种例子。邵章癸卯科选庶吉士后，请假回籍，办理浙江藏书楼事宜。是年他在给友人的信中说："弟明春必须入都肄业。"② 然而，进士馆开馆不久，邵章就在地理课堂上与留学生教习起冲突。不过，之所以起冲突，并非因为邵章多么排斥"新学"，而是他本人已有多年办学经历，又新中进士，点翰林，且比教习年长，故从内心对教习的学识和身份，难免不服甚至有鄙夷之心。③ 几个月后，邵章就和他的同乡密友、癸卯科庶吉士陈敬第，经进士馆派赴日本游学，入新设的法政大学速成科第2班，肄习法政新学。

因此，将清政府和新科进士学员直接对立起来，笼统地讲"新科进士

---

① 甘鹏云：《上节盦师》，《潜庐书牍》稿本，国家图书馆古籍部藏。据说甘鹏云尚有《进士馆听讲录》，可见确系认真肄业。参见傅岳棻《潜江甘息园先生墓碑》，钱仲联主编《广清碑传集》，第420页。
② 《邵章致靖盦函》（光绪二十九年秋冬），《浙江图书馆藏名人手札选》，浙江人民出版社，2000，第140页。
③ 参见韩策《师乎？生乎？留学生教习在京师大学堂进士馆的境遇》，《清华大学学报》2013年第3期，第34页。

对入馆进学，却多方推诿规避"，是有问题的。同时，也不宜仅以温肃这一极端例子，就说"多数学员深谙传统文化，对馆中所授西学却无太大兴趣"。① 因为温肃是进士馆旧班中唯一申请改为外班的翰林（详表 5－3）。而且，如此立论也不好解释何以竟有十几名乙未科、戊戌科"老进士"自愿入馆就学。

可以说，在科举、学堂此消彼长的转型时代，新进士的选择和趋向业已多元，分化正在开始并加速。因此，既有抵拒入馆的进士，也不乏积极入馆，希望肄习法政、理财等"新学"，更新自身知识结构，改善地位，实现抱负的"与时俱进"之士。进士们或强烈拒斥、或被迫吸纳、或主动拥抱的种种挣扎，均是最后的士大夫面对三千年未有之变局的痛苦"回应"。

三　教习的尴尬身份与授业困窘

进士馆作为京师大学堂的一部分，除馆舍、学员外，教习至关重要。既有研究显示，除了少数日本教习，进士馆教习的主体是甫自日本游学归来的卒业生。② 清承明制，素重科甲。往日金榜题名，钦点翰林，举国瞩目；而今自三鼎甲以下，庶常、主事、中书均须入进士馆，"屈伏充生徒"，③ 一时舆论纷纷。更难为情的是，讲堂上的"老师"竟然是初出茅庐、资历甚浅的留学生。留学生教习章宗祥后来忆及此事，直谓"时局变迁，诚有升沉倒置之象"。④ 留学生上讲堂给进士传授"新知"，"俨然为之师"，⑤ 真切地映照着科举渐衰，学堂、游学正兴的时代变迁。

---

① 李林：《晚清进士馆研究：天子门生的转型困境与契机》，新竹《清华学报》新 44 卷第 1 期，2014 年 3 月，提要，第 129 页。
② 参见韩策《师乎？生乎？留学生教习在京师大学堂进士馆的境遇》，《清华大学学报》2013 年第 3 期；李林《晚清进士馆研究：天子门生的转型困境与契机》，新竹《清华学报》新 44 卷第 1 期，2014 年 3 月。
③ 胡思敬：《国闻备乘》，第 67 页。
④ 章宗祥：《任阙斋主人自述》，全国政协文史资料委员会编《文史资料存稿选编》第 24 册（下略），第 938 页。
⑤ 《教习之资格》，《警钟日报》光绪三十年五月初四日，第 1 版。

然而，自恃有新知识的留学生，一回国就做了新科进士的"老师"，承担起帮助科举精英更新知识结构的艰巨任务，其心态之复杂、身份之特殊、处境之不易可想而知。事实上，面对科举精英，留学生教习一开始便遭遇到了身份和学识的双重质疑。本节考察进士馆中留学生教习与进士学员的"师生"关系，侧重于留学生面对进士时，遭遇到的身份尴尬，以及在传授"新知"过程中面临的种种困窘。

"升沉倒置"：留学生入教进士馆

光绪二十八年正月初六日，主持京师大学堂复建的管学大臣张百熙奏请先设师范馆和仕学馆。其后，仕学馆聘请日人岩谷孙藏和杉荣三郎为正、副教习。这年八月初七日，正在日本考察教育的大学堂总教习吴汝纶宴请二位教习，当时也在日考察教育的严修受邀作陪。严修在当天日记中写道："午刻至富士见轩，赴吴先生之招。客为法学博士岩谷孙藏及其友杉荣三郎，皆应京师大学堂之聘欲为仕学院教习者。"[1] 日本教习虽已聘就，但他们不能操汉语授课，尚须聘既通日语又懂专业的中国教习译授。因此，留日卒业生开始陆续入教京师大学堂。同时，数量有限的日本教习并不能包揽所有"新学"课程，故而，留学生教习担任翻译的同时，亦自讲课程。

光绪三十年四月，进士馆正式开馆，仕学馆归并其内。至次年七月，该馆留学生教习"共有七员"。[2] 其中资历最深的当属陆宗舆。光绪二十七年八月，留学日本的陆宗舆因学费告罄，[3] 随赴日谢罪使臣那桐归国;[4] 翌年，被张百熙聘为东文分教习，协助岩谷孙藏和杉荣三郎授课。陆宗舆擅长财政，曾编译《财政四纲》。[5] 杉荣三郎在仕学馆"讲财政，陆译授

---

① 武安隆、刘玉敏点注《严修东游日记》，天津人民出版社，1995，第53~54、55页。
② 张亨嘉：《大学堂总监督张亨嘉奏请留章宗祥等在馆授课片》（光绪三十一年七月十五日），《京师大学堂档案选编》，第281页。
③ 陆宗舆：《五十自述记》，北京日报承印，1925，第2页。
④ 北京市档案馆编《那桐日记》上册，新华出版社，2006，第399页。
⑤ 陆宗舆：《五十自述记》，第3页。陆宗舆在日曾向那桐递"整顿财政说帖四条"，或即《财政四纲》。《那桐日记》上册，第391页。

之"。①

比陆宗舆稍晚入馆的是章宗祥。早在光绪二十八年五月吴汝纶访日时，章宗祥尚在留学，即与张奎、吴振麟一同被管学大臣选作通译，随同考察。吴汝纶的考察报告《东游丛录》多见章宗祥的踪迹。② 因此，当大学堂缺乏师资时，章宗祥自然成为被物色的对象。第二年八月初十日《大公报》报道称："日本留学生张〔章〕仲和君，到日本未久，即入法学教科肄业，颇有心得。京师大学堂管学大臣电致驻日公使，聘其回华充当大学堂法律助教。张〔章〕初时尚不肯允，后又许以俟进士馆开时，派充该馆法律学正教习，始云回华。闻已于日前抵京，不日入大学堂权助法律教务云。"③ 六天后，又有消息传来："法律堂助教范静生已经告退，刻由东洋聘得章君宗祥来堂，拟由下星期三上堂讲授。闻章君乃乌程人，曾在日本东京帝国大学卒业，政治法律夙最擅长，译有《国法学》。"④ 范静生即范源廉，此前确在大学堂任教，后来"有事他往"。⑤ 章宗祥在日本已与陆宗舆熟识，抵京后次日即访陆氏，"由陆介见管学大臣张冶秋，即任为教习"，入仕学馆，主讲刑法，并为岩谷孙藏译授民法。⑥

光绪三十年四月，进士馆开馆授课，岩谷孙藏、杉荣三郎、陆宗舆、章宗祥遂改任进士馆教习。四月十六日早晨，进士馆首次上堂。报载当日情形道："岩教习、戢教习等上堂演说各种法律大义及进士义务既毕，次则杉教习、陆教习上堂演说理财大义及入学义务，再次则章教习上堂演说一切，侃侃而谈，旁若无人，尤得演说三昧。各进士员既闻各段演说，颇生感情。"⑦ 此段记述中唯有"戢教习"是一新面孔。他就是戢翼翚。据《大公报》是年九月报道："学务大臣奏请赏给章宗祥、陆宗舆、张奎、

---

① 章宗祥：《任阙斋主人自述》，第 935 页。
② 吴汝纶：《东游丛录》，东京，日本三省堂书店，1902，第 1、20、73、77 页。也参见章宗祥《任阙斋主人自述》，第 931～932 页。
③ 《时事要闻》，《大公报》光绪二十九年八月初十日，第 3 版。
④ 《大学汇闻》，《大公报》光绪二十九年八月十六日，第 4 版。
⑤ 《京师大学堂同学录》，1903，第 11 页。
⑥ 章宗祥：《任阙斋主人自述》，第 934、935 页。
⑦ 《学馆纪闻》，《大公报》光绪三十年四月十九日，第 3 版。

戢翼翚进士出身,尚未奉旨。按四员为日本留学卒业生,现任大学堂进士馆各科教习。"① 此外,光绪三十一年首届留学毕业生考试后,带领引见单内,戢翼翚履历中恰有"现充进士馆教习"的记录。②

进而言之,戢翼翚来任教习,很可能源于章宗祥的引荐。戢翼翚、章宗祥同为早期留日生,在东合办《译书汇编》时即已熟识。其后戢翼翚回上海开作新社,并办《大陆报》。作新社组织编译一部多卷本《政法类典》,其中各译本多未署名,而"政治之部"中的《国法学》却署名收入章宗祥的译本。③ 事实上,据沈家本的序文,此书的组织者正是戢翼翚和章宗祥二人。④ 可见二人此时关系颇深。更值得注意的是,光绪三十年三月二十二日,严修在日记中写道:"七时起,章仲和、戢元成同来访。……十一时出门,答拜章、戢二君,不遇。"⑤ 此时进士馆即将开馆,章宗祥、戢翼翚(戢元成)一起在天津拜访严修,很可能随后又一同入京。

与戢翼翚同时入馆的是张奎。光绪二十九年,张奎自东京帝大工科毕业回国后,与金邦平等"北洋出身"的留学生,一起被直隶总督袁世凯留在北洋供职。张奎即在天津工艺学堂办理学务。⑥ 进士馆筹备开馆,课程设置中虽以法政、财商为主,但也有理化科目,因此,工科出身且与大学堂颇有渊源的张奎,便成了学务大臣调聘的理想人选。

比戢翼翚、张奎稍晚入馆的是林棨。林棨于光绪三十年回国,系当时中国留学早稻田大学中为数不多的正式毕业生之一。⑦ 次年夏天,他也参加了

---

① 《奏请赏给进士》,《大公报》光绪三十年九月十七日,第2版。

② 《学务大臣张百熙等呈出洋毕业考试一二等学生带领引见单》,中国第一历史档案馆藏录副奏折,档号 03-7224-074。

③ 《政法类典(乙)·政治之部》,上海作新社,1903。

④ 沈家本:《政法类典序》,《历代刑法考》第4册,中华书局,2006,第2242页。

⑤ 《严修日记》第2册,南开大学出版社,2001年影印本,第1188页。

⑥ 参见廖一中、罗真容整理《袁世凯奏议》中册,第999~1000页。

⑦ 《日本早稻田大学中国卒业生》,《大公报》光绪三十一年七月初九日,第3版。

首届留学毕业生考试，履历中亦有"现充进士馆教习"之语。① 引见后，赐举人，以知县分省补用，经吏部掣签分发陕西。而学务大臣奏称："该员现充进士馆教习，授课精勤，学员詟服，拟请仍留该馆充当教习。"② 林棨遂仍在馆任教。光绪三十二年，进士馆教务提调华学澜去世，林棨署理教务提调。③ 其后进士馆改作京师法政学堂，林棨升任教务长。迨至京师大学堂分科大学成立，林棨又署理法科大学监督。宣统二年（1910）十二月，学部奏奖仕学、进士两馆办学人员，称他"在事已满五年"，因奖以"异常劳绩"。④

另外两位教习是曹汝霖和钱承铣。光绪三十一年夏，他们与陆宗舆、戢翼翚、林棨等人一同参加了首届留学毕业生考试，但任进士馆教习则稍晚。带领引见单内，曹汝霖、钱承铣二人的履历中虽与林棨都有"当差一年"的记录，但尚无"现充进士馆教习"之字样。⑤ 而是年六月初五日的《大公报》中，却已披露了二人教习的身份。⑥ 大抵引见单内的履历介绍，源于五月初二日留学生初试前后的自填履历，而当时二人尚未入馆。迨至七月十五日，张亨嘉的奏折中已明确称钱承铣为进士馆教习。⑦ 因此，似可断定曹汝霖、钱承铣二人在光绪三十一年五月间入馆。章宗祥与曹汝霖的密切关系为人所熟知，曹汝霖"初至北京"，即住章宗祥家。⑧ 与曹汝霖相比，钱承铣在进士馆任教更久，后来进士馆改设京师法政学堂，他续任教习。所以，宣统二年十二月，学部奏奖仕学、进士两馆办学出力人员时，钱承铣与二位

① 《学务大臣张百熙等呈出洋毕业考试一二等学生带领引见单》，中国第一历史档案馆藏录副奏折，档号 03 - 7224 - 074。
② 《学务处奏请留林棨任进士馆教习片》（光绪三十一年八月十四日），《京师大学堂档案选编》，第 287 页。
③ 《署理提调》，《大公报》光绪三十二年六月十三日，第 4 版。
④ 《会奏仕学进士两馆办学各员请奖折》，《北京大学史料》第 1 卷，第 315～316 页。
⑤ 《学务大臣张百熙等呈出洋毕业考试一二等学生带领引见单》，中国第一历史档案馆藏录副奏折，档号 03 - 7224 - 074。
⑥ 《电传东洋留学毕业生殿试全榜》，《大公报》光绪三十一年六月初五日，第 3 版。
⑦ 《大学堂总监督张亨嘉奏请章宗祥等在馆授课片》（光绪三十一年七月十五日），《京师大学堂档案选编》，第 281 页。
⑧ 《曹汝霖一生之回忆》，中国大百科全书出版社，2009，第 37 页。

"资深"教习陆宗舆、章宗祥均以"在事已满三年",获得了"寻常劳绩"之保奖。①

至此,诸位留学生教习(其经历和任教情况,详表5-4)终于会聚到了京师大学堂进士馆。

表5-4 进士馆初期留学生教习题名

姓名字号	籍贯	年龄	功名	国内学堂教育背景	留学经历	入馆时间	担任科目
陆宗舆(闰生)	浙江海宁	30	附生	湖北自强学堂、农务学堂	1899年自费留日,肆业早稻田专修科(1901年)	1902年仕学馆教习,1904年5月改任进士馆教习(仕学馆归入,仍分馆授课)	理财通论,兼为杉荣三郎译授财政
章宗祥(仲和)	浙江乌程	27	廪贡	上海南洋公学	1898年冬南洋公学资派留日,历日华学堂、东京第一高等学校、东京帝大法科,获选科文凭(1903年夏)	1903年秋仕学馆教习,1904年5月改任进士馆教习	刑法总论、各论,并为岩谷孙藏译授民法
戢翼翚(元丞)	湖北房县	30			1896年总理衙门选送留日,先入亦乐书院,后于东京专门学校(早稻田大学前身)毕业(约1901年)	1904年5月	东文
张奎(星五)	江苏上海	27		北洋二等学堂	1899年春北洋资派留日,历日华学堂、东京帝大工科,获选科文凭(1903年夏)	1904年5月	地理、格致、化学
林棨(肖旭)	福建侯官	25		福州东文学堂	1899年冬福州东文学堂资派留日,历东京同文书院,早稻田大学邦语政治科,获优等文凭(1904年夏)	约1904年冬至1905年春	国际公法
钱承鋕(念慈)	浙江仁和	31	廪生	杭州求是书院	1898年初夏浙江巡抚资派留日,历日华学堂、东京第一高等学校、东京帝大法科,获选科文凭、全科文凭(1904年夏)	1905年6月	国际公法

---

① 《会奏仕学进士两馆办学各员请奖折》,《北京大学史料》第1卷,第315~316页。

续表

姓名字号	籍贯	年龄	功名	国内学堂教育背景	留学经历	入馆时间	担任科目
曹汝霖（润田）	江苏上海	30	附生	两等学堂（经元善所设），湖北铁路学堂	1900秋自费留日，历早稻田专门学校（似即东京专门学校），东京法学院（中央大学前身），获全科文凭（1904年夏）	1905年6月	刑法总论，刑事诉讼法，翻译外国地理

注："年龄"均为1905年夏时。

资料来源：劳祖德整理《郑孝胥日记》第2册，第624、636、698、730、731页。陆宗舆：《五十自述记》，第1～3页。《学务大臣张百熙等呈出洋毕业考试一二等学生带领引见单》，中国第一历史档案馆藏录副奏折，档号03-7224-074。章宗祥：《任阙斋主人自述》，第934～938页。廖一中、罗真容整理《袁世凯奏议》中册，第999～1000页。《大公报》光绪三十年九月十七日，第2版；光绪三十一年四月二十日，第3版。〔日〕实藤惠秀：《中国人留学日本史》，谭汝谦、林启彦译，北京大学出版社，2012，第1、16页。任达：《新政革命与日本：中国，1898～1912》，李仲贤译，江苏人民出版社，2006，第56、74页。《大公报》光绪三十一年七月初九日，第3版；光绪三十一年七月二十日，第4版；光绪三十一年七月廿三日，第3版；光绪三十一年六月初五日，第3版。吕顺长：《清末浙江与日本》，上海古籍出版社，2001，第22～23、55～56页。《曹汝霖一生之回忆》，第9、10、13、17、37页。房兆楹辑《清末民初洋学生题名录初辑》，中研院近代史研究所，1962，第1、2、6页。《进士馆学员陆鸿仪毕业文凭》（光绪三十二年十二月）照片，李林：《晚清进士馆研究：天子门生的转型困境与契机》，新竹《清华学报》新44卷第1期，2014年3月，第140页。

"教习非师"：留学生的尴尬身份

科举时代，尤重尊师，天地君亲师并列，师的地位甚高。对于士子来说，"师"大抵分为受业师、问业师、书院肄业师和受知师，前三者皆亲炙教诲，受知师则系士子历次参加科举考试中赏识拔擢自己的考官，受知者，谓有知遇之恩。师生关系在人际关系网中居于相当重要的地位，为人们所普遍重视。

京师大学堂重建伊始，仕学馆学员对留学生教习以门生自居，[①] 类于书院肄业师。然而，进士馆开课，留学生登上讲堂，向新科进士传授"新知"，不幸的是，一开始便遭遇到了"教习非师"的窘境。简言之，在自视甚高的进士学员眼中，教习不过是新自外洋毕业的留学生而已，虽然实际授

---

① 章宗祥：《任阙斋主人自述》，第938页。

课并考成，毫无疑问做着老师的工作，但学员平日并不认他们为"老师"。教员章宗祥称："馆中监督、提调，都为翰林先辈，循例认为老师；至于一般教员，除外国人不能不优崇外，中国教员，不过新自外洋毕业，犹属一介布衣，学员往往自称学员，而对称教员，以示与寻常师弟有别，非若仕学馆学员之谦逊，自始即以门生自居也。"① 学员郭则沄谓："教员学员不叙师生，其称学员曰某某君，或曰诸君。"② 可见，在进士馆中，留学生教员与进士学员之间是一种特殊的"教习非师"（林纾语，详下）关系。

其实，进士馆刚开馆时，亦如大学堂其他学馆一般，授课者称"教习"、听课者称"学生"。然而，"学生不服教习"，在进士们的压力下，馆内很快做出调整，"将教习改称教员，学生改称学员，以明不敢当师生之称"。③ 百年之后，以今人的眼光来看，可能会觉得这种"改称"无甚区别，甚至不无自欺。不过，须知"教习"之名与翰林院庶常馆"教习庶吉士"一职相关，教习庶吉士由翰林前辈任之，新点翰林肄业庶常馆中，例认教习为师。而京师大学堂进士馆之设，正是取翰林院庶常馆而代之，那些在进士馆肄业的翰林对此中深意洞若观火。因此，称"教习"无异是认"老师"，这是学员期期以为不可的。进士学员不愿认留学生教习为师，原因颇多。

首先，从年龄来看，1905 年时，七位教员自 25 岁至 31 岁不等，比大

---

① 章宗祥：《任阙斋主人自述》，第 938 页。"犹属一介布衣"云云，容有夸大，因为诸教习中四位已有廪贡、诸生功名，章宗祥此处意在说明教员、学员功名地位之悬殊，确系实情。此外，需要指出的是，曹汝霖一则称自己做进士学员的教员，战战兢兢，再则谓"他们到底有传统尊师的观念，对于教员执礼很恭，即对助教，亦称老师"。或许可以解释如下，首先，不排除某些学员谦恭一些，对留学生教员也称老师。但毫无疑问，不少进士确是不对教习叙师生。曹汝霖就明说徐谦"傲慢无礼，对我尤甚"。另外，曹汝霖入馆已在 1905 年夏天，科举学堂形势的此消彼长较前一年更甚。曹汝霖诸人也通过首届留学毕业生考试，分别获得了进士、举人功名，授职做官，地位已大为提高。同时，不少"强势"学员此前已被"调赴"出洋，因而进士馆内的"师生"地位也发生了一些变化。《曹汝霖一生之回忆》，第 37 页。

② 子厂（郭则沄）：《杂述进士馆旧事以资谈柄仍叠前韵》，载《科举概咏》，《中和月刊》第 1 卷 11 期，1940 年 11 月，第 51 页。

③ 《学生不服教习》，《大公报》光绪三十年五月初七日，第 3 版。《进士馆之风潮》，《大陆报》光绪三十年第四号"时事批评"部分。

多数学员要小，与少数学员年龄相仿。其次，与年龄相关的是辈分问题，竟有教员的长辈身处学员之中。章宗祥谓："新进士某君，为余族长亲，科举时代，余兄（章宗元——引者注）曾从之学八股，是时余尚未入学；数年以后，乃从余听讲。"此外，宗祥族叔章祖申，与其同年考中秀才，"今亦在新进士之列"。① 再次，从科举功名来看，七人中四人有廪贡、廪生、附生等低级功名，与翰林、进士相比不啻天壤。彼时虽科举渐衰，游学正兴，但科举尚未立停，且习惯殊难顿改，社会仍甚重之，则进士学员看不起无甚功名的教员自可想象。复次，从社会地位来看，诸教员系聘用关系，学堂之外仍是留学生身份，而进士学员无疑已在官员之列。双方地位高低有别。② 开馆不久，学员与教员颇生冲突。《大陆报》评论曰："嘻！谈何容易中一进士。今助教诸公中有茂才者，有布衣者，与进士有仙凡之别，而欲师之，何不自量乃尔。"③《警钟日报》短评称："张（奎）以一留学生，位在诸生下，而高坐指画，俨然为之师，宜其积不能平，而吹毛索瘢，以图一报者矣。"④ 此类报刊均由留学生主办，倾向性很强。两篇评论的用意，均在讥讽进士学员。但"名位"低者欲做"名位"高者之师，确实点出了进士馆内留学生教员身份尴尬的症结所在。最后，从学问来讲，中学方面，学员中"旧时有文名，在乡里称宿儒者，亦不乏其人"，⑤ 诸教员自是无法望其项背；即西学方面，时代在变，科举已改，此辈学员系考策论者，对西学也多少有所涉猎，且有一批学员，进士及第前，或在新式学堂任教，或在京师大学堂肄业，知识结构早已部分更新。因此，在这样的情势下，令年龄大甚至辈分高、"名位"在上的学员，以门生自居，称年纪轻轻的留学生教员为师，以普通人情论，实在也叫不出口。

教员身处此境，心态颇为复杂。一方面，他们对学员不无钦服，甚至有

---

① 章宗祥：《任阙斋主人自述》，第 938 页。
② 迨 1905 年夏，诸教习通过首届留学毕业生考试，获得了进士、举人功名，授职做官，地位顿增，则可能略有变化。
③ 《进士馆之风潮》，《大陆报》光绪三十年第四号"时事批评"部分。
④ 《教习之资格》，《警钟日报》光绪三十年五月初四日，第 1 版。
⑤ 章宗祥：《任阙斋主人自述》，第 938 页。

战战兢兢之感。章宗祥对学有根柢的进士颇为夸赞："其笔记之扼要完善，足令讲演者满意，盖由于旧学素优，故不难融会贯通也。"① 曹汝霖坦言："进士馆学员，都是新科进士，亦有翰林，年岁比我大，学问比我高，当这班学员的教员，真有战战兢兢之感。"② 然而另一方面，亦有年少气盛的一面。章宗祥、曹汝霖等人曾是留学生领袖，此时归国任教，自信学有新知识，有传播"文明"的"傲慢"，既做着老师的工作，却遭遇"教习非师"的窘境，自然不肯甘心。他们对称谓问题相当敏感，定要争得老师的"名分"。据曹汝霖回忆，徐谦对教习傲慢无礼，对他尤甚。曹汝霖不堪忍受，遂向监督张亨嘉请辞。张亨嘉为此特意宴请各教员及徐谦，席间大谈尊师之道，委婉地给徐谦上了一课，并将曹汝霖的辞函退回，才算了事。③ 另据章宗祥自述，某次刑法考试已毕，他正在阅卷中，徐谦忽致函论驳，函首称他为"仁兄"。章宗祥认为，"与试者场后申论于例未合，且函首称谓直书'仁兄'，非对于教员之礼"，结果，将徐谦的试卷"交教务提调，注明事由，不予分数"。后经管学大臣调停，徐谦取消前函，方才了事。徐谦认为他与章宗祥的族叔章祖申为同年，因此可与章宗祥叙年谊。而章宗祥认为，若讲旧礼，自己应称徐谦年伯，但徐谦在馆受业，自不应以他谊消除"师礼"。又有某教员以某学员书法佳，"请其书联，上款亦书'仁兄'"，结果教员"展阅一过，即撕弃之"。章宗祥称，该教员的做法与他"皆同一心理也"。④

那么，到底是什么心理呢？章宗祥透露道："吾辈当时并非有硁硁自傲之意，不过以新进士对于监督、提调辄口称老师，而对于实际授课并考成之教员，则靳其称谓，是以不能不争。"⑤ 表面看来，这似乎是在争意气，但对于受到轻视而处境不妙的留学生来说，也即是争地位。为了立足，恐不得

---

① 章宗祥：《任阙斋主人自述》，第 938 页。
② 曹汝霖：《曹汝霖一生之回忆》，第 37 页。
③ 曹汝霖：《曹汝霖一生之回忆》，第 38 页。
④ 章宗祥：《任阙斋主人自述》，第 938 页。
⑤ 章宗祥：《任阙斋主人自述》，第 938 页。

不争。

进士馆"教习非师"的特殊现象，自然与教员、学员的特殊性分不开。然而，有意思的是，当时京师其他学堂中似乎也有此风。历任五城学堂、京师大学堂教习的林纾称："前清以翰林前辈为庶吉士后辈教习，不知所教何书，然终身执弟子礼甚恭。至晚清学堂林立，通西文、东文、中文者，受薪开讲，亦名为教习。学生则曰：是奴隶也。稍不当意，则噪逐之。不惟不视为师，且欲预通题目，多与分数，方能保其旦晚两餐。余为教习十一年于京师，抗健不服气，而学生亦稍相往来，间有一二倒戈者，然尚非噪逐者比。余尝笑曰：吾苟不教与习相远者，彼亦无奈我何也。"[①] 话以诙谐出之，或不无夸张，然科举学堂过渡时代，情势变迁，师礼渐衰，晚清京师学堂教习收入虽高但并不易做的态势，却是大致不差的。[②]

在"升沉倒置"的转型时代，进士馆内，教员既是年轻望浅的留日学生，学员又是为人尊崇的科举精英，学员不认教员为师，而教员对老师的名分又十分在意，这就为双方的冲突埋下了隐患。加以学堂教育初期，传授"新知"本身存在诸多问题。因此，教员在馆内外遭遇颇多挑战。

为"师"不易：传授"新知"挑战重重

从前表 5 - 4 看，七位教习大都先在国内学堂接受教育，随后留日，历中学而入大学；留学年限多在四年以上，其中五位确定得有大学正式文凭。这些人的专业知识和日语水平绝非后日只学一年半载的速成生可望其项背，"由他们担任翻译，教学的质量当然不成问题"，[③] 即单独所任课程，也均系各自擅长的科目。从 1904 年至 1905 年国内学堂教育的实际来看，进士馆的师资配置绝对算是上乘。

---

① 林纾：《畏庐琐记》，《近代笔记大观》，上海文艺出版社，1993，第 92~93 页。

② 金梁亦谓："古重师生，自改学制，无复师生之礼。大学初立，诸生尚循谨，尊教职员为先生，而自称学生，其署肄业者，不多见也。"金梁系甲辰科进士，亦在进士馆肄业，后曾任职京师大学堂。"大学初立，诸生尚循谨"云云，似知后来诸生渐出范围。金梁：《光宣小记》，1933，第 65 页。

③ 汪向荣：《日本教习》，三联书店，1988，第 108 页。

然而，进士学员中学皆有根柢，西学亦开始涉猎，眼光很是挑剔。光绪二十七年科举改制后，策题部分已涉及教育、法政、财商、交涉等学。虽然层次尚低，且各人水平参差不齐，但这辈进士已多少具有了若干"新学"知识。而一些人在进士及第之前，已有任教新式学堂的经历。比如，邵章任教杭州府中学堂，楼思诰任教浙江高等学堂，雷恒任教江南三江师范学堂。此外，卓宝谋、郭寿清等人中进士之前，本已在京师大学堂肄业有年。①

与此同时，不少新科进士对入馆肄业一事，颇为抵拒。开馆前三个月，即"传闻有某进士纠同年数人，递禀学务大臣，不愿入进士馆肄业"。② 癸卯科庶吉士温肃，明言自己"不愿就进士馆学"。③ 然而，进士入学系奉特旨，功令所在，"关系将来出身，不能不勉强服从"。④ 但是，既高中进士，甚至点了翰林，正志得意满，却又要舍旧从新，重做学生，殊非人情所堪。因此，不少新进士实在是怀着怨气入馆的。既入馆做"学生"，而"老师"竟又是新自外洋回来的"二三少年"，不平之气可想而知。因此，教员自然面临着前所未有的压力。

留学生首先遭遇的挑战是，如何尽量少用日本名词和日本语法。诸教员学的是"日本新学"，概念名词转手过来，未必有恰当的对应汉语，况且替日本教习口译，则讲课中难免带入大量日本名词，而所编讲义，容或夹杂日本语法。法政教育起初阶段，这实在是不可避免的事情。即使数年后，中国以日本法律为蓝图，大规模移植修律的时候，东洋名词仍是一大困惑。修改《民事诉讼律》的汪荣宝在1910年曾记道："以《民诉律》内所用术语多承袭东人名词，思酌量改易。阅渡部万藏《法律大辞典》及上野贞正《法律辞典》，并参考英字，翻检《经籍纂诂》，反复斟酌，卒不能一一得确译之字，始叹制作之难。"⑤ 然而，虽说此时日本新名词似不可免，但不少科举

① 据《光绪辛丑壬寅恩正并科会试同年齿录》（1903年刻本）、《光绪甲辰恩科会试同年齿录》（1904年刻本）诸人履历。
② 《进士递禀》，《大公报》光绪三十年正月廿九日，第3版。
③ 温肃：《清温侍御毅夫年谱》，第9页。
④ 章宗祥：《任阙斋主人自述》，第937~938页。
⑤ 韩策、崔学森整理《汪荣宝日记》，中华书局，2013，第141~142页。

精英至少从情感上，对此颇生反感。张之洞虽主张废科举，兴学堂，号召留学日本，不过，据多种材料记载，张之洞本人最厌恶东洋新名词。① 进士馆学员中反感日本新名词者，则更不乏人。地理、化学教习张奎"好用日本名词"，"讲义中间有参用日本文法"，② 就颇招不满。

留学生面临的更大挑战，还在讲授内容和知识水准方面。进士馆课程法政、理财等为主等，算学、东文等作为随意科也开设过。物理、化学诸科，据《奏定进士馆章程》，亦在必修之列。不过，很可能在学员的抗议之下，理化课程后来取消了。郭则沄谓："馆以法政为主，而加入物理、化学为必修科，甚不合也。同人力争，始罢之。"③ 至于中国历史、地理，开课不久就有了变化，《大公报》报道曰：进士馆"新添历史、舆地札记二门，盖因进士学员于此二学科研究有素，教员一时难聘，故改为自行札记，每月以十篇为合格"。④

事实上，中国地理起初由张奎讲授，但很快停罢。此事充分显示出部分学员对教员知识水准的质疑。张奎"讲解地理之时，先就其浅近条目徐为演说，于第二课又发总论一篇，论世界之大势，次及亚东之危险，以示讲解地理之宗旨"。不料演讲未终，学员邵章"拍案倔起，怒叱曰：此等浅浅讲义，泛泛空论，吾辈既中进士，摇笔即来，岂有不解而尚烦汝言。汝置高深而不言，汝不称职，汝请罢席"。⑤ 随后，众学员哄堂。张奎辞职不干，经监督、教员等人坚留，始收回辞呈，但辞去了地理课一席。⑥

邵章字伯绚，浙江仁和人，1872 年生，乃邵懿辰之孙，硕学名儒之后，

① 黄濬：《花随人圣庵摭忆》中册，李吉奎整理，中华书局，2008，第 523 页。胡思敬：《国闻备乘》，第 133 页。《曹汝霖一生之回忆》，第 61 页。张之洞不喜"手续"、"取缔"等名词，谓是外国语，更不喜"公民"字样，定要改为"选民"。
② 《教习之资格》，《警钟日报》光绪三十年五月初四日，第 1 版。《进士馆之风波》，《时报》1904 年 6 月 14 日，第 3 版上。
③ 子厂（郭则沄）：《杂述进士馆旧事以资谈柄仍叠前韵》，载《科举概咏》，《中和月刊》第 1 卷 11 期，1940 年 11 月，第 51 页。
④ 《添设科学》，《大公报》光绪三十年五月初三日，第 3 版。
⑤ 《进士学员上书》，《大公报》光绪三十年四月廿六日，第 3~4 版。
⑥ 《进士风潮后闻》，《大公报》光绪三十年四月廿九日，第 3 版。

才气横溢。自 1897 年以来，历任浙江蚕学馆馆正，养正书塾塾正，杭州中学堂监督。① 其办新式教育，可谓资历颇深，同时，他年龄比进士馆所有留学生教员都大。以他这种背景，在馆做"学生"，其不服甚至鄙夷年轻的教员，便丝毫也不奇怪。张奎初登进士馆讲堂，"邃于学而讷于言"，难保上课效果不甚佳，且其所授之地理，进士多"研究有素"，不比章宗祥、曹汝霖、钱承鋕等人所授的刑法、诉讼法、商法之类，进士相对陌生，以故更易贻"浅显空泛"之讥。类似的哄堂之事并非仅见。郭则沄称："教员某讲生理学，谓人身如炉，其进食如添炭，因大画火炉于板，同人为之哄堂，且揶揄之，因惭而谢去。"②

学员既不认教员为师，又对教员的讲授人不以为然，以致"每日上堂，多所驳诘，不留余地"，使得诸教员"皆欲告退"。③ 郭则沄后来赋诗曰："疥骆当时难就勒。秃鹜几辈怯登台。"诗注云："翰林向有疥骆驼之目，馆中教员皆留日学生，多未留发，目为秃鹜，每授课有所问难，辄至词穷。"④ 该诗状学员与教员极肖。"难就勒"的翰林学员着实强势，不仅视"教习非师"，更将教员目为"秃鹜"，问难驳诘，令人不堪。因此，教员为"师"不易，真不免要"怯登台"了。

需要强调的是，留学生遭遇的挑战不仅来自馆内学员，更有来自朝中批评者。光绪三十年六月十三日，御史张元奇附片上奏，请将进士馆章程重为订定。⑤ 片内一则谓"进士馆教员多在洋毕业之留学生，年轻望浅，不能镇服"，⑥ 再则谓各教员"所编讲义东涂西抹，粗浅陋略，学员皆有鄙夷不屑

---

① 参见邵章《倬盦自订年谱》，《北京图书馆藏珍本年谱丛刊》（193），北京图书馆出版社，1998，第 63～64 页。
② 子厂（郭则沄）：《杂述进士馆旧事以资谈柄仍叠前韵》，载《科举概咏》，《中和月刊》第 1 卷 11 期，1940 年 11 月，第 51 页。
③ 《进士馆之风潮》，《大陆报》光绪三十年第四号"时事批评"部分。《学生不服教习》，《大公报》光绪三十年五月初七日，第 3 版。
④ 子厂（郭则沄）：《杂述进士馆旧事以资谈柄仍叠前韵》，载《科举概咏》，《中和月刊》第 1 卷 11 期，1940 年 11 月，第 51 页。
⑤ 中国第一历史档案馆编《光绪宣统两朝上谕档》第 30 册，第 127 页。
⑥ 《政务处奏更定进士馆章程折并清单》，《北京大学史料》第 1 卷，第 157 页。

之意"，甚至词连学务大臣，称其"择师不精，靡费无益"，故"请饬将进士馆章程重为订定，以收实效"。①

与此同时，学员也有自己的打算，他们欲使西学淹通且资望允孚的严复出任进士馆总教习。六月廿二日，严复在致熊季廉的私函中透露出重要信息："昨京中来信，有云新进士拟合词公禀学部，以复为该馆总教习。然京中忌复者最多，恐其事未必遂济。"② 后来果然未能成真。

张元奇这道封奏虽然很可能意在批评学务大臣用人不当，且有为同乡好友严复入掌进士馆张目的深意。但是，文中提到的"年轻望浅，不能镇服"、所编讲义"东涂西抹，粗浅陋略"，却是对教员的致命批评。"年轻望浅"自不待言，至于"讲义问题"尚可稍做申论。

首先，大学堂开课之初，既无教材，参考书亦少，故教习的讲义就最为重要。中国教习的讲义"先由教习编示大纲，上堂时详细解说，学员笔记之"，日本教习的讲义"由助教译演，学员整理笔记"。③ 后来，经过整理，京师大学堂陆续铅印了一批教习讲义，其中就包括杉荣三郎的《经济学》和《经济各论》。④ 可惜，尚未见到留学生教习所编之讲义。不过，据章宗祥回忆，自编讲义颇不容易。他说："余所担钟点，每星期十小时，自讲刑法四小时，为岩谷译讲民法六小时。译讲先期预备，不甚费力；至自讲之刑法，参考各种书籍，悉心编订，每一小时之讲义，预备时间须费至三四小时，尚未敢自信为确当。"⑤

其次，张元奇批评教员所编讲义"东涂西抹，粗浅陋略"，似应结合教员所任课程的特点来理解。以章宗祥所任课程来讲，岩谷孙藏讲民法，他做助教翻译，又亲自讲授刑法。岩谷孙藏系日人，章宗祥又在日本学的法政，则其所讲自以日本民法、刑法为归，而当时日本法律又以学习

① 《德宗实录》（8），光绪三十年六月，《清实录》第59册，第83页。
② 孙应祥、皮后锋编《〈严复集〉补编》，第252页。
③ 章宗祥：《任阙斋主人自述》，第936页。
④ 北京大学图书馆古籍部藏。
⑤ 章宗祥：《任阙斋主人自述》，第937页。

法、德等国为多。法学较落后国家学习借鉴法学较发达国家，在法学教育中常用一种"比较的方法"。比如，对于某一问题的探讨，常常先胪列甲国如何规定，乙国如何规定，丙国、丁国等等，然后讲自己应该或学甲，或学乙，或兼容，或损益。至今国内法学教育亦然。于是，这种"说东道西"的讲义，在进士们看来，自不免"东涂西抹"之嫌和"粗浅陋略"之讥了。

总之，在改科举、兴学堂的新政时代，京师大学堂进士馆中会聚了一批中国当时最优秀的留日卒业生。他们以"学生"之出身，作为"老师"，向进士及第的科举精英们传授法政、理财等"新知"。在这个科举学堂此消彼长的转型时代，由于年龄、功名、地位、学识、师生观念的差异与错位，他们切身感受了"教习非师"的身份尴尬。面对学有根柢的学员，日本名词的引入和接受，课程内容的设置和讲授，讲义的编写，对留学生教习而言皆非易事。因此，留学生在进士馆传授"新知"的过程一点也不轻松，常常遭到批评甚至嘲讽。

然而，形势比人强，自从张百熙1902年春集体辞退了以丁韪良为首的西方教习后，京师大学堂已开始了"聘请外国教习和学习外国路径由西向东，由欧美向日本的转变"。① 此时，京师大学堂由日本教习主导，② 进士馆亦以日本法政为宗。所以，馆内离不开这些既通日语，又懂法政、理财诸科的留学生。一旦学员与教员冲突，学堂方面必然想方设法加以调解；教员一旦因此提出辞呈，或有事欲他就，当局也会真心挽留。另外，随着新政的深入推进，新政人才显得日益短缺，像章宗祥等留洋学生身价顿增：考察政治大臣争相调用，地方督抚也闻名奏调，新政衙门则陆续奏留。事实上，这些资历浅显的留学生在后来修改法律、推广工商，以及推动立宪等新政活动中

---

① 参见郭卫东《西方传教士与京师大学堂的人事纠葛》，《社会科学研究》2009年第1期；《严复与京师大学堂辞退洋教习事件》，《福建论坛》2009年第6期。

② 史学教习陈黻宸在家书中怒称："日人名服部宇之吉，权力甚大，全学堂事务均在他掌握，监督、提调但画诺耳！"此系陈黻宸与日本教习争吵后之言，容或稍有夸张，但日人主导京师大学堂则系实情。《致醉石弟书第三二》（1904年4月下旬），陈德溥编《陈黻宸集》下册，第1067页。

果然大显身手。① 留学生的时代到来了，科举进士再也抵挡不住了，下文将看到，甚至他们也联翩出洋，加入留学和考察的行列之中。有意思的是，那些新科进士虽然在情感上乃至行动上，曾对"诏开进士馆"有过抵拒，然而，后来的历史表明，癸卯、甲辰两科进士中，在清末民初历史上的各界闻人，多是那些毕业于进士馆，或者先在进士馆肄业，随后由馆资派出洋游学的人士。他们完成了知识更新，面对正在急剧变化的中国社会，既怀"旧学"，又握"新知"，成为特殊的一代。

四　课程、考验与毕业奖励

进士馆施行学堂教育，其课程、考验与毕业奖励自然需要考察。虽然三者赫然载在章程，但规定是一回事，实际运行很可能变通不少。初办学堂，颇难免此，且进士馆性质特殊，其课程本"与各学堂不同"，更难免"损之又损"。② 因此，考察进士馆课程、考验与毕业奖励的实际情况对章程规定之损益，就更为重要。

课程

进士馆之设，意在使科举出身的新进士，"于法律、交涉、学校、理财、农工商兵八项政事，皆能知其大要"，具备普通知识，将来"遇事不致茫然"，③ 并不指望舍旧从新的进士学员短短三年时间就能达致专门精深之境。不过，即使这个目标，也并不容易实现，实际的要求仍在降低。加之当局为了避免故意为难新进士的嫌疑，减少进士入馆阻力，于是课程设置损之又损，每日功课仅四个钟点，比师范馆少，比性质相近的仕学馆

---

① 清末新政中，"无役不从，议论最多"，时人称为"四金刚"的汪荣宝、章宗祥、曹汝霖、陆宗舆，进士馆留学生教训中便占其三。《曹汝霖一生之回忆》，第62页。钱承鋕、林棨等人虽略逊色，实也参与了不少新政活动。

② 《管学大臣张百熙等奏报遵旨重订学堂章程折》（光绪二十九年十一月二十五日），《京师大学堂档案选编》，第212页。

③ 《奏定进士馆章程》，舒新城编《中国近代教育史资料》中册，第625、626页。

亦少。①

《奏定进士馆章程》设置的必修学科十一门，② 上列八项政事各对应一门，外加史学、地理、格致三门。其随意科为东文、西文、算学、体操，修习与否听便。农、工、商、兵四项亦准选习一二科，不必全修。因此，据章程唯有其余七门每人必学。三年均有的学科为法学与地理，法学课时最多，三学年依次为 4 个、5 个、6 个钟点（每星期，下同），地理分别为 5 个、2 个、2 个钟点。史学、理财、格致置于前两学年，课时钟点分别为 5 个、2 个，4 个、3 个，2 个、2 个。教育为第一学年课程，每周 4 个钟点。交涉为第二学年科目，每周 3 个钟点，实际可归入法学（国际法）。因此，从课程设置来看，法学无疑占据了最大比重，史地次之，理财再次之。另有包括理化人要、博物人要课程的格致门。③

实际开课的情况又有何变化呢？首先，第一学年的地理门包括地理总论和中国地理，由留日归国教习张奎担任。四月十九日，张教习第一次上堂，"先就其浅近条目徐为演说，于第二课又发总论一篇，论世界之大势，次及亚东之危险，以示讲解地理之宗旨"。然而演讲未终，学员邵某等人拍案而起，斥其空论浅显，不能称职，因请教员罢席。④ 于是酿成风潮，张奎辞职，经监督坚留，最终辞去地理教习，只任格致一席。经此一变，史地课程遂变教习讲授为自行札记。不久，进士馆即"新添历史、舆地札记二门，盖因进士学员于此二学科研究有素，教员一时难聘，故改为自行札记，每月以十篇为合格"。⑤ 迨第二学年，另有外国地理一课，则由日本教习讲授，

---

① 师范、仕学每日约六钟点。事实上，进士馆的学堂教育程度也在仕学馆之下，《各学堂奖励章程》谓进士馆"程度与普通中学堂略同"，而归并进士馆的仕学馆"程度比普通中学略深，比高等学堂不足"。但进士学员的奖励却优于仕学馆学员，则因"彼系已经中式，奉旨录用京秩"，仕学馆断不能比。《各学堂奖励章程》，《大清光绪新法令》第 12 册，上海商务印书馆，1909，第 82 页。

② 每门学科下又细分为若干课程，比如法学门下分法学通论、宪法、民法、刑法、商法、诉讼法等。

③ 《奏定进士馆章程》，舒新城编《中国近代教育史资料》中册，第 626～627 页。又参见李林《晚清进士馆研究：天子门生的转型困境与契机》，新竹《清华学报》新 44 卷第 1 期，2014 年 3 月，第 127～129 页。

④ 《进士学员上书》，《大公报》光绪三十年四月廿六日，第 3～4 版。

⑤ 《添设科学》，《大公报》光绪三十年五月初三日，第 3 版。

而由中国助教曹汝霖翻译。其次，格致一门的理化课程亦有变化，进士馆旧内班学员郭则沄说："馆以法政为主，而加入物理、化学为必修科，甚不合也。同人力争，始罢之。"①

进士馆的课程设置本以法政、史地、理财的比重为大，经过调整后，法政、理财类课程无疑成了绝大多数课堂中的讲授内容。至于究竟开设了哪些课程，李林新近发掘的宝贵资料——学员陆鸿仪的毕业文凭——可以帮助吾人做出解答（详表5-5）。同时可见实际授课中史地、格致门课程确有压缩，与上文论述恰可印证。

表5-5 进士馆课程、教习

科别	课程	讲授教习
学科必备科	法学通论	岩谷孙藏
	国法学	杉荣三郎
	行政法	杉荣三郎
	刑法总论	章宗祥、曹汝霖
	刑法各论	章宗祥
	民法	岩谷孙藏
	商法	夏循垲
	刑事诉讼法	曹汝霖
	民事诉讼法	祝惺元
	国际公法	林棨、钱承鋕
	国际私法	孙培
	理财通论	陆宗舆
	货币学	杉荣三郎
	银行学	陆世芬
	财政学	杉荣三郎
	教育行政	杉荣三郎
	史学	矢野仁一
	地理	矢野仁一
	格致	张奎、洪镕
学科随意科	日文	戢翼翚
	英文	田书年
	算学	胡玉麟
	体操	董凤仪

资料来源：《进士馆学员陆鸿仪毕业文凭》（光绪三十二年十二月）照片，李林：《晚清进士馆研究：天子门生的转型困境与契机》，新竹《清华学报》新44卷第1期，2014年3月，第140页。

---

① 子厂（郭则沄）：《杂述进士馆旧事以资谈柄仍叠前韵》，载《科举概咏》，《中和月刊》第1卷11期，1940年11月，第51页。

考验

关于进士馆的考验，曾在进士馆肄业，后资送留日的商衍鎏有所记述："在馆有临时考试、学期考试、年终考试，半年为一学期，学足六学期考毕业试。评定分数，分最优等、优等、中等为及格，在学部复试，题为经义一篇、论一篇，一日而毕。通校毕业成绩，分为一、二、三等，授职翰林院编修、检讨不等，类于旧制之散馆。"又谓："至癸、甲两科进士之主事、内阁中书，仅到馆随班听讲，无毕业之考试，谓之外班。"① 此段记述不无疏误。进士馆有临时考试（时称月考）、学期考试、毕业考试，并无年终考试。月考两月一考，② 甲辰年第二学期七月中开学，九月有月考一次，其前列者为：

> 必修科：郭则沄、胡大勋、陈云诰、水祖培、朱笃庆
>
> 随意科：陆鸿仪、史国琛、徐彭龄、水祖培、胡大勋③

每学期终有期考，由教务提调将平日分数与考验分数平均计算，及格者予以及格凭照一张。④ 如因故未参加期考，须下学期开学后补考。比如，第二学期初，有报道称："进士馆学员补行期考之黎湛枝、商衍瀛、王震〔昌〕等五名均皆及格，日前发给进士馆学员第一学期卒业文凭。"⑤ 甲辰年底，第二学期期考，内班学员自十二月初七日至十一日考试五日，外班学员也举行考试，只不过仅十二日考试一日。⑥ 次年第三学期榜发，其前

---

① 可能因为商衍鎏只在进士馆肄业至第二学期便赴日留学，并未见到在馆肄业六学期满的旧班学员毕业考试之情形。商氏关于进士馆游学学员毕业考验的记述就准确得多。商衍鎏：《清代科举考试述录及有关著作》，第165页。

② 仕学学员每月一考，进士馆学员两月一考。《仕学月考》，《大公报》光绪三十年八月廿九日，第3版；《仕学月考》，《大公报》光绪三十年九月廿七日，第3版。

③ 《进士月考》，《大公报》光绪三十年十一月廿六日，第3版。

④ 《奏定进士馆章程》，舒新城编《中国近代教育史资料》中册，第629~630页。

⑤ 《进士补考》，《大公报》光绪三十年九月十六日，第3版。

⑥ 另外，进士馆中的仕学学员自十二月初七日至十二日各科考试六日。《期考日期》，《大公报》光绪三十年十一月三十日，第3版。

列者为：

> 必修科前列：胡大勋、朱笃庆、水祖培、郭则沄、朱国桢
>
> 随意科前列：陆鸿仪、史国琛、徐彭龄、水祖培、朱国桢
>
> 外班前列：刘启瑞、田步蟾、唐瑞铜、张诒、萧湘①

　　按章程规定，须满六学期且及格凭照满三次以上，方可参加毕业考验。然而，丙午年（1906）十一月，旧班学员毕业考验前，学部拟定考试办法，鉴于"科举已停，不再开进士新班"，因事欠缺一二学期的学员，"无从留馆补习"，故通融办理，准其一体与考，"惟学期分数仍应以六除算"。② 此次毕业考验，朱笔圈出孙家鼐、寿耆、陆润庠、张亨嘉为阅卷大臣，于十二月初七至初十日，在进士馆主持考试。学部尚书荣庆，侍郎严修、达寿带领丞、参、司员轮班监察。③ 考试分两类，一类考所习科目，一类考经史。④前者由进士馆教习按学员所习科目分门拟题，"每门应考若干题，加拟一倍，密呈会考大臣临时选定缮发"，该类试卷即由"教习分门校阅，各拟分数，汇呈会考大臣核定"。经史各卷由会考大臣公拟，公同阅定。最后，由会考大臣将学员各学期分数与此次考验分数平均计算，作为毕业分数。⑤（名单、名次、分数、奖励详表 5 – 3）。

　　可见商衍鎏所谓"在学部复试，题为经义一篇、论一篇，一日而毕"的讲法，是有问题的。至谓主事、中书"仅到馆随班听讲，无毕业之考试，

---

① 外班学员成绩除馆课外，又添加本衙门考语。《期考出榜》，《大公报》光绪三十一年四月十二日，第 4 版；《进士馆期考出榜》，《申报》光绪三十一年四月二十二日，第 3 版。

② 《进士馆学员毕业考试办法》（光绪三十二年十一月二十五日），《京师大学堂档案选编》，第 304 页。

③ 《奏报会考进士馆学员毕业情形折》（光绪三十二年十二月二十日），《京师大学堂档案选编》，第 305 页。

④ 具体科目日程表，参见李林《晚清进士馆研究：天子门生的转型困境与契机》，新竹《清华学报》新 44 卷第 1 期，2014 年 3 月，第 139 页。

⑤ 《进士馆学员毕业考试办法》（光绪三十二年十一月二十五日），《京师大学堂档案选编》，第 304 页。

谓之外班"，尤误。内阁中书自然可以呈请改归外班，但按规定，他们和翰林是属于内班的。且外班亦有毕业之考试，与内班一同考试。此次毕业考验即内、外班皆有，只不过内班与外班有各自的排名（详表5-3）。

毕业奖励

进士馆学员毕业考验结束后，据毕业分数（各学期分数与毕业考验分数之平均）分为最优等（80分以上）、优等（70分以上）、中等（60分以上）、下等（60分以下）。前三等均有对应奖励，下等不予奖励，须补习后参加下次会考。

据张之洞会同张百熙、荣庆制定的《各学堂奖励章程》，进士馆的奖励如表5-6所示。

表5-6 进士馆原定毕业奖励

等次\\类别	最优等	优等	中等
翰林	留馆并保奖遇缺题奏	留馆并保加升衔，并酌派本衙门要差	留馆并酌派馆差
主事、中书	以原官遇缺即补	归原衙门较优班次补用，并酌派本衙门要差	酌派本衙门主稿等差
			翰林、部属、中书自愿外用知县者，准其呈明学务大臣，以散馆班次即选（即"老虎班"）知县，先翰林、次部属、次中书

资料来源：《各学堂奖励章程》，《大清光绪新法令》第12册，第82页。

有意思的是，张之洞会同张百熙、荣庆最先制定的奖励较此为优，但鹿传霖言于张之洞，告以执政"诸公意皆谓进士馆奖励过优"，张之洞因请瞿鸿禨"核减"，然瞿并未"改动"，张遂提议"将最优等与优等合为一奖，但最优者加一衔耳"，仍请瞿定夺。[1] 前文已述，王文韶、鹿传霖对开设进士馆有保留意见，其言"诸公意皆谓"云云，恐未必确；考虑到瞿鸿禨是

---

[1] 《致瞿子玖》（22），赵德馨主编《张之洞全集》第12册，第100页。

开进士馆的主持者，则张之洞请其核减奖励，而瞿并未改动，便深可玩味。不过，从上列奖励章程来看，似乎并未按张之洞的提议办。至于先前制定的各项奖励到底如何，暂难确考。不过，熟悉内情的郭则沄谓："原议毕业最优等比照大考擢用，以前辈诸公哄争，乃改为最优记名题奏，优等加衔，皆虚也。同人憾之。"[1] 颇可参考。裁并詹事府后，翰林迁转本已更为壅滞，如果新庶常进士馆毕业后奖励过优，势必影响到翰林前辈的升迁，他们针对奖励章程"哄争"，也属人之常情。

然而，事实上，即便以上经过核减的奖励章程，在此次毕业奖励施行中仍然打了折扣。最优等尚依照章程办理，而优等及中等，却没了"酌派要差"和"派差"的奖励。其实，早在1905年春，已有"派差"无望说法："闻刑部人云：某堂官因进士馆有三年后考列优等，充当本衙门要差之说，日前向人云：本署要差均系乌布人员熟悉公事者，方能充当，万不能凭空由进士馆贸贸然来当此差，实难遵办，届时只可请留该进士馆充当要差。"[2] 从奖励的"缩水"来看，进士馆学员"憾之"，实有理由，这也未始非进士馆新内班（1905年春开始）学员颇少外班学员却多的原因之一。

需要补充的是，考列中等的学员既可呈请改归"老虎班"知县，考列优等、最优等的如果愿意，自然更应允准。所以，1907年初毕业学员授职奖励前，变通照此办理。[3] 因而，不乏进士馆毕业的翰林、主事学员呈请改归"老虎班"知县。郭则沄诗云"侭许陈情求虎县"，即系咏此。[4]

五　出洋游学与毕业考验

清末新政开始后，出洋游学渐多，不过进士留学尚属罕见。1903年张

---

[1]　子厂（郭则沄）：《杂述进士馆旧事以资谈柄仍叠前韵》，载《科举概咏》，《中和月刊》第1卷11期，1940年11月，第51页。

[2]　《刑部人语》，《大公报》光绪三十一年四月十五日，第4版。

[3]　《附奏进士馆毕业考列优等最优等各员准其呈请改外片》，《北京大学史料》第1卷，第406页。

[4]　子厂（郭则沄）：《梯园同年诗述癸甲两科异于历来春试者，纪事殊有未尽，俳体补述，博同人一笑》，载《科举概咏》，《中和月刊》第1卷11期，1940年11月，第51页。

之洞会同管学大臣制定的《进士馆章程》，尚未有派游学之条文。然而，改科举、兴学堂、派游学已成时趋。1904 年初，京师大学堂首次派送数十名仕学、师范、译学各馆学员分赴东西洋游学，大学堂资遣游学有了先例。①

1904 年四月进士馆开馆后，学员与教员颇有冲突，馆内殊不安静，加以御史参奏，学务大臣因有更定进士馆章程之举。恰在此时，日本法政大学速成科开办，声势颇隆。② 包括戊戌科状元夏同龢、癸卯科庶吉士班吉本等进士精英亦赴东入学。③ 七月，学务大臣奏称：近日进士馆学员间有援据《奏定职官游历游学章程》，"呈请自备资斧出洋游学者"，均已照准。查癸卯科"进士之授京职者大半到馆"，甲辰科进士"接踵而至，斋舍不敷，亟需增建"。故而，除停止推广乙未、戊戌两科进士到馆肄业外，癸卯、甲辰两科学员"如有愿赴外洋学堂肄业者"，经监督保送，"由学务处给予官费，遣赴欧美、日本各学堂分科肄业，俟期满得有毕业文凭回国，仍奏请钦派大臣会同考验"。④ 于是《更定进士馆章程》特加一条：进士馆学员呈请出洋游学者，三年期满，得有毕业文凭，回国照馆内毕业学员一律办理。此后，进士馆学员呈请赴东西洋游学者越来越多。

1905 年科举立停之后，进士馆生源枯竭，碍难持久，于是改进士馆为法政学堂的消息不胫而走。迨至 1906 年夏，馆内仕学馆学员于六月十七日举行毕业典礼，赴各处就职。⑤ 而旧内班学员年底将毕业离馆，新内班学员人数无多，且各人学期自一期至四期不等，程度参差，教学固不便，效果自难佳。有鉴于"学员日少一日，而学科不能议减，教习薪资与馆中一切经费亦即无从节省。……若不及早变通，不惟款项虚縻，办法亦多窒碍"的

---

① 参见冯立昇、朱亚华《京师大学堂派遣首批留学生考》，《历史档案》2007 年第 3 期。
② 1904 年 5 月 7 日，法政大学速成科第 1 班开学。《法政速成科班别·开班（开讲）卒业一览》，法政大学大学史资料委员会编《法政大学史资料集第十一集》（《法政大学清国留学生法政速成科特集》），法政大学发行，1988，第 264 页。以下简称《法政速成科特集》。
③ 《修撰壮志》，《大公报》光绪三十年四月初一日，第 3 ~ 4 版。《法政速成科特集》，第 137、140、143 ~ 144 页。
④ 《学务大臣奏报进士馆派遣学员出国游学事》（光绪三十年七月二十九日），台北"故宫博物院"图书文献馆藏军机处档折件，档号 162331。
⑤ 《发给文凭》，《大公报》光绪三十二年六月十九日，第 4 版。

困境，学部趁进士馆日本教习岩谷孙藏暑假回国之机，托其先与法政大学当局交涉，后又趁法政大学校长梅谦次郎来华之机，与其熟议定计。[1] 最终决定变通处理，将新内班学员资遣日本，送入法政大学补修科，将新外班之分部各员有志游学者，分别送入法政大学速成科（法律部与政治部），因故未经到馆之翰林、中书，电催来京，一同送入法政大学速成科。同时计划俟旧班学员年底毕业后，遣派出洋游历。[2]

因此，进士馆学员游学，可以 1906 年夏为标志，分为前后两个阶段。前一阶段自 1904 年秋至 1906 年夏。此期游学的特征是：学员不定期呈请出洋，由进士馆核准资派，当然也有即用知县，不在进士馆肄业而申请游学者；虽以赴日为多，亦不乏远游西洋者；留日学员中固以法政大学速成科为多，亦有在法政大学读选科、全科者，也有在早稻田等大学肄业者，专业亦不限于法政。后一阶段则系进士馆一次性资遣学员游学日本，或入法政大学补修科，或入法政大学速成科，因而皆习法政。

分批出洋：进士游学的第一阶段

1904 年七月《更定进士馆章程》颁行后，陆续有癸、甲进士呈请出洋。沪、津大报颇有报道。九月十九日，《时报》的消息称："昨日进士馆选派翰林院六员，分部主事二员前赴东洋游学，并有新科进士刘某自备资斧，随同前往，已由政府给予护照，即日起行矣。"六天后又说："进士馆学员王士澄（世澂）等十三人共禀学务大臣，情愿自备资斧出洋游学，恳给护照等情，已蒙批准矣。"[3] 虽称自备资斧，其实系由进士馆资遣。《大公报》的报道就称："进士学员呈请赴东西洋留学者，已满二十余员，赴西洋者仅四员，业由学务大臣拟定川资学费。赴西洋者川资六百元，每年学费一千六百

---

① 《法政速成科与北京进士馆》，《法政速成科特集》，第 148 页。

② 《奏变通进士馆馆办法遣派出洋游学折》（光绪三十二年七月初七日），学部总务司编《学部奏咨辑要》，沈云龙主编《近代中国史料丛刊三编》（96），台北：文海出版社，1986，第 111~112 页。

③ 《进士馆派员东游》，《时报》光绪三十年九月十九日，第 2 张第 6 页。《进士馆学员请给咨游学》，《时报》光绪三十年九月廿五日，第 2 张第 6 页。

两，留学东洋者川资一百二十两，每年学费四百元。"①

不过，随后《大公报》探到的出洋名单却只有十二位：郭崇[宗]熙、邵章、陈敬第、解荣辂、荆育瓒、卓宝谋、袁嘉谷、李维钰、俞树[澍]棠、王世澄[澂]、袁永廉、靳志。② 其实并不止此。这批进士除王世澂、卓宝谋、靳志三人赴欧外，其余皆入日本法政大学速成科。据法政速成科的材料，可知此批赴日者尚有姚华、陈国祥、张鼎、吴琨、唐桂馨、戴宝辉、恩华、赖瑾诸人。③ 此外，邵从恩、王绍曾、熊范舆、刘绵训、王琴堂等即用知县亦大约同时出洋。现将此批出洋进士的相关情况列为表5-7。

表5-7　1904年癸、甲进士出洋游学题名

序号		姓名	籍贯	科分及授职	游学经历
赴日	1	班吉本	满洲荆州驻防	癸卯三甲庶吉士	1905年6月法政速成第1班卒业
	2	陈国祥	贵州修文县	癸卯二甲庶吉士	1906年6月法政速成第2班卒业,10月续入法政补修科,1907年11月卒业
	3	唐桂馨	贵州铜仁府	甲辰户部主事	1906年6月法政速成第2班卒业
	4	姚华	贵州贵筑县	甲辰工部主事	1906年6月法政速成第2班卒业,10月续入法政补修科,1907年11月卒业
	5	李维钰	贵州贵定县	癸卯刑部主事	1906年6月法政速成第2班卒业,10月续入法政补修科,1907年11月卒业
	6	戴宝辉	贵州贵筑县	甲辰刑部主事	1906年7月法政速成科第2班追认卒业,续入法政补修科,1907年11月卒业
	7	解荣辂	山西万泉县	癸卯三甲庶吉士	1906年6月法政速成第2班卒业
	8	邵章	浙江仁和县	癸卯二甲庶吉士	1906年7月法政速成第2班追认卒业
	9	荆育瓒	山西猗氏县	癸卯吏部主事	1906年6月法政速成第2班卒业

---

① 《进士出洋》，《大公报》光绪三十年十月十六日，第3版。
② 《咨送出洋学员履历》，《大公报》光绪三十年十一月初二日，第3版。
③ 《第一学期修业生》，《法政速成科特集》，第138~140页。程燎原据法政速成生阮性存遗集中保留的一张修业名单，整理了1905年留日法政速成科学生名单。惟将原单中的"第一学期修业生"、"第二学期修业生"误作"第一期修业生"、"第二期修业生"，结果将法政速成科的班次搞错了。其所整理的"第一期修业生"名单，实与速成科第3班肄业名单接近，"第二期修业生"名单即法政速成科第2班肄业名单。程燎原：《清末法政人的世界》，第52~54页。《清国留学生法政速成科学期试验成绩表》（明治三十八年十月），阮性存著、阮毅成编《阮荀伯先生遗集》，沈云龙主编《近代中国史料丛刊》（530），台北：文海出版社，1970，插页。

续表

	序号	姓名	籍贯	科分及授职	游学经历
赴日	10	陈敬第	浙江仁和县	癸卯二甲庶吉士	1906 年 6 月法政速成第 2 班卒业,10 月续入法政补修科,1907 年 11 月卒业
	11	袁永廉	贵州贵筑县	甲辰户部主事	1906 年 11 月法政速成第 3 班卒业,续入法政补修科,1907 年 11 月卒业
	12	俞澍棠	浙江黄岩县	癸卯刑部主事	1907 年 5 月法政速成科第 4 班卒业
	13	吴琨	云南昆明县	甲辰二甲庶吉士	1906 年 6 月法政速成第 2 班卒业
	14	张鼎	云南昆明县	癸卯礼部主事	1906 年 6 月法政速成第 2 班卒业
	15	恩华	蒙古京口驻防	癸卯吏部主事	1906 年 6 月法政速成第 2 班卒业
	16	赖瑾	广西桂平县	癸卯吏部主事	曾在法政速成第 2 班肄业,卒业单未见其名
	17	邵从恩	四川青神县	甲辰即用知县	1906 年 6 月法政速成第 2 班卒业
	18	王绍曾	直隶丰润县	癸卯即用知县	1906 年 6 月法政速成第 2 班卒业
	19	熊范舆	贵州贵阳府	甲辰即用知县	1906 年 6 月法政速成第 2 班卒业
	20	刘绵训	山西猗氏县	甲辰即用知县	1906 年 6 月法政速成第 2 班卒业
	21	王琴堂	直隶邯郸县	甲辰即用知县	1906 年 6 月法政速成第 2 班卒业
赴英	1	王世澂	福建侯官县	癸卯吏部主事	1904 年呈请赴英,英国林肯大学法律专门学四年毕业
	2	卓宝谋	福建闽县	癸卯户部主事	1904 年呈请赴英
	3	靳志	河南祥符县	癸卯工部主事	光绪三十年十二月初七日抵法留学,1908又转赴英留学

注：郭宗熙虽确曾赴日，但法政大学的毕业名单中并无其人，故未列入。

资料来源：《法政速成科特集》，第 145 ~ 147、153 ~ 154 页。《学部官报》第 61 期，第 250 ~ 251 页；第 113 期，第 8 ~ 9 页。籍贯、科名据两科进士《同年齿录》，官职据《缙绅录》。

以上 24 人中，王世澂、卓宝谋、靳志赴欧，其他人赴日。其中 1 人赴法政大学速成科第 1 班学习，13 人入法政速成科第 2 班求学，并于 1906 年夏毕业（赖瑾除外），袁永廉、俞澍棠则分别毕业于第 3 班和第 4 班。查法政速成科第 2 班于 1904 年 10 月 18 日开班，① 则留日学员约在此前后抵日。另外，学务处于十月初四日行文外务部，为赴欧三人咨取护照。② 三人随后赴欧，靳志于甲辰年十二月初七日抵法。③

---

① 《法政速成科班别·开班（开讲）卒业一览》，《法政速成科特集》，第 264 页。

② 《京师大学堂档案选编》，第 254 ~ 255 页。

③ 《咨使法大臣转饬留学生靳志准改赴英国游学文》（光绪三十四年五月初六日），《学部官报》第 61 期，光绪三十四年七月初一日，第 250 ~ 251 页。

就科分而言，癸卯科进士占 15 人，甲辰科为 9 人；从职位来看，分部主事占 13 位，即用知县占 5 位，庶吉士只有 6 位，似可知在科举未停废的 1904 年，癸卯、甲辰两科自愿出洋的翰林还是很少的。章宗祥称，地理课堂风潮之解决，以"某进士"（指邵章）调赴日本游学了事，并谓"彼时囿于风气，尚不以远游为得计也"，① 看来不无道理。

从地域观察，则有些出人意料。24 人中，"落后"的贵州反而占了最多的 7 位，浙江、山西各 3 人，云南、直隶、福建各 2 人，河南、四川、广西、满洲荆州驻防、蒙古京口驻防各 1 人。这可以清楚地看出，江浙虽然号称风气早开，且癸、甲进士人数最多，但此时自愿出洋的却不多，反而是相对闭塞的内陆省份贵州和山西，虽然癸、甲进士人数最少，但自愿出洋的却最多。贵州之所以成为"黑马"，恐与戊戌科状元贵州夏同龢的带动作用有关。夏同龢 1904 年夏赴东，入法政速成科第 1 班肄业。② 在状元前辈的影响下，贵州的癸、甲进士结伴留日，这一现象非常值得注意。

从出洋去向来看，绝大多数选择路近费省的日本，这无须赘述。值得一提的是三位赴欧进士。福建自严复等留欧前辈开始，即有此风气，来自福州附郭县侯官、闽县的王世澂与卓宝谋结伴远游欧洲，很可理解，况卓氏本系京师大学堂师范馆学生。至于河南人靳志，颇有可说。此人乃戊戌科贡士，因细故罚停殿试一科，③ 故癸卯年补殿试，始成进士。1902 年入京师大学堂仕学馆，后又转译学馆肄业，法文、英文已有根柢，且译学馆前已有林行规等人赴欧留学之先例，所以靳志呈请赴欧，志气自可嘉，但也不意外。

法政速成科第 3 班（1905.5.8 ~ 1906.11.23）卒业之进士学员除前已述及的袁永廉外，尚有王丕煦、江绍杰、高嘉仁、朱大玙诸人，侯延爽亦曾肄业，毕业名单中惜未见到，江绍杰系候补知府分发江苏人员，非进士馆所

---

① 章宗祥：《任阙斋主人自述》，第 938 页。
② 《修撰壮志》，《大公报》光绪三十年四月初一日，第 3 ~ 4 版。《法政速成科特集》，第 140、143 ~ 144 页。
③ 礼部：《续增科场条例》（光绪十一年至二十八年）第 10 册，光绪二十八年刻本，第 19 页。

派，故亦未参加进士游学毕业学员考试。[①]

法政大学速成科第 4 班于 1905 年 11 月开班，此时科举立停的诏书刚刚颁布，受此影响，该班肄业者竟多至 388 名。1907 年 5 月 5 日有 238 人卒业。在该班毕业的癸、甲进士亦颇夥，足有 21 位，特别是诸人名次甚佳。速成科第 2 班毕业时，排名最前的优等生为孔昭焱、朱大符（即朱执信）、李文范、汪兆铭、程树德等粤闽人，进士馆游学学员名次均在中游。第 3 班毕业时，进士馆学员王丕煦占得第 3 名优等生的位置。而第 4 班中，前 11 名系优等生，癸、甲进士占了 4 位，且来自四川的张智远和萧湘高居第 1 名和第 3 名，汤化龙与夏和清分据第 7 名和第 9 名。其余癸、甲进士的名次亦比较靠前。在该班特别试验卒业生中，来自福建的甲辰进士陈宗蕃高居榜首。[②] 现将第 3、4 两班癸、甲进士按卒业名次制成表 5 - 8。可知该两班 26 名毕业进士中癸卯科仅占 7 人，甲辰科则占据 19 人，显示甲辰科进士更有意愿紧跟时趋。内中刑部主事高达 9 人。由于刑部事务本与法政最为接近，在修律背景下，刑部主事更欲游学以更新知识结构，也是自然之理。

表 5 - 8　法政速成科第 3、4 班毕业之癸、甲进士题名

	序号	姓名	字号	籍贯	科分及授职	留学经历
第3班	1	王丕煦	葵若,楸园,原名凤喈,字次雛	山东莱阳县	癸卯内阁中书	1906 年 11 月法政速成第 3 班卒业
	2	江绍杰	汉珊,季英	安徽旌德县	甲辰分发知府	1906 年 11 月法政速成第 3 班卒业
	3	袁永廉	履清,让泉	贵州贵筑县	甲辰户部主事	1906 年 11 月法政速成第 3 班卒业,续入法政补修科,1907 年 11 月卒业
	4	高嘉仁	伯慈,孟平	广西苍梧县	癸卯户部主事	1906 年 11 月法政速成第 3 班卒业
	5	朱大玙	奂清,鲁珍	江苏吴县	甲辰刑部主事	1906 年 11 月法政速成第 3 班卒业

[①] 《法政速成科第 3 班卒业生姓名》，《法政速成科特集》，第 149 ~ 150 页。《清国留学生法政速成科学期试验成绩表》（明治三十八年十月），阮性存著、阮毅成编《阮荀伯先生遗集》，沈云龙主编《近代中国史料丛刊》（530），插页。

[②] 《法政速成科第 2、3、4 班卒业生姓名》，《法政速成科特集》，第 145 ~ 147、149 ~ 153 页。

续表

序号	姓名	字号	籍贯	科分及授职	留学经历
1	张智远	守愚,振纲	四川宜宾县	癸卯礼部主事	1907年5月法政速成科第4班卒业
2	萧湘	派名孝纯,号承郰,敬潭	四川涪州	癸卯刑部主事	1907年5月法政速成科第4班卒业
3	汤化龙	济武	湖北蕲水县	甲辰刑部主事	1907年6月法政速成科第4班卒业
4	夏和清	德瑜,仲夷,友惠,宾南	河南光山县	甲辰工部主事	1907年5月法政速成科第4班卒业,续入法政补修科,1907年11月卒业
5	梁成哲	浚卿,小峰,晓汾	山西徐沟县	甲辰刑部主事	1907年5月法政速成科第4班卒业
6	薛登道	达五,澹吾	山西稷山县	癸卯户部主事	1907年5月法政速成科第4班卒业
7	徐潞	仲藩,晋藩	江苏上元县	甲辰二甲庶吉士	1907年5月法政速成科第4班卒业
8	朱文劭	谱名宣敏,字劼丞	浙江黄岩县	甲辰刑部主事	1907年5月法政速成科第4班卒业
9	沈钧儒	衡山	浙江秀水县	甲辰刑部主事	1907年6月法政速成科第4班卒业
10	张成修	德三,耕愚	河南固始县	甲辰二甲庶吉士	1907年5月法政速成科第4班卒业,续入法政补修科,1907年11月卒业
11	梁善济	伯祥,庸斋	山西崞县	甲辰三甲庶吉士	1907年5月法政速成科第4班卒业
12	李维第	鹤亭,仙侪	直隶深州	甲辰即用知县	1907年5月法政速成科第4班卒业
13	林志烜	仪正,仲枢	福建闽县	甲辰二甲庶吉士	1907年5月法政速成科第4班卒业,10月续入补修科,1907年11月卒业
14	毕太昌	孟和,觐文	河南罗山县	甲辰三甲庶吉士	1907年5月法政速成科第4班卒业
15	俞澍棠	棣苏,荷塘	浙江黄岩县	癸卯刑部主事	1907年5月法政速成科第4班卒业
16	张启后	燕昌,若曾	安徽泗州	甲辰二甲庶吉士	1907年5月法政速成科第4班卒业
17	夏道辉	子仪,德孚	湖北江夏县	甲辰内阁中书	1907年5月法政速成科第4班卒业
18	陈正学	文仙,松子	四川奉节县	甲辰刑部主事	1907年5月法政速成科第4班卒业,续入法政补修科,1907年11月卒业
19	云书	企韩,仲森	蒙古京口驻防	甲辰三甲庶吉士	1907年5月法政速成科第4班卒业
20	陈宗蕃	舜仲	福建侯官县	甲辰刑部主事	1907年5月法政速成科第4班特别考试毕业,10月续入补修科,1907年11月卒业
21	胡骏	成基,葆森	四川广安州	癸卯二甲庶吉士	1907年6月法政速成科第4班(政治科)追认卒业,10月续入补修科,1907年11月卒业

（序号第1~21行左侧合并标注：第4班）

资料来源:《法政速成科特集》,第149~154页。字号、籍贯、科分据两科《同年齿录》,官职据《缙绅录》。

值得特别指出的是,此一时期进士游学并非皆入法政速成科,其中不乏在东西洋大学修读选科、本科文凭者。除了上文已讨论过的王世澂、卓宝谋、靳志外，有结实材料可资佐证的至少还有表5-9所见10位（包括2名赴欧美者）。有意思的是，10人中仅一位是癸卯科，其余9人皆是甲辰科。从中也可看出，虽然只差一年，而整体上甲辰进士较癸卯进士趋新甚多，也可见科举改制后风气变动之大。

表5-9 游学东西洋各大学之进士馆学员题名

序号	姓名	字号	籍贯	科分及授职	留学经历
1	楼思诰	欧荻	浙江钱塘县	甲辰户部主事	早稻田大学本科毕业
2	曲卓新	立斋,牟西	山东宁海县	甲辰内阁中书	早稻田大学本科毕业
3	李景铭	石芝	福建闽县	甲辰户部主事	早稻田大学政治经济科专门部（光绪三十二年七月至宣统元年五月）
4	方兆鳌	策六	福建闽县	甲辰兵部主事	早稻田大学政治专门部（光绪三十二年七月至宣统元年五月）
5	黄为基	远庸,翊生	江西德化县	甲辰即用知县	日本法政专门三年毕业
6	宋育德	翰生,公威	江西奉新县	甲辰二甲庶吉士	早稻田大学政治经济完全科,留学五年
7	陆光熙	亮臣,潜斋	浙江萧山县	甲辰三甲庶吉士	由日本振武学堂毕业,入联队实习,升入士官学校肄业,留学五年
8	陈焕章	建仁,重远	广东高要县	甲辰内阁中书	光绪三十一年留学美国,获哥伦比亚大学博士
9	饶孟任	敬伯	江西南昌县	甲辰工部主事	光绪三十一年十二月呈请留学英国,三十二年赴英,英国法律完全科毕业
10	王汝榆	后名王天木	直隶顺天府涿州	癸卯刑部主事	明治大学部法科（光绪三十四年七月至宣统三年六月）

资料来源：楼思诰见上海图书馆编《汪康年师友书札》第4册，上海古籍出版社，1989，第3959、3964页。楼思诰、曲卓新又见《学部官报》第68期，本部章奏，第4~5页。李景铭、方兆鳌、黄为基见《学部官报》第106期，本部章奏，第5~6页。宋育德见《学部官报》第138期，第2页。方兆鳌、李景铭、陆光熙、宋育德、王汝榆毕业学校与留学年限分别见《清末各省官自费学生毕业姓名表》，沈云龙主编《近代中国史料丛刊续编》（494），台北：文海出版社，1978，第26、114、135、212页。饶孟任见《京师大学堂档案选编》，第293~294页。又饶孟任、王汝榆毕业考验见《内阁官报》第33号，折奏学务类，宣统三年八月初四日，第7页。

此外，甲辰科进士安徽人王揖唐、贵州人邢端亦在此阶段东游日本，王氏学军事，邢氏学工商。

因此，从1904年秋至1906年夏的第一阶段中，主动赴东西洋游学的癸、甲进士人数，最保守的统计，总在60位以上。虽然绝大多数学员选择路近费省的日本为目的地，但亦有 5 名学员远游欧美，以期深造。尽管留日的大多数学员入法政大学速成科接受一年半的"速成教育"，但仍有至少 8 名学员入法政大学专门部、早稻田大学、士官学校等，留学三至五年，获得了选科甚至本科文凭。而且，入法政速成科的进士中，至少还有夏和清、陈国祥、陈宗蕃、戴宝辉、林志烜、姚华、毕太昌、袁永廉、李维钰、张成修、吴琨、陈正学、陈敬第、胡骏等 14 位学员，先在速成科毕业，又续入补修科，留学年限在两年半以上。从速成科的毕业考验来看，从第 2 班开始到第 4 班，癸、甲进士的成绩愈来愈优。当然，这只是相比较而言，至于实际水准，还需具体考察分析。

将上述 60 人的籍贯加以统计（详表 5 - 10），可见贵州、山西、四川这样相对闭塞的内地省份，本来癸、甲进士人数就少，而自愿出洋游学的却多；苏、直、鲁、赣、粤等大省份，进士人数远多于黔、晋，自愿出洋游学的进士反而较少。浙、闽的人数虽然排在前四，但二省癸、甲进士均在 40 多人，远多于黔、晋、川，所以也不见其多。在法政速成科中，以江浙两湖两广直隶之人最多，这些人则以具有举贡生监功名者为多，而江浙两湖两广直隶的多数癸、甲进士并不像他们老乡那样，热衷于"赶此时髦"。

表 5 - 10　1904～1906 年赴东西洋游学的癸、甲进士省籍统计

省份	贵州	浙江	山西	福建	四川	直隶	河南	安徽	江西	江苏	山东	湖北	云南	广西	广东	蒙古京口	满洲荆州	总计
人数	8	7	6	6	5	4	4	3	3	2	2	2	2	2	1	2	1	60

资料来源：据表 5 - 7、表 5 - 8、表 5 - 9 及王揖唐、邢端二人的籍贯统计。

整体出洋：进士游学的第二阶段

1905 年 9 月清廷立停科举后，传统进士不再产出，进士馆的新鲜血脉已断，势难持久。且进士馆新班（以甲辰科为主）人数较旧班减少甚多，各人学期又参差不齐。因此，学部、进士馆颇思变通之法，有意将新班学员整体遣派日本游学。1906 年夏，学部趁进士馆日本教习岩谷孙藏暑假回日

之机，托其先与法政大学当局交涉，后又趁法政大学校长梅谦次郎来华之机，与其熟议定计。① 七月初七日，学部变通进士馆办法，派遣学员出洋游学一折奉旨俞允。初十日，学部分电驻日公使杨枢及各省将军督抚，通报此事。其致杨枢电谓："甲辰科内班三十余名均送入日本法政大学补修科，其外班〔及〕未经到馆之学员均送入日本法政大学第五班速成科，业由本部……分电各省，限于中八月十五日以前到东，希即早为预备，与该校妥商一切，并覆学部。"同日致各省将军督抚电称："查癸卯、甲辰两科进士，除已到馆肄业及在各省办学堂充教员，业经奏咨有案者外，尚不乏人。此项人员之翰林、中书应照此次奏案一律送入日本法政大学速成科第五班肄业一年半，毕业后回京考验，照章分别奖励，请即将贵省未来京之前项翰林、中书及奏咨有案，仍愿游学者，查有若干人，即由贵处给咨，饬其赶紧起程，务于八月十五日以前到东，过期不再咨送。"② 学部之所以强调八月十五日以前必须到东，是因为法政补修科与速成科第 5 班法律部于 10 月12 日（八月廿五日）开学，③ 提前十天抵日，留足办理入学手续的时间，方不致贻误。

七月二十六日，学部又催各省将军、督抚替进士游学人员在籍者，垫发川费 120 两，促令启行。④ 同时，在京出洋人员由学部发给咨文及川费赴东。八月初四日，学部咨驻日公使杨枢游学名单一件，计应入法政补修科者38 名：

袁冀保、张书云、金兆丰、张孝慈、区大原、景润、华焯、富尔逊、高振霄、唐尚光、杜严、徐培、李榘、谢桓武、朱元树、顾显曾、

---

① 《法政速成科と北京進士館》，《法政速成科特集》，第 148 页。
② 《咨驻日本杨大臣进士馆内外班学员分别送学电》、《通行各省遣派癸甲两科学员游学电》（均光绪三十二年七月初十），《学部官报》第 4 期，1906 年 10 月 28 日，第 39~40 页。
③ 又，速成科第 5 班政治部 11 月入学。《法政速成科班别·开班（开讲）卒业一览》，《法政速成科特集》，第 264 页。
④ 《通行各省垫发进士馆人员游学川资学费由本部汇交出使日本大臣给发电》（光绪三十二年七月二十六日），《学部官报》第 4 期，1906 年 10 月 28 日，第 40 页。

吴德镇、李翘桑、顾视高、阎士璘、程宗伊、朱汝珍、杨毓泗、鸿志、许业笏、杨兆麟、陈启辉、杨思、周杰、阎廷献、徐钟恂、谷芝瑞、庄陔兰、钱淦、商衍鎏、王慎贤、朱宝璇、李庆莱。①

内中 36 人的名字载于《法政速成科补习（修）科卒业生姓名》中，②外加已先在法政速成科毕业，又续入补修科肄业的癸、甲进士，共计 50 名。③ 此次补修科毕业者共计 67 名，故补修科几乎就是癸、甲进士留学班。第一名为速成科第 4 班毕业生河南进士夏和清，陈国祥、陈宗蕃、戴宝辉三位速成科毕业生亦排在前十。不过，前十名中亦有五位来自进士馆新内班的学员，比如甲辰科榜眼朱汝珍和探花商衍鎏，他们二人此前在进士馆已经肄业两学期。

学部咨送杨枢的名单中，送入法政速成科第 5 班者，计有以下 45 名：

李湛田、郭寿清、孙时〔智〕敏、刘春霖、陈国华、周之桢、张国溶、张恩寿、颜楷、熊坤、陈正猷、张世畸、黎湛枝（以上学员在进士馆肄业一学期）、龚福焘、范振绪、彭守正、方贞、王炳宸、章圭瑑、刘远驹、张则川、甘鹏云、赛沙敦、沈泽生、宋名璋、李景纲、依星阿、张诒、彭运斌、陈赓虞、田树棵、随勤礼、叶先圻、施尧章、舒伟俊、岑光樾、朱点衣、徐士瀛、田明德、郑言、欧阳绍祁、万宝成、江孔殷、王鸿犹、竺麟祥（此人后来未去）。④

随后，甲辰进士、刑部主事何毓璋呈请附入速成科出洋获准，但学部指

---

① 按，这批学员已在进士馆肄业二至四学期不等。《学部遣派进士馆学员游学名单》（光绪三十二年八月初四日），《学部官报》第 5 期，1906 年 11 月 7 日，第 44～45 页。
② 杨毓泗、许业笏 2 位在毕业名单中未见。但杨毓泗与上述诸人一起参加了丁未年（1907）十一月的进士馆游学毕业学员考验。许业笏参加了戊申年（1908）五月的进士馆游学毕业学员考验。
③ 《法政速成科补习科卒业生姓名》，《法政速成科特集》，第 153～154 页。
④ 《学部遣派进士馆学员游学名单》（光绪三十二年八月初四日），《学部官报》第 5 期，1906 年 11 月 7 日，第 45～46 页。

示"嗣后续报者，概不给咨"。① 比如陕西癸卯进士、刑部主事周镛为陕西学堂延聘教员，该年五月先已抵东。这时陕西巡抚据藩司樊增祥呈文，咨询学部应否就近饬询周镛愿否留学，学部复以"现在日本暑假后业已开学，该员虽已东渡，展转给咨，势已不能随班入校，应即毋庸给咨送学"。②

不过，仔细核对法政速成科第5班法律部及政治部的毕业名单会发现，李德鉴、钟刚中、狄楼海三位未在上列名单中，却赫然列于毕业名单中。③ 且这三位也与其他癸、甲进士一同参加了1908年五月的毕业考验。此外，刘春霖、王炳宸、随勤礼、施尧章、田明德、江孔殷诸位在毕业名单中未见。其中刘春霖确定留日，系后来毕业；施尧章宣统二年参加进士馆考验时，头衔为外班学员，因此他很可能并未赴日；④ 江孔殷后来以办学务授编修，则他也可能并未赴日；⑤ 随勤礼与诸人一同参加了进士馆毕业考验，则他要么系延后毕业，要么并未出洋，与竺麟祥未出洋而参加了毕业考验的情况一致。王炳宸、田明德二位，进士馆历次的毕业考验中均未见其人，究否出洋留学，待考。

因此，此批入法政速成科第5班的癸、甲进士至少有44位。他们或入法律部、或入政治部，一年半之后，黎湛枝等22名毕业于法律部，刘远驹等21名毕业于政治部。法律部毕业第一名即为癸卯科传胪黎湛枝，前8名优等生中尚有第4名岑光樾，其他进士除有可能是甲辰科翻译进士的依星阿外，均排名靠前。政治部毕业名次中，刘远驹、宋名璋占据前两名，其他进士也均在中上游。⑥

需要特别指出的是，此次癸、甲进士入法政速成科的同时，学部又将

---

① 《片覆进士馆学员何毓璋呈请出洋应准咨送嗣后续报概不给咨文》（光绪三十二年八月初九日），《学部官报》第5期，1906年11月7日，第48页。

② 《咨陕抚刑部主事周镛无庸给咨送学文》（光绪三十二年八月二十五日），《学部官报》第6期，1906年11月16日，第55页。

③ 《法政速成科第五班卒业生姓名》，《法政速成科特集》，第154~158页。

④ 《会奏进士馆外班学员毕业引见折》（宣统二年十一月初九日），《学部官报》第144期，1911年2月，第3~4页。

⑤ 朱汝珍辑《词林辑略》，周骏富辑《清代传记丛刊》（16），第545页。

⑥ 《法政速成科第五班卒业生姓名》，《法政速成科特集》，第154~158页。

10 名翰林院咨送的修撰、编修、检讨，一同送入法政速成科第 5 班学习，与癸、甲进士合班肄业。他们是骆成骧（修撰）、江志伊、赵士琛、徐兆玮、袁励准、刘嘉琛、张启藩、黄彦鸿、陈培锟（以上编修）和谢远涵（检讨）。① 其中至少有 5 位毕业，即法律部陈培焜（毕业排名第 3）和徐兆玮，政治部的张启藩、骆成骧和赵士琛。②

张玉法在其清末遣派留学生表中，关于进士游学有下面这条信息。③

派遣年代	派遣者	派遣人数	学生来源	派往国家	学习科目	备注
1907	学部	18 人	进士馆毕业生，翰林院修撰	日本	法政	F（指《东方杂志》）

因所据资料为《东方杂志》1907 年第 3 期的《各省游学汇志》，故将此事系在 1907 年，微误。《东方杂志》的报道颇有滞后性，1906 年发生的事有时迟至 1907 年才见诸报道，此事即是。该条报道称："学部前准进士馆咨送毕业学员万宝成、何璃〔毓〕章、唐宗愈、吉祥、蒋菜、沈家彝、梁载熊、郑思曾等八员请派赴日本，入法政速成科第五班肄业，当经考验合格给咨东渡。又准户部咨送学习主事王炳宸、刘远驹、张贻〔诒〕等三员，翰林院咨送修撰骆成骧、编修江志伊等十员，亦经核准，饬与进士馆外班学员同入速成科合班肄业。"④ 就张玉法统计的 18 人，程燎原又据《东方杂志》的报道，将进士馆毕业学员 8 人，翰林院咨送 10 员名单分别开列，又指出户部学习主事王炳宸等 3 人也合班学习。⑤

然而，《东方杂志》这条报道正误参半，不可直接为据。首先，万宝成、何毓璋、王炳宸、刘远驹、张诒均为甲辰科进士，何、王、刘、张四人均为进士馆外班学员，此次呈请留日而获准，但并未在进士馆毕业。其次，沈家彝等人系进士馆内新近毕业的仕学馆学员。学部以唐、吉、蒋、沈、梁

① 《咨驻日本杨大臣修撰骆成骧等送入日本法政大学速成科肄业文》（光绪三十二年八月初十日），《学部官报》第 6 期，1906 年 11 月 16 日，第 51 页。
② 《法政速成科第五班卒业生姓名》，《法政速成科特集》，第 154～158 页。
③ 张玉法：《清季的革命团体》，中研院近代史研究所专刊（32），1982 年再版，第 51 页。
④ 《各省游学汇志》，《东方杂志》1907 年第 3 期。
⑤ 程燎原：《清末法政人的世界》，第 42 页。

五位值得派赴日本帝国大学法科深造。然而经进士馆询问意向后，只有丁忧工部郎中沈家彝一人情愿出洋。又查游学生监督处所办《官报》的记录，则梁载熊后来亦出洋。所以，除沈、梁外，其他人并未出洋。[①] 沈家彝等人在仕学馆（1904 年并入进士馆，但分班授课）肄业三年毕业，成绩最优，不可能再入法政速成科。沈家彝之入帝国大学法科，系与余荣昌、朱献文、朱深等大学堂首批赴日者视同一律。最后，1906 年这次大规模派遣进士入法政大学补修科和速成科，人数多达 80 余名，若只据《东方杂志》这条报道，将遗漏大部分出洋进士，同时会将进士馆学员入法政速成科与仕学馆毕业学员入帝国大学法科的情况相混淆。那么，1906 年进士整体出洋游学的面貌就很不清楚了。

值得补充的是，光绪三十二年十二月，进士馆旧班学员三年期满，由四位会考大臣会同学部主持毕业考验，并分别等次，照章奖励。按学部本年七月奏准之变通进士馆办法，该学员在毕业考验后将被派送日本游历。光绪三十三年（1907）四月三十日，学部咨驻日公使，请照料这批赴日游历的进士馆毕业学员：

朱朋寿、潘鸿鼎、孔昭晋、汪升远、林步随、延昌、商衍瀛、张之照、王震昌、龚元凯、王大钧、杜述琮、赵曾櫵、胡藻、刘凤起、杨绳藻、温肃、区大典、周廷干、谈道隆、张濂、徐藩［谦］、秦曾潞、于君彦、史国琛、胡炳益、吴增甲、徐绍熙、袁祖光、程继元、吕兴谦［周］、白葆端、路士桓、尚秉和、李玉振、张鼎、张祖荫、赵黻鸿、顾准曾、陈树勋、周廷干、张家骏、吕慰曾、陈善同、范之杰、杨渭、陈云诰、顾承曾、水祖培、胡大勋、刘敬、饶叔光、杨巨川、罗经权、马振宪、何启椿、余炳文、王寿彭、朱国桢、夏寿康、张恕琳、刘启

① 《咨驻日本杨大臣毕业学员沈家彝等赴日游学文》（光绪三十二年八月初四日），《学部官报》第 5 期，1906 年 11 月 7 日，第 50 页；《官报》第 20 期，光绪三十四年七月，第 104 页。

瑞、赖际熙、史宝安、左霈、赵东阶、高毓浵。①

临行很可能又有人加入，比如郭则沄未列上开名单，但他亦参加了游历。其《补述进士馆同人游历东洋轶事仍叠前韵》即系追咏此段经历见闻，兹移录于下，以见进士游历的情形。

> 早稻田中文库开（同人俱在早稻田大学听讲，其图书馆标曰文库），儒冠一队小车来（同人不识途，皆乘人力车）。旅行称哑劳翻译，游历名官具体裁（彼中目为游历官，有称大人者）。到处参观须挟刺，逢场演说偶登台。集贤馆近龙涛馆，几度经过话茗杯（二馆华人所设，同人多居于此）。
>
> 卧病秋怀郁不开，列桑叩户故人来（列桑为下女译音）。唐风按曲饶新赏（东瀛宴席，舞衫歌扇，犹有唐风，月落乌啼霜满天一诗，尤脍炙人口），汉服随身爱旧裁（同人俱未改装）。忍见御名污雪隐（彼中谓厕曰雪隐，其名乃奇雅，时留学生倡言排满，乃至厕所大书御名，加以侮辱，见者无敢置喙），已闻士议薄云台。竹枝百咏蓬窗续（余在东瀛，江户竹枝词百首未竟，归舟风浪中支枕足成之），浇块聊当借酒杯。②

毕业考验与奖励

随着癸、甲游学进士陆续毕业回国，学部于光绪三十三年十一月，光绪三十四年（1908）五月和九月分别举行了三次人数较多的学员考试，后又随时举行了多次人数较少的考试。考验后带领引见，照章给奖（详表5-11、表5-12和表5-13）。

---

① 《咨驻日大臣进士馆学员朱寿朋等赴东游历请饬员照料文》（光绪三十三年四月三十日），《学部官报》第25期，1907年7月1日，第133页。
② 郭则沄：《科举概咏》，《中和月刊》第1卷第11期，1940年11月，第52~53页。

表 5 – 11 光绪三十三年十一月第一次会考游学毕业进士题名

序号	姓名	字号	籍贯	科分及授职	留学经历	分数	授职及奖励
1	徐潏	仲藩,晋藩	江苏江宁府上元县	甲辰二甲庶吉士	1907 年 5 月法政速成科第 4 班卒业	88.75	授职编修并赏给侍讲衔
2	陈宗蕃	舜仲	福建福州府侯官县	甲辰刑部主事	1907 年 5 月法政速成科第 4 班特别考试毕业,10 月续入补修科,1907 年 11 月卒业	87.50	准其留部以原官遇缺即补
3	俞澍棠	棣苏,荷塘	浙江台州府黄岩县	癸卯刑部主事	1907 年 5 月法政速成科第 4 班卒业	85.00	准其留部以原官遇缺即补
4	杨兆麟	次典	贵州遵义府遵义县	癸卯一甲编修	1906 年 10 月咨送法政补修科,1907 年 11 月卒业	82.50	赏给侍讲衔
5	林志烜	仪正,仲枢	福建福州府闽县	甲辰二甲庶吉士	1907 年 5 月法政速成科第 4 班卒业,10 月续入补修科,1907 年 11 月卒业	82.50	授职编修并赏给侍讲衔
6	朱汝珍	玉堂,聘三	广东广州府清远县	甲辰一甲编修	1906 年 10 月咨送法政补修科,1907 年 11 月卒业	80.00	记名遇缺题奏
7	胡骏	成基,葆森	四川顺庆府广安州	癸卯二甲庶吉士	1907 年 6 月法政速成科第 4 班(政治科)追认卒业,10 月续入补修科,1907 年 11 月卒业	80.00	授职编修并赏给侍讲衔
8	钱淦	印霞,镜如	江苏太仓州宝山县	甲辰二甲庶吉士	1906 年 10 月咨送法政补修科,1907 年 11 月卒业	80.00	授职编修并赏给侍讲衔
9	商衍鎏	又章,藻亭,冕臣	正白旗汉军广州驻防	甲辰一甲编修	1906 年 10 月咨送法政补修科,1907 年 11 月卒业	78.75	赏给侍讲衔
10	张孝慈	梓桥,绍渠	陕西兴安府安康县	癸卯内阁中书	1906 年咨送法政补修科,1907 年 11 月卒业	78.75	以原官本班尽先补用
11	王丕煦	葵若,楸园,原名凤喈,字次雕	山东登州府莱阳县	癸卯内阁中书	1906 年 11 月法政速成第 3 班卒业	77.50	以原官本班尽先补用
12	华焯	兰石,瞻如	江西抚州府崇仁县	戊戌二甲庶吉士	1906 年 10 月咨送法政补修科,1907 年 11 月卒业	77.50	授职编修并赏给侍讲衔
13	谢桓武	靖远,肃侯	河南南阳府唐县	甲辰内阁中书	1906 年 10 月咨送法政补修科,1907 年 11 月卒业	77.50	以原官本班尽先补用
14	张智远	守愚,振纲	四川叙州府宜宾县	癸卯礼部主事	1907 年 5 月法政速成科第 4 班卒业	77.50	准其留部以原官尽先补用

序号	姓名	字号	籍贯	科分及授职	留学经历	分数	授职及奖励
15	李榘	防踰,访渔	直隶保定府束鹿县	甲辰二甲庶吉士	1906年10月咨送法政补修科,1907年11月卒业	77.50	
16	杨毓泗	润东,子泉	山东济宁直隶州	甲辰二甲庶吉士	1906年咨送法政补修科	77.50	授职编修并赏给侍讲衔
17	薛登道	达五,澹吾	山西绛州直隶州稷山县	癸卯户部主事	1907年5月法政速成科第4班卒业	77.50	准其留部以原官尽先补用
18	陈国祥	宝贤,敬民	贵州贵阳府修文县	癸卯二甲庶吉士	1906年6月法政速成第2班卒业,10月续入法政补修科,1907年11月卒业	77.50	授职编修并赏给侍讲衔
19	顾视高	崧甫,仰山	云南云南府昆明县	癸卯二甲庶吉士	1906年10月咨送法政补修科,1907年11月卒业	77.50	授职编修并赏给侍讲衔
20	邢端	庄甫,冕之	贵州贵阳府	甲辰三甲庶吉士	日本大阪高等工业预备学校毕业	76.75	授职检讨并赏给侍讲衔
21	范桂葇	棣臣,华楼	直隶正定府藁城县	戊戌三甲进士,癸卯散馆授检讨	1907年5月法政速成科第4班卒业	71.25	赏给侍讲衔
22	谷芝瑞	仲符,霭堂	直隶永平府临榆县	甲辰二甲庶吉士	1906年10月咨送法政补修科,1907年11月卒业	70.00	授职编修并赏给侍讲衔
23	陈启辉	晋炜,笃初	广东广州府新会县	甲辰二甲庶吉士	1906年10月咨送法政补修科,1907年11月卒业	70.00	授职编修并赏给侍讲衔
24	唐桂馨	欢农,叔香	贵州铜仁府	甲辰户部主事	1906年6月法政速成第2班卒业	70.00	
25	袁永廉	履清,让泉	贵州贵阳府贵筑县	甲辰户部主事	1906年11月法政速成第3班卒业,续入法政补修科,1907年11月卒业	68.75	准其留部
26	陈正学	文仙,松子	夔州府奉节县	甲辰刑部主事	1907年5月法政速成科第4班卒业,续入法政补修科,1907年11月卒业	68.75	准其留部
27	李庆莱	葆康,筱岳	广东广州府南海县	癸卯二甲庶吉士	1906年10月咨送法政补修科,1907年11月卒业	68.75	授职编修
28	姚华	崇光,一鄂	贵州贵阳府贵筑县	甲辰原工部主事	1906年6月法政速成第2班卒业,10月续入法政补修科,1907年11月卒业	68.75	准其留部

续表

序号	姓名	字号	籍贯	科分及授职	留学经历	分数	授职及奖励
29	朱元树	致莱,敏人	浙江绍兴府余姚县	甲辰二甲庶吉士	1906年10月咨送法政补修科,1907年11月卒业	68.75	授职编修
30	李维钰	其相,宝钟	贵州贵阳府贵定县	癸卯刑部主事	1906年6月法政速成第2班毕业,10月续入法政补修科,1907年11月卒业	68.75	准其留部
31	阎士璘	简斋,玉彬	甘肃巩昌府陇西县	甲辰二甲庶吉士	1906年10月咨送法政补修科,1907年11月卒业	68.75	授职编修
32	梁善济	伯祥,庸斋	山西代州直隶州崞县	甲辰三甲庶吉士	1907年5月法政速成科第4班卒业	68.75	授职检讨
33	张成修	字德三,号耕愚,别号根蒙生	河南光州直隶州固始县	甲辰二甲庶吉士	1907年5月法政速成科第4班卒业,续入法政补修科,1907年11月卒业	68.75	授职编修
34	戴宝辉	伯璇,稺珊	贵州贵阳府贵筑县	甲辰刑部主事	1906年7月法政速成科第2班追认卒业,续入法政补修科,1907年11月卒业	68.75	准其留部
35	顾显曾	叔弢	河南开封府祥符县	甲辰内阁中书	1906年10月咨送法政补修科,1907年11月卒业	68.75	以原官留原衙门补用
36	张启后	燕昌,若曾	安徽泗州	甲辰二甲庶吉士	1907年5月法政速成科第4班卒业	68.75	授职编修
37	程宗伊	学川,昂程	浙江嘉兴府海盐县	甲辰二甲庶吉士	1906年10月咨送法政补修科,1907年11月卒业	68.75	授职编修
38	唐尚光	文明,星航	广西桂林府全州	甲辰二甲庶吉士	1906年10月咨送法政补修科,1907年11月卒业	68.75	授职编修
39	云书	企韩,仲森	蒙古正白旗京口驻防	甲辰三甲庶吉士	1907年5月法政速成科第4班卒业	68.75	授职检讨
40	解荣辂	芷纫,菊村	山西蒲州府万泉县	癸卯三甲庶吉士	1906年6月法政速成第2班卒业	68.75	授职检讨
41	杨思	慎之,心田	甘肃巩昌府会宁县	癸卯三甲庶吉士	1906年10月咨送法政补修科,1907年11月卒业	67.50	授职检讨
42	阎廷献	晋卿	直隶永平府昌黎县	癸卯内阁中书	1906年10月咨送法政补修科,1907年11月卒业	67.50	以知县归部即选
43	张书云	慰农,钦五	广西桂林府临桂县	癸卯三甲庶吉士	1906年10月咨送法政补修科,1907年11月卒业	67.50	授职检讨

序号	姓名	字号	籍贯	科分及授职	留学经历	分数	授职及奖励
44	王慎贤	逸海,翼海	江苏苏州府吴县	甲辰三甲庶吉士	1906年10月咨送法政补修科,1907年11月卒业	67.50	授职检讨
45	邵章	伯䌹,崇百,倬盦	浙江杭州府仁和县	癸卯二甲庶吉士	1906年7月法政速成第2班追认卒业	67.50	授职编修
46	吴琨	颀若,石生	云南云南府昆明县	甲辰二甲庶吉士	1906年6月法政速成第2班卒业	67.50	授职编修
47	袁冀保	佑卿	四川成都府成都县	癸卯二甲庶吉士	1906年10月咨送法政补修科,1907年11月卒业	67.50	授职编修
48	毕太昌	孟和,觐文	河南汝宁府罗山县	甲辰三甲庶吉士	1907年5月法政速成科第4班卒业	67.50	授职检讨
49	高桂馨	一山,丹五	直隶天津府天津县	戊戌三甲庶吉士	1907年5月法政速成科第4班卒业	66.25	授职检讨
50	景润	子中,碍雨	正蓝旗满洲河南开封府驻防	甲辰二甲庶吉士	1906年10月咨送法政补修科,1907年11月卒业	66.25	授职编修
51	富尔逊	芃生	湖北驻防	庶吉士,甲辰翻译进士	1906年10月咨送法政补修科,1907年11月卒业	66.25	授职编修
52	徐钟恂	信伯,杏白,绍泉	江苏淮安府山阳县	甲辰二甲庶吉士	1906年10月咨送法政补修科,1907年11月卒业	65.00	授职编修
53	荆育瓒		山西蒲州府猗氏县	癸卯吏部主事	1906年6月法政速成第2班卒业	65.00	准其留部
54	夏和清	德瑜,仲夷,友惠,宾南	河南光州直隶州光山县	甲辰工部主事	1907年5月法政速成科第4班卒业,续入法政补修科,1907年11月卒业	65.00	准其留部
55	杜严	毅斋,友梅	河南省怀庆府河内县	甲辰二甲庶吉士	1906年10月咨送法政补修科,1907年11月卒业	65.00	授职编修
56	高振霄	芸麓,云麓	浙江宁波府鄞县	甲辰二甲庶吉士	1906年10月咨送法政补修科,1907年11月卒业	65.00	授职编修
57	陈敬第	叔通,云麋	浙江杭州府仁和县	癸卯二甲庶吉士	1906年6月法政速成第2班卒业,10月续入法政补修科,1907年11月卒业	63.75	授职编修
58	朱大玙	奂清,鲁珍	江苏苏州府吴县	甲辰刑部主事	1906年11月法政速成第3班卒业	63.75	准其留部

续表

序号	姓名	字号	籍贯	科分及授职	留学经历	分数	授职及奖励
59	区大原	裕辉,桂海,季恺	广东广州府南海县	癸卯三甲庶吉士	1906 年 10 月咨送法政补修科,1907 年 11 月卒业	63.75	授职检讨
60	徐培	陟崧	广西桂林府临桂县	甲辰内阁中书	1906 年 10 月咨送法政补修科,1907 年 11 月卒业	63.75	以知县归部即选
61	朱宝璇	慕薿,大受,荷尹	浙江嘉兴府嘉兴县	癸卯内阁中书	1906 年 10 月咨送法政补修科,1907 年 11 月卒业	63.75	以知县归部即选
62	金兆丰	瑞六,雪孙	浙江金华府金华县	癸卯二甲庶吉士	1906 年 10 月咨送法政补修科,1907 年 11 月卒业	62.50	授职编修
63	高嘉仁	伯慈,孟平	广西梧州府苍梧县	癸卯户部主事	1906 年 11 月法政速成第 3 班卒业	62.50	以知县归部即选
64	庄陔兰	心如,春亭	山东沂州府莒州	甲辰二甲庶吉士	1906 年 10 月咨送法政补修科,1907 年 11 月卒业	62.50	授职编修
65	梁成哲	浚卿,小峰,晓汾	山西太原府徐沟县	甲辰刑部主事	1907 年 5 月法政速成科第 4 班卒业	61.25	以知县归部即选
66	李翘燊	贤发,际唐	广东广州府新会县	甲辰二甲庶吉士	1906 年 10 月咨送法政补修科,1907 年 11 月卒业	60.00	授职编修
67	吴德镇	清藩,寅升	直隶保定府新城县	甲辰二甲庶吉士	1906 年 10 月咨送法政补修科,1907 年 11 月卒业	58.75	
68	周杰	子皋	湖北安陆府天门县	癸卯二甲庶吉士	1906 年 10 月咨送法政补修科,1907 年 11 月卒业	58.75	
69	鸿志	印三	正蓝旗满洲福建驻防	庶吉士,癸卯翻译进士	1906 年 10 月咨送法政补修科,1907 年 11 月卒业	58.75	

资料来源：留学经历据《法政速成科特集》，第 149～154 页；分数、授职据《京师大学堂档案选编》，第 330～332、333～334 页；字号、籍贯、科分据《同年齿录》、《词林辑略》。

表 5－12　光绪三十四年五月第二次会考游学毕业进士题名

序号	姓名	字号	籍贯	科分及授职	留学经历	分数	授职及奖励
1	黎湛枝	赞兴,露苑	广东广州府南海县	癸卯二甲庶吉士	1906 年 10 月咨送法政速成科第 5 班法律部,1908 年 4 月卒业	86.00	授职编修并记名遇缺题奏
2	刘远驹	筱陔,瓶如	湖北黄州府黄安县	甲辰户部主事	1906 年 10 月咨送法政速成科第 5 班政治,1908 年 4 月卒业	86.00	准其留部以原官遇缺即补
3	沈秉乾	惕斋,冠义	江苏扬州府泰州	甲辰礼部主事		83.50	准其留部以原官遇缺即补

序号	姓名	字号	籍贯	科分及授职	留学经历	分数	授职及奖励
4	熊坤	叔厚	江西瑞州府高安县	甲辰刑部主事	1906年10月咨送法政速成科第5班政治部,1908年4月卒业	83.50	准其留部以原官遇缺即补
5	张则川	仙涛,瀚溪	湖北汉阳府黄陂县	甲辰礼部主事	1906年10月咨送法政速成科第5班政治部,1908年4月卒业	83.00	准其留部以原官遇缺即补
6	龚福焘	枚长	湖南长沙府善化县	甲辰刑部主事	1906年10月咨送法政速成科第5班法律部,1908年4月卒业	82.50	准其留部以原官遇缺即补
7	陈正猷		贵州遵义府遵义县	贡士	1906年10月咨送法政速成科第5班法律部,1908年4月卒业	80.00	改为翰林院庶吉士
8	陈蝅声	翼如,鹤侪	山东莱州府潍县	甲辰礼部主事		80.00	准其留部以原官遇缺即补
9	杨允升	以字行,派名启堂,号迪生	江苏徐州府铜山县	癸卯内阁中书		79.50	以原官留原衙门本班尽先补用
10	陈熙朝	觐卿,辅民	河南卫辉府获嘉县	甲辰吏部主事		79.50	准其留部以原官尽先补用
11	张恩寿	颐伯,海珊	江苏镇江府丹徒县	甲辰刑部主事	1906年10月咨送法政速成科第5班法律部,1908年4月卒业	79.50	准其留部以原官尽先补用
12	颜楷	原名桓,雍者,双表,拔室	四川成都府华阳县	甲辰二甲庶吉士	1906年10月咨送法政速成科第5班政治部,1908年4月卒业	79.50	授职编修并赏给侍讲衔
13	陈国华	派名兆麟,字榕根,号仲书	四川成都府温江县	甲辰二甲庶吉士	1906年10月咨送法政速成科第5班政治部,1908年4月卒业	79.50	授职编修并赏给侍讲衔
14	李湛田	丹孙,伯愚	直隶顺天府宝坻县	甲辰二甲庶吉士	1906年10月咨送法政速成科第5班法律部,1908年4月卒业	79.50	授职编修并赏给侍讲衔
15	沈泽生	润琴,堃簠	江西瑞州府高安县	癸卯吏部主事	1906年10月咨送法政速成科第5班政治部,1908年4月卒业	79.00	准其留部以原官尽先补用
16	彭运斌	右文,允甫	河南南阳府邓州	甲辰刑部主事	1906年10月咨送法政速成科第5班法律部,1908年4月卒业	77.50	准其留部以原官尽先补用

续表

序号	姓名	字号	籍贯	科分及授职	留学经历	分数	授职及奖励
17	随勤礼	原名勤恪，字爵三	江苏江宁府江宁县	甲辰吏部主事	1906年咨送法政速成科第5班	77.00	准其留以原官尽先补用
18	岑光樾	敏仲	广东广州府顺德县	甲辰二甲庶吉士	1906年10月咨送法政速成科第5班法律部，1908年4月卒业	76.00	授职编修并赏给侍讲衔
19	范振绪	禹勤，南皋	甘肃兰州府靖远县	癸卯工部主事，现法部主事	1906年10月咨送法政速成科第5班政治部，1908年4月卒业	75.50	准其留部以原官尽先补用
20	甘鹏云	翼甫，药樵	湖北安陆府潜江县	癸卯工部主事	1906年10月咨送法政速成科第5班政治部，1908年4月卒业	75.00	准其留部以原官尽先补用
21	舒伟俊	石逸	江西南昌府丰城县	甲辰三甲庶吉士	1906年10月咨送法政速成科第5班政治部，1908年4月卒业	74.50	授职检讨并赏给侍讲衔
22	程宗伊		河南开封府祥符县	贡士	1908年4月法政速成科第5班法律部卒业	74.50	以主事分部补用
23	田树棪		甘肃兰州府皋兰县	贡士	1906年10月咨送法政速成科第5班政治部，1908年4月卒业	74.50	以主事分部补用
24	郑言	原名熙谋，侠忱，元谠，九鼎	四川成都府华阳县	甲辰刑部主事	1906年10月咨送法政速成科第5班政治部，1908年4月卒业	74.00	准其留部以原官尽先补用
25	竺麐祥	静甫，浔赋	浙江宁波府奉化县	甲辰三甲庶吉士		73.50	授职检讨并赏给侍讲衔
26	曹典初	俶黼，寅生	湖南长沙府长沙县	癸卯二甲庶吉士		70.00	授职编修并赏给侍讲衔
27	朱点衣	葆斋，性园	安徽颍州府霍邱县	甲辰二甲庶吉士	1906年10月咨送法政速成科第5班法律部，1908年4月卒业	69.50	授职编修
28	陈赓虞	凤韶	直隶保定府安州	甲辰刑部主事	1906年10月咨送法政速成科第5班法律部，1908年4月卒业	69.50	以知县照散馆班次即选
29	李言蔼	春如，毅斋	山东青州府安邱县	甲辰户部主事		69.50	准其留部
30	欧阳绍祁		江西袁州府分宜县	甲辰工部主事	1906年10月咨送法政速成科第5班政治部，1908年4月卒业	69.50	准其留部

续表

序号	姓名	字号	籍贯	科分及授职	留学经历	分数	授职及奖励
31	段国垣	星斋,醒才	山西绛州稷山县	甲辰户部主事	1908 年 4 月法政速成科第 5 班政治部卒业	69.50	准其留部
32	孙智敏	廑才,勤才	浙江杭州府钱塘县	癸卯二甲庶吉士	1906 年 10 月咨送法政速成科第 5 班法律部,1908 年 4 月卒业	69.00	授职编修
33	李景纲	式忠	直隶冀州枣强	甲辰吏部主事	1906 年 10 月咨送法政速成科第 5 班法律部,1908 年 4 月卒业	69.00	准其留部
34	钟刚中	子年,仲庸,警盦	广西南宁府宣化县	甲辰吏部主事	1908 年 4 月法政速成科第 5 班法律部卒业	68.50	以知县照散馆班次即选
35	方贞	干周	河南光州商城县	甲辰工部主事	1906 年 10 月咨送法政速成科第 5 班政治部,1908 年 4 月卒业	68.00	准其留部
36	狄楼海	观沧	山西蒲州府猗氏县	癸卯刑部主事	1908 年 4 月法政速成科第 5 班法律部卒业	68.00	准其留部
37	李德鉴	葆诚,朗侯	安徽安庆府太湖县	甲辰三甲庶吉士	1908 年 4 月法政速成科第 5 班法律部卒业	67.50	授职检讨
38	赛沙敦	原名赛沙吞,砚卿,亨通	镶白旗山东青州府驻防	甲辰礼部主事	1906 年 10 月咨送法政速成科第 5 班法律部,1908 年 4 月卒业	67.50	准其留部
39	季龙图	瑞璋,景范	江苏淮安府盐城县	甲辰刑部主事	1908 年 4 月法政速成科第 5 班政治部卒业	67.50	准其留部
40	张国溶	侑澄,海若,筱隐	湖北武昌府蒲圻县	甲辰二甲庶吉士	1906 年 10 月咨送法政速成科第 5 班法律部,1908 年 4 月卒业	67.00	授职编修
41	张诒	延纪,燕季	定州直隶州	甲辰户部主事	1906 年 10 月咨送法政速成科第 5 班法律部,1908 年 4 月卒业	67.00	准其留部
42	陈畲	原名得心,号宇襄	浙江宁波府象山县	癸卯工部主事,现吏部主事		66.00	准其留部

续表

序号	姓名	字号	籍贯	科分及授职	留学经历	分数	授职及奖励
43	张履谦	陆吉,益吾	直隶承德府	甲辰刑部主事		65.50	准其留部
44	陈度	慕裴,古仪	云南广西直隶州	甲辰吏部主事		65.00	准其留部
45	郭寿清	原名延钰,俭全,敬荃	江西吉安府吉水县	甲辰二甲庶吉士	1906年10月咨送法政速成科第5班政治部,1908年4月卒业	65.00	授职编修
46	许业笏	子晋,子和	江西九江府彭泽县	甲辰二甲庶吉士	1906年咨送法政补修科	64.50	授职编修
47	陈世昌	凤五,绳孙	山东莱州府潍县	甲辰工部主事,现吏部主事		64.00	准其留部
48	马步瀛	海峰,红溪	陕西同州府大荔县	甲辰刑部主事		63.50	以原官留部补用
49	王慧润	浚卿,逊卿,菊圃	河南南阳府内乡县	甲辰户部主事		62.50	准其留部
50	李泽兰		江西宁都州	癸卯户部主事		62.00	准其留部
51	张介孚	子中,福臣	山东青州府安邱县	甲辰刑部主事		62.00	准其留部
52	叶大华	淑璠	福建福州府闽县	甲辰刑部主事		61.50	以知县照散馆班次即选
53	万宝成	玉田,蕴初	甘肃巩昌府会宁县	甲辰归部铨选知县	1906年10月咨送法政速成科第5班政治部,1908年4月卒业	61.50	以知县分省即用
54	史之选	凯轩,少芸	江苏常州府荆溪县	甲辰礼部主事		61.50	以知县照散馆班次即选
55	何毓璋	次圭,达甫	陕西兴安府石泉县	甲辰刑部主事	1906年咨送法政速成科第5班	60.00	准其留部
56	胡家钰		直隶承德府	甲辰礼部主事		60.00	准其留部
57	张世畴	奇田,德公	江西九江府德化县	甲辰刑部主事	1906年10月咨送法政速成科第5班政治部,1908年4月卒业	59.50	

资料来源：留学经历据《法政速成科特集》，第154~158页；分数据《学部官报》第59期，第320~322页；授职据《京师大学堂档案选编》，第339~340页；字号、籍贯据《同年齿录》。

表 5 - 13　光绪三十四年九月第三次会考游学毕业进士题名

序号	姓名	字号	籍贯	科分及授职	留学经历	分数	授职及奖励
1	周之桢	子干,止盦	湖北汉阳府汉阳县	甲辰刑部主事	1906 年 10 月咨送法政速成科第 5 班法律部,1908 年 4 月卒业	80.00	以原官留部遇缺即补
2	楼思诰	谐孙,欧荻,讴篷	浙江杭州府钱塘县	甲辰户部主事	早稻田大学本科毕业	72.50	以员外郎留部补用
3	叶先圻	君邍,紫封	江西袁州府萍乡县	甲辰二甲庶吉士	1906 年 10 月咨送法政速成科第 5 班法律部,1908 年 4 月卒业	71.25	授职编修并加侍讲衔
4	曲卓新	立斋,牟西	山东登州府宁海县	甲辰内阁中书	早稻田大学本科毕业	68.75	以主事分部补用
5	萧湘	派名孝纯,号承巤,敬潭	四川重庆府涪州	癸卯刑部主事	1907 年 5 月法政速成科第 4 班卒业	65.00	以原官留部补用
6	吴德镇	清藩,寅升	直隶保定府新城县	甲辰二甲庶吉士	1906 年 10 月咨送法政补修科,1907 年 11 月卒业	65.00	授职编修
7	周杰	子皋	湖北安陆府天门县	癸卯二甲庶吉士	1906 年 10 月咨送法政补修科,1907 年 11 月卒业	62.50	
8	张成栋	明銮,紫案（音松）	奉天府铁岭县	甲辰二甲庶吉士		60.00	授职编修

　　资料来源：留学经历据《法政速成科特集》，第 150、153 ~ 158 页；授职据《京师大学堂档案选编》，第 345 页；楼思诰、曲卓新据表 5 - 9；字号、籍贯据《同年齿录》。

　　光绪三十二年十二月，学部已对进士馆旧班学员举行了毕业考验，考前且专门拟定办法八条。不过，至翌年十一月考试游学毕业进士时，前拟办法已有窒碍难行之处，张之洞主持下的学部因又酌拟新章八条，与旧法颇有不同。

　　首先，此次考试明确分为二场，首场考所习法政等科学二篇，二场考试经义论说各一篇。故两日毕事。上年考试，系将进士馆所习科目分门考试，并添试经史，科目众多，故耗时四日始完。其次，上次考试的最终成绩，系先将在馆六学期分数除以六，得出平时分数，再将毕业考验分数与平时分数平均计算后得出。此次由于游学各人"有系补修科毕业者，有系速成科毕业者，学期长短各有不同"，所以"上年所定平日分数统以六除之办法碍难照行"，故将头场专门学分数与二场经史分数"相加折半平均计算，作为毕业总平均分数"。①

因而，上次毕业考验排名在前者，基本即是平日考试多次占据前列者，如郭则沄、胡大勋、陆鸿仪、水祖培、陈云诰诸人皆是。此次考试因只考专门、经史两场，且平均计算，一方面经史的比重加大，另一方面只有两场，其结果就有一定程度的偶然性。所以我们发现，在法政补修科毕业考验排名第1及第3的夏和清与李翘燊，竟然分别只得了65分和60分，位于中等，且名次极后。李翘燊系中等最后一名，几乎就与不及格的下等三人为伍。相反，此次考试第1名徐潞、第3名俞澍棠、第4名杨兆麟在日本法政毕业考验中，排名皆不突出。② 不过，偶然性虽然增加（注重一次考试必然如此），似并无明显不公迹象，比如此次考试排在前列的陈宗蕃、朱汝珍、商衍鎏等人，亦即是在日本考验排名在前者。③ 光绪三十四年五月第二次进士馆游学毕业学员考试的前两名黎湛枝和刘远驹，即系法政速成科第5班法律部、政治部毕业考验的各自第1名。④

此项毕业考验办法既定，光绪三十四年的第二、三次进士馆游学毕业学员考试即照此进行。至于考官方面，光绪三十二年考试进士馆旧班毕业学员，系钦简会考大臣四名，其专门科目襄校官即由进士馆各教习担任。迨考试进士馆游学毕业学员时，依旧钦简会考大臣四名，然进士馆已不存在，故襄校官由会考大臣会同学部"调取长于专门科学"人员担任。⑤ 但当第三次进士馆游学毕业学员考试时，人数较前两次为少，时间恰又与光绪三十四年

---

① 《进士馆游学毕业学员考试章程》（光绪三十三年十一月初五日），《京师大学堂档案选编》，第 325 页。

② 《会考进士馆游学毕业生分数清单》（光绪三十三年十一月二十三日），《京师大学堂档案选编》，第 332 页。

③ 《会考进士馆游学毕业生分数清单》（光绪三十三年十一月二十三日），《京师大学堂档案选编》，第 330 页。

④ 《学部奏会考进士馆游学及外班各员毕业情形折单》（光绪三十四年六月初六日），《学部官报》第 59 期，光绪三十四年六月十一日，第 320～322 页。

⑤ 《邮传部尚书陈璧等奏报会考进士馆游学毕业学员情形折》（光绪三十三年十一月二十三日），《京师大学堂档案选编》，第 328～329 页。

的游学毕业生考试相近，故学部变通处理，即俟游学毕业生考试事竣后，会同钦派会考大臣另场考试进士馆游学毕业学员。① 现将前两次进士馆游学毕业学员考试的会考大臣及襄校官名衔制为表 5 – 14。

表 5 – 14　会考进士馆游学毕业学员考官名衔

次序	考试时间	会考大臣	襄校官	资料
1	光绪三十三年十一月十五、十七日	陈璧、李殿林、绍昌、郭曾炘	署民政部参事农工商部主事章宗祥、度支部员外郎钱承鋕、法部主事麦秩严、学部参事林棨、署学部主事何燏时	A
2	光绪三十四年五月二十八、三十日	葛宝华、秦绶章、郭曾炘、载昌	翰林院编修袁嘉谷、林志烜、章宗元，学部二等咨议官罗振玉	B

资料来源：A 出自《京师大学堂档案选编》，第 329 页；B 出自《学部官报》第 59 期，第 320 页。

三次会考结束后，癸、甲游学进士绝大多数已参加了毕业考验。不过，除学习法政者外，进士游学者"尚有入各项专门学校及陆军学校之人，其毕业期限迟速各殊，势难同时来京应考。而该学员等皆系甲辰以前进士，若必俟其尽数回国后，始考毕业，则旷日持久，毕业在前者未免过于向隅，而人数无多，若每次请简会考大臣，又近烦渎"，因此学部仿照礼部补考各省优、拔贡生章程，不拘人数，随时奏请考试。若游学毕业学员系庶吉士，则咨会翰林院，若系主事、中书、知县等官，则咨会吏部，届期会同学部考试。② 宣统年间的若干次进士馆游学毕业考试，均照此新章办理。

此外，每次考试游学毕业进士，进士馆旧班学员未参加毕业考试者，也准其一体与考。所以，会考游学毕业进士时，亦有少数并未出洋游学的进士馆学员参加。正如光绪三十二年底进士馆旧班学员毕业考试中，游学进士张鼎呈请考验，亦准其一体考试。游学毕业进士考验结束后，亦分最优等、优

① 《奏会考进士馆毕业学员事竣折并单》（光绪三十四年九月），《学部官报》第 68 期，1908 年 10 月 5 日，第 4 页。
② 《奏进士馆游学毕业学员续行回国者随时补考折》（光绪三十四年十二月十二日），《学部奏咨辑要》，第 463 ~ 464 页。

等、中等、下等。前三等各照章奖励有差，下等须补考通过后，方可照章给奖。这与进士馆旧班毕业考验奖励无殊。

最后需要特别指出的是，有些游学毕业进士读的是大学选科甚至本科，年限在 3～5 年，程度和年限均非法政速成科可比。因此，学部奏请从优给奖这些进士。光绪三十四年九月第三次游学毕业进士考试之前，驻日公使李家驹咨会学部称："楼思诰、曲卓新二员在日本早稻田大学本科毕业……与在速成科或补修科毕业者自不相同。"考试结束后，学部奏称"该二员出洋游学期限均在三年以上，且在该国大学肄业，以外国语听讲，其所得学问自非速成、补修等科可比。现在考试毕业，应得奖励似宜比以前进士馆游学毕业者量加优异，方足为笃志求学者劝"，故请"就其原官酌给升阶，以示鼓励"，奉旨俞允。① 此时学部由张之洞主政，当年制定进士馆毕业奖励章程时，从优奖励亦其政见所在。随后李景铭、方兆鳌、黄为基、王世澂、宋育德、陆光熙、饶孟任、王汝榆等在东西洋大学留学三年以上毕业的进士，均照此从优奖励。简言之，若本系主事，即以员外郎补用。至于其回国后的仕途发展，第六章将着重讨论。

---

① 《奏进士馆学员楼思诰等毕业奖励量加优异片》（光绪三十四年九月），《学部官报》第 68 期，1908 年 10 月 5 日，第 4～5 页。

第六章

浮沉进退：癸、甲进士的政治生命

一　癸、甲进士清末仕途分化

清代以科举取士，故科名奠定仕途的基础。而能否涌现众多高官名宦，又反过来成为某榜进士得人与否的"检测"，为世人所津津乐道。在清季民初士人的记忆和言说中，道光二十七年（1847）丁未科进士一榜"得人最盛，咸同中兴将相多出其中，陟台阁，践封疆者不下五六十人"，李鸿章、沈桂芬、张之万、沈葆桢尤其代表。① 那么，癸、甲二科进士的仕途发展如何呢？与既往不同的是，癸、甲二科适逢科举改制，诸人中式进士后一两年，科举即遭停罢，立宪改官制便迅速展开。故本节欲讨论的问题是，废科举、改官制对癸、甲二科进士的仕途产生了怎样的影响。

授职分布与仕途起点

考察癸、甲进士群体的仕履，有必要从其授职起点说起。诸如京官与外

①　杨寿枏：《觉花寮杂记》卷4，1920年代刻本，第7页 a。又参见徐凌霄、徐一士《凌霄一士随笔》，第1128 页。

官的人数和比例，京官内翰林、主事、中书的人数和比例，关系进士群体的整体分布；而学习主事签分何部，即用知县分发何省，又直接影响进士个体的仕途发展和经济收入，当日新进士及其亲朋师友，乃至更广泛的社会群体既甚关注，则我们亦有必要首先交代。

1. 总体分布：人数与比例

举人会试中式贡士之后，于殿试之前，尚有复试一场。殿试后分出三甲进士，随后传胪之日，一甲三人状元授修撰，榜眼与探花分授编修。其余二、三甲进士则须在朝考后授职。授职的依据大抵有三，即殿试甲第、朝考等第、复试等第。前列者改庶吉士，次者分部学习，再次者用中书，最后为知县，其中又分为分省即用和归班铨选。具体到癸、甲二科进士，其授职分布如表6-1所示。

从京、外官的数量与比例来看，1903年癸卯科京官为186名，外官为131人，二者比例约为3:2；1904年甲辰科京官为181名，外官为93人，约为2:1。癸卯科之所以外官较多，大抵因为此时距戊戌科已过5年，加以义和团时期华北地方官罢免不少，因此部分省份即用知县已较疏通。癸卯科即用知县分发直隶者多达20多位，远多于其他省份（详下），殆即此因。甲辰科之所以外官较少，京官较多，一方面因为上年各省刚刚分发了即用知县，另一方面因为此时进士馆已开馆，京官可以入馆肄业，人多无妨。

从京官分布看，癸卯科翰林为77名，约占该科进士总数的1/4，主事、中书共109名，占该科进士总数1/3强。甲辰科翰林为66名，亦占当科进士总数的近1/4，主事、中书却多达四成以上。因此，在翰林比例保持大体不变的情况下，甲辰科京官比例高，实则是部属、中书比例高。这也因为翰林院编修、检讨无定额，只有开坊升调，不存在补缺问题。主事、中书等京官则补缺压力甚大，即用知县、归班铨选知县等外官亦同。因此，授职分发时，部属、中书与知县的比例互为消长，根据各自的拥挤程度以为调节。

商衍鎏曾说：新进士"用庶吉士约二成，用主事、知县近八成，内阁中书以年少不能得主事而又不宜外官者用之，三四人而已。同、光之间皆

表6-1 癸卯、甲辰进士朝考后授职统计

职别		官职	人数		百分比	
			癸卯科	甲辰科	癸卯科	甲辰科
京官	翰林院	修撰	1	1	24.29	23.36
		编修	2	2		
		庶吉士	74	61		
	部属、内阁及国子监	学习主事	94	96	34.38	42.70
		即用主事	1	3		
		俟报满即用主事	3	2		
		即用郎中	1	1		
		俟报满即用郎中	1	2		
		俟报满即用员外郎	1	—		
		内阁中书	5	10		
		内阁候补中书	2	2		
		内阁候选中书	—	1		
		候选国子监监丞	1	—		
外官	道府州县	分省即用知县	124	88	41.32	33.94
		候补知县	1	1		
		补用同知	1	—		
		候补知府	—	1		
		候选知府	1	—		
		试用知府	2	—		
		补用道	—	1		
		知县归班铨选	2	2		
总数		—	317	274	99.99	100

注：（1）李林据《德宗实录》等材料已先制成此表，此处引用，特致谢忱。不过，我用《上谕档》、《德宗实录》复核了数据，发现两科李林均少算归班2人，所以总数均少2人。归班知县未明示姓名，但据朝考等第单和授职单，可知癸卯科为孟广范、王声溢，甲辰科为郭辅唐、万宝成。（2）李林统计的癸卯科朝考为315人，之所以与癸卯科殿试人数相同，是因为少算了归班2人，而恰好有戊戌科2人补朝考；其统计的甲辰科朝考人数为272人，却比殿试人数少1人，是因为少算了归班2人，而恰有甲午科进士汪康年补朝考。（3）两科朝考的实际人数之所以比殿试人数分别多2人和1人，是因为戊戌科进士黄和銮和林树森于癸卯科补朝考，而甲午科进士汪康年于甲辰科补朝考。我将这3人均纳入考察范围，再加上归班之人，故百分比与李林的统计略有差别。（4）我对授职名称做了一些调整。

资料来源：李林《从经史八股到政艺策论：清末癸卯、甲辰科会试论析》，香港《中国文化研究所学报》第55期，2012年7月，第196页。中国第一历史档案馆编《光绪宣统两朝上谕档》第29册，第155~157、161、164页；《光绪宣统两朝上谕档》第30册，第114~116、120页。

如此"。① 从癸、甲二科观之，庶吉士的比例大体不差。不过，甲辰科用内阁中书 10 人，且戊戌科、乙未科分别用内阁中书 16 人和 13 人，而甲午科更多达 53 人。② 可知商衍鎏所述还可修正。

2. 主事掣签：京官的再分布

进士授职后，京官中翰林、中书衙门已定，而学习主事则要掣签分部。究竟签分何部，关系仕途发展和经济收入，是诸人关切所在。至于六部之优劣，"以吏、户二部为优选，刑部虽瘠，补缺尚易，工部亦有大婚、陵工保案，以冀捷获。惟礼、兵二部最苦，礼部尚无他途杂进，依然书生本色，最次莫如兵部员司，以常测之，非二十年不能补缺"。③ 若言事务之繁，则以户、刑二部为最，户部分十四司，刑部则十八司，吏、礼、兵、工四部皆只四司。④

因此，癸、甲二科新进士以主事用者，签分刑部最多，户部次之。以癸卯科为例，刑部学习主事为 28 人，约占 94 位学习主事的 30%，户部以 24 人紧随其后，约为 26%，其次吏部、工部同为 13 人，兵部 9 人，礼部最少，仅 7 人（详表 6 - 2）。至于甲辰科，刑部竟多达 30 人，占 96 位学习主事的 31%，户部亦达 23 人之多，其次为工（14）、吏（13）、礼（8）、兵（8）四部（详表 6 - 3）。

3. 进士分省：外官的再分布

新进士授职中的即用知县一项常常人数最多，他们是进士中的一大群体。癸卯科即用知县足有 124 位，人数甚夥，甲辰科外官人数虽有压缩，即用知县亦达 88 人。分发何省，对于即用知县来说，关系匪浅。在必须回避本省的情况下，通常需要考虑的因素包括：签分省份的自然与经济文化环

---

① 商衍鎏：《清代科举考试述录及有关著作》，第 159 页。
② 中国第一历史档案馆编《光绪宣统两朝上谕档》第 24 册，第 215 页；第 21 册，第 169 页；第 20 册，第 309 页。
③ 陈夔龙：《梦蕉亭杂记》，第 6 页。
④ 何刚德：《客座偶谈》卷 1，《客座偶谈·春明梦录》，第 1 页 b。按，何刚德谓户、刑皆十八司，然按之《大清会典》，户部仅十四司，刑部则确为十八司。

表6-2　癸卯科进士部属统计

吏部(13)		户部(24+2)				礼部(7)	
姓名	籍贯	姓名	籍贯	姓名	籍贯	姓名	籍贯
恩华	蒙古	王宗基	浙江	刘彝铭	四川	张坤	云南
任祖澜	山东	唐瑞铜	贵州	徐绍熙	安徽	顾准曾	河南
赖瑾	广西	绍先	满洲	汪应焜	安徽	张智远	四川
祝廷华	江苏	张荫椿	浙江	李汉光	河南	谈道隆	广东
杨鸿发	江苏	孙宝书	江苏	卓宝谋	福建	胡位咸	安徽
黄兆枚	湖南	陈旭仁	广东	易顺豫	湖南	孔昭晋	江苏
徐冕	四川	陈黻宸	浙江	景凌霄	陕西	萧开瀛	贵州
沈泽生	江西	李泽兰	江西	吕彦枚	山东		
王世澂	福建	朱德垣	广西	鲁藩	江西		
吴鼎金	福建	徐士瀛	江西	高嘉仁	广西		
袁祖光	安徽	彭绍宗	湖南	吴嘉谟	四川		
荆育瓒	山西	薛登道	山西	常麟书	山西		
魏元戴	江西	李玉振	广西	石金声	山东		

兵部(9+3)		刑部(28+1)				工部(13+1)	
姓名	籍贯	姓名	籍贯	姓名	籍贯	姓名	籍贯
廖振榘	广西	聂梦麟	直隶	陈曾寿	湖北	田步蟾	江苏
任承沆	江苏	章钰	江苏	李维钰	贵州	夏之霖	浙江
曾熙	湖南	夏启瑞	浙江	程继元	安徽	甘鹏云	湖北
忠兴	蒙古	徐彭龄	江苏	曾光燨	四川	尚秉和	直隶
郭铭鼎	河南	吴建三	湖南	杨绳藻	江西	杨肇培	直隶
关文彬	广东	钱振锽	江苏	栾骏声	奉天	史国琛	江苏
何启椿	福建	吕兴周	直隶	关陈謩	福建	张新曾	山东
李华炳	山西	单镇	江苏	丁毓骥	山东	朱燮元	山东
龚庆云	安徽	侯延爽	山东	杨熊祥	湖北	黄锡朋	江西
王彭	湖北	王墀	直隶	熊朝滨	贵州	赵曾櫵	直隶
牛兰	直隶	周铺	陕西	张铣	甘肃	靳志	河南
王扬滨	湖北	郭家声	顺天	王汝榆	顺天	陈畲	浙江
		刘敬	福建	萧湘	四川	范振绪	甘肃
		杜述琮	江西	狄楼海	山西	俞澍棠	浙江
		李德星	安徽				

注：王宗基、唐瑞铜、廖振榘、任承沆、曾熙、聂梦麟、田步蟾中进士前已为各部额外司员。"户部（24+2）"指签分户部学习主事24人，外加王宗基、唐瑞铜2人，其余类推。

资料来源：《缙绅全书·中枢备览》（光绪二十九年秋），《清代缙绅录集成》第75册，第34、38、42、45、49、57、63页。

表 6－3　甲辰科进士部属统计

吏部(13)		户部(23)				礼部(8)	
姓　名	籍贯	姓　名	籍贯	姓　名	籍贯	姓　名	籍贯
果　晟	满洲	张茂炯	江苏	王炳宸	山西	赛沙敦	蒙古
陈　震	福建	楼思诰	浙江	段国垣	山西	翁兆麟	浙江
施尧章	云南	吕祖翼	安徽	张　诒	直隶	苏源泉	甘肃
李景纲	直隶	谢启中	广西	吴晋夔	浙江	陈蜚声	山东
陈　度	云南	龙建章	广东	李景铭	福建	胡家钰	直隶
钟刚中	广西	陈之鼒	广东	雷多寿	陕西	宋名璋	江西
傅增濬	四川	蒋尊祎	浙江	刘远驹	湖北	张则川	湖北
阎祖训	江西	李言蓊	山东	袁永廉	贵州	史之选	江苏
何振清	广西	唐桂馨	贵州	王　烜	甘肃		
随勤礼	江苏	陈继训	湖南	王慧润	河南		
陈熙朝	河南	谢銮坡	广东	栾守纲	山东		
彭守正	湖北	徐金铭	山东				
张称达	湖南						
兵部(8＋2)		**刑部(30＋5)**				**工部(14)**	
姓名	籍贯	姓名	籍贯	姓名	籍贯	姓名	籍贯
刘谷孙	安徽	冯汝琪	浙江	戴宝辉	贵州	何景崧	直隶
李盛和	湖北	陈毅	湖南	杨巨川	甘肃	莫以增	云南
王赓	安徽	范家驹	广东	汤化龙	湖北	沈秉乾	江苏
朱振瀛	江苏	刘敦谨	浙江	张介孚	山东	雷延寿	陕西
方兆鳌	福建	张又栻	陕西	陈赓虞	直隶	陈世昌	山东
梁禹甸	福建	朱文劭	浙江	陈正学	四川	欧阳鼐	广东
舒元璋	安徽	郑言	四川	梁成哲	山西	张名振	四川
关赓麟	广东	熊坤	江西	周之桢	湖北	白葆端	直隶
郑元桢	福建	王枚	直隶	陈宗蕃	福建	姚华	贵州
闵道	云南	蒲殿俊	四川	彭运斌	河南	方贞	河南
		马步瀛	陕西	王鸿兟	福建	欧阳绍祁	江西
		季龙图	江苏	叶大华	福建	章圭瑑	江苏
		何毓璋	陕西	张履谦	直隶	夏和清	河南
		张恩寿	江苏	冯巽占	浙江	饶孟任	江西
		沈钧儒	浙江	朱崇年	广东		
		龚福焘	湖南	朱大玙	江苏		
		张世畸	江西	段维	陕西		
		王季烈	江苏				

注：张鸿在中进士前已是外务部额外司员，所以仍在外务部候补，未列入。

资料来源：《缙绅全书·中枢备览》（光绪三十一年春），《清代缙绅录集成》第78册，第36、44、47、51、53、55、59～60、65页。

境、距家远近、可资利用的关系网、县缺的数量、候补知县的多寡等。分发何省由吏部掣签决定，即用知县本无能为力。不过，至少有两种常用之策可以改善处境。其一是亲老告近，但需符合条件；① 其二则系捐纳，又可分为两种，即掣签前捐指某省和掣签后捐离原掣之省而改指某省。

以癸卯科为例，闰五月二十五日为新进士掣签分省之期，除了萨起岩等人已经于掣签前捐指某省外，其余一百零八员则照例经吏部掣签分省。② 与此同时，具备亲老告近资格者，也在抓紧利用该政策。闰五月初十日，浙江进士钮泽晟在得知自己"竟用知县"后，即请友人"代办告近文书"。所以钮氏于二十五日签分直隶，但因亲老告近获准，故八月初六日又改签邻省江西。③ 此类情况尚不乏其例，比如浙江人张鹏翔本掣云南，因亲老告近而改分江苏；浙江人武曾任本掣山西，既亲老告近，又在邻省中捐指江西，盖与江西有特殊联系，故到省三四年即补实缺。④ 此外，既不满意于掣签省份，又具备一定财力的即用知县，也在申请捐离原省而改指他省。比如江西人陈中孚本掣直隶，捐离原省而改指湖北；山西人吴庚本掣直隶，捐离原省而改指陕西；直隶人王延纶本掣福建，捐离原省而改指山东。⑤ 现将即用知县分省情形制成表6－4。

---

① 基本条件为："其亲年在六十五岁以上者，准其随时呈请告近。如有兄弟一人已经声明亲老告近者，其余概不准行。如承重孙有因祖父母年老呈请愿补近地者，亦准其呈请告近。若已有胞叔业经声明亲老告近，其承重孙呈请改近之处仍不准行。如有先行告近，续又报明迎养在寓者，即将从前告近之案查销。"锡珍：《吏部铨选则例·汉官则例》卷2，月选，光绪十二年刻本，第11页a～11页b。

② 《癸卯科新进士榜下即用知县掣签名单》，《大公报》光绪二十九年闰五月廿七日，第2版。

③ 钮泽晟：《京游杂记·附记宦迹》（日记），《钮寅身先生遗著》，1924，第15页a、21页b。《癸卯科新进士榜下即用知县掣签名单》，《大公报》光绪二十九年闰五月廿七日，第2版。

④ 《两江总督端方、江苏巡抚陈夔龙奏请以张鹏翔补授华亭县知县》（光绪三十三年二月初六日），录副奏折，档号03－5477－079；《江西巡抚吴重憙奏请以武曾任补授大庚县知县事》（光绪三十二年十月初一日），朱批奏折，档号04－01－12－0652－047；均中国第一历史档案馆藏。

⑤ 《湖广总督陈夔龙奏请以陈中孚补授京山县知县事》（宣统元年三月十一日），朱批奏折，档号04－01－12－0674－069；《陕西巡抚曹鸿勋奏请以吴庚补授临潼县知县事》（光绪三十三年正月初十日），录副奏折，档号03－5475－102；《署理山东巡抚杨士骧奏请以王延纶补授巨野县知县事》（光绪三十一年十一月十八日），朱批奏折，档号04－01－12－0646－069；均中国第一历史档案馆藏。

表6-4 癸卯科进士即用知县分省统计

分发省份	姓名与省籍（姓名后直接省籍）	人数
直隶	孙鸿烈河南、宋功迪江西、胡献琳江西、李盛銮江西、张寿楠陕西、黄毓孚广东、张衮沅湖南、樊海澜河南、黄纯垓湖南、胡商彝云南、刘道春江西、廖毓英福建、朱棨春湖北、张治仁湖北、何谌福建、李泽宸山东、曹佐武山西、吕调元安徽、和绅布满洲、姜宗泰山东、仵墉陕西、张继信陕西、黄和銮浙江、宋嘉林河南	24
山东	黄光厚福建、黄韩鼎浙江、丁树齐贵州、李泰陕西、马骏昌广西、王延纶直隶、金文田浙江	7
河南	庞毓同直隶、梁鸿藻广东、郑辉典云南、陈煜庠广东、于文璜山东、关捷三河南、王益霖江西、陈其相福建	8
山西	赵国光河南、李增荣四川、曾肇嘉贵州、覃寿彭湖北、王永和云南	5
陕西	马晋山西、王景莪湖南、张运魁四川、张瑞玑山西、吴庚山西、李文诏广西	6
甘肃	郑廷琮福建、侯来仪河南、刘春堂直隶	3
江苏	王绍曾直隶、刘恩溥贵州、张鹏翔浙江、孙回澜贵州、尚光铖安徽	5
安徽	郝继贞直隶、马育麟陕西、阎希仁直隶、吕浚堃广西	4
江西	钮泽晟浙江、董秉清江苏、褚焕祖湖北、武曾任浙江、马天翮福建、杨凤翔山东、汪春源福建、曾兰春福建	8
湖北	陈钧云南、陈中孚江西、马进修陕西、张自省直隶、周旭湖南	5
湖南	王荫楠直隶、程起凤江西、钟麟蒙古、李慎五山西、邓荣辅广西	5
四川	高遵章直隶、万簋江西、何品藜河南、张文源甘肃、彭立栻甘肃、王钟仁直隶、丁惟彬山东、袁大琭湖南、孟宗舆陕西	9
浙江	郭毓璋陕西、杜光佑湖北、黄霈湖南、翁长芬江苏	4
福建	许中杰直隶、魏垂象甘肃	2
广东	程昌甇江苏、唐树彤广西、张凤喈安徽、陈德昌山东、马廷弼山东	5
广西	李肇律四川、林树森山东、高廷梅浙江、王廷槐奉天	4
云南	谢慕韩江西、有瑞满洲	2
贵州	刘贞安四川、黄居中甘肃	2

注：钮泽晟本掣直隶，亲老告近，改掣江西；陈中孚本掣直隶，捐离直隶，捐指湖北；张鹏翔本掣云南，亲老告近，改掣江苏；武曾任本掣山西，亲老告近捐指江西；吴庚本掣直隶，捐离原省，改指陕西；王延纶本掣福建，捐离原省，改指山东；翁长芬本掣直隶，捐离原省，捐指浙江；等等。另有16人捐指某省者，详知县补缺部分。

资料来源：《癸卯科新进士榜下即用知县掣签名单》，《大公报》光绪二十九年闰五月廿七日第2版、闰五月廿八日第2～3版连载。

4. 未殿试的癸、甲贡士

在清代科举考试中，每科贡士与进士的数额常有出入，[①] 癸、甲二科亦不

例外。癸卯科会试中式贡士 306 名，其中 13 人因丁忧、患病等原因未参加随后的殿试，而 22 名戊戌科贡士则于癸卯科补殿试。[①] 所以，癸卯科殿试产生了 315 名进士。甲辰科会试中式贡士 276 名，其中 15 人未殿试，但又有甲午、戊戌、癸卯三科共 12 名贡士补殿试。因此，甲辰科殿试产生了 273 名进士。

13 名未殿试的癸卯科贡士，有 10 人于甲辰科补殿试，他们是：李臣淑、张云翼、何振清、吕祖翼、单志贤、林乾、段维、宾光椿、朱崇年、钱昌颐。然 1905 年科举立停，故癸、甲二科便有 18 名贡士再无机会补应殿试。不过，绝大多数后来经过验看，分别授职如表 6-5 所示。

表 6-5 癸、甲二科未殿试贡士题名

姓名	会试科分名次	籍贯	授职/时间/备注
陈念典	癸卯第 85 名	广东增城县	即用知县/1907
程宗伊	癸卯第 265 名	河南祥符县	主事/1908
田树棆	癸卯第 289 名	甘肃皋兰县	主事/1908
张文灏	甲辰第 9 名	浙江平湖县	未复试、殿试而去世*
杨源懋	甲辰第 37 名	河南偃师县	主事/1907
包嘉宾	甲辰第 69 名	江西南昌县	内阁中书/1907
祁荫杰	甲辰第 80 名	甘肃陇西县	主事/1907
王 珍	甲辰第 102 名	陕西洛南县	即用知县/1907
林翀鹤	甲辰第 154 名	福建晋江县	即用知县/1907
汤曾佑	甲辰第 184 名	云南邓川州	
林 骚	甲辰第 190 名	福建晋江县	即用知县/1907
吴 增	甲辰第 195 名	福建南安县	内阁中书/1909
邹 鹄	甲辰第 230 名	江西庐陵县	即用知县/1907
谢 霈	甲辰第 231 名	江苏武进县	主事/1907
高步青	甲辰第 243 名	山西代州	即用知县/1907
王琴堂	甲辰第 252 名	直隶邯郸县	即用知县/1907
唐百龄	甲辰第 257 名	陕西岐山县	
陈正猷	甲辰第 276 名	贵州遵义县	庶吉士、检讨/1908、1911

* 《陆润庠致朱之榛》（甲辰七月初四日），《陆大冢宰手札》，俞冰主编《名家书札墨迹》第 7 册，线装书局，2006，第 252～253 页。

注：江庆柏已列出甲辰科未殿试 13 人，惟漏邹鹄、陈正猷 2 人，籍贯、名次亦不其全。江庆柏编《清朝进士题名录》中册，第 1339 页。

资料来源：姓名、会试科次、籍贯据《光绪辛丑壬寅恩正并科会试录》、《光绪二十九年进士登科录》、《光绪甲辰恩科会试录》、《光绪三十年进士登科录》。授职据中国第一历史档案馆编《光绪宣统两朝上谕档》第 33 册，第 130 页；第 34 册，第 143 页。《宣统政纪》卷 18、卷 57。

---

① 22 名戊戌科贡士为：夏寿康、宋功迪、傅家瑞、黄敏孚、靳志、黄韩鼎、邹寿祺、张德渊、尚光钺、佘登云、阎希仁、黄堃、张自省、汪春源、曹佐武、周旭、钟麟、傅怀光、杨克烈、黄霈、吴黼藻、王延纶。据《光绪二十九年进士登科录》统计。

综上，下文关于癸、甲进士群体的考察和分析，就以参加了癸卯、甲辰两次进士朝考的 591 人，外加未殿试的 18 名贡士，以及翻译进士 3 人（鸿志、魁续和富尔逊），总共 612 人为对象。

京官的仕途分化

在既往认知中，清季中下层京官的状态有两个特征，一是收入低，二是补缺难。就后者来说，光绪以来，捐班司官补缺无期，可以不论，即进士以学习主事用者，通常亦"非二十年不能补缺"，像何刚德 14 年补缺，"因在吏部，较疏通也"。① 陈夔龙亦谓兵部员司最次，"以常年测之，非二十年不能补缺"，而其运气超好，10 年即补，算是极快。②

照此说来，如果时局依旧，癸、甲二科学习主事总共 190 名，即使待至 1911 年清帝逊位，亦难有几人补缺。不过，清末新政开始后，官制改革逐渐加快，六部体制彻底突破，中央部院明显扩军，加以破格用人，京官的升沉颇异往昔。癸、甲进士适逢其会，补缺之迟速、升沉之变化、流动之情形皆呈现与往昔颇为不同的新状况，值得梳理分析。

首先是新部"捷径"，商部、巡警部、学部、邮传部即其显例。光绪二十九年（1903）七月，癸卯科主事分部行走不久，商部正式成立。其司员的一大部分，系据总理衙门考试章京之例，③ 先由内阁、六部等衙门考取司员，再保送至商部考试录取，然后引见记名录用。因为试题系商务论、策各一，故由策论及第的癸卯科进士相对熟悉，所以表现甚佳。④ 当日共有 171 人赴考，取录 60 人，其中癸卯科进士单镇、靳志、关文彬、李德星、郭家声、田步蟾、忠兴、聂梦麟、彭绍宗、吴达（建）三、王扬滨、孔昭晋等

① 何刚德：《客座偶谈》卷 2，《客座偶谈·春明梦录》，第 2 页 b。
② 陈夔龙：《梦蕉亭杂记》，第 6～7 页。
③ 有关总理衙门章京考试的情形，参见李文杰《晚清总理衙门的章京考试：兼论科举制度下外交官的选任》，《近代史研究》2011 年第 2 期。
④ 单镇：《桂阴居自订年谱》，单弘标点，《苏州史志资料选辑》2005 年刊，第 148～149 页。按，论题为"马班以后不传货殖论"，策题为"美洲未立商部以前其商务得失安在策"。单镇所在的刑部保送 29 人，其中癸卯进士仅 5 人，结果刑部录取 14 人，而癸卯进士 5 人（单镇、李德星、郭家声、聂梦麟、吴建三）全部取录。

12 人榜上有名，竟占 1/5。① 引见后，奉朱笔圈出 30 人记名录用，单镇、靳志、关文彬、李德星、郭家声、田步蟾等 6 人有幸入选。首批传到 14 人，单镇在列，次年即补缺。② 关文彬、李德星、郭家声于一两年内相继传到，且试看三个月即奏留作为候补主事，较学习主事三年奏留之例限缩短甚多。③ 至辛亥鼎革之前，单镇、田步蟾均已升任农工商部郎中，关、李、郭三人皆任主事，此外甲辰科何景崧任员外郎，均为实缺。④ 补缺之速，实令何刚德、陈夔龙等前辈不敢想象。新政之前，考取军机章京是正途出身候补司员的一条显达之路。新政之后，商部"章京"亦可作如是观。胡思敬批评"商部捷径"，虽主要指其多位丞、参遽升至尚、侍而言，⑤ 实则当日商部亦是候补司官补缺之捷径。单镇、田步蟾等人即赶上了这趟快车。

如果说单镇等人还是通过两轮考试而步入商部捷径，那么随后新设之巡警部、学部、邮传部则直接由堂官调人。1905 年巡警部成立，癸卯科进士尚秉和、班吉本随后调入行走，1906 年均已补缺。⑥ 1909 年夏班吉本升郎中，尚秉和升员外郎，王扬滨补主事。1910 年秋，王扬滨升任内城巡警总厅行政处佥事。⑦ 尚秉和之所以能够从工部调入巡警部并迅速补缺，固由其学问优长、精明强干，实亦巡警部首任尚书、直隶同乡徐世昌与有力焉。尚氏自称"徐公闻名，调入巡警部"，又自叹补缺升转之速："及通籍为官，

① 《商部录取司员名单》，《大公报》光绪二十九年九月初十日，第 3 版。
② 单镇：《桂阴居自订年谱》，单弘标点，《苏州史志资料选辑》2005 年刊，第 149、150 页。
③ 《商部尚书载振等奏请将关文彬等员留部随办编订商律事》（光绪二十九年十二月初五日），录副奏折，档号 03－5427－027；《商部尚书载振奏为章京刑部学习主事李德星、郭家声试看期满请作为候补主事补用事》（光绪三十年十一月初二日），录副奏折，档号 03－5431－028；均中国第一历史档案馆藏。
④ 郭家声于 1909 年补缺 ［《爵秩全览》（宣统元年冬），《清代缙绅录集成》第 89 册，第 283 页］，李德星于 1910 年补缺 ［《爵秩全览》（宣统二年夏），《清代缙绅录集成》第 91 册，第 50 页］，在诸人中尚属最迟。
⑤ 胡思敬：《国闻备乘》，第 82 页。
⑥ 《缙绅全书》（光绪三十二年冬），《清代缙绅录集成》第 82 册，第 269 页。
⑦ 《爵秩全览》（宣统元年夏），《清代缙绅录集成》第 88 册，第 252 页；《爵秩全览》（宣统二年秋），《清代缙绅录集成》第 91 册，第 263 页。

不三年得补主事，又二年迁员外郎，得京察一等，记名军机章京。"① 这更非往昔六部学习主事可以想见之机会。

随后学部成立，调人之风更盛。甲辰科进士王季烈受学部尚书荣庆器重，由刑部调入，补普通司小学教育科员外郎。癸卯科主事彭绍宗、杨熊祥及甲辰科内阁中书李景濂亦调为额外司员。② 1907 年秋冬，张之洞管理学部后，杨熊祥遂任总务司机要科员外郎，陈曾寿、恩华分别任审定科和案牍科员外郎，李景濂任案牍科主事。③ 湖北进士杨熊祥、陈曾寿均为张之洞晚年亲信幕僚，张之洞遗折即系陈曾寿、杨熊祥、傅岳棻三人草拟。④ 这进一步显示新部调人补缺的"私人化"趋向。

1906 年官制改革后新组建之邮传部，囊括了更多的癸、甲进士。1907年，陈毅由法部郎中调参议厅佥事，何启椿任路政司主事，龙建章任电政司员外郎，关赓麟、王鸿炌、蒋尊祎三人在调部不久便试署主事。甲辰科翰林苏舆亦调为额外郎中。1909 年春，龙建章升承政厅佥事，关赓麟升郎中，何启椿、蒋尊祎升员外郎，苏舆借补员外郎，姚华、陈宗蕃补主事。1909年夏，顾准曾补主事。1910 年夏，关赓麟升承政厅佥事，夏和清、张恩寿、熊坤均补主事，杨允升补小京官。⑤ 至此，邮传部实缺司官中，癸、甲进士足有 14 位。其中尤以广东、福建、湖南进士人数多、势力大，盖邮传部初创时的几任堂官张百熙、唐绍仪、陈璧分别来自湖南、广东和福建。

其次，由旧部改为新部，职能扩充，用人增多，以刑部改法部，大理寺改大理院，新设各级审判厅，以及户部改度支部最为典型。前文已述，刑部、户部所分癸、甲二科学习主事最多。而癸、甲进士在进士馆亦主要学习

① 尚秉和：《滋溪老人传》，《历代社会风俗事物考》附录，母庚才、刘瑞玲点校，第 505、509 页。
② 《爵秩全览》（光绪三十二年冬），《清代缙绅录集成》第 83 册，第 24 页。
③ 《爵秩全览》（光绪三十三年冬），《清代缙绅录集成》第 85 册，第 28 页。
④ 许恪儒整理《许宝蘅日记》第 1 册，中华书局，2010，第 261～262 页。
⑤ 《爵秩全览》（光绪三十三年冬）、《爵秩全览》（光绪三十四年春），《清代缙绅录集成》第 85 册，第 43、44、275 页；《爵秩全览》（宣统元年春）、《爵秩全览》（宣统元年夏），《清代缙绅录集成》第 88 册，第 49、285 页；《爵秩全览》（宣统二年夏），《清代缙绅录集成》第 91 册，第 53、54 页。

法政、理财等学。1907 年法部成立伊始，即奏调进士馆毕业之翰林院编修徐谦、张家骏、麦鸿钧入部行走，当年又续调编修朱汝珍。[1] 随后，麦鸿钧、张家骏遂升法部参政厅参议，刘敦谨任审录司员外郎，冯汝琪任会计司员外郎，吴建三补制勘司主事。1909 年，吕兴周、冯巽占亦补主事。[2]

　　与此同时，新成立的各级审判厅需要大量人才，肄习法政或出身刑部的癸、甲进士纷纷走马上任。1907 年冬，徐谦调任京师地方审判厅厅丞。1909 年，栾骏声、李维钰、张履谦任京师内外城地方审判厅刑科推事，俞澍棠、朱文劭、任承沆、龚福焘、郑言任民科推事，朱崇年任京师内外城地方检察厅检察官，后升任高检厅检察官。随后徐谦升任京师高等检察厅检察长，张智远任检察官。聂梦麟在大理院民科第二庭任推事。[3] 京师之外，各省筹办司法机关缺人更甚。俞澍棠、朱文劭二人于 1910 年被广西巡抚张鸣岐奏调入桂，不久分任广西高等审判厅厅丞和高等检察厅检察长。郑言则于1910 年，经江苏巡抚程德全奏署江苏高等审判厅厅丞。[4] 此外，周贞亮（榜名周之桢）、段国垣经黑龙江巡抚周树模奏调，于 1911 年分别试署黑龙江高等检察厅检察长和龙江府地方审判厅推事长。程继元任承德地方审判厅推事长。谢桓武试署山西高等审判厅厅丞。栾骏声试署湖北高等检察厅检察长。[5] 升迁均不可谓不速。

　　户部为癸、甲分部主事聚集的另一大部。在官制改革中，户部易为度支

---

① 《法部尚书戴鸿慈等奏为设立律学馆请调徐谦等差委事》（光绪三十三年正月二十六日），录副奏折，档号 03 - 7220 - 003；《法部尚书奏请以朱汝珍等续调法部行走事》（光绪三十三年十一月二十七日），录副奏折，档号 03 - 5493 - 070；均中国第一历史档案馆藏。

② 《爵秩全览》（光绪三十三年冬），《清代缙绅录集成》第 85 册，第 35、36 页；《爵秩全览》（宣统元年冬），《清代缙绅录集成》第 89 册，第 276 页。

③ 《最新百官录》（光绪三十四年春），《清代缙绅录集成》第 86 册，第 46 页；《爵秩全览》（宣统元年秋）、《爵秩全览》（宣统元年冬），《清代缙绅录集成》第 89 册，第 45、46、282 页；《爵秩全览》（宣统二年春），《清代缙绅录集成》第 90 册，第 338、347 页；《爵秩全览》（宣统二年夏），《清代缙绅录集成》第 91 册，第 50 页。

④ 《内阁总理大臣奕劻等奏为广西高等审判厅丞俞澍棠等视事一年期满请实授事》（宣统三年七月二十一日），录副奏折，档号 03 - 7592 - 066；《江苏巡抚程德全奏为代奏郑言奉旨试署高等审判厅厅丞谢恩事》（宣统三年正月二十二日），录副奏折，档号 03 - 7451 - 019；均中国第一历史档案馆藏。

⑤ 《职官录》（宣统三年冬），《清代缙绅录集成》第 94 册，第 143、153、211、280 页。

部，随后将原来按省分十四司的架构，改设为承政厅，田赋、漕仓、税课、筦榷、通阜、库藏、廉俸、军饷、制用、会计等司。度支部一份光绪三十四年春的《最新百官录》显示，在1907年和1908年之交，吕彦枚任司长，雷多寿、景凌霄、张茂炯、唐瑞铜分任副司长，汪应焜、吴晋夔、张荫椿、陈继训、栾守纲、王宗基、薛登道、王慧润任科长，亦即有13位癸、甲进士获得了实缺。① 张茂炯《六十自述》亦称："新官制行，充军饷司副司长"，1909年"调充筦榷司司长"。②

而据辛亥冬季《职官录》，王宗基、唐瑞铜分任郎中，张茂炯任员外郎，吕彦枚、景凌霄、雷多寿任主事。同时，在度支部领导清理财政的核心机构财政处，张茂炯、吕彦枚、雷多寿、徐士瀛分任帮办，李景铭则任帮办兼总核，楼思诰任总核，曲卓新署坐办，谢启中任科员。在财政处派往各省的清理财政官中，王宗基、唐瑞铜分任山东、河南正监理官，栾守纲、甘鹏云、袁永廉、薛登道、景凌霄分任奉天、吉林、山西、陕西、江宁副监理官。景凌霄尚兼任江宁造币分厂帮办，而陈度则任云南造币分厂总办。③ 此外，李景铭与楼思诰二人为政府特派员，代表度支部出席资政院会议。又据张茂炯自述，度支部为办预算决算，决定清理财政，"按省设局，派员监理"的疏稿，即出自其手。④ 而据李景铭自述，清理财政处"凡办理预算汇报、岁出入总数及划分国地两税"，均由其具稿，而由林景贤、杨寿枏总其成。李景铭对其同年张茂炯亦甚为钦佩，谓其"老于曹司，判牍如判狱……品端学正"。⑤ 自述难免有渲染的成分，但癸、甲进士群体在清末度支部和清理财政中扮演了重要角色，殆无疑义。

此外，兵部改为陆军部，大量任用军校毕业生，癸、甲进士机会不多。1908年，廖振榘、李盛和因中进士前已在兵部候补，资历甚老，所以分任

① 《最新百官录》（光绪三十四年春），《清代缙绅录集成》第86册，第29～31页。
② 张茂炯：《艮庐自述诗》，1934，第2页。
③ 《职官录》（宣统三年冬），清代缙绅录集成》第94册，第62～74页。
④ 张茂炯：《艮庐自述诗》，第2页。
⑤ 李景铭：《六二回忆》，《近代史资料》132号，2015年6月，第142页。

司长，其他人仅朱振瀛、牛兰补科长。往日清贵之吏、礼二部，在新政改制中日渐式微，癸、甲进士补缺者更少，任祖澜于 1908 年补主事，而直至 1911 年吏部被裁前夕，果晟、荆育瓒才补主事。礼部则仅林栋于 1908 年任郎中，且因其考中进士前已是候补官员。[①]

如以辛亥鼎革为断，将现任和曾任实缺京官的癸、甲进士做一统计，其详情如表 6-6 所示。

表 6-6 辛亥鼎革前癸、甲进士京官补缺、升迁统计

部门	姓名官职	籍贯	科分原部	"新学"背景	备注
内阁	黄瑞麒：副局长	湖南	甲辰翰林		五大臣出洋随员
军谘府	王 赓：军谘使	安徽	甲辰兵部	留学日本习军事	即王揖唐
	张则川：科员	湖北	甲辰礼部	法速5	
	龚福焘：科员	湖南	甲辰刑部	法速5	
弼德院	恩 华：参议	蒙古	癸卯吏部	法速2	
	陈云诰：参议	直隶	癸卯翰林	进士馆	
	马振宪：秘书官	安徽	癸卯翰林	进士馆	
	张名振：秘书官	四川	甲辰工部		
外务部	章祖申：参赞	浙江	癸卯翰林	宏文速成	
	张 鸿：郎中	江苏	甲辰外部		
民政部	班吉本：郎中	满洲	癸卯翰林	法速1	
	尚秉和：员外郎	直隶	癸卯工部	进士馆	
	王扬滨：佥事	湖北	癸卯兵部		
度支部	王宗基：郎中、监理官	浙江	癸卯户部	进士馆外班	山东清理财政
	唐瑞铜：郎中、监理官	贵州	癸卯户部		河南清理财政
	张茂炯：员外郎、帮办	江苏	甲辰户部		财政处
	吕彦枚：主事、帮办	山东	癸卯户部		财政处
	景凌霄：主事、帮办、副监理官	陕西	癸卯户部		财政处、江宁造币分厂、江南清理财政
	雷多寿：主事、帮办	陕西	甲辰户部		财政处
	徐士瀛：帮办	江西	甲辰户部	法速5	财政处
	李景铭：帮办兼总核	福建	甲辰户部	早稻田大学	财政处
	楼思诰：总核	浙江	甲辰户部	早稻田大学	财政处
	曲卓新：科员、署坐办	山东	甲辰中书	早稻田大学	财政处
	谢启中：科员	广西	甲辰户部		财政处
	陈 度：总办	云南	甲辰吏部	进士馆外班	云南造币分厂

① 《最新百官录》（光绪三十四年春），《清代缙绅录集成》第 86 册，第 22、35 页；《爵秩全览》（宣统三年夏），《清代缙绅录集成》第 93 册，第 15 页。

续表

部门	姓名官职	籍贯	科分原部	"新学"背景	备注
度支部	栾守纲：副监理官	山东	甲辰户部		奉天清理财政
	甘鹏云：副监理官	湖北	癸卯工部	进士馆＋法速5	吉林清理财政
	袁永廉：副监理官	贵州	甲辰户部	法速3＋补修科	山西清理财政
	薛登道：副监理官	山西	癸卯户部	法速4	陕西清理财政
	汪应焜：科长	安徽	癸卯户部	进士馆	
	吴晋夔：科长	浙江	甲辰户部		
	张荫椿：科长	浙江	癸卯户部	进士馆外班	
	陈继训：科长	湖南	甲辰户部		
	王慧润：科长	河南	甲辰户部	进士馆外班	
学部	王季烈：郎中	江苏	甲辰刑部		
	陈曾寿：郎中	湖北	癸卯刑部		
	杨熊祥：郎中	湖北	癸卯刑部		
	李景濂：主事	直隶	甲辰中书		1910年放江西赣州遗缺府，补南康知府
陆军部	廖振榘：司长、郎中	广西	癸卯兵部		丁忧
	李盛和：司长、郎中	湖北	甲辰兵部		
	朱振瀛：科长、主事	江苏	甲辰兵部		
	牛　兰：科员、主事	直隶	癸卯兵部		
	谢　霈：科长、主事	江苏	甲辰兵部		未殿试，后验看授职
	饶孟任：司法官	江西	甲辰工部	留学英国	
海军部	朱振瀛：科员	江苏	甲辰兵部		与陆军部为同一人
	麦鸿钧：司法官	广东	甲辰翰林		五大臣出洋随员
	王世澂：司法官	福建	癸卯吏部	留学英国	
法部	张家骏：参事	河南	癸卯翰林	进士馆	
	麦鸿钧：参事	广东	甲辰翰林		五大臣出洋随员
	冯汝琪：郎中	浙江	甲辰刑部		
	刘敦谨：郎中	浙江	甲辰刑部	进士馆外班	
	吴建三：主事	湖南	癸卯刑部	进士馆外班	
	吕兴周：主事	直隶	癸卯刑部	进士馆	
	冯巽占：主事	浙江	甲辰刑部		京师大学堂教习
大理院及各级审检厅	聂梦麟：推事	直隶	癸卯刑部	进士馆	大理院
	徐　谦：检察长	安徽	癸卯翰林	进士馆	京师高等
	朱崇年：检察官	广东	甲辰刑部		京师高等
	张智远：检察官	四川	癸卯礼部	法速4	京师高等
	李维钰：推事	贵州	癸卯刑部	法速2＋补修科	京师地方
	张履谦：推事	直隶	甲辰刑部	进士馆外班	京师地方
	任承沆：推事	江苏	癸卯兵部		京师地方
	龚福焘：推事	湖南	甲辰刑部	法速5	京师地方
	俞澍棠：推事	浙江	癸卯刑部	法速4	京师地方
	朱文劭：推事	浙江	甲辰刑部	法速4	京师地方
	郑　言：推事	四川	甲辰刑部	法速5	京师地方
	栾骏声：推事	奉天	癸卯刑部	进士馆外班	京师地方

续表

部门	姓名官职	籍贯	科分原部	"新学"背景	备注
农工商部	田步蟾：郎中	江苏	癸卯工部	进士馆外班	
	单　镇：郎中	江苏	癸卯刑部		
	关文彬：员外郎	广东	癸卯兵部		
	何景崧：员外郎	直隶	甲辰工部	进士馆外班	
	郭家声：主事	直隶	癸卯刑部		
	李德星：主事	安徽	癸卯刑部		
邮传部	陈　毅：佥事	湖南	甲辰刑部		五大臣出洋参赞
	龙建章：佥事	广东	甲辰户部		五大臣出洋随员
	关赓麟：佥事	广东	甲辰兵部	仕学馆	
	何启椿：郎中	福建	癸卯兵部	进士馆外班	
	苏　舆：员外郎	湖南	甲辰翰林		
	蒋尊祎：员外郎	浙江	甲辰刑部	进士馆外班	
	王鸿炈：主事	福建	甲辰刑部		
	陈宗蕃：主事	福建	甲辰刑部	法速4＋补修科	
	姚　华：主事	贵州	甲辰工部	法速2＋补修科	
	顾准曾：主事	河南	癸卯礼部	进士馆	
	张恩寿：主事	江苏	甲辰刑部	法速5	
	夏和清：主事	河南	甲辰工部	法速4＋补修科	
	熊　坤：主事	江西	甲辰刑部	法速5	
	杨允升：小京官	江苏	癸卯中书	法速5	
翰林院	景　润：侍读	满洲	甲辰	进士馆＋补修科	此外，修撰刘春霖1人，
	云　书：侍讲	蒙古	甲辰	法速4	编修朱汝珍等75人，检
	富尔逊：侍讲	满洲	甲辰翻译	进士馆＋补修科	讨水祖培等15人，庶吉
	陆光熙：侍讲	浙江	甲辰	留学日本习陆军	士田明德1人，共99人
	鸿　志：撰文	满洲	癸卯翻译	进士馆＋补修科	
	商衍鎏：撰文	汉军	甲辰	进士馆＋补修科	
	商衍瀛：秘书郎	汉军	癸卯	进士馆	
典礼院	延　昌：直学士	蒙古	癸卯翰林		
都察院	范之杰：御史	山东	癸卯翰林	进士馆	
	路士桓：御史	直隶	癸卯翰林	进士馆	
	陈善同：御史	河南	癸卯翰林	进士馆	
	温　肃：御史	广东	癸卯翰林	进士馆外班	
	萧丙炎：御史	江西	癸卯中书	进士馆外班	
军机处	刘谷孙：领班军机章京	安徽	甲辰兵部		1911年军机处裁归责任
	雷延寿：军机章京	陕西	甲辰工部		内阁。1910年刘谷孙放
	杨　渭：军机章京	山东	癸卯翰林		甘肃提法使
吏部	任祖澜：主事	山东	癸卯吏部	进士馆外班	1911年吏部被裁
	果　晟：主事	满洲	甲辰吏部		
	荆育瓒：主事	山西	癸卯吏部	法速2	

部门	姓名官职	籍贯	科分原部	"新学"背景	备注
礼部	林　栋：郎中	福建	癸卯国子监		1911年礼部被裁
总计	癸卯部属中书36人＋甲辰部属中书46人＋癸卯翰林13人＋甲辰翰林9人＝104人

注："法速1"指日本法政速成科第1班毕业，其余类推。

资料来源：以《职官录》（宣统三年冬季）、《职官录》（宣统四年春，实宣统三年冬编印）为主要依据，结合光绪二十九年以来历年《缙绅录》、《爵秩全览》、《中枢备览》以及《清代官员履历汇编》等资料统计而成。"新学"背景据第五章各表。

可知有36名癸卯科部属或中书补缺，甲辰科则为46名。前文已统计，癸卯科部属和中书共109人，甲辰科为117人。可见，在鼎革之前，癸卯科部属和中书中有33%的进士现任或曾任实缺，甲辰科的这一数据则超过39%。此时距癸卯科分部学习之日为时8年，而甲辰科则仅7年。想当年分部主事通常"非二十年不能补缺"，何刚德14年补缺已经较快，陈夔龙10年补缺则算极快。这说明，癸、甲二科主事、中书在补缺及升迁方面，已经远超过其进士前辈。进士分部学习者通常"非二十年不能补缺"的既往认知，已与清季最后几年的实情不符。

这一则因为部院扩军，缺分加多，二则因为癸、甲进士策论出身，且多人进士馆或留学毕业，其所学法政、理财等"新学"，恰好适应了新政需要。在度支部、法部及审判厅、邮传部等新部，癸、甲进士最为聚集，即是明证。同时，进士馆或进士游学毕业考验最优等者，奖以遇缺尽先补用，也是不少人提前补缺的原因。这也部分说明，最后的进士群体在科举废除后并未迅速"边缘"，总体还比此前补缺更快，只是部分人仕途超顺，火速升迁，同年之间的分化则更为严重。

此外，甲辰科较癸卯科晚"出山"一年，但其部属中补缺人数既多，比例亦更高，说明甲辰科进士更为趋新。邮传部、度支部实缺部属中，甲辰科均比癸卯科人多，可与这一观察相验证。

相比而言，翰林的境况则要逊色许多。虽然庶吉士授职编修、检讨后，即是实缺，但升迁之途却甚为拥挤。且废科举后，无往日之学差、试差，翰林津贴又远不如部属印结之优厚，如果不能在京内外觅得优差，翰林的日子甚不好过。所以整体来看,翰林群体是新政改制的"牺牲品"。从表6-6可知,仅有13名癸卯翰林、9名甲辰翰林或在本衙门晋升,或调至其他部院补缺。且翰林院内晋升者多系旗人,以其人少缺多之故。即使算上数名外放监司道府实缺的"红翰林"(详表6-7),两科翰林升迁人数也仅约占其总数的20%。

表6-7 癸、甲二科京官外任监司道府州县等官统计

姓名	籍贯	科分授职	"新学"背景	官职	备注
郭则沄	福建	癸卯翰林	进士馆毕业第1名	浙江温处道	曾兼署提学使
袁嘉谷	云南	癸卯翰林	经济特科状元	浙江提学使	曾署布政使
郭宗熙	湖南	癸卯翰林	留日	吉林交涉使	捐道员
王寿彭	山东	癸卯翰林	进士馆	湖北提学使	
方履中	安徽	癸卯翰林	经济特科	署四川提学使	
吴瓛	江西	癸卯翰林	进士馆	署江宁提学使	改外捐道员
邵章	浙江	癸卯翰林	法速2	署奉天提学使	
刘谷孙	安徽	甲辰兵部		甘肃提法使	领班军机章京
杨兆麟	浙江	癸卯翰林	进士馆	浙江嘉兴知府	
左霈	汉军	癸卯翰林	进士馆	云南丽江知府	丁忧旋开缺
杨熊祥	湖北	癸卯刑部	山西大学堂监督	江西南康知府	学部郎中
王彭	湖北	癸卯兵部	兵部兵学馆监督	黑龙江海伦知府	兵部兵学馆监督
张铣	甘肃	癸卯刑部	捐知府	新疆焉耆知府	辛亥惨死
金梁	奉天	甲辰中书	进士馆	署奉天新民知府	奉天旗务处总办
俞澍棠	浙江	癸卯刑部	法速4	广西高等审判厅厅丞	
朱文劭	浙江	甲辰刑部	法速4	广西高等检察厅检察长	
郑言	四川	甲辰刑部	法速5	署江苏高等审判厅厅丞	
谢桓武	河南	甲辰中书	进士馆+补修科	署山西高等审判厅厅丞	前定襄知县
周贞亮	湖北	甲辰刑部	法速5	黑龙江高等审判厅厅丞	
栾骏声	奉天	癸卯刑部	进士馆外班	湖北高等检察厅检察长	
段国垣	山西	甲辰户部	法速5	黑龙江龙江府地方审判厅推事长	
程继元	安徽	癸卯刑部	进士馆	直隶承德府地方审判厅推事长	
胡嗣瑗	贵州	癸卯翰林	进士馆	捐道员分直隶	
龙建章	广东	甲辰户部	五大臣出洋参赞	截取繁缺知府	
吴建三	湖南	癸卯刑部	进士馆外班	捐免历俸,保送知府分河南	劝业道商务兼邮传科科长
李维钰	贵州	癸卯刑部	法速2+补修科	捐免历俸,保送知府分直隶	1910年天津病故
陈树勋	广西	癸卯翰林	进士馆	保送知府分云南	
阎士麟	甘肃	甲辰翰林	进士馆+补修科	保送知府	

续表

姓名	籍贯	科分授职	"新学"背景	官职	备注
蓝文锦	陕西	癸卯翰林	进士馆	保送知府分湖北	
熊朝滨	贵州	癸卯刑部		四川天全知州	
易顺豫	湖南	癸卯户部		江西临川	1905年改外
华宗智	四川	癸卯翰林	进士馆	福建宁洋	
王壔	直隶	癸卯刑部	进士馆	广东四会	
李汉光	河南	癸卯户部	进士馆外班	甘肃文县	
杨绳藻	江西	癸卯刑部	进士馆外班	安徽铜陵	
鲁藩	江西	癸卯户部	进士馆外班	湖南清泉	
徐绍熙	安徽	癸卯户部	进士馆	江西金溪	
张新曾	山东	癸卯工部	进士馆优等	直隶肥乡	
胡位咸	安徽	癸卯礼部	进士馆	江西长宁	
张鼎	云南	癸卯礼部	进士馆	广东广宁	疑即张坤
龚庆云	安徽	癸卯兵部	进士馆优等	山西和顺	
李玉振	云南	癸卯户部	进士馆优等，日本考察	陕西兴平	
白葆端	直隶	甲辰工部	进士馆毕业，日本考察	山西平鲁	
杨巨川	甘肃	甲辰刑部	进士馆毕业，东洋游历	湖南麻阳	
朱德垣	广西	癸卯户部	进士馆	直隶广昌	
高嘉仁	广西	癸卯户部	进士馆	浙江桐乡	
梁成哲	山西	甲辰刑部	进士馆	直隶容城	
阎廷献	直隶	癸卯中书	进士馆	山东新泰	
徐培	广西	甲辰中书	进士馆	湖北咸丰	
朱宝璇	浙江	癸卯中书	进士馆	河南项城	
张孝慈	陕西	癸卯中书	进士馆优等	甘肃通渭	
王丕煦	山东	癸卯中书	进士馆优等	浙江桐庐	
刘敬	福建	癸卯刑部	进士馆，日本考察	四川长寿	
谢桓武	河南	甲辰中书	进士馆优等	山西定襄	
闵道	云南	甲辰兵部	改知县原班铨选	河南滑县	
陈赓虞	直隶	甲辰刑部	进士馆	广东始兴	
钟刚中	广西	甲辰吏部	进士馆	湖北通山	
叶大华	福建	甲辰刑部	进士馆	广东茂名	
程宗伊	河南	主事	法速5	甘肃隆德	癸卯贡士，未殿试
忠兴	蒙古	癸卯兵部		湖北应城	
范振绪	甘肃	癸卯工部	法速5	河南济源	
陈正学	四川	甲辰刑部	法速4+补修	署湖南桂阳	
何毓璋	陕西	甲辰刑部	京师法律学堂	署河南通许	
史之选	江苏	甲辰礼部	进士馆	署河南虞城	
郑元桢	福建	甲辰兵部		署广东龙门	
梁禹甸	福建	甲辰兵部		1906年改广西知县	

资料来源：以《职官录》（宣统三年冬）为主，辅以朱批奏折、录副奏折、《清代官员履历汇编》第28册（第564、637、638、640、643、645、646、650、654、655、665、668、675~677、692、693、706页），以及其他日记、公报材料统计而出。"新学"背景据第五章各表。

值得注意的是，癸卯科翰林较其甲辰后辈"表现更优"，与部属的情况适相反，说明翰林群体升迁仍如以往，更看重资历。此外，在辛亥鼎革前升至监司大员的为数不多的癸、甲进士中，癸卯翰林占据绝对多数，一方面说明在翰林整体式微的情况下，少数翰林在升迁中仍有极大竞争力，另一方面显示翰林的分化也很严重。

除了在京内衙门补缺、升迁、流动外，京官外用也是非常重要的出路。在鼎革之前，至少有 66 名癸、甲翰林、部属、中书外放，其中至少 22 人曾实任或署理监司道府等官，37 人曾实任知州知县官。如果排除同一人先任京官再外放的情况，则分别有 10 名癸卯科翰林、24 名癸卯科主事和中书、17 名甲辰科主事和中书外任监司道府州县等官。这一群体绝大多数有"新学"背景，一定程度上折射出改制时代的用人风气。

综上，鼎革之前，癸卯科翰林在京内外升迁的人数为 23 人，占本科翰林总数的 29%；甲辰科的同一数据则分别为 9 人和 14%。癸卯科部属和中书现任或曾任实缺京外官的人数为 60 人，占该科部属和中书的 55%；甲辰科的同一数据则分别为 63 人和 54%。

即用知县补缺的新动向

清末州县候补官员队伍庞大，补缺甚难，常常被视为异途冲击正途、吏治腐败、人浮于事的证据。1862 年，顺天府尹蒋琦龄曾说："即用人员，不但终身无补缺之望，几无终身差委之期。"《清史稿·选举志》称："甲榜到部，往往十余年不能补官，知县迟滞尤甚。"[1] 曾任知府多年的何刚德说：光绪以来，外省知县、教职之"拥挤更不可问，即如进士分发知县，名曰即用，亦非一二十年不能补缺"。[2] 那么，癸、甲二科即用知县的补缺是否有所变化呢？

---

[1] 《穆宗实录》（1），同治元年三月中，《清实录》第 45 册，第 610 页。《清史稿》第 12 册，中华书局，1977，第 3213 页。肖宗志：《候补文官群体与晚清政治》，巴蜀书社，2007，第 291 页。

[2] 何刚德：《客座偶谈》卷 2，《客座偶谈·春明梦录》，第 2 页 a。

前文已统计，两科即用知县共计212人（癸卯124人＋甲辰88人），外加未殿试的贡士中有7人于1907后以即用知县分省，总共219人。而据我的不完全统计（详表6－8），在辛亥鼎革之前，至少有136位即用知县现任或曾任州县实缺，亦即近2/3的癸、甲二科即用知县，至迟在中进士后的七八年内已补实缺。其中癸卯科为81人，甲辰科为55人，分别占该科即用知县的64％和58.5％。事实上，许多人三五年内即已补缺，甚至调补首县等最要缺，升直隶州知州者亦不乏人。

显然，癸、甲二科即用知县的补缺速度比经常被人引用的论断要快许多。究其原因，当然有可能是何刚德等人夸大了即用知县的拥挤情形，但更合理的解释是，癸、甲二科距上届戊戌科已过五六年，而此后的七八年间，除7名未殿试贡士以即用知县用，再无即用知县分发各省。所以，随着时间推移，进士即用知县的存量愈来愈少，物以稀为贵，且癸、甲二科即用知县中颇不乏干吏，自然补缺更快。

这也说明，停废科举对癸、甲二科即用知县这一大群体，反而产生了"利好"的影响。其实，时人亦注意到地方正途州县官日少的趋势。癸卯科进士、御史萧丙炎就曾以"京内正途部员练习法政者甚夥，如癸卯、甲辰两科进士均系法政毕业，复经学部咨送出洋游历，考察新政，现已分隶各部"，奏请量予保送截取。[①] 事实上，进士馆奖励章程本已规定，毕业考列中等的翰林、部属、中书"自愿外用知县"，照"散馆班次"，即"老虎班"用。后来考列优等、最优等的进士，亦不乏自愿改外者，遂亦比照考列中等人员，一体办理。[②] 郭则沄亦称："庶常、部曹毕业于进士馆，有愿

---

① 《吏部奏议复御史萧丙炎奏请变通各部主事改外折》（宣统二年三月十二日），林乾、王丽娟点校《大清新法令》第8卷，第154～156页。

② 《学部附奏进士馆毕业考列优等、最优等各员准其呈请改外片》（光绪三十二年十二月二十日），《北京大学史料》第1卷，第406页。李林称"分发地方的进士，大都为即选知县，俗称'榜下县'，亦称'老虎班'，到省即补缺"，系将即用知县（榜下县）与散馆知县（老虎班）混淆了。李林：《从经史八股到政艺策论：清末癸卯、甲辰会试论析》，香港《中国文化研究所学报》第55期，2012年7月，第196页。

改外者，均照老虎班即选，此历来所无也。"① 因此，癸、甲二科京官改外者人数颇夥，几占主事、中书的 1/5。这也一定程度上缓解了主事、中书的拥挤程度。此外，癸、甲二科以知府原班分省的叶景葵、张德渊和江绍杰三位，辛亥鼎革前分任大清银行监督、广西泗州府知府和江苏高等检察厅检察长。

表 6-8　辛亥鼎革前癸、甲进士现任、曾任州县实缺题名

省份人数	姓名	籍贯	科分	官职	备注
直隶 24+3	张继信	陕西	癸卯	顺天大兴知县	最要缺
	高步青	山西	甲辰	宁河知县	
	梁成哲	山西	甲辰	容城知县	主事改外
	朱懋春	湖北	癸卯	赤峰直隶州知州	
	樊海澜	河南	癸卯	迁安知县	
	和绅布	满洲	癸卯	献县知县	
	仵墉	陕西	癸卯	任丘知县	
	黄纯垓	湖南	癸卯	交河知县	
	吕调元	安徽	癸卯	天津知县	最要缺，前任南宫知县
	宋功迪	江西	癸卯	静海知县	最要缺
	杨灏生	奉天	甲辰	盐山知县	
	戴宝辉	贵州	甲辰	庆云知县	
	孙家钰	河南	甲辰	正定知县	
	李盛銮	江西	癸卯	枣强知县	
	杨大芳	山西	甲辰	高邑知县	天津高等审判分厅试办刑科推事
	宋嘉林	河南	癸卯	宁晋知县	
	胡献琳	江西	癸卯	饶阳知县	
	邵孔亮	安徽	甲辰	南和知县	
	李泽宸	山东	癸卯	永年知县	
	张治仁	湖北	癸卯	卢龙知县	后调吉林，补伊通直隶州知州
	何谌	福建	癸卯	顺天三河知县	1906 年甫上任病故
	胡商彝	云南	癸卯	任丘、天津知县	1910 年革职，1911 年开复
	姜宗泰	山东	癸卯	1906 年故城知县	1911 年病故
	廖毓英	福建	癸卯	顺天宝坻、宛平	
	孙鸿烈	河南	癸卯	玉田知县	
	朱德垣	广西	癸卯	广昌知县	改外1911 年奏参改教职
	张新曾	山东	癸卯	肥乡知县	改外

① 子厂（郭则沄）：《税园同年诗述癸甲两科异于历来春试者，纪事殊有未尽，俳体补述，博同人一笑》，载《科举概咏》，《中和月刊》第 1 卷第 11 期，1940 年 11 月，第 51 页。

续表

省份人数	姓名	籍贯	科分	官职	备注
江苏 10	陈兆槐	湖南	甲辰	提学司普通、实业二科副科长	1910年请补上元知县，吏部以首县应调补奏驳，1911年续请
	张鹏翔	浙江	癸卯	长洲知县	前任华亭知县
	王绍曾	直隶	癸卯	崇明知县	调海门知县
	王琴堂	直隶	甲辰	华亭知县	
	邹寿祺	浙江	癸卯	丹阳知县	
	濮文波	安徽	甲辰	阜宁知县	
	尚光铖	安徽	癸卯	清河知县	
	李世由	安徽	癸卯	1905年请补清河知县	端方奏参革职，1910年张人骏奏准开复
	孙回澜	贵州	癸卯	1909年常熟知县	
	夏启瑞	浙江	癸卯	沭阳知县	1910年署理安东知县
安徽 5+1	忻江明	浙江	甲辰	桐城知县	1911年调署潜山知县
	阎希仁	直隶	癸卯	太平知县	
	郝继贞	直隶	癸卯	合肥知县	最要缺
	张朝辅	江苏	甲辰	凤台知县	
	田毓璠	江苏	癸卯	太和知县	1910年署六安直隶州知州，1911年请补
	杨绳藻	江西	癸卯	蒙城知县	改外选铜陵，1911年调蒙城
山东 11+1	李臣淑	江西	癸卯	总务、图书二科科员	
	周安康	广西	甲辰	章丘知县	
	丁树奇	贵州	癸卯	长清知县	
	张学宽	安徽	甲辰	泰安知县	最要缺
	阎廷献	直隶	癸卯	新泰知县	内阁中书改外
	张廷栋	江苏	甲辰	定陶知县	1906~1907年署济阳知县
	王延纶	直隶	癸卯	巨野知县	
	黄韩鼎	浙江	癸卯	馆陶知县	
	姜乃升	直隶	甲辰	寿光知县	代理山东地方审判厅推事
	王荫楠	直隶	癸卯	1905年补荣成知县	1906年在任病故
	董镛	直隶	甲辰	1909年请补冠县知县	
	贾景德	山西	甲辰	1908年请补郯城知县	1907年署招远知县
山西 6+3	覃寿彭	湖北	癸卯	提学司图书科科员	
	李增荣	四川	癸卯	临汾知县	兼巡警道署总务科科长
	刘绍曾	直隶	甲辰	永济知县	
	曾肇嘉	贵州	癸卯	闻喜知县	
	龚庆云	安徽	癸卯	和顺知县	主事改外
	王钟仁	直隶	癸卯	天镇知县	
	任嘉莪	直隶	甲辰	神池知县	
	白葆端	直隶	甲辰	平鲁知县	主事改外
	谢桓武	河南	甲辰	定襄知县	中书改外

续表

省份人数	姓名	籍贯	科分	官职	备注
河南 5+5	朱宝璇	浙江	癸卯	项城知县	中书改外,兼巡警道署总务科副科长
	史之选	江苏	甲辰	虞城知县	改外
	庞毓同	直隶	癸卯	汲县知县	
	闵道	云南	甲辰	浚县知县	改外
	王益霖	江西	癸卯	封丘知县	
	范振绪	甘肃	癸卯	济源知县	改外
	潘鸣球	江苏	甲辰	洛阳知县	
	杨济时	湖南	甲辰	汝阳知县	
	萨起岩	福建	癸卯	鲁山知县	
	何毓璋	陕西	甲辰	署河南通许	法部主事改外
陕西 5+1	张瑞玑	山西	癸卯	兴平知县	1907年请补洛川知县
	培成	满洲	癸卯	蒲城知县	
	张运魁	四川	癸卯	城固知县	
	王景莪	湖南	癸卯	西乡知县	
	李玉振	云南	癸卯	洛川知县	主事改外
	吴庚	山西	癸卯	1907年请补临潼知县	1910年请开缺养亲
甘肃 4+3	程宗伊	河南	甲辰	隆德知县	甲辰贡士,主事改外
	郑廷琮	福建	癸卯	环县知县	前署西宁知县
	刘春堂	直隶	癸卯	碾伯知县	
	王珍	陕西	甲辰	张掖知县	甲辰贡士,即用知县
	李应寿	山东	甲辰	高台知县	
	李汉光	河南	癸卯	文县知县	度支部主事改外
	张孝慈	陕西	癸卯	通渭知县	内阁中书改外
福建 3+1	魏垂象	甘肃	癸卯	福清知县	最要缺
	许中杰	直隶	癸卯	惠安知县	
	叶湘	江西	甲辰	霞浦知县	
	华宗智	四川	癸卯	1907年选宁洋知县	署理建宁知县,旋丁忧。癸卯翰林改外
浙江 6+2	杜光佑	湖北	癸卯	临海知县	兼提学司专门科科长
	增春	满洲	甲辰	山阴知县	1906年请补建德知县
	王丕煦	山东	癸卯	桐庐知县	中书改外
	翁长芬	江苏	癸卯	永嘉知县	1906年请补诸暨知县
	王宝璜	湖北	甲辰	平阳知县	
	高嘉仁	广西	癸卯	桐乡知县	度支部主事改外
	林基逵	山东	甲辰	1908年请补归安知县	1907年署宣平知县
	叶大章	福建	甲辰	1908年山阴知县	1909年革职

续表

省份人数	姓名	籍贯	科分	官职	备注
江西 8+3	刘光笫	四川	甲辰	贵溪知县	
	汪春源	福建	癸卯	安义知县	
	马天翮	福建	癸卯	南丰知县	
	易顺豫	湖南	癸卯	临川知县	主事捐外，1910 年署庐陵知县
	徐绍熙	安徽	癸卯	金溪知县	主事改外
	胡位咸	安徽	癸卯	长宁知县	主事改外，署都昌知县
	陈牧功	广西	甲辰	瑞金知县	
	程镇瀛	湖北	甲辰	南康知县	
	武曾任	浙江	癸卯	大庾知县	1909 年在任病故
	杨凤翔	山东	癸卯	1908 年请补信丰知县	1909 年准补未到任，署万年知县
	王承佐	浙江	甲辰	1906 年请补信丰知县	未到任，委办南安府属契税事务，1907 年途中不幸溺水亡故
湖北 5+3	马进修	陕西	癸卯	蒲圻知县	
	钟刚中	广西	甲辰	通山知县	吏部主事改外
	郭毓璋	陕西	癸卯	孝感知县	1911 年署蕲州知州
	曹元鼎	浙江	甲辰	黄陂知县	
	陈中孚	江西	癸卯	京山知县	
	陈钧	云南	癸卯	宜都知县	1905 年曾补天门知县，丁忧
	徐培	广西	甲辰	咸丰知县	中书改外
	忠兴	蒙古	癸卯	1911 年请补应城知县	兵部主事改外
湖南 15+3	王允猷	浙江	癸卯	长宁知县	兼提学司专门、会计二科科长
	曾光爔	四川	癸卯	提学司普通科科员、实业科副科长	
	邹鹄	江西	甲辰	提学司实业科科员	甲辰贡士，未殿试
	钟麟	蒙古	癸卯	浏阳知县	
	梁鸿藻	广东	癸卯	巴陵知县	
	邱景章	安徽	甲辰	邵阳知县	
	吴兆梅	山西	甲辰	新宁知县	
	邓荣辅	广西	癸卯	衡阳知县	最要缺，丁忧前任新宁知县
	章锡光	浙江	甲辰	桃源知县	
	杨巨川	甘肃	甲辰	麻阳知县	刑部主事改外
	杨靖恭	河南	甲辰	东安知县	
	孟应奭	福建	甲辰	江华知县	
	苏兆奎	四川	甲辰	宜章知县	
	陈正学	四川	甲辰	桂阳知县	刑部主事改外
	孙鸾	贵州	甲辰	保靖知县	
	张其锽	广西	甲辰	1908 年请补芷江知县	
	程起凤	江西	癸卯	1908 年调溆浦知县	1904 年请补城步知县
	鲁藩	江西	癸卯	清泉知县	署嘉禾知县，主事改外

续表

省份人数	姓名	籍贯	科分	官职	备注
四川 12＋2	万 篪	江西	癸卯	新都知县	
	田明理	陕西	甲辰	灌县知县	
	张文源	甘肃	癸卯	内江知县	
	王元璐	山东	甲辰	高县知县	
	陈金华	广西	甲辰	隆昌知县	
	哲克登额	蒙古	癸卯	古宋知县	
	郭钟美	安徽	甲辰	重庆府分驻江北同知	前任温江知县
	周观涛	江西	甲辰	江津知县	
	王声溢	山东	癸卯	荣昌知县	
	黄 堃	云南	癸卯	垫江知县	前任屏山知县
	袁大瑑	湖南	癸卯	夹江知县	
	熊朝滨	贵州	癸卯	天全州知州	主事捐外,1907 年开缺另补
	刘 敬	福建	癸卯	长寿知县	法部主事改外
	邓 隆	甘肃	甲辰	南充知县	辛亥丁忧
广东 10＋5	茹欲可	陕西	甲辰	三水知县	前任兴宁知县
	王 墉	直隶	癸卯	四会知县	法部主事改外,1910 年调署南海知县
	陈赓虞	直隶	甲辰	始兴知县	法部主事改外
	陈德昌	山东	癸卯	河源知县	
	覃寿堃	湖北	甲辰	1910 年补钦州直隶州知州	前任新宁知县
	叶大华	福建	甲辰	茂名知县	法部主事改外
	谢慕韩	江西	癸卯	乐会知县	
	黄光厚	福建	癸卯	临高知县	
	程昌甫	江苏	癸卯	1907 年请补花县知县	
	唐树彤	广西	癸卯	1906 年请补英德知县,1907 年请补海康知县	1908 年丁忧开缺
	周汝敦	云南	癸卯	1909 年补钦州直隶州知州	前任番禹知县,最要缺
	张凤喈	安徽	癸卯	南海知县	最要缺,1910 年请假回籍省亲,遗缺由王墉署理
	郑元桢	福建	甲辰	龙门知县	兵部主事改外
	张 鼎	云南	癸卯	广宁知县	礼部主事改外,榜名张坤
	崔炳炎	直隶	甲辰	潮阳知县	
广西 1＋1	梁禹甸	福建	甲辰	劝业道邮传科科员	1906 年兵部主事改外
	高廷梅	浙江	癸卯	归顺直隶州知州	前任武缘知县

续表

省份人数	姓名	籍贯	科分	官职	备注
贵州 2	张肇铨	山东	甲辰	天柱知县	1911 年开缺，以同知候补
	刘贞安	四川	癸卯	印江知县	前任贵定知县
云南 4	刘昌仁	四川	癸卯	1904 年请补禄劝知县	
	有　瑞	满洲	癸卯	大关厅同知	前任顺宁、昆明知县
	程天锡	甘肃	甲辰	禄丰知县	
	熊范舆	贵州	甲辰	广西直隶州知州	1911 年请补
总计	139 人 + 37 人 = 176 人				

注："直隶 24 + 3"指直隶癸、甲二科即用知县补缺者 24 人，京官改任知县者 3 人，其余类推。

资料来源：以《职官录》（宣统三年冬季）为主要依据，辅以奏请补缺的大量朱批奏折、录副奏折，再以清季最后几年的《爵秩全录》、《缙绅全书》和《清代官员履历档案汇编》为补充。

通过上文的考察，似可得出以下几点认识。

首先，癸、甲二科进士在辛亥鼎革之前的补缺与晋升情况，可由表6－9 展现出来。在鼎革之前，癸卯科进士群体有一半以上人已补实缺甚至获得晋升，甲辰科的数据接近一半。即用知县人数最多，而补缺率亦最高。部属次之，其中甲辰科部属反较其癸卯科前辈仕途更顺。此外，翰林院本无缺额限制，庶吉士留馆授编修、检讨，即系实缺。故表6－9 所统计的实为翰林在京内外获得晋升的人数，远少于部属、知县补缺者，但鼎革前癸、甲二科出身的几位高官，仍是翰林起家。

表6－9　辛亥鼎革前癸、甲进士补缺晋升统计

科分	官别人数	补京缺人数	比例（%）	补外缺人数	比例（%）	合计	比例（%）
癸卯科	翰林 77 + 2	13	16.5	10	12.6	23	29.1
	部属和中书等 109	36	33.0	24	22.0	60	55.0
	即用知县 124 + 1	—	—	81	—	81	64.8
合　计						164	52.4
甲辰科	翰林 64 + 1	9	—	0	—	9	13.8
	部属和中书等 117	46	39.3	17	14.5	63	53.8
	即用知县 88 + 6	—	—	55	—	55	58.5
合　计						127	46.0

其次，在废科举、改官制时代，由于部院扩张，缺分加多，且癸、甲进士策论出身，其中许多人又在进士馆或日本、欧美等国肄习法政、理财等"新学"，恰好适应了新政需要。因此，癸、甲二科主事、中书补缺及升迁的速度，竟远超其进士前辈。进士分部学习主事通常非二十年不能补缺的既往认知，已与清季最后几年的实情大为不符。最后的进士群体在科举废除后并未迅速"边缘"，总体还比此前补缺更快，只是部分人仕途超顺，火速升迁，同年之间的分化更为严重。

再次，废科举切断了榜下即用知县的来源，地方进士出身的知县日少，物以稀为贵，各省即用知县反而逐渐吃香。不仅近 2/3（至少 136 人）的癸、甲二科即用知县在中进士后的七八年内已补实缺，远快于此前通常十余年得缺的速度，而且，癸、甲二科翰林、部属、中书改就知县的风气日盛，鼎革之前，约有 40 人改外补得实缺知县。因此，奇诡的是，废科举对癸、甲进士中的即用知县反而产生了"利好"作用。然而，下文将看到，辛亥鼎革对进士群体中任知县实缺者冲击甚大。虽然亦有少数人继续在原地或原省任官，更多的人则丢官回乡，或归隐林下，或出任幕僚，当然亦不乏伺机而动，寻求免保知事，"光复旧物"者。

最后，虽然亦有少数癸、甲翰林遽升至监司高位，但从整体上看，在废科举、改官制时代，翰林受到的冲击最大，地位降得最快。失去科举依托的翰林群体，如何在后科举的立宪时代调适自我，因应变局，是下节讨论的主题。

二　翰苑存废生死之争

有清一代重科名，又以点翰林为尤荣。长久以来，翰林院既是人文渊薮，又是储才重地，高官多出其中，地位极其显要。张之洞曾有名言：世运之明晦，人才之盛衰，其表在政，其里在学。可以说，翰林院本来正是政学表里相依的化身。然而，在清末改科举、兴学堂，中西学此消彼长的新政浪潮下，翰林院却恰恰面临"学"与"政"的双重危机。一方面，翰林被讥为空疏无学，另一方面，朝廷用人也逐渐不重翰林。因此，庚子前后，整饬翰林院成了清廷除旧布新的重要举措，老翰林被要求研习所谓的新学实学。随后，当局进一步深化科举改制，诏开进士馆，以癸卯、甲辰两科翰林为主要学员，聘日本及留学生教习讲授法政等新学，实现了从翰林院庶常馆到京师大学堂进士馆的制度变革。与此同时，随着詹事府被裁，本已十分拥挤的翰林院，升转更形艰难。1905 年科举立停后，足以名利双收且几乎为翰林包揽的试差、学差大减，[①] 翰苑日渐式微。迨 1906 年宣布预备立宪、改革官制，翰林院不仅地位下降，更时有消亡之虞，终至 1911 年责任内阁成立前后发生了存废生死之争。

癸、甲二科一百数十名进士跻身翰林之日，正是翰林院面临巨大危机之时。不久科举立停，除了数量有限的洋翰林外，翰苑新血已断。因此，癸、甲翰林自 1907 年陆续散馆后，遂成为翰林院最后岁月里的最大群体。故癸、甲翰林群体的仕途和命运，就与翰林院的存废密切相连。面对生死危机，翰林院上下如何因应？癸、甲翰林群体在其中扮演了什么角色？中国特有之翰林院，其可能的转型方向和路径何在？是本节想要讨论的问题。

名实颠倒：官制改革后翰林院添缺升品的努力

光绪三十二年（1906）二月，翰林院共有 143 员。其中编修、检讨 110 员，除去出差等项，实有 76 员。[②] 虽然是年官制改革中翰林院得以保存，但 1907 年短短一年里，进士馆及游学毕业的癸卯、甲辰二科庶吉士，授职编修、检讨的足有百人。翰林院骤添百人，拥挤可想。有意思的是，恰在此时，御史徐定超以翰林院"本较他曹为优"，但"年来官制屡更，各部自为升转，而翰林院转虑沉沦"为由，奏请变通翰林院官制。[③]

---

① 停科举之后，乡、会试试差俱无，学政易为提学使，但人选已不限于进士、翰林出身，且权归学部。

② 《玉堂谱》（丙午二月），李向东等标点《徐兆玮日记》第 1 册，黄山书社，2013，第 627 页。

③ 《会议政务处议复御史徐定超请变通翰林院官制折》（光绪三十四年三月初三日），荆月新、林乾点校《大清新法令》第 2 卷，第 16 页。

徐定超早年以进士分发主事,[①] 并非翰苑中人,此奏自是翰林群体推动的产物。其中癸卯科翰林邵章扮演了重要角色。据邵氏自述,该折稿实由其代拟。[②] 邵、徐为浙江京官同乡,自有捉刀可能。且邵章刚参加了光绪三十三年十一月举行的进士馆游学毕业学员考试,与癸卯、甲辰同年最感升途狭窄,亦有迫切需要。徐定超此奏的"成果"是,翰林院添设了从六品的秘书郎四缺,又一次"索回"了当年裁撤詹事府的部分缺额。不过,其翰林升品的奏请,却均遭否决。

一年之后,翰林院升品事宜在翰林与留学生的互相较劲中,再次被提上议事日程。1909 年初,由留学生主导的宪政编查馆统计局在统计表中,将编修、检讨列于民政部七品警官之后,结果翰林院"合署大哗"。甲辰科翰林章梫特草一说帖上呈掌院学士孙家鼐,"言中堂虽好让不争,恐宪政一定后,虽欲争而不得";章梫同时"又备一分呈政务处……争体制不应列各部之后"。孙家鼐因此"痛诋洋学生"。不过,翰林前辈徐兆玮则认为"止争体制不厘订职掌,终贻人口实"。[③]

其实,厘正翰林职掌、品秩的运作,也正在进行之中。但为避嫌,现任翰林却不宜直接上奏。所以,宣统元年(1909)闰二月二十九日,癸卯科翰林、时任内阁侍读学士的延昌奏请变通翰林官制,奉旨交政务处议奏。其折先讲翰林院,尤其是癸卯、甲辰二科翰林的现状:"近以庶政待举,部员各有攸司,而翰林一官转同清简。……查翰林院自学士以下,供职者凡百数十员。其科分较前者或研究政书、或浏览译籍。近科诸员则自癸卯、甲辰两科毕业于进士馆,及外洋法政等学校者百三十四员。论者谓新立各部,衙门新而多旧人,翰林院则衙门旧而多新人。诚非过论。顾郑重培之而闲散置之,揆之朝廷储才之本意,未免相暌。"进而提出应斟酌厘定者有三。(1)扩充职掌。国史馆掌国史,文渊阁掌秘书,武英殿掌刊刻秘书,此皆

---

① 中国第一历史档案馆编《光绪宣统两朝上谕档》第 9 册,第 157 页。
② 邵章:《癸酉冬日题藏园所庋翰苑全书和羍庵大前辈韵》,《倬盦遗稿》,1953 年油印本,第 38 页 a。
③ 李向东等标点《徐兆玮日记》第 2 册,黄山书社,2013,第 970~971 页。

翰林院原有职掌，拟请量为扩充。（2）升品级。请将翰林院学士改从二品，侍读、侍讲学士分别改正、从三品，侍读、侍讲分别改正、从四品，撰文、秘书郎、修撰俱改正五品，编修、检讨均改从五品，以符名实。（3）停外班。拟请"嗣后满蒙应补之缺如满蒙编、检升补无人，即以汉军编、检升补，汉军编、检亦升补无人，即以汉编、检升补"。①

延昌系京口驻防蒙古旗人，业已任职内阁，却能为翰林院旧署以及汉人编修、检讨说话，甚属难得。之所以如此，一方面是官制改革中不分满汉的时趋所致，另一方面也少不了癸卯科翰林同年的怂恿。癸卯科翰林胡骏就感慨道："此次能为本署出力者，子光（延昌——引者注）同年尚已，而瑶琴折尤为措词得体，援据确实。"②

"瑶琴"即戊戌科翰林、时任邮传部左参议李稷勋，系甲辰恩科会试同考官。就在延昌上折后不久，李稷勋奏请变通翰林旧制，归并职掌，厘正品秩，以维体制，亦交政务处议奏。在铺叙新政前后翰林升沉之后，李稷勋说："年来留学毕业及将来分科大学毕业学生，均以考列最优等者授职编、检，而近三科庶吉士咨送出洋，分习各项科学，毕业后始散馆。若取之既极慎重，用之直等闲散，又非朝廷兴学育才之盛心。"李氏进而建议，（1）归并职掌。一方面推广修史职务，"若宪法、民政、实业、交通各要政，为前史所未有者，均应分立表志，增制精图，俾信今传后"；另一方面将国史馆职掌归并翰林院，自编修、检讨以上，悉令分科任事，"纂辑新政诸志，讲习法政，考究实业"，以历练人才。（2）厘正品秩。定制翰林品秩虽卑而礼节崇高，拟请将修撰改为正五品，编修、检讨改为从五品，以上依次递升，以符名实。③

孙家鼐见李稷勋折后，"甚以为然，拟独具说帖交政务处"。恽毓鼎佑

① 《内阁侍读学士延昌奏为变通翰林旧制扩充职掌事》（宣统元年闰二月二十九日），中国第一历史档案馆藏录副奏折，档号03-7440-005。
② 胡骏：《补斋日记》，沈云龙主编《近代中国史料丛刊三编》（71），台北：文海出版社，1986，第11~12页。
③ 《邮传部左参议李稷勋奏翰林院职司清简人文萃集拟请变通旧制归并职掌厘正品秩事》（宣统元年三月二十二日），中国第一历史档案馆藏录副奏折，档号03-7472-008。

计若吏部尚书不阻扰，当可准行。胡骏等人也认为有孙家鼐"出头"，十有八九可成。① 不过，事情的发展显然比预想要曲折得多。不仅因为 1908 年初，政务处刚刚否决了徐定超翰林升品的奏请，此时不好迅速转圜，而且据张书云讲，翰林院内部也有阻力。还有人折中建议升检讨为正七品，升编修为正六品。胡骏以为如此则真成画虎不成反类犬了。② 于是翰林升品事一度陷入了拖延状态。

不过，癸卯、甲辰翰林仍在积极努力，其策略是先拜会时任吏部尚书的甲辰科座师陆润庠，沟通妥当后，再分别登门游说满汉军机大臣。其中王寿彭、水祖培、王大钧、朱汝珍、商衍鎏、高振霄、章梫、吴增甲、杨兆麟、黎湛枝、张书云、胡骏、林世焘等人奔走最为热心。八月十九日，王寿彭、黎湛枝、张书云、王大钧、章梫、朱汝珍、林世焘、胡骏等人拜谒陆润庠，言翰林院衙门事。四天之后，胡骏与王大钧、商衍鎏、朱汝珍、水祖培、王寿彭、高振霄等人为升品事，专程拜访大学士、满军机大臣世续，寻求支持。世续态度谦谨，"满口应承"。但鉴于当权者常常表面赞同，实际反对，胡骏也不能确定世续"果无异议否"。诸人随后即赴东兴楼应章梫之约，盖章梫热心此事，专待于此，欲聆消息。席间又约定二十七日在吴增甲家里再次聚议。二十八日，翰林们又登门游说大学士、军机大臣鹿传霖。③ 九月初一日，胡骏与黎湛枝、朱汝珍、张书云、谢崇基等人至王寿彭处，会议翰林升品折稿，随后由王寿彭、杨兆麟亲赴荣庆府上请示。④ 据说孙家鼐、荣庆于初二日画稿，"不日出奏"，尤其是各军机大臣亦表示赞成。⑤

翰林群体的努力果然收到成效。九月二十五日，会议政务处议复延昌、李稷勋的折子终于出奏，距二人上折之日已过半年之久。折子明言"固不

---

① 史晓风整理《恽毓鼎澄斋日记》第 2 册，第 438 页；胡骏：《补斋日记》，沈云龙主编《近代中国史料丛刊三编》（71），第 12 页。
② 胡骏：《补斋日记》，沈云龙主编《近代中国史料丛刊三编》（71），第 47 页。
③ 胡骏：《补斋日记》，沈云龙主编《近代中国史料丛刊三编》（71），第 142、143～144、145 页。
④ 胡骏：《补斋日记》，沈云龙主编《近代中国史料丛刊三编》（71），第 146～147 页。
⑤ 《翰林院改实官将次出奏》，《申报》宣统元年九月初七日，第 1 张第 4 版。

敢以朝廷名器见好词臣，亦不敢以议驳在前稍涉回护"，故一方面否决了职掌扩充的建议，另一方面却议准了翰林升品的请求：侍讲学士升为正四品，侍读、侍讲升至从四品，撰文、秘书郎、修撰俱升为正五品，编修、检讨升至从五品。奏上，奉旨依议。①

至此，纷扰数年的翰林升品，在翰林院上下，尤其是癸卯、甲辰翰林群体的努力运作下，终于实现，显示了翰林群体仍蕴藏着可观的活动能量。然而，当翰林群体断断于升品，靠追求"名"以维持自身体制时，也就意味着实际地位的严重下降。因为在当年品秩虽卑而实际却尊的时候，根本不存在翰林升品的诉求。

表 6-10 清季翰林院官制、额缺、品级变动

翰林院官制/额缺/品级	詹事府官制/额缺/品级	1904年翰林院官制/额缺/品级	1908年徐定超奏添额升品/政务处复奏	1909年延昌奏升品/政务处复奏	1909年翰林院新官制/额缺/品级
掌院学士/2/从二		掌院学士/2/从二	改实缺，升从一/否		掌院学士/2/从二
	詹事/2/正三	翰林院学士/2/正三	添2缺，升从二/否	升从二/否	翰林院学士/2/正三
	少詹/2/正四	侍读学士/5/正四	升正三/否	升正三/否	侍读学士/5/正四
侍读、侍讲学士/各5/从四		侍讲学士/5/从四	升从三/否	升从三/升正四	侍讲学士/5/正四
	左右庶子/4/正五	侍读/7/正五	升正四/否	升正四/升从四	侍读/7/从四
侍读、侍讲/各5/从五	洗马/2/从五	侍讲/7/从五	升从四/否	升从四/准	侍讲/7/从四
	左右中允/4/正六	撰文/4/正六	升撰文正五，添4缺/添秘书郎4缺，定从六	升正五/准	撰文/4/正五
			秘书郎	升正五/准	秘书郎/4/正五

① 《会议政务处奏议复内阁侍读学士延昌奏变通翰林院官制折》、《会议政务处会奏议复邮传部左参议李稷勋奏请变通翰林院旧制折》（均宣统元年九月二十五日），蒋传光点校《大清新法令》第6卷，第378~381页。

翰林院官制/额缺/品级	詹事府官制/额缺/品级	1904 年翰林院官制/额缺/品级	1908 年徐定超奏添额升品/政务处复奏	1909 年延昌奏升品/政务处复奏	1909 年翰林院新官制/额缺/品级
修撰/不定额/从六	左右赞善/4/从六	修撰/不定额/从六	升从五/否	升正五/准	修撰/不定额/正五
编修/不定额/正七		编修/不定额/正七	升正六/否	升从五/准	编修/不定额/从五
检讨/不定额/从七		检讨/不定额/从七	升从六/否	升从五/准	检讨/不定额/从五
定额者共22缺	共 18 缺，1902 年被裁	定额者共32缺	定额者共36缺		定额者共36缺

资料来源：《缙绅全书·中枢备览》（光绪二十七年冬），清华大学图书馆科技史暨古文献研究所编《清代缙绅录集成》第 70 册，大象出版社，2008，第 4～5、16 页；《军机大臣奕劻等议复给事中熙麟奏请复詹事府折》（光绪二十九年十二月二十一日）、《会议政务处复奏御史徐定超请变通翰林院官制折》（光绪三十四年三月初三日），荆月新、林乾点校《大清新法令》第 2 卷，第 14～18 页；《会议政务处奏议复内阁侍读学士延昌奏变通翰林院官制折》（宣统元年九月二十五日），蒋传光点校《大清新法令》第 6 卷，第 378～380 页。

追寻新定位：责任内阁成立前后翰林院的保全与扩张

果不其然，胡骏等人换上五品的"水晶顶"，[①] 没戴多久，翰林院就面临被裁撤的生死危机。宣统元年十月，宪政编查馆提调李家驹编制了一份《行政纲目》，就现行各部职掌，分别国家行政、地方行政，按部列表，作为"将来厘定官制，编制预算"的标准。后经修改，于宣统二年（1910）二月二十九日呈递，奉旨俞允。[②] 翰林院由于无所谓国家或地方"行政"，所以在《行政纲目》中并无位置，意味着官制改革时将被裁并。《宪志日刊》评论《行政纲目》时就称：旧内阁、礼部、翰林院所掌"多非国家事务，虽间有关系，而职权不足以立为独立衙门"，故当在裁并之列。《申报》论说的话则更难听："翰苑诸公不啻为旧时专制时代京秩中之一遗物"，将

---

① 胡骏：《补斋日记》，沈云龙主编《近代中国史料丛刊三编》（71），第 162～163 页。
② 韩策、崔学森整理《汪荣宝日记》，第 84、133 页。

来中央官制改革，必遭裁汰。① 宣统二年十月，在第三次国会请愿运动的促动下，清廷下诏提前于宣统三年（1911）设立责任内阁，宣统五年（1913）开设国会。官制改革因此驶入了快车道。而在新的官制改革案中，翰林院将被裁撤，其职能分别划入内务府和新内阁之中。②

可以说，此时的官制改革将翰林院推向了消亡的边缘，而翰林群体就是否保存翰林院也有了分歧。十一月十一日，一部分翰林在便宜坊集会，"共议保存翰苑"。甲辰科探花商衍鎏专门草拟了"公具说帖稿"，供大家讨论，恽毓鼎认为"颇为简要"。③ 九天之后，翰林齐集讲习馆，讨论生死大计："到者百余人，主持保存者以商（衍鎏）、水（祖培）、朱（汝珍）、章（梫）诸编修为最力，主持裁署改官者以李、范、陈、高诸编修为最力，两派大肆诘辨。"④ 据胡骏日记可知翰林"来者甚夥，大率主保存衙门者居多数"。⑤ 于是"公定保存本署说帖，推审查起草人六员"，并公举恽毓鼎等人游说军机大臣。二十五日，公具保存翰林院说帖拟定，次日凌晨由掌院学士陆润庠、荣庆据以代奏。⑥

该说帖系章梫、商衍鎏、水祖培等人起草，⑦ 由翰林院学士许泽新领衔，签名者达 90 人，癸卯、甲辰两科翰林占 43 名。其要点如下。（1）申明翰林院不可裁之理由："职司国史，秉董狐之笔，关系数千年以后之信史，较之新内阁之仅关系一时者不同。"⑧ （2）解释翰林院不可归并内务府之理由。首先，内务府全系旗员，翰林则遍选天下人才，性质不同。其次，内务府分设七司，统于总管大臣，"堂属攸分，缺额有定"；翰林院则无堂

① 《行政纲目汇评》（录《宪志日刊》），《申报》宣统二年四月二十六日，第 1 张第 4 版；《论今日之游学生与翰林院》，《申报》宣统二年五月二十五日，第 1 张第 2 ~ 3 版。

② 《中国中央官制改革案》（续），《申报》庚戌十月二十二日，第 1 张第 3 版。

③ 史晓风整理《恽毓鼎澄斋日记》第 2 册，第 512 页。

④ 《京师近事》，《申报》宣统二年十一月二十九日，第 1 张第 6 版。

⑤ 胡骏：《补斋日记》，沈云龙主编《近代中国史料丛刊三编》（72），台北：文海出版社，1986，第 424 页。

⑥ 史晓风整理《恽毓鼎澄斋日记》第 2 册，第 514、515 页。

⑦ 《且观翰苑运动之效果》，《申报》宣统二年十二月十一日，第 1 张第 5 版。

⑧ 朱批奏折此段残缺，参考《异哉翰林院自请保存之措词》，《申报》宣统二年十二月初十日，第 1 张第 4 版。

属之分，编修、检讨、庶吉士无定额，且遇朝会大典，南书房、上书房翰林班在内务府大臣之上，二者体制不同。最后，"改订官制，要宜以我国之沿革为本，而取外人之长，不宜以外人之制度为本，而置我国之历史源流于不顾"。且弼德院、行政审判院、审计院等皆官制独立，直隶皇上。翰林院"实与德之博士院，英、日之博士会、学士会院制度相仿，皆以储才备用为急，自应令其独立"。总之，"内阁各部为最高行政机关，弼德院为最高行政顾问，翰林院为预备最高行政人才，按之法理，并不相妨，揆之官制统系，尤为赅备"。（3）应行变通之处。一为职掌。应厘定者有二：（甲）讲官，由翰林充任；（乙）内翰林，"旧内阁所司典礼、撰拟、收存、颁发诸务"及"稽察钦奉上谕事件"之任，划归翰林院。应扩充者有五：（甲）筹设通儒院；（乙）组织高等文官试验委员会；（丙）组织法典调查委员会；（丁）开设图书馆；（戊）纂修会典。二为官制。掌院学士仍由大学士兼充，其余侍读学士、侍讲学士，遇有相当之缺，开单请简，侍读、侍讲、撰文、秘书郎、编修、检讨各官，均以新内阁、弼德院各衙门、各直省之缺，为升转外放之途。其详细节目俟奉旨俞允，再由掌院学士妥为核订。（4）附行政统系表。审计院：监督财政机关；行政审判院：行政审判机关；内阁各部：行政机关；弼德院：顾问机关；翰林院：储才机关；内务府：皇室机关。最后，引用中外官制，立足人才储备的极端重要性，强调翰林院万不可裁并："夫翰林一官，朝廷甄择最严，擢用亦多破格。近年设立进士馆，遣派出洋留学，本署人员几占全数，而数年廷试留学生，亦拔其尤者以授编、检各职。仰见朝廷慎重名器、奖励人才之至意。若竟予裁并，转失储才本旨，窃为国家惜之。"①

与此同时，汉掌院学士陆润庠于十一月二十六日单衔奏请保全翰林院，措辞极为痛切，与翰林群体公具说帖实相表里。首先，援引国家创立翰林院制度、养成人才的丰功伟绩，以及翰林院近年在派遣留学、考察政治、人员

---

① 《翰林院学士许泽新等呈翰林院碍难裁并情形条陈单》（约宣统二年十一月二十五日），中国第一历史档案馆藏朱批奏折，档号 04-01-02-0110-023。

结构等方面与时俱进的成效，认为既不可将翰林院"划出宪政之外，转失朝廷用人之初心"，亦不可"强隶入皇室之中"，大失"祖宗设官之本意"。其次，一方面从翰林院的立意和功能角度，反驳针对翰林院不负行政责任的诟病："国家意在储才，原不责以簿书之鞅掌"，之所以"使之回翔清秘"，是为了"博观政治之原，整饬风裁，备为有事折冲之用"。进而强调官制当本其"沿革风尚，不能尽相仿袭"。另一方面阐述德国博士院，英国、日本的博士会、学士会院制度，"皆所以储才备用"，"实与我国翰林院之制相仿"，故其"最高官吏往往以学士、博士任之"，盖"学养重然后识见闳也"。所以，绝不可"徒袭各国之迹象，而遗其精神，隳吾国之良规，而失其美意"。再次，从制度、国史记载方面强调翰林院的不可或缺："《会典》记制度沿革之要，国史正万世是非之公，何一非国家政务所关。故一国之行政汇于新内阁，一国之记载汇于翰林院，未可偏废也。"最后，奏请翰林院"与弼德院、行政审判院、审计院等同为特立衙门"，并"俟新内阁、弼德院官制既定"，以一定数量的内外缺额供翰林升转。[1]

翰林群体公具说帖和陆润庠单衔奏折上陈之后，既定的游说方案随即付诸施行。十一月二十七日，恽毓鼎与十五位翰林会齐，"遍走四大军机之门，要求保存翰林院，均不值，各留说帖而去"。恽氏不禁感慨道："自通籍以来，从未若此之奔竞也。可笑，亦复可怜。"[2] 随后，《申报》也以《且观翰苑运动之效果》为标题，绘声绘色地报道了翰林群体为"力争保存该院"，集会筹议、上奏折、草说帖，"运动"当政大佬的种种努力。[3] 这与翰林日记即时且丰富的记录可以相互发明。

有意思的是，恽毓鼎显然颇为悲观，年末之时预计翰林院明春"必裁"。[4] 不过，历史的发展并不像恽氏估计的那样。宣统三年四月初十日，

---

[1] 《翰林院掌院学士陆润庠奏为具陈翰林院官制未可并更缘由事》（宣统二年十一月二十六日），中国第一历史档案馆藏录副奏折，档号03-7440-009。

[2] 史晓风整理《恽毓鼎澄斋日记》第2册，第515页。

[3] 《且观翰苑运动之效果》，《申报》宣统二年十二月十一日，第1张第5版。

[4] 史晓风整理《恽毓鼎澄斋日记》第2册，第520页。

责任内阁宣布成立，翰林院居然无恙。而且，旧内阁遭裁撤，其大学士、协办大学士还"序次于翰林院"，令翰林院厘定官制时"妥拟章程"。① 看来翰林院不仅逃过一劫，还将旧内阁职掌吞并。

如此结果，令翰林群体不无振奋。陆润庠随即奏称"臣院官制既应保存，则职掌尤宜厘定"，尤其注重讲官、内翰林、纂修会典、通儒院、考试高等文官诸职，一一阐述。② 与翰林群体公具说帖所列职掌相较，取消了组织法典调查委员会和开设图书馆两项。考虑到这两项职掌，修订法律馆和学部业已分别办有头绪，翰林院实难与争，主动取消自是明智之举。随后，章梫、张琴、水祖培、朱汝珍等癸卯、甲辰翰林拟订了翰林院新官制草案。首先，改订名缺。议设正一品翰林院掌院大学士二人；正一品翰林院大学士四人，以前内阁大学士充之；从一品翰林院协办大学士二人，以前内阁协办大学士充之；正二品学士六人，以现任学士升任；正三品侍读学士十人，以侍读、侍讲学士升任；正四品侍讲学士十四人，以侍读、侍讲升任；正五品宏文学士十八人，以撰文、秘书郎改任；从五品集贤学士，无定员，以编修、检讨、修撰改任；正七品庶吉士，无定员。其次，厘定职掌。"议设五处、七馆、一堂、一厅、一所、一会"。五处为：撰文事宜处、日讲事宜处、中秘图书处、典礼事宜处、供奉事宜处。七馆为：记注馆、国史馆、功臣馆、会典馆、武英殿翻书馆、国书馆、通儒馆。堂为清秘堂，内设秘书、文牍、会计、庶务四处。厅为著作厅。所为研究所。会为文官高等试验委员会。"其中记注馆以今之起居注改设。研究所以今之讲习所改设。通儒馆以今之庶常馆改设"，唯文官高等试验委员会为新制。③ 据说，内阁法制院"颇以其名目繁重为嫌"。以故，翰林院重新拟订，改设一堂、五馆，即办事堂、国史馆、记注馆、宏文馆、撰述馆、研究馆。会典馆等改名特别馆。随后由

① 中国第一历史档案馆编《光绪宣统两朝上谕档》第 37 册，第 90 页。
② 《翰林院掌院学士陆润庠奏请饬下政务处核议臣院官制以考核行政各员事》（约宣统三年四月），中国第一历史档案馆藏录副奏片，档号 03 - 7570 - 022。
③ 《翰林院自定义新官制·保存之新法》，《申报》宣统三年五月十八日，第 1 张第 4～5 版。

掌院学士送交法制院再加核夺。① 总之，翰林院不仅保全，而且将旧内阁、礼部等裁撤衙门的部分职掌兼并，一定程度上扩张了职权。

之所以达致这一出人意料的结局，究其原因，掌院学士陆润庠以下翰林群体的极力抗争与游说高层自不待言，此外以下几点值得注意。首先，据说翰林出身的军机大臣徐世昌力主保存翰林院，以示不忘故旧。② 其次，保全翰林院，关系朝章国史和典礼风教，崇儒重学、稽古考文，西方列强亦复如此。驻美公使、比较了解外情的张荫棠就据此立论，力主翰林院当改为文教院而绝不可裁撤。③ 再次，保全翰林院有现实需要，一则此时翰林群体足有一百多人，骤然裁撤，不易安置；且责任内阁成立，旧内阁势必裁撤，而其中出身翰林的大学士、学士等高官必须有所安顿，保留翰林院正可让这些老翰林"回归"，一举两得。最后，癸卯、甲辰翰林多有出洋游学经历，他们所拟的翰林院新职掌，颇用东西洋制度替自己立论，与官制改革者针锋相对。所谓翰林院与东西方列强的博士会、学士院制度相近，均是高级人才储备机关，亦不无道理。此时，翰林院自居储才机关的同时，已不再仅仅定位于人文渊薮，而是与时俱进地囊括法学、经济、商学及理工农医等方面杰出人才，体现了更大的包容性。这也是翰林院转型的可能方向。

翰林院的结局与转型路径

然而，就在翰林院新官制即将出炉之际，武昌起义爆发。几个月后清帝逊位，民国肇建，革故鼎新。1912 年 6 月 2 日，袁世凯下令取消翰林院、都察院、给事中衙门。④ 延续一千多年的翰林院至此消归乌有。6 月 10 日，国务院秘书许宝蘅与癸卯科翰林胡大勋等人到翰林院接收，"仅一主事交印

---

① 《翰林院改制近闻》，《申报》宣统三年七月十三日，第 1 张第 5 版。
② 《旧衙门缓裁之原因》，《时报》宣统二年十一月十五日，第 2 版；《徐相国保存翰林院》，《大公报》宣统二年十二月初三日，第 2 张第 1 版。
③ 《出使美墨秘古国大臣张荫棠奏陈设责任内阁裁巡抚等六项文职官制折》（宣统三年二月二十日），故宫博物院明清档案部编《清末筹备立宪档案史料》上册，中华书局，1979，第 551 页。
④ 《取消翰林院等衙门令》（1912 年 6 月 2 日），骆宝善、刘路生主编《袁世凯全集》第 20 卷，第 79 页。

二颗，其文卷书籍皆无存者，器具则为茶役等所朋分"。[1] 千年翰苑，结局一至于此。翰林院在清末立宪中得以保存，但在民国元年终遭裁撤的事实表明，翰林院虽在清末新政中遭遇空前危机，但并未亡于新政，而实亡于辛亥鼎革。

不过，翰林院虽被裁撤，其部分职能还是不可或缺。比如修史功能（国史编纂既不可废，新朝替胜朝修史亦是老传统），储备、培养和笼络各方面高级人才，保守传统学术文化，引领世风民情（或者说意识形态）等职能，由何种新机构承担，如何实现？仍是民国面临的重要问题。

二次革命后，袁世凯政权逐渐稳固，颇有些"复古"倾向。1914年有评论称："前清制度几于尽复矣，名即未复，实际几尽复矣。名称与实际俱未复者，仅有一翰林院耳。然而前清所遗之旧翰林，今且行团拜礼于陶然亭，奉一二旧翰林中之有势力者隐然为该团体之领袖，其殆亦规复该院之先声欤。"[2] 翰林院虽然终未恢复，但国史馆、清史馆却先后成立，清末特授翰林院检讨的王闿运和翰林起家的赵尔巽分任馆长。当局在笼络"遗民"的同时，实也恢复了翰林院的部分职能，国史馆、清史馆中人也多是前清翰林。1914年夏，当赵尔巽请王闿运推荐清史馆人才时，王氏就明言"修史当悉用翰林，方能截断众流，使廖经师、萧雷公无处安身也"。[3]

再后来，那些亲身经历了新教育的中外人士，开始重新思考精英人才的培养和选用制度，以及固有学术文化的保守和传承问题。一些学者的目光又集中到了逝去的翰林院制度。[4] 钱穆在晚年也曾反思道："科举本只能物色人才，并不能培植人才的。而在明清两代进士翰林制度下，却可培植些人才。这种人才，无形中集中在中央，其影响就很大。……国家养你在那里，担保你有大官做。政府的事，你都可知道，只让你从容一时期，这是一个很好的制度。明清两代，许多大学问家，大政治家，多半从进士翰林出身，并不是十年窗下，只懂八股文章，其他都不晓得。……在政府论，应该要有一

---

[1] 许恪儒整理《许宝蘅日记》第2册，中华书局，2010，第411页。
[2] 《杂评·翰林院》，《申报》1914年5月11日，第7版。
[3] 王闿运：《湘绮楼日记》，马积高主编、吴容甫点校，岳麓书社，1997，第3309页。
[4] 高厚德、许梦瀛：《翰林院制度考》，《教育学报》第6期，1941年9月，第110～111页。

个储才之所，把下一辈的人才培养在那里。培养他的学识，培养他的资望。如是才可以接上气。"① 这样的说法或许有些发思古之幽情，但确实促使我们反思，翰林院有无可能通过转型而保留传承下来？以及如何转型？

在我看来，后科举时代，翰林院的政治色彩必然淡去，其地位下降的趋势实难挽回。但翰林院制度的立意和传统却颇有可取之处。若非辛亥鼎革后遭到断然裁撤，翰林院的转型和命运或许还有不同。继续将翰林来源多元化，不断补充新血，既守旧学，又研新知，向最高学术文化机构转型，是一个值得注意的方向。

这首先因为，国家需要类似的机构，而建立最高学术文化机构也是民初有识之士的不断追求。马相伯等人筹设函夏考文苑的努力就是有名的例子。更重要的是，清季最后几年的翰林院，已经是一个变化了的翰林院，这为类似的转型提供了条件。其变化至少体现在三方面：

其一，清季十年翰林院内部在不断跟进新学，做札记、编新书、开学会、派游学，开办进士馆、讲习馆、宪政研究所，做了种种尝试和努力。这与翰林守旧、反对新政的既有面目和印象，颇有不同。其二，宣统之际，翰林院人员结构发生了重大变化。一份 1910 年的《玉堂谱》显示，彼时翰林院有 190 多人，由三类翰林组成：八股老翰林；策论考中，随后在进士馆肄业或游学、考察归来的癸卯、甲辰二科翰林；参加留学生考试授职的洋翰林，其专业包括文、理、法、工、商各科。内中癸卯、甲辰翰林人数最多，足有近百人。② 从前文论述看，他们也是光宣之际运用旧学新知出谋划策、奔走权贵、保全翰林院衙门并争取更多职权的主力。其三，斯时翰林的专业领域和知识结构早已溢出文史范围，而聚集了法政、工商、财经、理化等方面人才。历来对留学归国洋翰林，尤其是非文科者进入翰林院批评较多，称其非驴非马。其实，换个角度看，这正是翰林来源多元化的有效途径。此外，光宣之际，特赐翰林也是一项新办法。譬如大儒王闿运、曹元弼均获此

① 钱穆：《中国历代政治得失》，三联书店，2005，第 115～117 页。
② 《宣统二年玉堂谱》（1910 年秋），抄本，北京大学图书馆古籍部藏。

殊荣，成为翰苑人员。又比如朝廷特赐严复、詹天佑等早期欧美留学生的杰出代表以进士功名。虽非翰林，实可作如是观。总之，特赐翰林、进士均是当日各领域最杰出之才，也是翰林院补充新血的良法。

可以想见，随着时间推移，加以讲习研究风气和相关制度的导引，翰林院就很有机会成为一个包含各学科高级人才，可以新陈代谢的最高学术文化机构。这正是翰林院转型的可能方向和路径。因此，1911 年设立责任内阁过程中，获得保全并扩充职掌的翰林院，若非辛亥鼎革后遭到民国当局断然裁撤，而是继续将翰林来源多元化，不断补充新血，既守旧学，又研新知，向汇聚各方面高端人才的最高学术文化机构转型，或许也并非没有可能。

三　领导各省谘议局

本章第一节考察了癸、甲进士在鼎革之前的补缺和升迁情况。需要强调的是，还有许多癸、甲进士虽未补缺或未升迁，但并不意味着其地位低下或无事可做。事实上，在停废科举后的预备立宪时代，诸多癸、甲进士通过办学、筹办谘议局、国会请愿等"在野"活动，掌握了可观的政治文化资源，扩宽了出路，提升了地位。彼时甚至有"绅比官更有前途"的说法。[①] 本节即讨论癸、甲进士与谘议局的关系。

清末革命与立宪相激荡。除了立宪派的鼓动外，清政府也欲推行立宪，以消弭革命，维持统治，并摆脱贫弱，实现富强。1906 年，在五大臣考察回国后，清廷下旨"仿行宪政"，号称"大权统于朝廷，庶政公之舆论"，期望"立国家万年有道之基"。[②] 次年，又先后降旨筹设资政院和谘议局。诚如研究者所言，各省筹办谘议局，为立宪派的结合和发展提供了大好机会。[③]

---

① 冯友兰：《三松堂自序》，《三松堂全集》第 1 卷，河南人民出版社，1985，第 32 页。
② 《宣示预备立宪先行厘定官制谕》，故宫博物院明清档案部编《清末筹备立宪档案史料》上册，第 43 页。
③ 张朋园：《立宪派与辛亥革命》，吉林出版集团有限责任公司，2007，第 9、11 页。

值得注意的是，既具高级科举功名，又有"新学"背景的癸、甲进士迅速抓住了这一参与政治、抬高身价、实现抱负的良机。统计显示，癸、甲二科共涌现了35名谘议局议员，其中9人任各省谘议局正议长，10人任副议长。16名普通议员中，有李榘、吴德镇、刘春霖、陈敬第、杨廷纶、彭运斌、李华炳、周镛、顾视高等9人随后被举为资政院民选议员。此外，陈善同、胡骏二位被举为资政院各部院衙门官议员。因此，癸、甲进士任资政院、谘议局议员者就多达37人。其详情如表6-11所示。

从议长、副议长人选着眼，总共21行省中，除了奉、吉、黑、苏、闽、粤、陕、甘、滇、黔等10个省份，其余11省的谘议局正、副议长中均有癸、甲进士的身影，其中方履中、陈黻宸、汤化龙、谭延闿、杨毓泗、杜严、梁善济、蒲殿俊、陈树勋等9人担任正议长，谷芝瑞、叶先圻、沈钧儒、夏寿康、张国溶、曾熙、方贞、杨源懋、萧湘、唐尚光等10人曾任副议长。

图6-1 甲辰科进士、湖北谘议局议长汤化龙

图6-2 甲辰科会元、湖南谘议局议长谭延闿

表 6－11　癸、甲进士任职谘议局统计

	奉天	吉林	黑龙江	直隶	江苏	安徽	江西	浙江	福建	湖北	湖南
议长						方履中		陈黻宸		汤化龙	谭延闿
副议长				谷芝瑞			叶先圻	沈钧儒		夏寿康、张国溶	曾熙
议员					李榘、吴德镇、刘春霖	孙宝书、钱崇威		陈敬第	杨廷纶		

	山东	河南	山西	陕西	甘肃	四川	广东	广西	云南	贵州	总计
议长	杨毓泗	杜严	梁善济			蒲殿俊		陈树勋			9 人
副议长		方贞、杨源懋				萧湘		唐尚光			10 人
议员	曲卓新	彭运斌	刘绵训、解荣辂、李华炳	周镛			陈念典		顾视高、吴琨		16 人

注：叶先圻、杨源懋均为继任副议长。

资料来源：张朋园《中国民主政治的困境：晚清以来历届议会选举述论（1909～1949）》，吉林出版集团有限责任公司，2008，附录一，第 230～329 页；《江西巡抚冯汝骙奏为委任叶先圻补充赣省谘议局副议长事》（宣统二年正月初六日），中国第一历史档案馆藏朱批奏折，档号 04－01－12－0690－006；张朋园《立宪派与辛亥革命》，第 159～161 页。

　　而且，1910 年夏，在各省谘议局基础之上形成的更精英的直省谘议局议员联合会成立。该会章程即由汤化龙"起草及修改"。随后选举正、副主席，汤化龙和蒲殿俊分别高票当选。1911 年直省谘议局议员联合会第二届开会，谭延闿又当选主席，汤化龙当选审查长，此外 8 位审查员中还有癸、甲进士方贞、梁善济、萧湘 3 人。[①] 因此，从以上两方面观察，可以说，癸、甲进士领导了各省谘议局。

　　从科分来看，癸卯科产生了方履中、陈黻宸、陈树勋等 3 位正议长，夏寿康、曾熙、萧湘等 3 位副议长，而甲辰科涌现了汤化龙、谭延闿、杨毓泗、杜严、梁善济、蒲殿俊等 6 位正议长，谷芝瑞、叶先圻、沈钧儒、张国溶、方贞、杨源懋、唐尚光等 7 位副议长。从谘议局议员人数统计，癸卯科为 14 人，甲辰科则高达 21 人。显然，在各省谘议局中，甲辰科进士较癸卯

――――――――――――

① 邱涛点校《直省谘议局议员联合会报告书汇录》，北京师范大学出版社，2013，第 11、25、31、134～135、146～147 页。

科势力更大。这既显示了甲辰一科得人更盛，也是甲辰科进士更为趋新的体现，可从其新式教育背景中得到印证。

因为从教育背景来讲，癸卯科诸议长中，陈树勋、夏寿康由进士馆毕业，萧湘留日毕业，方履中考中经济特科，陈黻宸和曾熙长期办学，而甲辰科的议长和议员几乎均有留日背景（详表6-12、表6-13）。这也说明，进士馆，尤其是留日的"新学"背景，对癸、甲进士在预备立宪运动中地位的提升，至关重要。

表6-12 癸卯科进士任职资政院、谘议局题名

姓名	籍贯	官别	新学背景	事项或职务	任职地区
陈黻宸	浙江	户部主事		谘议局议长	北京、广东、浙江
陈敬第	浙江	翰林	留日	谘议局议员、资政院议员	湖北、浙江、北京
陈念典	广东	即用知县		谘议局议员	广东
陈善同	河南	翰林出身之御史	进士馆毕业	资政院议员	北京
陈树勋	广西	翰林	进士馆毕业	谘议局议长	广西
方履中	安徽	翰林	经济特科	谘议局议长	江苏、安徽
顾视高	云南	翰林	进士馆+留日	谘议局议员、资政院议员	云南、北京
胡骏	四川	翰林	留日	资政院议员	北京
解荣辂	山西	翰林	留日	谘议局议员	山西
李华炳	山西	兵部主事		谘议局议员、资政院议员	山西、北京
孙宝书	江苏	户部主事		谘议局议员	江苏
夏寿康	湖北	翰林	进士馆毕业	谘议局副议长	湖北
萧湘	四川	刑部主事	留日	谘议局副议长	四川
杨廷纶	福建	翰林	进士馆毕业	谘议局议员、资政院议员	福建、北京
曾熙	湖南	兵部主事		谘议局副议长	湖南
周镛	陕西	刑部主事		谘议局议员、资政院议员	陕西、北京
共17人		翰林9人			

资料来源：据议员名录等材料统计而成，"新学"背景据第五章各表。

表6-13 甲辰科进士任职资政院、谘议局题名

姓名	籍贯	官别	新学背景	事项	任职地区
杜严	河南	翰林	留日	谘议局议长	河南
方贞	河南	礼部主事	留日	谘议局副议长	河南
谷芝瑞	直隶	翰林	进士馆+留日	谘议局副议长	直隶
李榘	直隶	翰林	进士馆+留日	谘议局议员、资政院议员	直隶、北京
梁善济	山西	翰林	留日	谘议局议长	山西

续表

姓名	籍贯	官别	新学背景	事项	任职地区
刘春霖	直隶	翰林	留日	谘议局议员、资政院议员	直隶、北京
刘绵训	山西	即用知县	留日	谘议局议员	山西
彭运斌	河南	刑部主事	留日	谘议局议员	河南
蒲殿俊	四川	刑部主事	留日	谘议局议长	四川
钱崇威	江苏	翰林	留日	谘议局议员	江苏
曲卓新	山东	内阁中书	留日	谘议局议员	山东
沈钧儒	浙江	刑部主事	留日	谘议局副议长	浙江
谭延闿	湖南	翰林		谘议局议长	湖南
汤化龙	湖北	刑部主事	留日	谘议局议长	湖北
唐尚光	广西	翰林	留日	谘议局副议长	广西
吴德镇	直隶	翰林	进士馆 + 留日	谘议局议员、资政院议员	直隶、北京
吴 琨	云南	翰林	留日	谘议局议员	云南
杨毓泗	山东	翰林	留日	谘议局议长	山东
杨源懋	河南	主事		谘议局副议长	河南
叶先圻	江西	翰林	留日	谘议局副议长	江西,1910 年继任副议长
张国溶	湖北	翰林	留日	谘议局副议长	湖北
共21人		翰林 13 人	19 人留日		

资料来源:据议员名录等材料统计而成,"新学"背景据第五章各表。

图 6-3 癸卯科进士、江苏谘议局议员孙宝书

图 6-4 甲辰科进士、曾留学日本的江苏谘议局议员钱崇威

既有研究显示，在全部谘议局议员中，"至少有 149 人曾经留学日本"，其中"大多数又同时拥有进士、举人、贡生、生员等"传统功名。而"在谘议局的正、副议长中，有近 2/5 为留日出身，掌握着全部 21 省谘议局中 13 省谘议局的领导权"。① 经过上文的考察，可知留日出身的正、副议长，大多数是癸、甲进士，加上具有进士馆和长期办学背景的癸、甲进士议长，或许我们也可以进一步说，进士馆毕业和留日归来的癸、甲进士领导了各省谘议局。

四 鼎革前后的出处进退

1911 年 10 月 10 日，当数百名癸、甲进士或供职部曹，或浮沉翰苑，或主政地方，或领导谘议局，或主持兴学之时，武昌城内的炮声突然响起。辛亥革命爆发，帝制易为共和，诚中国历史千年未有之巨变。然此役虽以武力始，却以和谈终，战事持续时间既短，波及范围亦有限，仅仅数月，便结清帝逊位、民国肇建的鼎革之局。虽然不少民党元勋新贵北上参与民国政府的组建，但事实上北京政府很大程度上接收和承继了清朝的旧摊子，故民国与清朝的诸多延续性亦甚显然。无论如何，辛亥革命极大地改变了正值中年的癸、甲进士的仕途发展和人生命运。那么，作为最后的科举精英，癸、甲进士在这一既剧变又延续的历史过程中怎样自处？其分化浮沉若何？是本节欲讨论的问题。

需要说明的是，癸、甲进士人数众多，虽系科举同年，但绝非铁板一块，正如上文所述，在辛亥之前，实已分化严重。鼎革前后，癸、甲进士的出处亦极不一。尽管同样"出山"，原因、过程多种多样；即使同样不仕民国，行止亦有分际不同。因此，若笼统地讲群体，易模糊丰富的样态，如仅以个体为例，又不免以偏概全。故下文拟先将癸、甲进士的出处浮沉，按京官与外官加以论述，京官又将翰林、御史与部属分别讨论，然后就乘时崛起

---

① 尚小明：《留日学生与清末新政》，江西教育出版社，2003，第 24、25 页。

的代表和特点稍做申论。期望以点带面，呈现鼎革之际科举精英如何自处的复杂面貌。京官与外官区别较多，分而论之容易理解。之所以将翰林、御史与部属再分两类，是因为翰林与部属本就不无分际，而御史多出身翰林，人数无多。更重要的是，翰林院与都察院在民元均被取消，翰林与御史自然"失业"，而鼎革前的各部在民国或有承继衙门，或有对口单位，故二者处境亦自不同。当然，分类仅为论述之便，既难免有欠周延之处，行文亦互有呼应，不能十分"壁垒分明"。

翰林出处

辛亥十二月二十五日，清帝下诏逊位，留日出身的汪荣宝和陆宗舆登高一望，见"匕鬯不惊，井邑无改"，不禁赞叹"自古鼎革之局，岂有如今日之文明者哉！"[1] 然而，如此"文明"鼎革，在另一群人眼里，却是景象全非。癸卯科翰林龚元凯在路途中听闻逊位诏书，不禁"怆然志感"："天荒地老离人泪，剩水残山故国魂。"又云："十年内翰春婆梦，千里斜阳独客魂。"[2] 不胜国亡无依之悲。前文已述，鼎革前癸、甲翰林是翰苑中的最大群体，足有99人。即使有数十人在外地做事，在京任职的仍不下五六十人。一个如此庞大的最精英的科举群体，在鼎革前后如何自处？

正如武昌起义爆发后，大量京官携眷出京一样，不少癸、甲翰林在逊位之前也已出都。还在十月中旬，癸卯科翰林、广东人赖际熙眼见"武昌事起，中原鼎沸"，鉴于"闲曹冗职，无济于时"，遂携家眷"遵海南下，侨居香港"。[3] 随后，癸卯科广东翰林区大典亦南下香港，与赖际熙同寓而居。[4]

十二月二十五日，逊位诏书颁下后，癸、甲进士京官，尤其是家在南方

---

① 韩策、崔学森整理《汪荣宝日记》，第343～344页。

② 龚元凯：《途中闻逊位诏下，怆然志感用前韵》（辛亥十二月二十五日），《蜕龛诗集》卷6，1919，第7页b～8页a。

③ 《赖际熙致仰乔》（约辛亥年底），邹颖文编《翰苑流芳：赖际熙太史藏近代名人手札》，香港中文大学图书馆，2008，第98页。

④ 《黎湛枝致赖际熙》（癸丑腊月十二日），邹颖文编《翰苑流芳：赖际熙太史藏近代名人手札》，第75页。

者纷纷出都回乡。癸卯科江苏翰林汪昇远、甲辰科安徽翰林李德鉴等人于
1912 年相继南下归乡。不久李德鉴去世。[①] 癸卯科湖南翰林郭立山"辛亥弃
官归，则不复问世事"。[②] 癸卯科山东翰林张恕琳感慨"世局奇创"，洒泪回
乡，不再出仕。[③]

青岛被称为民初遗老的聚集地，大学士、尚侍、督抚皆备。[④] 鼎革后，
翰林兄弟商衍瀛、商衍鎏亦迁居于此。商衍瀛是复辟派干将，为人所熟知。
商衍鎏则在德国人尉礼贤的推荐下，于 1912 年受聘德国汉堡大学，协助福
兰阁（Otto Franke）教授创建中国语言与文化系。[⑤]

值得注意的是，温肃、章梫、黎湛枝等复辟派的活动。鼎革前后，他们
并未匆匆出都，但亦未久滞国门。癸卯科广东翰林温肃，于九月中旬滦州兵
谏之后，先将眷属迁至天津暂避。十月，因谏阻摄政王载沣归藩未果，遂奏
请开缺，但仍不离国门。清帝逊位后，温肃一方面仍任职实录馆，与同人续纂
《德宗实录》、《宣统政纪》，并与黎湛枝、欧家廉纂成《德宗圣训》，另一方面，
奔走于奉天、青岛、京津之间，联络同志，游说张勋、冯国璋，图谋复辟。[⑥]

甲辰科浙江翰林章梫此前在保存翰苑过程中甚为出力。辛亥之役，与同
乡翰林前辈喻长霖"同坐危城者百余日，筹挽救之术，论出处之义"，痛惜
回天乏术，"卒以孤露遗臣辗转沪渎"，[⑦] 去上海做了寓公。章梫之所以选择
上海，一则离浙江老家近，更主要的原因恐怕是，清末他曾在上海活动多
年，熟悉环境。不过，章梫在赴沪之前，还在北京留滞了一段，则因《德
宗实录》未成之故。[⑧]

---

① 龚元凯：《送同年汪鹄飏太史南归》（1912 年），《蜕盦诗集》卷 6，第 9 页 b；《哭李葆诚
（德鉴）》（1914 前），《蜕盦诗集》卷 7，第 14 页 b～15 页 a。
② 黄兆枚：《翰林院编修郭君墓志铭》，《清鹤》4 卷第 15 期，1936 年 6 月，第 2 页。
③ 程皓：《晚清进士张恕琳生平事迹考述》，《青岛农业大学学报》2012 年第 2 期，第 68 页。
④ 参见林志宏《民国乃敌国也：政治文化转型下的清遗民》，中华书局，2013，第 40 页。
⑤ 〔德〕傅吾康：《为中国着迷：一位汉学家的自传》，欧阳甦译，社会科学文献出版社，
2013，第 198～199 页。
⑥ 温肃：《清温侍御毅夫年谱》，第 17～21 页。
⑦ 章梫：《默盦集叙》，王舟瑶：《默盦集》，上海国光书局，1913 年铅印本，第 1 页 a。
⑧ 章梫：《戴母王孺人墓表》（癸丑），载《一山文存》，沈云龙主编《近代中国史料丛刊》
（329），台北：文海出版社，1969，第 431 页。

林志宏曾说："清遗民留置北京，续成未竟之业，编纂《德宗实录》即为一例……清室逊国时，官员纷纷星散，实录的原稿仅成十之一二"，世续、陆润庠率领袁励准、朱汝珍、曾习经、温肃、黎湛枝等人，"一直要到1920 年，整部篇幅为 597 卷的《德宗实录》始修缮完毕"。① 其实，鼎革之时《德宗实录》虽未修竣，亦不至于"仅成十之一二"，所差者 40 余卷而已。辛亥年十二月，章梫听说总裁明年正月"拟以每卷津贴银 5 两，属在馆诸君修成，以报先帝之恩"，登时拍案大怒，以为类于"书估买译稿"，遂移书总裁，责以"不知大体"。壬子年（1912）正月，章梫上书实录馆总裁陆润庠，备述出处大义，并谓已辞邮传部等衙门差事，翰林院亦无经手未完之事，"欲去即去"，但痛心《德宗实录》尚有 40 余卷未修，"愿暂在京修竣始行"。②

然而，像章梫这样，愿意暂留以续成《德宗实录》的旧翰林虽不乏人，但斯时四散者已多。壬子年三月，在西城头发胡同续修《德宗实录》，旧人到者仅"约半数而已"。不过，因所剩无多，诸人分纂，亦易成稿，只是总纂汇稿、总校校稿，颇费时日。几个月后，《德宗实录》稿粗成。③ 至迟在壬子年七月，诸人又开始分头纂修《宣统政纪》。④ 由于实录馆纂修官乃翰林中的"精英"，从二书纂修官名单的变化，也可窥见癸、甲翰林鼎革前后的动向。现将二书修纂官情形制成表 6 - 14 和表 6 - 15。

表 6 - 14　《德宗实录》纂修官题名

职位	姓名	说明
总纂官	钱骏祥、蓝钰、熊方燧、程棫林、伍铨萃、王荣商、王同愈、李端棨	无癸、甲翰林
总校兼纂修官	朱汝珍	朱汝珍为甲辰榜眼
总校官	田智枚、商衍鎏	商衍鎏为甲辰探花

① 林志宏：《民国乃敌国也：政治文化转型下的清遗民》，第 33 页。
② 章梫：《移实录馆总裁》（辛亥十二月）、《上陆相国》（壬子正月），载《一山文存》，沈云龙主编《近代中国史料丛刊》（329），第 422 ~ 429 页。
③ 《德宗实录》正本告成于 1915 年，但篇幅巨大而校对缺人，故成书又历数年。史晓风整理《恽毓鼎澄斋日记》第 2 册，第 746 页。
④ 温肃：《清温侍御毅夫年谱》，第 17 ~ 19 页。

续表

职位	姓名	说明
纂修官	袁励准、章梫、王大钧、史宝安、胡骏、黎湛枝、张书云、温肃、荫桓、王会釐、喻长霖、郭立山、林世焘、谢绪璠、朱国桢、舒伟俊、李湛田、陈云诰、华焯、长绍、左霈、万本端、刘嘉琛、余炳文、杨兆麟、王寿彭、张启藩、夏启瑜、谢崇基、何作猷、水祖培、顾瑗	共 32 位，癸、甲翰林占 18 位，其中左霈、杨兆麟、王寿彭 3 人辛亥前已任外官，不在京
协修官	欧家廉、吴德镇、金兆丰、郑家溉、吴怀清、何国澧、黄彦鸿、刘福姚、许承尧、汪昇远、李翘燊、赖际熙、郑家骧、朱点衣、周钧、陈启辉、王慎贤、于君彦、岑光樾、袁嘉谷、尹庆举、王兰庭	共 22 位，癸、甲翰林 13 位，其中袁嘉谷 1 人辛亥前已外任，不在京

资料来源：《德宗实录》首卷"修纂官"。

表 6-15 《宣统政纪》纂修官题名

职位	姓名	说明
总纂官	钱骏祥、熊方燧	无癸、甲翰林
帮总纂官	蓝钰	无癸、甲翰林
纂修官	欧家廉、吴德镇、王大钧、章梫、史宝安、黎湛枝、吴怀清、朱汝珍、袁励准、金兆丰、张书云、李湛田、温肃、何国澧	共 14 位，癸、甲翰林占 10 位

资料来源：谷霁光《跋〈大清宣统政纪〉草本》（清华图书馆藏），《图书季刊》第 2 卷第 3 期，1935 年 9 月，第 169 页。

可见，《德宗实录》纂修官中共有癸、甲翰林 33 人，迨《宣统政纪》时仅余 10 人，考虑到袁嘉谷、左霈、杨兆麟、王寿彭 4 人辛亥前已放外官，本不在京，则约有 19 人在鼎革前后去职，离开了"太史"岗位。他们是：胡骏、郭立山、林世焘、朱国桢、舒伟俊、陈云诰、水祖培、郑家溉、许承尧、汪昇远、李翘燊、赖际熙、朱点衣、陈启辉、王慎贤、于君彦、岑光樾。林世焘《七十自寿诗》曾咏此段史事云："正与先皇修《实录》，忽惊鼎革赋归来。"注曰："辛亥八月，余正修《德宗实录》，忽报武昌失守，不数月逊位诏下，余遂南归。"[1] 在这些人中，朱点衣辛亥去世，1912 年汪应焜扶柩归里。[2] 赖际熙、汪昇远、郭立山去职回乡，前文已述。此外如陈云

---

① 林世焘：《七十自寿》（甲戌），李景铭编《感旧集·琼林集》卷 4，近代史所档案馆藏，甲 279-24。
② 龚元凯：《哭兰浦》（1913 年），《蜕龛诗集》卷 7，第 11 页 a~12 页 b。

诰"民国以来授徒自给",① 于君彦亦似回乡做绅士,② 不再出仕。当然,其中亦不乏再仕民国者(详下)。

1912 年仍在京续纂《德宗实录》并参纂《宣统政纪》的 10 位癸、甲翰林是:吴德镇、王大钧、章梫、史宝安、黎湛枝、朱汝珍、金兆丰、张书云、李湛田、温肃。其中,王大钧、金兆丰、张书云常住北京,后来清史开馆,再操史笔。章梫、温肃、朱汝珍、黎湛枝则是复辟一路人,尤其是章、温二人,奔走更力。朱汝珍系《德宗实录》总校,1915 年该书正本告成时,朱氏和金兆丰、张书云等人就在当场。③ 章梫在《宣统政纪》交稿后即南下上海,已如前述。黎湛枝则接替温肃的任务,续纂《德宗圣训》。迨"削稿既成,崇陵奉安事竣",乃于癸丑年(1913)十一月底"襆被出都"。黎氏随后给远在香港的赖际熙致一长信,商量出处,谋及生计,道尽"失业翰林"的困苦:

> 秋间在钜卿处得读手书,垂念鄙况,至勤且厚,良用感切。此间自香轮、椿轩先后南旋,京津朋旧益稀,旅况益孤,心绪殊劣,每欲伸纸作书而焦闷不能下笔。近以《圣训》削稿既成,崇陵奉安事竣,前月杪已襆被出都。回首觚棱,空余凄恋,茫茫前路,去将何之。故乡田里荒芜,商业凋敝,家无担石,何以自存。辗转思维,惟冀回粤收拾余烬,仍作南洋之行,或有一线生路。但此事全仗我公先为道地。今春得公手书暨檗庵来述尊旨,所以为弟谋者既周且挚,此刻仍拟重申前请,介绍于戴公芷汀,将来至彼,先得一驻足之地,然后徐图展布(无论农业、商业,非得人指导,有所依傍,不敢轻于一掷也),方易措手。且鄙意仍在种植,但种植收效较迟,诚如春间尊谕所述芷翁之说,谓必能敷衍目前,乃可收将来之效也。芷翁推爱屋乌,纯是肝膈之语,务恳我公便中为弟豫筹之。刻值冻河,眷属上路不便,弟拟只身先由津浦铁

---

① 徐雁平整理《贺葆真日记》,第 552 页。
② 《各同乡会消息》,《申报》1926 年 4 月 27 日,第 4 张第 15 版。
③ 史晓风整理《恽毓鼎澄斋日记》第 2 册,第 746 页。

路南下，俟春暖然后遣人接眷南旋。伙侯前辈现拟同行，大约腊底正初可图良晤也。……弟湛顿首。腊月十二日。①

作为癸卯科殿试传胪（第 4 名），黎湛枝在京城生活多年，民初勉强续完未竟之"残史"后，顿失旧业，出都之日，既凄恋舡棱，又感到前路茫茫，生计无着，竟然筹划着移民南洋，从事种植业。

除了不仕民国甚至奔走复辟的翰林之外，上述参与纂修《德宗实录》《宣统政纪》的癸、甲翰林中，再仕民国者实不乏人，且多从幕僚、秘书起家，常常以同乡、同年关系为桥梁。陈启辉经其广东新会同乡、农林总长陈振先于 1912 年 8 月任命为农林部秘书，1913 年 9 月，陈振先去职，陈启辉也随之辞职。② 林世焘系前贵州巡抚林肇元之子、张之洞的侄婿，关系网甚大，游走于京内外，"四任国务院秘书，兼总统府秘书"。③ 许承尧于1914 年初随其安徽同乡、甘肃督军张广建入甘，后于 1917～1921 年任甘凉道尹。④ 郑家溉后入其湖南同乡同年、吉林巡按使郭宗熙幕府，任行政公署参议、秘书，经保荐国务院存记；1927 年又经潘复任为国务院秘书。⑤ 朱国桢辛亥后回乡，历任湖北行政公署秘书、湖北公立法律专科学校校长，后又分发陕西任用，经癸卯科同年、陕西巡按使吕调元派充关中道道试典试官。⑥ 李湛田则进入直隶都督冯国璋幕府，任直隶行政公署秘书。其自述称："辛亥事起，国体骤变。家本寒素，无担石之储，囊笔奔走，自供晨夕。"后经冯国璋保荐道尹送觐，1916 年经财政部任命办理江苏印花税事

① 《黎湛枝致赖际熙》（癸丑腊月十二日），邹颖文编《翰苑流芳：赖际熙太史藏近代名人手札》，第 72～75 页。
② 《政府公报》第 117 号，1912 年 8 月 25 日；《政府公报》第 490 号，1913 年 9 月。
③ 林世焘：《七十自寿》（甲戌），李景铭编《感旧集·琼林集》卷 4，近代史所档案馆藏，甲 279－24。
④ 龚元凯：《苍父赴陇叠其四十初度韵以代阳关之曲》，《蜕龛诗集》卷 7，第 13 页 a～13 页 b。按，苍父即许承尧。刘寿林等编《民国职官年表》，中华书局，1995，第 309～311 页。
⑤ 《政府公报》第 1005 号，1918 年 11 月 13 日；《政府公报》第 4059 号，1927 年 8 月 10 日。
⑥ 《政府公报》第 859 号，1914 年 9 月 25 日；《政府公报》第 110 号，1916 年 4 月 25 日。

宜，驻金陵。① 胡骏、史宝安、王慎贤则直接入仕民国。胡骏于 1912 年回四川任省议会议长，后来卸职回京，1917 年 11 月奉命任东川道尹，再度回川任职。河南人史宝安于 1913～1916 年前后任河南教育司司长。② 王慎贤则进入法界，后来长期任山西高等检察厅检察长，但不幸于 1927 年投井自尽。③

此外，还有不少癸、甲二科翰林或入同乡军幕，或回籍后入本地军政大员幕府，经保荐再度出山。如直隶高毓浵辛亥前在学部编书，1912 年与刘若曾、张濂等直隶翰林办保卫社，后入冯国璋幕府，任行政公署总务处长，后经保荐道尹送觐，1917 年出任江苏下关商埠局会办。④ 安徽龚元凯在辛亥鼎革后，经其安徽同乡、北京工业专门学校校长洪镕招入学校任教，1914 年随张广建入甘，先"宰张掖"，旋保道尹。⑤ 1914 年，浙江刘焜经浙江民政长屈映光延充秘书，随后又兼警务处处长。看来二人甚为相得，当 1919 年屈映光署山东省长时，刘焜又随至山东。⑥ 1915 年前后，山东杨毓泗经其济宁同乡、绥远都统潘矩楹延入幕府，任为书记长兼总务处处长。⑦ 山东范之杰经山东督军靳云鹏聘为秘书，1915 年经保荐道尹，不久即放江西高等检察厅厅长。⑧ 安徽王震昌曾任安徽督军倪嗣冲的秘书长，势力甚大。⑨

可以想见，既然王寿彭、刘春霖二位状元都出任民国总统府秘书，邵章、方履中等名翰林亦均出仕民国，上述多位癸、甲翰林再仕民国也就不足

---

① 《政府公报》第 860 号，1914 年 9 月 26 日；李湛田：《静馨室爱别离语前录》，1933，第 1 页 a。

② 参见《河南内务司长等电文》教育司长署名，《宪法新闻》第 23 期，1913 年 11 月，第 47 页；史宝安《河南女子师范学校毕业训词》，上海《妇女杂志》第 2 卷第 1 号，1916，记述门，第 1 页。

③ 刘寿林等编《民国职官年表》，第 240～242 页；《晋高检长王慎贤投井自尽续志》，《法律评论》第 219 期，1927 年 9 月 11 日，第 9 页。

④ 徐雁平整理《贺葆真日记》，第 197 页。《政府公报》第 860 号，1914 年 9 月 26 日；《江苏省公报》第 1176 期，1917 年 3 月，第 2 页。

⑤ 龚元凯：《五十初至自述》，《蜕龛诗集》卷 8，第 31 页 a～31 页 b。

⑥ 《政府公报》第 719 号，1914 年 5 月 8 日；《政府公报》第 1367 号，1919 年 11 月 27 日。

⑦ 《政府公报》第 1013 号，1915 年 3 月 5 日。

⑧ 《政府公报》第 993 号，1915 年 2 月 12 日；《政府公报》第 1181 号，1915 年 8 月 21 日。

⑨ 参见《易督后之皖局近状》，《申报》1922 年 10 月 20 日，第 2 张第 6 版。

为奇。所以，癸、甲翰林中"遗民"与"贰臣"互见，两方面人数均夥，且各有著名代表。

部属去留

如果说翰林群体因民国建立后，衙门裁撤，失去"家园"，故四散者多，民国后再出山者多从幕府做起，谋求保荐；民国肇建后，原先各部或直接延续，或有对口衙门，只是丢饭碗的旧人颇多。① 那么，鼎革前后癸、甲进士中的部属又是如何自处的呢？

辛亥十二月二十五日清帝逊位当天，癸卯科进士、农工商部主事郭家声感赋云："楚风亦已竟，周德果然衰。早识金瓯缺，真看玉步移。痛逢殷甲子，忍说汉官仪。凤历标新纪，龙光易姑旗。"尾句云："春明余父老，涕泗正交颐。"郭氏随后绝意仕进，以教书自给。② 逊位次日，甲辰科翰林、时任邮传部员外郎的苏舆即挂冠而去，不久南下归家。其甲辰科同年、邮传部同僚姚华为此赋诗奉别云："瞬息浮云变古今，悠悠天意最难堪。已翻揖让征诛局，犹见芬芳悱恻心。集外来鸿遗老笔（每得翰简皆藏之，编入《来鸿集》中），霜前华发故人簪。怜君此去添憔悴，寂寞荃荪揽涕吟。"③ 姚华将苏舆列入"遗老"，自得苏氏之心。苏舆、姚华的同年同僚、邮传部员外郎王鸿烑乃癸卯科翰林郭则沄之母舅，虽是福建人，其实中进士前长期寄居郭曾炘、郭则沄父子京城寓宅。逊位诏书下，王氏在邮传部交代后，辞别诸同好，赴津安家。④ 迨郭则沄自浙江北返，舅甥相见，"黍离衔痛，相顾欷歔"。⑤ 而苏舆的同乡同年、邮传部参议陈毅，鼎革之际迁居青岛，与恭亲王、刘廷琛等人谋划复辟。

---

① 参见桑兵《接收清朝与组建民国》上、下，《近代史研究》2014 年第 1、2 期连载。
② 郭家声：《十二月二十五日有作》，《忍冬书屋诗集》卷 6，1930，第 2 页 b～3 页 b；孙雄序言，第 5 页 a。
③ 姚华：《辛亥十二月二十五日诏去帝制，明日苏厚盦同年员外挂冠去，书此奉别》，胡如虹编《苏舆集》，湖南人民出版社，2008，第 319 页。
④ 王鸿烑：《邮传部交代有期，怆然有感》、《别电政司》、《将出都留别诸同好》（均 1912年），《无离龛诗拾》，约 1940 年铅印本，第 23 页 b～24 页 a。
⑤ 郭则沄：王鸿烑《无离龛诗拾》序，第 2 页 a。

另一复辟干将，癸卯科进士、学部郎中陈曾寿早在武昌首义二日之后，即乘京汉路"早车南奔"，随后奉全眷到沪，直至十一月初七日返京。眼看形势不利，陈曾寿对密友许宝蘅说"宜少作无益之想"，遂于十二月初五日出京赴津，随后南下。① 陈曾寿的学部同僚王季烈鼎革前系专门司司长，辛亥年新增补资政院钦选议员，在甲辰科进士中仕途甚显，"逊位诏下，遂即伏处津沽，躬耕自给，誓不入仕民国"。② 癸卯科江西进士、吏部主事魏元戴辛亥后回乡，"置庄田湖渚间，日与农人相接，居然一野老"。③ 江苏进士、内阁中书刘启瑞，"国变后蛰居不出"。④ 甲辰科甘肃贡士，后任吏部主事的祁荫杰，系吴可读之外孙，辛亥后回乡，杜门不出。⑤ 此类去职出京、不仕民国的癸、甲部属当还不少。

不过，也不乏鼎革后离职出都，但若干年后又再出山的实缺部属。癸卯科安徽进士、农工商部主事李德星于 1912 年去职返乡，1914 年经安徽民政长倪嗣冲任为行政公署秘书。⑥ 甲辰科福建进士林栋原是礼部郎中，1912 年回乡，随后入道尹幕府，1918 年又竞选为第二届国会议员。⑦ 二人均在仕幕之间。下文看到的张茂炯更是"再出江湖"的显例。

如果说郭家声、苏舆、陈毅、王鸿炘、陈曾寿、王季烈等人均是以实缺部属挂冠去职，不仕"新朝"，那么，事实上有更多的癸、甲部属继续供职。王季烈的同年同乡单镇与章钰此前已迁居天津，"赁同院土屋数椽相依焉"。章钰系外务部候补主事，无甚职务，单镇则是农工商部实缺郎中，所以"布置就绪，回部供职"。民国临时政府成立，工商部次长王正廷代理部务，约单

---

① 许恪儒整理《许宝蘅日记》第 1 册，第 367、370、385、388、391、393 页。
② 王季烈：《乞归奏折》，载《螾庐未定稿》，沈云龙主编《近代中国史料丛刊》（400），台北：文海出版社，1969，第 127 页。
③ 魏元旷：《蕉庵诗话》，杨焄校点，张寅彭主编《民国诗话丛编》第 2 册，第 14 页。
④ 陈继训：《猥盦诗草》，《清代诗文集汇编》（793），上海古籍出版社，2010，第 550 页。
⑤ 《祁少昙诗》，石宗源主编《张思温集》，甘肃民族出版社，1999，第 490 页。
⑥ 郭家声：《赠别李景卿同年》（1912），《忍冬书屋诗集》卷 6，第 5 页 a～5 页 b；《政府公报》第 719 号，1914 年 5 月 8 日。
⑦ 林栋：《梅湖吟稿》，民初北京共和印刷局铅印本，第 67 页 a～68 页 b、82 页 a～82 页 b。

镇为首席秘书兼总务厅厅长。① 癸卯科进士关文彬等 25 位旧人亦随后留用工商部。② 1912 年 8 月，内务总长赵秉钧任命班吉本、尚秉和、顾显曾、王扬滨等前民政部的癸、甲"老人"为该部技正，继续供职。③ 相比于陈毅、苏舆、王鸿烒的挂冠去职，在邮传部到交通部的改组中，龙建章、关赓麟、何启椿、张恩寿、蒋尊祎、陈宗蕃等癸、甲进士均留任，且龙建章、关赓麟与梁士诒关系密切，均是交通系核心骨干。关赓麟更掌管重要的京汉铁路局。④ 陈毅、苏舆、王鸿烒之所以去职，固由其痛惜清亡、反对民国的政治倾向和思想观念，但或许也与人脉不无关联。1906 年邮传部成立后，尚书、侍郎等堂官如走马灯。陈毅、苏舆、王鸿烒分别是张百熙、陈璧所调之人，且王鸿烒系岑春煊的幕僚。所以在唐绍仪、梁士诒掌权后，难免格格不入。

鼎革前，在度支部任实缺的癸、甲进士最多，势力颇大。民国成立后，绝大多数留任。1912 年 11 月，财政总长周学熙呈请留用人员，曲卓新、雷多寿、栾守纲、王宗基、袁永廉等人均在其列。⑤ 此后为整顿财政，划分国家税与地方税，在财政部成立国税厅总筹备处，于各省分设国税厅筹备处。⑥ 在此过程中，李景铭出任国税厅总筹备处会办，与总办王璟芳主持此举。于是，原度支部的癸、甲进士纷纷出任各省筹备处处长或坐办，扮演了重要角色。表 6-16 就是这一情况的统计反映。

表 6-16　民初国税厅筹备处癸、甲进士任职题名

姓名	籍贯	官职	原衙门	资料来源与备注
李景铭	福建	财政部国税厅总筹备处会办	度支部	《政府公报》第 326 号，1913 年 4 月 3 日。王璟芳为总办
薛登道	山西	湖南国税厅筹备处坐办	度支部	《政府公报》第 294 号，1913 年 3 月 2 日
景凌霄	陕西	陕西国税厅筹备处坐办	度支部	《政府公报》第 294 号，1913 年 3 月 2 日

---

① 单镇：《桂阴居自订年谱》，单弘标点，《苏州史志资料》2005 年刊，第 162 页。
② 《专电》，《申报》1912 年 5 月 4 日，第 2 版。
③ 《政府公报》第 117 号，1912 年 8 月 25 日。
④ 《北京总统府新事》，《申报》1912 年 3 月 23 日，第 2 版。
⑤ 《政府公报》第 194 号，1912 年 11 月 11 日。
⑥ 《政府公报》第 286 号，1913 年 2 月 22 日。

续表

姓名	籍贯	官职	原衙门	资料来源与备注
甘鹏云	湖北	吉林国税厅筹备处处长	度支部	《命令》,《申报》1913 年 1 月 13 日,第 2 版
熊范舆	贵州	云南国税厅筹备处处长	云贵总督李经羲幕僚	《命令》,《申报》1913 年 1 月 13 日,第 2 版
唐瑞铜	贵州	山西国税厅筹备处处长	度支部	《命令》,《申报》1913 年 1 月 31 日,第 2 版
栾守纲	山东	甘肃国税厅筹备处处长	度支部	《命令》,《申报》1913 年 2 月 27 日,第 2 版
曲卓新	山东	山东国税厅筹备处处长	度支部	《政府公报》第 320 号,1913 年 3 月 28 日
汪士元	安徽	署河南国税厅筹备处处长	署长芦盐运使	《政府公报》第 318 号,1913 年 3 月 26 日
单 镇	江苏	江苏国税厅筹备处处长	农工商部郎中	《政府公报》第 332 号,1913 年 4 月 10 日
徐士瀛	江西	江西国税厅筹备处处长	度支部	《命令》,《申报》1913 年 7 月 2 日,第 2 版
袁永廉	贵州	署山西国税厅筹备处处长	度支部	《政府公报》第 347 号,1913 年 4 月 25 日
薛登道	山西	浙江国税厅筹备处坐办	度支部	《政府公报》第 469 号,1913 年 8 月 25 日
邓 隆	甘肃	代理甘肃国税厅筹备处坐办	四川南充知县	《政府公报》第 475 号,1913 年 8 月 31 日
汪士元	安徽	署直隶国税厅筹备处处长兼署财政司长	署长芦盐运使	《政府公报》第 699 号,1914 年 4 月 18 日
雷多寿	陕西	甘肃国税厅筹备处处长兼财政司长	度支部	《命令》,《申报》1914 年 5 月 10 日,第 2 版

注:张茂炯、方兆鳌曾分别被任命为安徽、浙江国税厅筹备处处长,均未到任,故未列入。

从度支部到财政部的转变过程中,之所以如此多癸、甲进士延续下来,一方面因为他们本就在部中势力庞大,盘踞已深,且总长周自齐、周学熙都是"前清旧人",自然倾向于汲引此辈。国务院刚成立,财政为劈头第一事,周自齐就派王璟芳与甲辰科进士曲卓新和张茂炯三位度支部旧人逐日赴国务院,以备咨询。① 虽然熊希龄长部时引用一批"新人",但"经历较少,势力尤差"。② 另一方面因为赋税、盐政、会计等系专门学问,本就缺乏人才,这批癸、甲进士有的留学出身,有的在部行走多年,富于经验,故当局不得不倚重。比如张茂炯,前在度支部办理盐政事务,对其利弊了如指掌,

---

① 《新政府组织种种》,《申报》1912 年 5 月 1 日,第 2 版。
② 《财政部改革之动机》,《申报》1914 年 2 月 23 日,第 6 版。

深受载泽赏识。民元因诸事办理棘手，遂避天津不出。熊希龄多次敦劝出山，且请其甲辰科同年、度支部同僚楼思诰前往劝驾，仍坚持不允。① 1913年任为安徽国税厅筹备处处长，亦力辞不就。不过，1914 年又以"新邦多故人……谬谓能识途"，仍"入财政部，旋参盐务署事"。②

法部及审判厅是鼎革前癸、甲进士的另一聚集地。民国成立后，人员有出有进。参事麦鸿钧，实缺郎中冯汝琪、刘敦谨，实缺主事吕兴周（后在吉林任检察官③）已不在部。徐谦、张家骏、冯巽占、龚福焘、郑言等人或在司法部、或在平政院，保留了原来职位。徐谦曾两次出任次长，民元时以次长主持部务，尤与鼎革之际的人事变迁关系密切。值得注意的是，进士馆最优等毕业的徐彭龄、陆鸿仪，以及留日毕业的刘远驹、杨允升等癸、甲进士亦均入司法部任职（详表 6 - 17）。

值得讨论的是，从学部到教育部的转变中，癸、甲进士的剧烈人事变动。从表面观察，清季学部中曾任实缺的癸、甲进士有陈曾寿、王季烈、恩华、杨熊祥（后外放江西南康知府）、李景濂等人，并不算多。但从深层次看，学部的图书编译局等部门实际上聚集了近二十位癸、甲进士，当然主要是翰林。袁嘉谷、杨兆麟曾相继任图书编译局局长，后来外放，自是不说。据胡骏日记所载，当日调学部行走的癸、甲进士还有王寿彭、陈云诰、史国琛、水祖培、林志烜、徐潞、张恕琳、王慎贤、林世焘、胡大勋、高毓浵等人。④ 此外，章梫、商衍瀛、金兆丰、狄楼海等人均参与京师大学堂的办学（详第七章表 7 - 1）。迨鼎革前后，陈曾寿、王季烈等实缺郎中先后挂冠而去。民初教育部成立后，由于蔡元培、范源廉、董鸿祎等趋新人士掌管教育部，癸、甲翰林、进士在其中几乎绝迹。所以，虽然汤化龙、梁善济于 1914 ~ 1915 年一度分任教育总长和次长，但癸、甲进士在教育部却无几人。

---

① 《各部司员升沉记》，《申报》1912 年 5 月 28 日，第 2 版。
② 张茂炯：《艮庐自述诗》，第 4 页。
③ 黄兆枚：《塞上影》（1919），《芥沧馆诗文集》卷 4，癸亥七月长沙罗博文堂刻本，第 13 页 b。
④ 胡骏：《补斋日记》，沈云龙主编《近代中国史料丛刊三编》（71），第 363 页。

表 6－17　1915 年第 2 期《职官录》所见癸、甲进士京官题名

部门	姓名	人数	备注
政事堂	郭则沄、张国溶、张名振、周贞亮、饶孟任、邵从恩、雷延寿、方兆鳌、沈泽生、唐桂馨、恩华	11	
礼制馆	郭则沄、张国溶、姚华、章祖申、陈敬第、田步蟾、胡骏	7	郭则沄、张国溶一人两职
审计院	单镇、苏源泉、班吉本、陈宗蕃	4	
外务部	章祖申、张鸿、朱寿朋	3	章祖申一人两职
内务部	王扬滨、顾显曾、尚秉和、王揖唐	4	施尧章、阎祖训皆主事
筹备立法院事务局	林步随、邵从恩、朱大玙	3	
财政部	袁永廉、史国琛、甘鹏云、栾守纲、李景铭、王丕煦、侯延爽、雷多寿、陈度、汪士元、黄瑞麒、曲卓新、杜光佑、胡家钰、楼思诰、甘鹏云、张茂炯、林志炬、吴晋夔、随勤礼、徐士瀛、李景铭	22	王宗基 1913 年去世
海军部	陈震	1	
司法部	刘远驹、张家骏、徐彭龄、陆鸿仪、杨允升、龚福焘、栾骏声、王慎贤、范之杰、王天木	10	徐谦 1912 年曾任司法次长
教育部	汤化龙、梁善济、覃寿堃、姚华	4	何震彝 1915 年去世；彭守正 1913 年署参事，视学京师公私学校
农工商部	邢端、关文彬、田步蟾	3	陈启辉 1913 年辞职
交通部	何启椿、张恩寿、顾准曾、蒋尊祎、关赓麟	5	1915 年龙建章外放贵州巡按使
蒙藏院	任承沆、陈敉功	2	
平政院	冯巽占、邵章、郑言、张则川、李榘、王彭	6	
肃政厅	夏寿康、江绍杰、云书、方贞	4	
国史馆	林世焘	1	
京兆	楼思诰	1	实业科科长
总计		87	剔除一人两职后的数据

资料来源：《职员录》，印铸局编纂处编纂，中华民国四年六月初版。

表 6－17 是 1915 年的癸、甲进士京官名单。虽然其中少数人来自前清外官和谘议局，但绝大多数是清季中央各部院中的癸、甲进士。内中除了少数出身翰林外，绝大多数是部属出身。考虑到此表仅统计 1915 年夏季之时的京官名单，然 1912～1914 年曾任京官，其后外放、辞职、去世的癸、甲进士亦不乏人，在 1915 年之后又补京官的癸、甲进士更是所在多有，而且

有的清季实缺京官在民国后做了外官。① 所以，对照清季曾任京官实缺的癸、甲进士名单，可以得出几点认识，首先，整体上看，辛亥鼎革前后，虽亦不乏挂冠而去、不仕民国者，但各部司官中的癸、甲进士大多数在民国继续出仕。其次，从各部的情况看，度支部到财政部的转变过程中，癸、甲进士延续最大；邮传部到交通部次之；法部到司法部又次之；由于民初教育部由蔡元培、范源廉和董鸿祎等趋新派掌管，原在学部兼差的癸、甲进士几乎全退。

州县丢官

辛亥革命爆发后，虽然翰林与部属也颇受震动，但总的说来，尚身处和平环境，然而守土有责的州县官，处境就大不一样。前文已述，鼎革之前，癸、甲进士实任司道府州县官者，足有一百数十人（详表6-7、表6-8和表6-9）。但经过革命的省份，官场多进行了大换血，因此癸、甲进士中州县官大多数丢官失业。故整体来看，癸、甲进士中的外官，在鼎革之际受到的冲击最大。当然，亦有数量可观的"失业"者随后重新"上岗"。

鼎革之前，袁嘉谷、郭则沄、杨兆麟在浙江分任司道府实缺，王寿彭任湖北提学使，方履中、邵章分署四川、奉天提学使，郭宗熙任吉林交涉使，刘谷孙任甘肃提法使，杨熊祥、王彭、张铣均任实缺知府。革命过程中，诸人基本都遭遇了丢官甚至"逃亡"的命运。王寿彭身处武昌，自不必说。新疆焉耆知府张铣死于革命暴力，最为惨烈。② 奉天、吉林大局尚稳，邵章、郭宗熙境况稍好。身在浙江的袁嘉谷、郭则沄和杨兆麟均在独立后离浙。

袁嘉谷于八月二十四日在湖州听闻武昌失守，八月二十八日回到杭州，九月初一日到谘议局开会。其时谘议局议长癸卯科进士陈黻宸、副议长甲辰科进士沈钧儒及大部分议员均主独立，陈黻宸负责劝说巡防营协统贵林放弃

---

① 比如原陆军部主事牛兰外任辽河知事，原吏部主事任祖澜外任山西垣曲知事，原吏部主事赖瑾外任广东知事，原礼部主事张又杖外任四川知事。见荣禄堂刊《新定官制缙绅全书》（1917年秋）相关省份。

② 史晓风整理《恽毓鼎澄斋日记》第2册，第643页。

抵抗，沈钧儒负责鼓动巡抚增韫赞同独立。① 九月初三日，袁嘉谷面见增韫商议对策，感觉"无用兵之力，亦无用兵之理"，竟无解决之术。九月十三日上海失守的消息传至杭州，风云更紧，袁氏顿觉"满街愁惨"。这时，他亦附和和平独立。所以，当十四日在巡抚衙门聚议时，绅士数人"均有难言之隐"，袁氏虽自知下策，仍"主张剪发，改中华国，用黄帝纪年，以消众谋"。不料当晚抚署被焚，杭州城全归民军。十五日袁嘉谷即命夫人携眷先赴上海，次日袁氏亦抵沪会合。② 陈曾寿于八月下旬护眷自武昌抵上海，后来说"各省逃官"皆集于沪。③ 袁嘉谷也是其一。

不过，虽然在革命中丢了官，但上述诸人都是癸、甲二科中的佼佼者，鼎革之后，除了刘谷孙和去世的张铣，其他人均仕民国，且多能左右逢源。郭则沄、邵章、杨熊祥、王彭后来皆任京官。方履中任四川道尹。郭宗熙鼎革后再仕吉林，宦途颇显，官拜吉林巡按使。袁嘉谷和杨兆麟均当选议员。

与此同时，在革命洪流中，癸、甲进士中的上百名实缺州县丢官者更多，并有人不幸死于兵乱之中。癸卯科湖南进士黄兆枚，原是吏部主事，在辛亥年吏部被裁后，改官直隶州知州，分发安徽，不料甫至即遇革命，痛吟"得官偏遇国亡时"以归。④ 与黄兆枚尚未补缺不同，其同乡同年黄纯垓系直隶交河知县，逊国诏下，颇有亡国之痛："鄂变发生，各省响应，曾不数月，遂致国体改易，三百年之帝统，四万里之领土，一旦倾覆，亡也忽焉，哀哉此祸，亘古未闻。余官虽微者也，当此覆地翻天，朝社奇变，岂能漠然视之，而不一动于中也乎。"又云："新旧代谢，士夫倾向，人各不同，余亦自有志耳。今逢岁除，而辞位诏下，报纸传到……今日何日，盖故君之思，亡国之痛，大清已矣，有心人念此，无穷期矣。余独何心，能不悲哉。"⑤ 不久，交卸回乡。

① 张朋园：《立宪派与辛亥革命》，第 133 页。
② 《袁嘉谷文集》，云南人民出版社，2001，第 548～552 页。
③ 许恪儒整理《许宝蘅日记》第 1 册，第 385 页。
④ 黄兆枚：《示熊生宾立学部（名丙寅，长沙人）》，《芥沧馆诗文集》卷 3，第 2 页 a。
⑤ 黄纯垓：《辛亥除夕》，《小醉山草堂文集》卷 22，伟伦纸业印刷局，1924，第 8 页 a～8 页 b。

直隶并无战事，黄纯垓之去职，自由其出处大义使然。两湖、四川等地颇有交火，暴力甚多，湖南浏阳知县、癸卯科进士钟麟全家殉难。[1] 此外丢官归乡者更多。甲辰科四川进士苏兆奎，"历任湖南宜章、零陵等县知县，靖州直隶州知州，保升知府，捐升道员"，鼎革后回川，办理团防。[2] 甲辰科陕西进士田明理，曾任四川灌县知县、署绵竹知县，鼎革后回到陕西，经巡按使委充公署内务科科长。[3] 类似的例子尚多。此外，自然也有继续任职的癸、甲进士州县官。

州县官在鼎革前后出处浮沉的样态甚为丰富。不过，大体可划分为以下几类：鼎革前后升迁他调、继续任原地原官、去职后绝意仕进、丢官后寻求再出。表 6－18 据可靠材料，统计了癸、甲二科进士中的 65 位州县官，在鼎革前后至 1920 年代初的变动情况。由于资料有缺，且难以穷尽，未能统计进来的当仍不少。但据此表统计出的几组数据，还是可以帮助我们了解癸、甲进士中的州县官在鼎革前后出处浮沉的一些特征。

首先，65 位州县官约占鼎革前癸、甲二科实缺州县官的 2/5，这既有资料不全的因素，亦说明许多州县官在鼎革中或被迫丢官、或主动去职，且民国后未再出山，因此在官场没了踪迹。

其次，鼎革前后仍在同一省任知县和知事的癸、甲进士仅有 23 人，占 65 人的 1/3 强，且受革命波及较小的直隶一省就占 9 人之多，足以说明癸、甲进士州县官在鼎革之际受到了巨大冲击，许多人丢了原缺。且直隶一省虽有 9 人之多，但考虑到直隶在鼎革之前，癸、甲进士实缺知县高达 20 多人，于此亦可见即使直隶这样相对和平的地区，州县官在鼎革前后仍发生了剧烈变动。虽亦有像吕调元那样，由天津知县直升观察使、巡按使者（详下文），但更多的应该是像黄纯垓那样，由知县任上去职交卸了。

再次，癸、甲进士州县官在鼎革中大量丢官，但回乡之后，一些人在本

---

① 姚永朴：《湖南嘉禾县知县钟麟传》，卞孝萱、唐文权编《辛亥人物碑传集》，团结出版社，1991，第 620~621 页。
② 《政府公报》第 1041 号，1915 年 4 月 2 日。
③ 《政府公报》第 1269 号，1915 年 11 月 19 日。

籍处于仕幕之间。且民国官员不再严格"回避",所以不少人辛亥回乡后,在本省任知事等官。

复次,65人中获得升迁、调至中央、当选议员者,虽不乏人,但绝大多数还是寻求继续担任熟悉的"亲民官"。由于这些进士大多数做过实缺官,所以在民初有保荐免试知事的条件。于是经由地方军政大员保荐,就成了那些丢官者"光复原物"的一条捷径。1914年,有人劝黄纯垓找癸卯科同年吕调元,觅一保荐免考知事,便可出山。黄氏答书峻拒,颇觉义正词严:

> 兄关怀政治,颇有经世之志,本非隐逸一流,惟身逢世变,自壬子引疾告归以来,忧愤余生,遂觉以退闲为安,意懒心灰,不复作效用于世想矣。今弟以保荐免考知事相期,岂知知事是兄已弃之官,刻下即有达官要人知兄荐兄,慎重相属,求其复收故物……其首肯与否,尚未遽定,而况肯仰面向人,屈节蒙耻而谋之乎。吕君燮甫(即吕调元——引者注)与兄乡、会同年,均在直隶,反正之冬,彼此俱县令耳。虽非深交,情意亦颇熟习。兄旋里而后,及去腊,因事小住长沙,阅报始知其已任湖北民政长。当时湘鄂密迩,兄未往见,迟之至今,亦未尝以一书通问候。岂疏慵当如此哉。盖恐其轻我,以为寄情尺素,眷念故人,或有萌生仕进之意。故下笔矜慎,遂默默也。今闻彼调陕西巡按使,相距益远,倘贸然一出而就之,其意何居。岂可借口于流览秦中形胜,遂侈壮游耶。然则无谓之举,负我初心,兄之必不为此枉道而轻进也,亦明矣。①

最后,经过州县官大洗牌之后,那些再度出山的进士们,自然想方设法分发到适宜省份。故离家远近、当地的关系网、自然环境、经济文化水平,都是考虑的因素。所以有人会分发几次,如癸卯科直隶进士刘春堂,鼎革之前任甘肃碾伯知县,民元后回籍,曾任直隶、山西交界的井陉知事,1914

---

① 黄纯垓:《答颜曹兴书》(1914),《小醉山草堂文集》卷16,第5页a~5页b。

年冬，又分发到其同乡冯国璋主政的富庶的江苏，出任句容知事。[1] 此外，虽有数十人觅得再出机会，不少人甚至重新"上岗"，但从上次丢官到再次补缺，常常要经历不少时间和诸多波折。

表 6-18　辛亥鼎革前后癸、甲进士州县官变动统计

姓名	籍贯	科分	鼎革前官职	鼎革后官职	备注
白葆端	直隶	甲辰	山西平鲁	署山西代县	
曹元鼎	浙江	甲辰	湖北黄陂	江苏淮安	1916 年前后
陈德昌	山东	癸卯	广东河源	分发山西知事	1916 年到省
陈赓虞	直隶	甲辰	广东始兴	山西赵城、议员	1915 年赵城
陈钧	云南	癸卯	湖北宜都	云南内务司长	1913 年
陈中孚	江西	癸卯	湖北京山	湖北石守	1917 年前后
程昌菶	江苏	癸卯	广东花县	试署广东陆丰、海丰	1915 年、1917 年前后
程天锡	甘肃	甲辰	云南禄丰	甘肃碾伯、酒泉	
程宗伊	河南	甲辰	甘肃隆德	甘肃隆德、临潭	1915 年、1917 年前后
董秉清	江苏	癸卯	江西即用未补缺	试署福建永泰	1915~1917 年前后
戴宝辉	贵州	甲辰	山东庆云	江苏沭阳	改名戴仁，1918 年
邓隆	甘肃	甲辰	四川南充	甘肃武威	1915 年前后
樊海澜	河南	癸卯	直隶迁安	直隶行唐	1917 年前后
范振绪	甘肃	癸卯	河南济源	议员	
高步青	山西	甲辰	顺天宁河	署直隶新镇	1917 年前后
郭毓璋	陕西	癸卯	湖北孝感	议员	
郝继贞	直隶	癸卯	安徽合肥	直隶昌黎	民元署安徽高等审判厅厅长
胡商彝	云南	癸卯	直隶天津	署直隶霸县	1910 年革职，1911 年开复
何毓璋	陕西	甲辰	署河南通许	议员	
贾景德	山西	甲辰	山东郯城	道尹	阎锡山的秘书长
姜乃升	直隶	甲辰	山东寿光	交通部扶轮学校视学员	1924 年前后
蓝文锦	陕西	癸卯	保送湖北知府	湖北大冶	1923 年前后
李汉光	河南	癸卯	甘肃文县	河南淅川	1915 年
李凝	江西	甲辰	未补缺	分发新疆知事	1915 年
李世由	安徽	癸卯	曾任江苏清河	江苏吴江	1916~1919 年
李维第	直隶	甲辰	未补缺	河南淅水	1915 年前后
李玉振	云南	癸卯	陕西洛川	陕西汧阳、甘泉	1917 年前后

[1]　刘春堂：《石林文稿》卷下，上海中华书局，1919，第 10 页 a~14 页 b。

姓名	籍贯	科分	鼎革前官职	鼎革后官职	备注
梁成哲	山西	甲辰	直隶容城	署直隶安国	1917 年前后
刘春堂	直隶	癸卯	甘肃碾伯	江苏句容	1917 年前后
吕调元	安徽	癸卯	直隶天津	南汝光淅观察使,湖北、陕西巡按使	
马晋	山西	癸卯	陕西即用未补缺	分发新疆知事	
孟应奚	福建	甲辰	湖南江华	湖南零陵	1917 年前后
庞毓同	直隶	癸卯	河南汲县	河南安阳	1916 年前后
潘鸣球	江苏	甲辰	河南洛阳	河南沁阳、商城	1915 年、1922 年前后
培成	满洲	癸卯	陕西蒲城	陕西商县	1917 年前后
彭立栻	甘肃	癸卯	四川知县	甘肃安西	1915 年前后
邵孔亮	安徽	甲辰	直隶南和	署湖北应山	1914 年
宋嘉林	河南	癸卯	直隶宁晋	河南睢阳	1923 年前后
苏兆奎	四川	甲辰	湖南宜章	代理四川东川道	辛亥回籍
孙家钰	河南	甲辰	直隶正定	直隶知事	
覃寿堃	湖北	甲辰	广东钦州直隶州	教育部秘书	曾任山东教育厅厅长等
田明理	陕西	甲辰	四川绵竹	陕西巡按使署内务科长、第四届免试知事	辛亥回籍
王宝璜	湖北	甲辰	浙江平阳	第四届免试知事	1915 年
王绍曾	直隶	癸卯	江苏崇明、海门	江苏海门	1915 年、1917 年前后
王元璐	山东	甲辰	四川高县	江苏东台	1923 年前后
王珍	陕西	甲辰	甘肃张掖	四届免试知事	1915 年
王钟仁	直隶	癸卯	山西天镇	分发山西知事	1915 年到省
叶大章	福建	甲辰	浙江山阴	福建南平	1917 年前后
吴建三	湖南	癸卯	保送河南知府	分发吉林知事	1916 年到省
吴兆梅	广西	甲辰	湖南新宁	署广西容县	
仵埔	陕西	癸卯	直隶任丘	直隶安国、直隶赵县	1914 年、1917 年前后
谢桓武	河南	甲辰	山西定襄、厅丞	河南实业司长、开封知府	
阎廷献	直隶	癸卯	山东新泰	署山东东平	1917 年前后
杨大芳	山西	甲辰	直隶高邑	直隶唐山	1917 年前后
杨光瓒	四川	甲辰	安徽知县	巡按使公署总务处秘书	丁忧回籍,适逢辛亥
余维翰	湖南	甲辰	未补缺	湖北来凤	
增春	满洲	甲辰	浙江山阴	浙江奉化	冠姓董,1915 年前后
张孝慈	陕西	癸卯	甘肃通渭	甘肃通渭	鼎革前后延续
张新曾	山东	癸卯	直隶肥乡	直隶昌黎	1915~1917 年前后
张治仁	湖北	癸卯	直隶卢龙	直隶吴桥	1919 年去世

姓名	籍贯	科分	鼎革前官职	鼎革后官职	备注
郑廷琮	福建	癸卯	甘肃环县	直隶知事	1918 年分发
钟刚中	广西	甲辰	湖北通山	直隶宁晋	1917 年前后
周观涛	江西	癸卯	四川江津	直隶栾城	1915～1917 年前后
周汝敦	云南	癸卯	广东钦州直隶州	昆明府兼昆明县	民初
朱宝璇	浙江	癸卯	河南项城	江苏江阴	1919 年前后
总计 65 人					

注：蓝文锦、吴建三二位分别由翰林和部属在鼎革前保送知府分发湖北和河南，由于其到省后暂时无法补知府实缺，而是兼类似知县级别的差使，所以一并纳入统计。

资料来源：据印铸局刊《职员录》（民国四年第二期）、荣禄堂刊《新定官制缙绅全书》（1917 年秋）、《政府公报》、《内务公报》、《江苏省公报》等可靠资料统计而成。

乘时崛起

"辛亥以后，升沉者不一，高者入九天，低者入九渊。"① 在大量丢官去职的癸、甲进士州县官之外，亦不乏乘时而起之士，尤其是那些与袁世凯北洋系统渊源有自、关系密切者。安徽进士吕调元即是显例。1903 年，吕调元中式癸卯科进士，以即用知县分发直隶，当年六月二十日到省。袁世凯时为直隶总督，二人至迟在该年相识。彼时直隶设有课吏馆，即用知县到省，例须入馆肄业。在课吏馆的多次奖励榜中，吕调元两次榜上有名，分别列在财赋门和洋务门。② 如果单从课吏馆成绩而言，吕氏显然并不那么突出，但馆课成绩尽管也影响补缺，而与上峰的关系和本人的办事才能似乎更为重要。吕调元正好具备后面的条件。丙午年（1906）二月，吕调元到省仅仅两年半，袁世凯就奏请以其补授南宫知县。当年十一月，袁世凯举劾州县官，首举吕调元，谓其"志趣正大，实具干济之才，允为远大之器"，奏请交军机处存记。③ 其后

---

① 刘声木：《苌楚斋随笔续笔三笔四笔五笔》上册，刘笃龄点校，中华书局，1998，第 430 页。
② 骆宝善、刘路生主编《袁世凯全集》第 12 卷，第 222 页；第 13 卷，第 370 页。
③ 《请以吕调元补授南宫县知县折》（光绪三十二年二月初三日），骆宝善、刘路生主编《袁世凯全集》第 14 卷，第 516 页；《举劾属吏折》（光绪三十二年十一月十四日），骆宝善、刘路生主编《袁世凯全集》第 15 卷，第 517～518 页。

调署吴桥知县，并于 1910 年受到直隶总督陈夔龙奏保，奉旨传令嘉奖。[①]看来此人定有过人之处，所以辛亥年五月，陈夔龙又奏请吕氏调补号称冲疲繁难的最要缺天津知县。[②]

迨鼎革之后，吕调元继续任直隶地方官。1913 年 1 月 19 日，擢为河南南汝光淅观察使。短短几个月后，遽升至湖北民政长。[③] 两年之内，从知县升至疆吏，除了那些带兵者外，能在文官系统内如此骤迁，不可谓非乘时崛起者。所以，其同年黄纯垓颇讶其升迁之速："反正（1911）之冬，彼此俱县令耳"，仅仅两年之后，"已任湖北民政长"。[④]

吕调元之所以能够迅速崛起，自身才干之外，与袁世凯、段祺瑞、张镇芳等人关系密切，无疑是重要因素。吕调元任天津知县时，与张镇芳当已熟识，所以调任南汝光淅观察使，正是张镇芳都督河南之时。其升调湖北民政长，据说系由其安徽同乡、时任湖北都督段祺瑞援引。[⑤]

与吕调元相较，安徽进士王揖唐的例子则有同有异。王氏不仅与北洋系统徐世昌、段祺瑞渊源深、关系密，而且在鼎革之际，替袁世凯出谋划策，得到赏识和重用。民初又以魁首组织政党，厚植根基。所以短短几年内便外任封疆，内调总长。

王揖唐于甲辰科高中二甲第五名进士，榜名王赓，因在前十名，故传胪之日已先引见，例点翰林。不料因王文韶、鹿传霖"上下其手"，结果以主事用，签分兵部。随后与甲辰科同年陆光熙同赴日本学习陆军。陆光熙于士官学校毕业，回国考验奖励，遽升翰林院侍讲。1907 年冬，王揖唐尚未毕业，就受到东三省总督徐世昌赏识，经奏调出任东三省督练处参议。当日王氏在致陆军部尚书铁良的信中说：

---

① 《上谕》，《申报》1910 年 4 月 22 日，第 1 张第 3 版。
② 《直隶总督陈夔龙奏请以吕调元调补天津县知县事》（宣统三年五月十四日），中国第一历史档案馆藏录副奏折，档号 03－7454－071。
③ 《政府公报》第 313 号，1913 年 3 月 21 日；《北京电》，《申报》1913 年 12 月 14 日，第 2 版。
④ 黄纯垓：《答颜曹兴书》（1914），《小醉山草堂文集》卷 16，第 5 页 a～5 页 b。
⑤ 《北京电》，《申报》1913 年 12 月 14 日，第 2 版。

司员拜别以后，因病滞留京中，兼旬乃能出发。比以沽、连俱已封海，又前回国时，行李书籍一切均尚遗置沈阳，势不得不取道京奉，冀由韩境东渡。不谓抵奉后，而菊帅（徐世昌——引者注）附片业已由吉拜发。司员以半途辍学颇非素心，再四坚辞，未邀允准，继思东省乃我国发祥之地，正群雄环伺之时，苟有寸长，即当自效，若犹固执求学之成见，不独无以副菊帅殷殷维系之盛心，即亦上负大帅（铁良——引者注）汲汲栽培之厚意。乃不获已，爰暂承乏东省督练处中参议一席。①

1910 年徐世昌内调后，王揖唐仍留吉林任督练处参议官。此后随戴鸿慈出使俄国，并游历欧美二十余国，事竣仍回吉林任职。② 迨武昌起义爆发后，王揖唐极力主张独立，鼓动东北新军。因此，东三省总督赵尔巽致袁世凯密电，希望将王揖唐调开，又考虑到王揖唐与徐世昌"感情极好"，故建议或由新任军谘大臣徐世昌电调：

顷据吉林电称：吉省参议官王道赓力主独立，军界不免为其所惑。简帅（陈昭常——引者注）因病告退等语。现值时事多艰，人心未定，万不可因王赓之言稍变秩序，应请将简帅挽留，一面调王道往京。菊相与王道感情极好，或由菊相电调亦可。巽。篠。③

不久，王揖唐果然被调入京。军谘使良弼被炸身亡后，徐世昌在自己解职之前奏请王揖唐充补军谘使。④ 其实，王揖唐回京之后，并未闲着，而是被袁

---

① 《东三省督练处参议王赓函一件》，《奕劻档》，虞和平主编《近代史所藏清代名人稿本抄本》第 1 辑第 75 册，第 304～305 页。
② 《奏为吉林督练处参议补用道王赓器识宏深请旨擢用事》（宣统三年），中国第一历史档案馆藏录副奏折，档号 03－7465－051。
③ 《赵尔巽奏为吉林参议官王赓力主独立请调离往京事》（宣统三年十月十七日），中国第一历史档案馆藏电报档，档号 2－02－13－003－0318。
④ 《军谘府奏请以王赓充补军谘使事》（宣统三年十二月十五日），中国第一历史档案馆藏录副奏折，档号 03－7489－086。

世凯招入内阁办事，为其出谋划策，条陈"开国方略"共计 30 条。密信曰：

南北统一行将揭晓，建设于破坏之后难，建设于和平破坏之后则尤难。愚虑所及，谨条呈如下：一、宪法事件。应罗致海内通人预先斟酌。应由法、美、英、日各国聘著名之法家随时顾问，美之前大总统罗斯福君可设法聘作顾问，裨益匪浅（此事表面必由国会公决，宜及时派员暗中组一强有力之政党，预编草案，届时自能通过）。一、国会事件。应有专员预先研究办法。开国会以宪法为根据，宪法未定以前，应先开临时国会。一、国名应定。应先斟酌。定后应译成英、德、法三国文字，照会外使，免致展转歧译。一、国旗式样。应酌定。一、国乐应速制。一、总统宫宜因陋就简，师美之白宫遗意。最好目下不必另建。原有宫殿宜改为公共游览之所。法、德均有先例。月前电陈已详及之。一、行政区域应暂仍从前行省之制。一、各省官制应先订一暂行办法，愈简愈好，联邦制万不可仿行。各省长官是否仍用都督名称，应酌。各都督不必尽用本省人。一、外交、军事、财政各权必悉隶中央（货币、盐政、邮电等均应统于中央，但地方税可划归地方管理）。一、外交团之行动应特别注意，尤宜注意近邻某国之机心。一、外藩应派专员研究宣抚办法。一、应大借外债兴大工程（如导淮各事），借以赈抚贫民及将来安置被裁之各军队及游勇私枭等。一、应赶紧设立中央银行。一、海外华侨宜派专员设法宣抚。一、外交使臣多不职者，应设法撤换。一、旧人有清望者，应一律收作顾问，以安其心。一、宜设储才院。凡有一才一艺，皆不妨罗入备用。此等事体，多费若干，不碍也。一、旗员中少有清望者，宜并罗致之。一、八旗生计宜派汉人代筹。旗员中似无此人才也。一、宜大兴工商业，多方设法提倡。此事于将来宣布政见时必应加入，乃足惬大多数民心，亦救时要药也。一、旧日官派官习必应设法荡除。一、声名恶劣之员，虽有小才智，不可大用。一、应多设言论机关，急输入一般国民世界知识。一、应实行强迫教育。一、共和成立后，暗中应以开明专制（以上四字旁画圈——引者注）之精神行之。应实行法律专制。以学道爱人之心，行循名责实之政，天下何患不太平。以上拉杂书，未及清缮，急呈察阅，略代面陈，余再续上。再，一昨两日以在外有要事接洽，未及到阁办事，谨并附闻。

从条呈内容看，涉及民国肇建的方方面面，虽多属原则，仅一两句，但亦正因此，故要言不烦，一目了然。内中如国会宪法事宜，聘外人作宪法顾问，暗中组党，行开明专制，定中央集权，不用联邦制，新旧人俱用，大兴工商业等，虽似老生常谈，亦实有所见，后来也多采行。此固不必王揖唐孤明先发，亦实系英雄所见略同。难怪袁世凯在信封上亲批"多可采"三字，又批"凡可采者，择定令书手誊记另册，以备参考"。

同时，王揖唐还另单开列所知人才，以新为主，兼举旧人，故旧官僚、革命党、立宪派皆备，旧进士、留学生均有，外交、军事、法政、理财、工商人才皆在其中。对若干名人所下评语尤堪玩味，比如旧人中郑孝胥"应缓用"，新人中陆征祥"现任外交中第一人才"，张謇、李煜瀛"可任实业部正副部长"，柏文蔚为"将才"，于右任系"革人之著名者，能文章"，蔡锷"最好"。值得注意的是，癸、甲进士中他举出了马振宪、江绍杰、谭延闿、邢端、熊范舆、饶孟任和徐谦。内中仅其安徽同乡马振宪为"旧人"，其余皆为"极新而可用者"。① 此后，谭延闿、徐谦、江绍杰果然大用，邢端、饶孟任浮沉京师，马振宪出入京内外，熊范舆死于云贵军系冲突。

王揖唐后来常说"受知项城"。② 从上文似可知至迟在鼎革前二人关系业已奠定。加以王揖唐与徐世昌、段祺瑞关系皆密，出入军、政、党各界，以进士而兼留学，新旧两派左右逢源，其在民初之崛起，实为必然之势。

此外，在鼎革前后乘时崛起的一批癸、甲进士，正是上节所述的那些在宣统年间领导谘议局的立宪派。汤化龙、谭延闿、蒲殿俊、萧湘、张国溶、

① 《王赓（揖唐）条呈并袁世凯手批》，刘路生、骆宝善、村田雄二郎编《辛亥时期袁世凯秘牍：静嘉堂文库藏档》，中华书局，2014，第81~94页。
② 王揖唐：《今传是楼诗话》，张寅彭、李剑冰校点，张寅彭主编《民国诗话丛编》第3册，第408页。

梁善济、陈黻宸、沈钧儒等人，在辛亥变局中，多与革命合流，前人研究已多，不再缕述。有意思的是，甲辰科湖南进士陈继训对诸同年借立宪而崛起颇表不慊，代表了癸、甲进士中另一批人对鼎革前后士大夫出处进退的看法。兹录之以结本节："有清之季，诏遣载泽、戴鸿慈、端方、李盛铎、尚其亨赴各国考察政治，立馆编查，造为宪令，实施期于十载，首于各省设谘议局，各县设自治公所，蒐荟群才，与谋国是，庶人议政，盖昉于此。而在事诸君大率因缘作气势，据为颠覆清室、张法决胜之枢轴。湖北汤化龙济武、四川蒲殿俊伯英、湖南谭延闿组菴，皆甲辰继训同年进士也，辛亥之役，各以谘议局长崛起为都督。其他假筹备自治博美宦、饫丰禄者相环属。"①

---

① 陈继训：《王君日章传》，《猨盦文草》，载《清代诗文集汇编》（793），第614页。按，汤化龙未做都督。

第七章

流风遗韵：癸、甲进士的
人文事业

　　科举时代，政学相依，仕学并途。翰林、进士群体作为全国精英，除了占据多数官场高位外，又是学问与知识的化身，代表着士大夫的文化时尚。清季西潮东来，尤其是甲午之后，趋新加速，翰林、进士的学识越来越受到质疑。迨戊戌、辛丑以后，改科举、兴学堂、派游学成为国策，翰林、进士的势力和影响正在式微。癸、甲进士正是在科举学堂此消彼长的变局之中孕育而出，并且因应时趋，入馆纳新知，出国求新学。虽然1905年科举停废，但兴办学堂需要大量师资，而许多科举中人与时俱进，亦以兴学为重。于是，癸、甲进士群体就承继在籍翰林、进士出掌书院山长之流风遗韵，广泛参与了清季的兴学大潮，人数近百，无省无之。

　　民国以降，陈黻宸、商衍鎏、左霈、郭家声、易顺豫、袁嘉谷、赖际熙、区大典、郭则沄、章钰、尚秉和、甘鹏云、李景铭等一大批癸、甲进士在大学、书院内外，守先待后，传授旧学，培养后辈。在新文化运动兴起之后，不少癸、甲进士痛感斯文将丧，强烈抵拒白话诗文，坚持经史诗文的独立地位，避免用西学分科框架"条理"旧学。以关赓麟、郭则沄为代表的一批癸、甲进士，在民国主持寒山、稊园、蛰园、冰社、须社、清溪、瓶花簃、咫社等诗词社，吟咏酬唱，自民初至1950年代，历半个世纪之久。但在后科举时代的学校教育体制下，吴汝纶称之为吾国瑰宝的诗赋，终难以扭转逐渐沦亡的命运。当诸人年事渐高，一旦去世，曾经盛极一时的诗词结社便难以维持。

一 投身清末兴学潮

1901 年清末新政开始后，改科举与兴学堂双轨并行。不过，短短四年之后，在学堂与科举新旧势不两立的聒噪下，运行了一千多年的科举制便遭停废，举国孤注一掷搞学堂。据一般看法，科举与学堂势不两立，兴学堂势必要用新人。但是，科举精英不会因为科举突然被叫停而立即消失。而且，在失去科举的道路选择之后，社会对学堂的需求急剧增大，因而学堂的数量亦须迅速扩张，以便容纳更多的年轻士子。然而，清季办学堂，一开始就面临经费和师资两方面的巨大限制。就师资一方面言之，虽然自京师至各省，皆在延聘日本教习，但以中国之大，此区区之数绝不够分配，更重要的是，日本教习绝大多数都不能用汉语讲课，故每聘一日本教习，便须配备相应的翻译人员，所以日本教习模式既难推广，也成本巨大，不可长久。① 另外，教习虽可延聘，办学的主导权却须自己掌握。因此，便出现了颇有意思的"旧人"办"新学"的现象，即一方面舆论宣称科举与学堂势不两立，但另一方面，办学堂者，却又多是科举精英。当然，那些具有"新学"背景的科举精英更为吃香。科举改制造就的癸、甲进士，就在清季兴学方面扮演了颇为突出的角色。

据可靠材料观察，癸、甲进士群体广泛而深入地参与了清季兴学堂的历史过程：从地域分布来看，几乎无省无之；从职位来讲，大多担任学堂监督、教务长、教习之任，既主持学务，又教授课程。

京师大学堂是彼时中国的最高学府，能在其中登台授课或管理教学，多系宿学名流。从表 7-1 来看，癸、甲进士在大学堂亦占据一席之地。可注意者有二，第一，进士们教授的科目为其熟悉的史学、国文、经学等"中

---

① 关于日本教习，可参考汪向荣的《日本教习》一书。

学"，正是这些科甲精英在维系着日渐边缘的传统经史之学。第二，从1908年至1911年，京师大学堂的教务提调先后为金兆丰、商衍瀛，1910年后的教务帮提调则为狄楼海，三人皆是癸卯科进士。因此，在京师大学堂开办分科大学的时候，重要的教务管理职位，是由癸卯科进士负责的。

表7-1 癸、甲进士任教京师大学堂题名（1903~1912）

姓名	籍贯	职位	任职时间	备注
陈黻宸（癸卯）	浙江瑞安	史学教习	1903年底~1906	
章梫（甲辰）	浙江海宁	译学馆国文教习兼斋务提调 译学馆监督 经文科大学教务提调	1905~1906 1906~ 1909~1910 1911~1912	前上海澄衷学堂总理
冯巽占（甲辰）	浙江钱塘	史学教习	1905~1908	
刘焜（癸卯）	浙江金华兰溪	预备科国文教授	1906	前浙江金华中学堂监督
郭立山（癸卯）	湖南湘阴	师范科国文教授 经文科教员	1905~ 1910~1912	前湖南师范学堂监督
高毓浵（癸卯）	直隶静海	经文科教员	1910~1912	进士馆毕业，日本游历
黄为基（甲辰）	江西德化	经文科教员	1910~1912	日本法政专门毕业
尚秉和（癸卯）	直隶行唐	高等科教员	1911~1912	进士馆毕业，日本游历
金兆丰（癸卯）	浙江金华	教务提调	1907年底~1908年底	进士馆肄业，日本法政大学补修科毕业
商衍瀛（癸卯）	汉军八旗广州驻防	监学官 斋务提调 教务提调 兼高等科监督	1906~1907 1907~1908 1909~1911 1909~1912	进士馆毕业，日本游历。高等科为预科前身
狄楼海（癸卯）	山西猗氏	监学官 教务帮提调	1908~ 1910~1912	1904后陕西大学堂分教习

资料来源：陈德溥编《陈黻宸集》下册，第1061页；《学务大臣奏翰林院庶吉士章梫现在译学馆充国文教习先行奏咨立案事》（1905年），中国第一历史档案馆藏录副奏折，档号03-7215-118；《学部官报》第7、37期；《北京大学史料》第1卷，第330、333~335、341~341、345页。

在京师大学堂之外，癸卯科翰林张书云、张之照均在顺天高等学堂办学。[1]癸卯科进士郭家声任教八旗高等学堂堂长。[2] 在各省于京师所设之旅学堂中，癸卯科翰林胡骏任蜀学堂监督（同时兼京师法政学堂教习），王季烈任苏学堂教务长，马振宪任皖学堂副监督。[3]

除了在京师直接办学者之外，学部也聚集了一批癸、甲进士。陈曾寿、王季烈、恩华、杨熊祥、李景濂等人，均曾任实缺司官。王季烈任专门司司长，主管审查教科书，与兴学尤其关系重大。在实缺司官之外，学部的编译图书局等部门实际上汇聚了近 20 位癸、甲翰林。袁嘉谷、杨兆麟相继任编译图书局局长，后来外放，自不待言。此外，据参与其事的胡骏所记，当日调学部行走的癸、甲翰林还有王寿彭、陈云诰、史国琛、水祖培、林志烜、徐潞、张恕琳、王慎贤、林世焘、胡大勋、高毓浵等人。[4] 只是这些癸、甲进士在辛亥鼎革后学部到教育部的转变过程中，全部退出了学务舞台。

在直隶首府保定，留日回国的甲辰科状元刘春霖于 1908 年出任直隶高等学堂教务长，次年任监督，直至 1913 年该校合并至北洋大学为止。[5] 在保定的直隶法政学堂，癸卯科进士杨肇培、黄纯垓担任教习。黄纯垓既讲授"人伦道德"一课，又教授属于"旧法"之列的《大清会典》，在其 1919 年出版的文集中，还保留了当日的讲义。[6] 杨肇培任教的时间更长，贡献更大。1911 年直隶总督陈夔龙奏请奖其四品衔。[7] 在天津，甲辰科翰林邢端于 1908 年襄办北洋工业学堂，1909 年接任监督，直至 1913 年。据说，邢端虽

① 胡骏：《补斋日记》，沈云龙主编《近代中国史料丛刊三编》（71）、（72），第 199、217、515～516 页。
② 郭家声：《龙钟三十九用苏韵》，《忍冬书屋诗集》卷 5，第 2 页 b。
③ 胡骏《补斋日记》多记在京师法政学堂授课与主持蜀学堂之事。李向东等标点《徐兆玮日记》第 1 册，第 591 页；史晓风整理《恽毓鼎澄斋日记》第 1 册，第 414 页。
④ 胡骏：《补斋日记》，沈云龙主编《近代中国史料丛刊三编》（71），第 363 页。
⑤ 《直隶总督陈夔龙奏为翰林院修撰刘春霖改充直隶学堂监督年满请奖叙事》（宣统三年四月二十一日），中国第一历史档案馆藏录副奏片，档号 03－7573－092；《教育次长暂行代理部务袁希涛呈大总统直隶职绅前总统府秘书刘春霖在籍办学成绩卓著请给予一等奖章文》，《政府公报》第 510 号，1917 年 6 月 12 日。
⑥ 讲义全文收在黄纯垓《小醉山草堂文集》卷 13，讲义叙言在卷 13，第 1 页 a～7 页 b。
⑦ 《直隶总督陈夔龙奏主事杨肇培等办学期满请奖片》，《政治官报》第 1204 号，宣统三年二月初十日，折奏类，第 12～13 页。

在日本学过化学，"但因系简易速成一类，他很讳言，只以翰林牌子任监督以至校长"。尽管有不少阻力，但在邢端掌校时期，北洋工业学堂"无论教务、事务，皆可循序推进"，教育事业"已日上轨道"。①

首善之区京师、直隶之外，经济富庶、文风最盛的江浙地区，学堂办得既早又多。在南京，两江师范学堂颇著声誉，民国时代赫赫有名的南京高等师范、东南大学即其后身。1904 年，甲辰科翰林江西人雷恒请假出京，被两江师范学堂留充舆地正教员。迨 1905 年秋，接任教务长，"总持教务、严定规则、扩充班次"。所以，1910 年江宁提学使以雷恒"在堂七载"，"成材正不乏人"，奏请援照江南高等学堂教务长缪荃孙的成案，奖其四品卿衔。② 而当缪荃孙辞去南京高等学堂教务长一职后，亦由甲辰科翰林林世焘于 1908 年初接任。③ 此外，值得注意的是，同在南京的两江法政学堂于 1908 年开办，其监督即是癸卯科翰林吴瑴。事实上，吴瑴此前已经两江总督端方奏调来宁，"代办两江学务处"，并在两江总督署"办理学务文案"。1909 年张人骏接任两江总督后，"照旧委用"。1911 年夏，吴瑴又署理江宁提学使。④ 可以说，吴瑴与清朝最后几年两江学务的关系甚为密切。

江苏巡抚的驻地苏州，最是文风胜地。有清一代共 113 科状元，仅苏州一府，就独占 23 名，竟有 1/5 强。⑤ 若考察清末苏州办学的历史，则绕不开两位苏州籍癸卯科进士：其一是著名学者章钰，另一位是地方议会领袖孔昭晋。章钰从 1904 年开始回籍办学，"历充苏省学务处参议、初等小学堂、

---

① 《直隶总督杨士骧奏为侍讲衔翰林院检讨邢端留津襄办扩充实业事》（光绪三十四年十二月初八日），中国第一历史档案馆藏朱批奏片，档号 04 - 01 - 12 - 0669 - 069；杨绍周：《解放前的河北省立工业学院》，全国政协文史资料委员会编《文史资料存稿选编》（24），第 130 页。

② 《学部奏庶吉士雷恒办学期满循章请奖折》，《学部官报》第 61 期，光绪三十四年七月初一日，第 328 页；《本署司详复奉饬核议两江师范学堂教务长翰林院检讨雷恒请援案奏奖文》，《江宁学务杂志》第 10 期，宣统二年十二月，公牍，第 22～23 页。

③ 《高等学堂教务长办学期满请奖》，《申报》宣统元年二月二十九日，第 2 张第 3 版。

④ 《两江总督张人骏奏为江苏试用道吴瑴人品端正操履谨严请吏部带领引见事》（宣统二年七月初一日）朱批奏片，档号 04 - 01 - 12 - 0687 - 045；《两江总督张人骏奏为委任吴瑴署理江宁提学使事》（宣统三年七月二十日），朱批奏片，档号 04 - 01 - 30 - 0073 - 018；均中国第一历史档案馆藏。

⑤ 陈夔龙：《梦蕉亭杂记》，第 106 页。

师范传习所总理，师范学堂监督，高等小学堂堂长，学务公所课长各项重要差务"，直至 1909 年为止（其间 1907～1908 年丁忧）。[①] 孔昭晋于 1908 年初"以普通课副长代办总理事务，宣统二年正月专任总理"。至 1911 年初，"学堂、学塾共推广至二十所，成就学生共计二百八十余名"。[②] 此外，两位来自苏州之外的甲辰科翰林也在主持着苏州省城更高级别的学堂事务。江苏常州府宜兴县的潘浩，于 1906 年接充苏州府中学堂监督。来自江苏松江府上海县、日后以编著《光绪朝东华录》著名的朱寿朋，则在 1909 年接任江苏省城高等学堂监督。[③] 癸、甲进士在苏州兴学堂过程中扮演的重要角色不难从中窥见。

癸、甲进士并非仅在省会办学。在状元张謇的家乡江苏通州，癸卯科进士孙宝书长期办学，对学堂贡献良多。孙宝书于 1903 年考中进士后，即回籍办理该州两等小学事务，被公举为第一高等小学堂长。1904 年冬天在日本考察了三个月后，次年并筹办通州城乡各级初等小学堂。1906 年，通州、海门厅两地合办中学堂，孙宝书又被公推为监督。至 1911 年，两江总督张人骏以其"在籍办学已逾五年，成就毕业学生至百人之多"，请予优奖。[④]

浙江办学起步亦早，名儒邵懿辰之孙、癸卯科翰林邵章角色突出，著闻于时。早在 1897 年，邵章就创办浙江蚕学馆，后改为蚕桑学堂，开全国蚕桑改良之先声。1899 年，邵氏在杭州开办养正书塾，中、小学合办；迨1901 年朝廷命广设学堂，该校遂改为杭州府中学堂，邵章任监督。1903 年，邵章考中进士后，请假回籍，创办浙江藏书楼。1907 年，邵章又创办浙江

---

① 《暂护江苏巡抚陆钟琦奏为留籍办学人员法部主事章钰三年期满请照章核奖事》（宣统元年十二月二十一日），中国第一历史档案馆藏朱批奏折，档号 04－01－38－0200－050。

② 《江苏巡抚程德全奏为外务部主事章钰、即补主事孔昭晋办理苏州省城学堂期满请奖叙事》（宣统三年五月初八日），中国第一历史档案馆藏录副奏折，档号 03－7574－022。

③ 《学部奏庶吉士潘浩办学期满请奖折》，《学部官报》第 70 期，光绪三十四年十月初一日，本部章奏，第 3～4 页；《奏为翰林院编修朱寿朋留办江苏省城高等学堂监督援案请免扣资俸事》（宣统二年），中国第一历史档案馆藏朱批奏片，档号 04－01－12－0687－100。

④ 《两江总督张人骏奏为前户部主事孙宝书在籍办学五年届满请援案给奖事》（宣统三年八月二十一日），中国第一历史档案馆藏录副奏折，档号 03－7462－074。

优级师范学堂。① 此外，癸卯科翰林袁嘉谷、郭则沄分别于 1909 年出任浙江提学使和温处道。当袁嘉谷 1910 年请假回籍时，提学使即由郭则沄署理。在籍的癸卯科翰林陈敬第、孙智敏，甲辰科进士沈钧儒，均对浙江学务有所贡献。

在华北地区，山东茌平籍甲辰科翰林马荫荣，自 1904 年起历任山东师范学堂国文教习、山东游日学生监督、山东学务公所议长兼高等农业学堂监督，② 与山东学务关系极密。在山西，癸卯科进士杨熊祥、解荣辂先后出任山西大学堂监督，尤以解荣辂任职在三年以上，并兼山西学务公所议长，影响巨大。③ 当 1911 年解荣辂卸任学务公所议长时，继任者则是癸卯科进士、在本籍办理武乡县小学堂历有年所的李华炳。④ 此外，从著名的山西常氏家族走出来的癸卯科进士常麟书，清末长期在本籍榆次县办学，民国后，历任中学、专科学校、山西大学国文教授，为山西教育界著名人士。⑤

在河南，甲辰科翰林毕太昌于 1909 年接充河南高等学堂监督，而癸卯科进士、分发河南即用知县王益霖在此前后任高等学堂斋务长兼教员。⑥ 与

① 邵章：《倬盦自订年谱》，《北京图书馆藏珍本年谱丛刊》（193），第 64～65 页；《浙江巡抚增韫奏为在籍翰林院编修邵章充任浙省中学堂监督已满五年成绩昭然请给奖事》（宣统三年二月十六日），中国第一历史档案馆藏朱批奏片，档号 04－01－38－0203－010。

② 《学部奏庶吉士马荫荣办小学期满请奖折》，《学部官报》第 77 期，宣统元年正月二十一日，本部章奏，第 5～6 页。

③ 《山西巡抚张曾敭奏请将刑部主事杨熊祥暂行留晋办理学堂免扣资俸事》（光绪三十年），朱批奏片，档号 04－01－13－0408－029；《山西巡抚恩寿奏为委派解荣辂接充山西大学堂监督事》（光绪三十三年九月），录副奏片，档号 03－5489－123；均中国第一历史档案馆藏。《山西巡按使金永呈裁缺司长解荣辂梁济前审判厅长邵修文劳绩卓著请予奖拔文并批令》，《政府公报》第 826 号，1914 年 8 月 23 日。

④ 《山西巡抚张曾敭奏为武乡县在籍兵部主事李华炳延充小学堂教习照章奏咨立案事》（光绪三十一年六月），中国第一历史档案馆藏录副奏片，档号 03－7214－074。《学部奏续派陆军部主事李华炳充山西学务议长折》，《政治官报》第 1223 号，宣统三年二月二十九日，折奏类，第 6～7 页。

⑤ 《山西巡抚宝棻奏请将服阕度支部主事常麟书仍留榆次县办理学务照章免扣资俸事》（光绪三十四年十二月初十日），中国第一历史档案馆藏朱批奏片，档号 04－01－12－0669－066；《常麟书先生逝世》，《来复》第 463 号，1927 年 10 月 23 日，第 6 页。

⑥ 《河南巡抚吴重憙奏为派令毕太昌接充豫省高等学堂监督事》（宣统元年五月十八日），朱批奏片，档号 04－01－12－0677－055；《河南巡抚宝棻奏请以王益霖补封丘县知县事》（宣统三年五月二十二日），朱批奏折，档号 04－01－12－0691－046；均中国第一历史档案馆藏。

此同时，河南优级师范学堂自 1908 年后，相继由癸卯科翰林张成修、甲辰科进士彭运斌及毕太昌出任监督。① 另外，值得注意的是，前贵州巡抚林绍年主政河南不久，即于 1908 年初奏调贵州籍的癸卯科翰林陈国祥和甲辰科进士袁永廉、唐桂馨来豫办理法政学堂事务。同属贵州籍的甲辰科进士熊范舆也于 1908 年入汴，出任河南法政学堂教务长兼法政教习。②

湖北办学早著成效。迨 1908 年筹办湖北法政学堂之际，湖广总督赵尔巽调癸卯科翰林邵章入鄂，出任监督，直至 1909 年底邵氏回籍为止。此后，赵尔巽于 1911 年总督东三省，复调邵章任奉天法政学堂监督，并署理奉天提学使。③ 不如邵章出名的癸卯科进士、江苏丹徒人杨鸿发，则于 1908 年任两湖师范学堂仁字斋文学教习，并兼湖北法政学堂国文教习。④ 湖南学堂比湖北办理稍晚，几位进士颇著劳绩。1904 年，癸卯科进士彭绍宗出任湖南高等学堂监督，癸卯科翰林曾熙、郭立山分别担任湖南南路师范学堂、中路师范学堂监督。⑤ 1905 年郭立山北上京师大学堂任教，中路师范学堂监督一职由甲辰科翰林、大名鼎鼎的谭延闿接任。⑥

进士在江西、安徽的办学也不遑多让。癸卯科翰林曹典初曾于 1904 年出任江西高等学堂监督，惟为时较短。辛亥鼎革前后，甲辰科翰林宋育德亦

① 《河南巡抚吴重熹奏为彭运斌接充优级师范学堂监督事》（宣统二年二月初八日），朱批奏片，档号 04 - 01 - 12 - 0683 - 019；《河南巡抚宝棻奏为委任在籍丁忧翰林院检讨毕太昌接充河南省城优级师范学堂监督事》（宣统三年三月十二日），朱批奏片，档号 04 - 01 - 38 - 0203 - 019；均中国第一历史档案馆藏。
② 《河南巡抚林绍年奏请调翰林院编修陈国祥等员来豫省差委办理法政学堂事》（光绪三十三年十二月十八日），中国第一历史档案馆藏朱批奏片，档号 04 - 01 - 30 - 0509 - 003；《云贵总督李经羲奏请以熊范舆补广西直幕折》，《政治官报》第 1208 号，宣统三年二月十四日，折奏类，第 13~14 页；李恭忠、黄云龙：《末科进士与世纪风云：熊范舆传》，第 97 页。
③ 《护理湖广总督杨文鼎奏为翰林院编修湖北法政学堂监督邵章请假回浙省亲请免扣资俸事》（宣统元年十一月初六日），中国第一历史档案馆藏朱批奏片，档号 04 - 01 - 38 - 0200 - 027；邵章：《倬盦自订年谱》，《北京图书馆藏珍本年谱丛刊》（193），第 65 页。
④ 《湖广总督瑞澂奏请将丁忧起服吏部主事杨鸿发留鄂省充当教习并免扣资俸事》，中国第一历史档案馆藏录副奏片，档号 03 - 7453 - 159。
⑤ 《湖南巡抚陆奏为恳恩俯准将该员留湘办理学务并援照各省奏留成案准其免扣资俸片》，《申报》光绪三十年十二月初十日，第 11 版。
⑥ 《学部具奏庶吉士谭延闿办学期满循章请奖折》，《学部官报》第 67 期，光绪三十四年九月初一日，本部章奏，第 13 页。

曾担任该学堂监督。① 甲辰科翰林叶先圻则于 1909 年出任江西模范中学堂监督。此外，刘凤起（癸卯科）、宋名璋（甲辰科）两位本籍进士，也在宣统时期出任江西学务公所议绅。② 在安徽，甲辰科翰林、著名诗人许承尧于 1905 年在本籍出任徽州新安中学堂监督，并兼紫阳师范学堂监督，1908 年因成效卓著，获得奖励。甲辰科进士、湖北人彭守正则于 1908 年担任安徽法政学堂监督兼教授。③

西北地区学堂数量有限，程度最高的陕西大学堂（后来改为陕西高等学堂）的发展，离不开两位癸卯科进士的贡献。来自邻省山西的狄楼海，于 1904 年开始担任教习，④ 成效卓著，后来进入京师大学堂，担任教务帮提调。陕西本籍进士周镛，于 1906 年出任陕西高等学堂监督，至辛亥革命前，已达五年之久。⑤ 此外，甘肃癸卯科进士张铣选择在新疆发展，1907 年曾短暂任过新疆高等学堂提调，而 1910 年至 1911 年，护理新疆提学使将近一年。⑥

西南地区的办学有其特色。四川与康藏接壤，设有川滇边务大臣，在清

① 《奏为留派翰林院庶吉士曹典初充任江西高等学堂监督事》（光绪三十年九月初四日），中国第一历史档案馆藏朱批奏折，档号 04 - 01 - 38 - 0191 - 038；宋育德：《江西高等学校同学录序》，《江西教育杂志》第 5 期，1916 年 4 月 30 日，文艺，第 4 页。

② 《江西巡抚冯汝骙奏请将翰林院编修黄大埙、叶先圻留充江西两学堂监督免扣资俸事》（宣统元年二月二十五日），朱批奏片，档号：04 - 01 - 38 - 0199 - 013；《江西巡抚瑞良奏为翰林院编修刘凤起充学务公所议绅，请旨免扣资俸照常升转事》（光绪三十三年十二月十八日）（奉旨日），录副奏片，档号 03 - 5495 - 031；均中国第一历史档案馆。《学部附奏议复赣抚奏学务公所议绅礼部主事宋名璋免扣资俸事》，《学部官报》第 111 期，宣统元年十二月初一日，本部章奏，第 4 页。

③ 《安徽巡抚冯煦奏为翰林院庶吉士许承尧在徽州原籍充任学堂监督成效卓著请照章给奖事》（光绪三十四年四月初一日），中国第一历史档案馆藏录副奏片，档号 03 - 7223 - 065；《直隶巡按使朱家宝奏遵拿预保简任法官钱宗昌、彭守正二员恳乞存记折》，《政府公报》第 37 号，1916 年 2 月 12 日。

④ 《陕西巡抚夏岊奏为刑部主事狄楼海聘为陕西大学堂教习请准敕部立案免其扣资事》（光绪三十一年正月），中国第一历史档案馆藏录副奏片，档号 03 - 5437 - 009。

⑤ 《陕西巡抚恩寿奏为陕西高等学堂监督法部主事周镛在事出力请免补本班以员外郎留部补用等事》（宣统三年闰六月初三日），中国第一历史档案馆藏，录副奏片，档号 03 - 7575 - 069。

⑥ 《新疆巡抚联魁奏请以张铣补授焉耆府知府事》（光绪三十四年七月二十三日），朱批奏折，档号 04 - 01 - 30 - 0068 - 031；《护理新疆提学使张铣奏报护理学篆日期事》（宣统二年十月二十五日），录副奏折，档号 03 - 7448 - 077；均中国第一历史档案馆藏。

末川边办学的历史中，癸卯科进士蜀人吴嘉谟的功绩首屈一指。吴嘉谟先任四川高等学堂教习，1904 年复任四川学务调查所监督，“考选各项教职人员入所讲习，以备派往各属调查学务”。1907 年川滇边务大臣赵尔丰奏设关外学务处，由吴嘉谟总办其事。吴嘉谟“选委员，延教习，购书器”，先“令塘兵及商民与蛮头人等子弟入堂”，排解疑阻，以为劝导。1908 年，“共设学堂三十余校，男女学生千有余名，咸知官话，初识汉字”。① 直至辛亥鼎革之际，方引退归里。同时，甲辰科翰林田明德，经护理四川总督赵尔丰调川，“历充客籍、藏文各校监督”，为关外学务储备人才，与吴嘉谟川边办学相得益彰。② 此外，甲辰科进士曾光爔 1904 年在本籍任邛州高等小学堂校长，1907 年兼任中学堂监督，长期办学，著有成效。③ 在云南，癸卯科翰林李坤于 1903 年担任云南高等学堂副办兼地理、历史教习，1906 年后出任教务长。④

广西的学务公所议长一职，先后由癸卯科翰林陈树勋、甲辰科翰林唐尚光担任。⑤ 广西法政学堂则借才川黔，先后奏调甲辰科翰林陈国华（四川人）、陈正猷（贵州人）出任教习。⑥ 广东风气早开，亦借才办学。1906 年，署理两广总督岑春煊奏调京师大学堂教习、癸卯科进士陈黻宸南下，任

① 《川滇边务大臣赵尔丰奏为关外办学人员吴嘉谟等人三年届满成绩卓著择尤请奖事》（宣统二年七月初八日），中国第一历史档案馆藏朱批奏折，档号 04－10－38－0202－008。

② 《署四川巡按使陈廷杰呈遵令胪陈潜德殊绩人员公署秘书长吴嘉谟、田明德等事实，拟恳交部任用开单呈请鉴核文并批》，《政府公报》第 994 号，1915 年 2 月 13 日。

③ 《学部附奏主事曾光爔等办学期满请奖片》，《学部官报》第 61 期，光绪三十四年七月初一日，本部章奏，第 329 页。

④ 《云贵总督丁振铎奏为在籍庶吉士云南高等学堂教务长李坤无暇兼顾编辑官请免事》（光绪三十二年十二月二十四日），中国第一历史档案馆藏朱批奏片，档号 04－01－38－0194－070。

⑤ 《护理广西巡抚魏景桐奏为翰林院编修陈树勋呈请省亲请旨赏假免扣资俸事》（宣统二年十二月二十九日）（奉旨日），中国第一历史档案馆藏录副奏片，档号 03－7449－124；《学部奏派编修唐尚光充广西学务公所议长折》，《学部官报》第 148 期，宣统三年三月初一日，奏议，第 1 页。

⑥ 《广西巡抚张鸣岐奏为开办法政学堂请准将陈国华周先登调桂充法政学堂各差事》（光绪三十四年七月初六日），朱批奏片，档号 04－01－12－0666－082；《广西巡抚张鸣岐奏请将翰林院庶吉士陈正猷调桂充当法政学堂教习事》（宣统元年七月初八日），朱批奏片，档号 04－01－12－0677－106；均中国第一历史档案馆藏。

广东方言学堂监督、两广优级师范学堂教务长，至1909年陈黻宸回籍出任浙江谘议局议长为止。①

福建近代人才辈出。在清末办学中，除陈宝琛等翰林前辈外，翰林后辈亦与有力焉。癸卯科翰林杨廷纶于1909年出任福州府中学堂监督，随后并任福建法政学堂副监督。另一位癸卯科翰林于君彦，则于1908年初出任福建中等商业学堂监督，直至1910年回京供职为止。② 在兴化府，癸卯科翰林张琴、甲辰科进士关陈暮从1905年开始，分别担任兴化府中学堂监督和正教习，历有年所，著有成效。③

通过上文的考察，似可得出以下几点认识。首先，癸、甲进士广泛参与了清末全国各地的兴学堂事务，分布相当之广，可谓无省无之。其原因盖有数点。第一，各地均需办学。1901年新政开始，尤其是1905年立停科举后，在省城、府城、县城分别设立高等学堂、中学堂、小学堂的国策已定，兴办学堂成为各地的重要事务。第二，癸、甲进士中式后，正赶上此波兴学大潮。他们拥有最高功名，总体上道德学问好，在各地享有崇高威望，由其主持办学，实为水到渠成之举，而且也是在籍翰林、进士出任书院山长的流风余韵，更易获得朝野认可接受。第三，更重要的是，科举制度的名额分配虽然多寡有别，但能保证每科各省都有进士，即使"荒陬僻壤，文化较低者，亦不至脱榜"，④ 亦即各地均不乏读书人。所以进士办学才会分布如此之广。

其次，虽然也有少数癸、甲进士在本籍办理小学堂，但更多的进士担任

---

① 《浙江巡抚增韫奏为浙省谘议局议长陈黻宸学识明通请准留籍任事免扣资俸事》（宣统二年七月十一日），中国第一历史档案馆藏朱批奏折，档号04-01-12-0687-076。

② 《闽浙总督松寿奏为翰林院编修杨廷纶被选资政院议员呈请回京供职福州中学堂监督遴员接充事》（宣统三年六月初九日）（奉旨），录副奏片，档号03-7455-133；《闽浙总督松寿奏为聘充福建中等商业学堂监督于君彦呈请回京供职遴员接充事》（宣统二年八月十六日），朱批奏片，档号04-01-12-0687-096；均中国第一历史档案馆藏。

③ 《学部奏庶吉士张琴办学期满循章请奖折》，《学部官报》第88期，宣统元年四月十一日，本部章奏，第1~2页；《闽浙总督松寿奏为翰林院庶吉士张琴、刑部主事关陈暮在籍充当兴化府中学堂教职均拟晋京请免扣资俸事》（光绪三十三年四月初六日），中国第一历史档案馆藏朱批奏片，档号04-01-12-0655-106。

④ 尚秉和：《历代社会风俗事物考》，母庚才、刘瑞玲点校，第492页。

的是各地有名的高等学堂、中等学堂监督、教务长、教习等职务。这与他们的功名、学识、地位是密切相关的。

最后，虽然主持兴学的不少癸、甲进士具有进士馆、日本游学、游历的背景，但他们所担任的科目却大多数为史学、国文、经学、舆地等"中学"内容。即使在趋新的法政学堂，虽有进士担任法政科教学任务，但也有进士教授国文以及属于"旧法"的《大清会典》等。可以说，癸、甲进士群体，是维系学堂内"中学"教授和传承的重要力量。

二　传承旧学与抵拒新文化

民国时期大学文史学科的教授群体，虽然以接受过国内外大学教育的学人居绝大多数，但科举出身的"老辈"亦颇不乏人，其学术造诣甚高，在学术传承方面尤不可轻忽。[①] 癸、甲进士群体中便有一大批学者，或执教于海内外各大学，或主持古学书院，或设帐授徒，在斯文命悬一线、时局扰攘不堪的时代，承担着传承中国经史诗文命脉的使命，同时抵拒着新文化运动的冲击（详表 7－2）。

癸卯科进士陈黻宸于 1913 年任北京大学文科教授，在中国哲学门讲中国哲学史、诸子哲学，又在中国历史门讲中国通史。陈钟凡、冯友兰等后来的著名学者，均曾颇受教益。[②] 1916 年，蔡元培任命陈独秀为北大文科学长，进行学科改革。陈独秀主张"教授科目与其程序皆应与世界普通之分类相合"，故"经书当依其性质分列文学、史学、哲学之中，不必再存经学之名"，欲以西学分科条理经学。陈黻宸对此大为反对，认为"经为中国所特有，故无妨即特存经学一部"。[③] 可惜，陈黻宸不久病逝，而"与世界接

---

① 参见桑兵《民国学界的老辈》，《历史研究》2005 年第 6 期；尚小明《近代中国大学史学教授群像》，《近代史研究》2011 年第 1 期。

② 陈谧编、胡珠生修订《陈黻宸年谱》；陈钟凡：《先师陈君哀词》，均载陈德溥编《陈黻宸集》下册，第 1214～1217、1231 页。冯友兰：《三松堂自序》，《三松堂全集》第 1 卷，第 295～296 页。

③ 《北京大学文科之争议》，《申报》1917 年 10 月 17 日，第 2 张第 6 版。

轨"的分科潮流也势不可挡，其主张自然难以实现。

1929 年秋，辅仁大学一成立，癸卯科进士、著名诗人郭家声即任教授。先是，英敛之创办辅仁社，以便天主教徒进修中国文史，郭家声即在辅仁社讲学，与辅仁系统渊源甚早。[①] 据郭氏自述，其于 1924 年 10 月开始在辅仁学校讲学，直至 1941 年辞去辅大教席，真可谓"一刹那经十七春"。[②] 郭家声以诗名，早在 1916 年就印成《忍冬书屋诗集》6 卷。1918 年，诗集经教育部审查为学术著作合格者。因合格者仅 67 人，首列者为王树枏，其余知名者有马其昶、柯劭忞、江瀚、姚永朴、姚永概、宋伯鲁、刘师培等，皆一时宿儒，故入选颇不易易。京兆地区得 3 人，郭家声身列其中，他在日记中不无得意地说："北人素不好标榜，而京兆能有三人，亦云盛矣。"[③] 迨 1930 年，任教辅仁大学的郭家声将其诗集再版，收诗至 1929 年，增订为 8 卷，辅仁校长陈垣、同事刘半农分别题写封面和扉页。[④]

早在 1916 年《忍冬书屋诗集》初版之际，郭家声就对西学东渐、世变日亟的大势下，诗坛的现状颇为悲观。他说："诗教至今日，其陵夷衰微盖已久矣。一切烦促、噍杀、淫哇、杂缛之音，罔不竞作，有心世道者，于以觇时变、镜人心，知其由来积渐必极于是，而非一朝夕之故也。西学东渐，为者益鲜，风雅坠地，怵目骇心。古哲鸿制，方将弁髦，单集小文，益同直土。间有二三畸士，志存竺旧，亦且独弦哀歌，倡焉寡和，则夫四始五际六义八病之说之阒绝于来兹，盖可逆而睹焉。"不过，他对自己的诗却颇有自信，在说过"明知于古哲所诣，万不逮一"的谦辞后，便申言："要之，击壤俚语、随园侧体、定庵外道"等旁门左道，"则差可免焉"。[⑤]

进士出身的郭家声，不仅对古典诗歌的"衰歇"满腹牢骚，而且对学校时代的国文教育甚为忧虑。就在《忍冬书屋诗集》初版、再版之间，新

----

① 参见台静农《北平辅仁旧事》，《龙坡杂文》，三联书店，2002，第 102～103 页。
② 郭家声：《司铎学院海棠》诗注，郭正权编《癸卯进士、诗人郭家声先生纪念专辑》，星球地图出版社，2009，第 120、132 页。
③ 《郭家声日记选录》，郭正权编《癸卯进士、诗人郭家声先生纪念专辑》，第 109 页。
④ 郭家声：《忍冬书屋诗集》，1930 年铅印八卷本。
⑤ 郭家声：《忍冬书屋诗集》，1916 年自序，1930 年铅印本，第 1 页 a。

文化运动蓬勃兴起，胡适等人提倡的白话文、白话诗流行一时。郭家声对此极不以为然。1930 年 4 月 21 日，辅仁同事尹炎武指出林纾、吴昌硕、李瑞清等名人的语病笑话，郭家声认为"皆切中其病，可见负盛名者，均不免有此失"。不过，他话头一转，开始猛批学校中文教育的失败与白话诗文的弊病："然近今十年来，学校中所造成之新国学家，其文义不通，尤有过于此者。更屡以白话诗文，益复疵瑕百出。"进士出身的他意犹未尽，忍不住要将科举与学校比较一番："科举时代，不甚讲中国文法，其不通者在学术，不在文词。学校时代，课目列入中国文法、文典等，而学生之于文词，其不通乃更甚于八股先生。此其故可深长思之矣。"①

郭家声不仅在日记中私下批评新文学，在公开场合亦不忘调侃一番。1934 年，刘半农赴绥远考察方言，不幸染回归热，送至北平协和医院后不治身亡。郭家声与其同事有年，颇有交谊，撰一挽联曰："躯命厄遐荒，斯人竟误刀圭药。文章出游戏，当代偏崇钉铰诗。"郭氏颇自负于此联之妙，他在日记中写道："措词用意尚能贴切，将来送往追悼会，不识当代诸文学、国学家有能识此联者否？"② 古代论诗者常称通俗滑稽诗为张打油、胡钉铰，③ 此处胡钉铰语意双关，殆指胡适提倡的白话诗。通过此联，郭家声抵拒白话诗的意态便跃然纸上了。

1943 年，郭家声又将 1930～1942 年所作的 420 首诗结集出版，题为《忍冬书屋诗续集》。有评介称"近代北方诗人，以胶西柯凤孙、新城王晋卿二老为尊宿，由其积学富而取径高也。二老既倾，坛坫零寂"，郭氏"清修笃行，余事为诗，足为河朔英灵生色"。④ 在癸卯科同年尚秉和看来，"诗文者，道德之阶，而国家之元气也。故其事恒与世运相升降"，然今世为考据者，为小学者，为训诂、笺注者皆有人，"而独于风俗运会攸关之文章大业，日益衰落，不可制止"。他因而对斯文之丧抱有极度的隐忧："由是以

---

① 《郭家声日记选录》，郭正权编《癸卯进士、诗人郭家声先生纪念专辑》，第 130 页。
② 《郭家声日记选录》，郭正权编《癸卯进士、诗人郭家声先生纪念专辑》，第 121 页。
③ 参见尹占华《胡钉铰考》，《甘肃广播电视大学学报》2006 年第 1 期。
④ 申：《图书介绍》，《国立华北编译馆馆刊》第 2 卷第 7 期，1943 年 7 月 1 日，第 3 页。

推，琴石（郭家声——引者注）之诗，在今日叹其为之勤、业之精，再十数年，恐后生学士不惟不能为，且并不能读矣。此则不能不为斯文惧也。"[1]从半个多世纪后的今天来看，可谓不幸被尚氏言中。

癸卯科榜眼左霈，清末外放云南丽江知府。民国以后，脱离政海。1914年任蒙藏院办报处总编纂。[2] 后于1918年入教清华学堂，直至1928年离开清华，南下香港。[3] 1925年《清华周刊》有报道称："国学教授左雨荃（左霈——引者注）先生日前为其公子完婚……教职员咸往庆贺。"[4] 在1925～1926年度、1927年度清华国文学系的教师名单中均有左霈。从1927年的课程设置可知，左霈与朱自清为大学部二年级开设共同选修课"中国文学书选读"。该课6学分，全学年上课，每周3小时。其课程介绍曰："中国文学以诗词文艺为主，按学程所定用书凡六：曰《诗经》温柔敦厚、感人最深；曰《楚辞》精诚内结、词采外敷；曰《文选》专尚文雅、辞藻极富；曰《文心雕龙》分类引义、评论精审；曰《词选》意取婉约、采择甚精；曰《十八家诗钞》体兼古近、文质炳如。由学生先后选读之，于吾国古代文学可得其概矣。"故教科书即采用以上六书，学生任选一种。[5] 可知左霈所授内容，全系古代文学经典的传授和训练。

在山西大学，癸卯科进士、山西人狄楼海传授经史、国文之学，而癸卯科进士、湖南人易顺豫（即易顺鼎胞弟）亦在1920年代讲学于此。易顺豫后来离开山西大学，在上海讲学，曾于1929年担任上海东亚大学国文学系主任。[6] 随后，癸卯科翰林、曾任浙江高等学堂监督的浙江人

---

① 尚秉和：《〈忍冬书屋诗续集〉序言》，1939，郭正权编《癸卯进士、诗人郭家声先生纪念专辑》，第27页。

② 《蒙藏院办报处职员表》，《回文白话报》第18号，1914年6月，职员表，第1页。

③ 参见万俊人主编《清华大学文史哲谱系》，清华大学出版社，2012，第100页。按，所引部分由齐家莹执笔，下同。

④ 《大张筵席》，《清华周刊》第342期，1925年4月3日，第24页。

⑤ 万俊人主编《清华大学文史哲谱系》，第47、30～31页。

⑥ 《东亚大学各系主任》，《申报》1929年8月8日，第3张第11版；《东亚大学暨一中通告》，《申报》1929年9月8日，第2张第6版。

孙智敏，亦于 1933 年代理之江大学国学系主任。①

此外，1920 年代严修在天津创办崇化学会国学专修学校，癸卯科进士、著名学者章钰受聘主讲席，"培养了一批研究传统文化的人才"。据说 1930 年代至 1950 年代初，天津一些中学里的优秀文史教师，不少都出自崇化国专。当代著名史学家蔡美彪先生也间接受惠于此。② 癸卯科进士、苏州人单镇，于 1929 年受唐文治邀请，在著名的无锡国学专修学校讲授"《诗经大义》、《史通》、《东塾读书记》、《杜工部诗集》，兼课丁班《国文大义》，每两星期课以作文，批改课卷一百六十余本"。就中《诗经大义》由唐文治编定篇目，分伦理、性情、政治、社会各 16 篇，农事 6 篇、军事 15 篇、义理 10 篇、修辞 8 篇，由单镇分期演讲。单镇则"为之采择传笺，别作注释，每篇后标明诗旨……分列八卷，冠以纲要一卷"。该讲义"简要可诵，颇为精核"，以此讲授，学生均能领会，唐文治"大加称赏"，嗣后由高燮印入《蠡庐丛书》。可惜单镇三个月后突患颈疾，遂辞去教席，回家静养。③

癸卯科状元、宣统年间做过湖北提学使的山东人王寿彭，在 1926 年山东大学组建中扮演了重要角色。1925 年 4 月，张宗昌督办山东军务，7 月并兼山东省长。据说张宗昌"对前清本省之科甲出身者极为重视"，而张作霖又素重王寿彭之为人，"力为推毂"，故王寿彭被任命为山东教育厅厅长，于 7 月 3 日走马上任。④

1926 年 7 月 1 日，王寿彭受命取消了山东原有的法政、医学、矿业、商业、工业、农业六所专门学校，以及省立第一（济南）、第二（东昌）、第六（曹州）、第十四中学附设的高中班，以此组建山东大学。除文科暂不招生外，令六所专门学校的本科、预科学生升入新成立的山东大学农、工、医、法四科，四所中学的高中生升入山东大学附设之高中，按照学生肄业年

---

① 《之江大学新聘教员》，《申报》1933 年 9 月 5 日，第 4 张第 16 版。
② 蔡美彪：《学林旧事》，中华书局，2012，第 2~3 页。
③ 单镇：《桂阴居自订年谱》，单弘标点《苏州史志资料选辑》第 38 辑，2005，第 188 页。
④ 《教育厅长张委王寿彭代理》，《申报》1925 年 7 月 5 日，第 3 张第 11 版；《张宗昌仆仆津济间之鲁闻》，《申报》1925 年 7 月 7 日，第 3 张第 10 版。

限，分编相当班次，五年内不收学费。大学经费即以六所专校和四所中学之高中班的经费充之，而各校七、八两月之经费及大学筹备费，则作为山大的开办费，财政上亦不十分拮据。大学本部即设于南关趵突泉工业专门学校原址。如此一转移间，已"酝酿四五年"却颇觉难产的山东大学遂告成立，王寿彭兼首任校长。有评论称：山东大学"果能如期成立开学，是亦张宗昌到鲁年余以来差强人意之事，亦鲁人不幸中之大幸也"。[①] 山东大学之设，与主政山东的张宗昌的取向自然分不开，但主持山东教育事务，兼任山东大学校长，筚路蓝缕，具体负责的王寿彭，无疑功不可没。

1926 年 9 月 1 日，山东大学正式开学，学生共 1046 人，分为 40 班。据说王寿彭为了堵住反对者之口，拟邀北京教育名流出任各科学长，文科学长即请梁漱溟，可惜未果，王氏遂自兼文科学长。[②] 1928 年，国民革命军攻入山东，张宗昌垮台，王寿彭也离职而去。值得注意的是，在山东大学成立一年之后，北京政府潘复内阁的教育总长刘哲，亦受命合并北京国立八校为京师大学校，且刘哲亦以教育总长兼校长，[③] 几与山东大学之成立如出一辙。由于京师大学校起用了江瀚、孙雄、史骕等"旧人"，且采取了禁止白话文、禁止学生入党、整顿学风等"反新文化"举措，后来人多讲此一段北大历史为复古逆流。考虑到北京大元帅府内张作霖、张宗昌、潘复、刘哲的地位和角色，则山东大学与京师大学校之成立和运行，实体现了当时北方主政者与"旧派"学人的办学思路。

二三十年代，癸卯科进士、经济特科"状元"，宣统年间曾任浙江提学使的袁嘉谷，在云南东陆大学及其后身云南大学教授国学多年。他的高徒张连枬曾记述讲学盛况：1923 年，"云南初办大学，校长董雨苍（董泽——引

---

① 《山东大学定九月一日成立》，《申报》1926 年 7 月 4 日，第 3 张第 11 版；《山东大学校长王寿彭已就职》，《申报》1926 年 7 月 9 日，第 4 张第 16 版。

② 《山东大学进行中之风波》，《申报》1926 年 7 月 13 日，第 3 张第 11 版；《山东大学各科学长》，《申报》1926 年 7 月 25 日，第 3 张第 11 版；《教育消息专电（济南）》，《申报》1926 年 9 月 2 日，第 3 张第 11 版。

③ 参见许小青《北伐前后北京的国立大学合并风潮（1925～1929）》，《中山大学学报》2010 年第 1 期，第 79 页。

者注）君聘先生主讲国学，每周两点钟。听众全校学生外，好学之士往往临时加入，面叩笔录，至公堂可容五六百人，座常为满。先生所授以经学为主，旁及考据、词章、义理，因材施教，不限一科，命诸生各习所好，期其大成。至暑假则专讲诗法，一日不辍。下课后，诸生趋前问难，至绕膝两三点钟始散"。①

　　袁嘉谷曾有一篇题为《史学谈》的演讲，颇足代表他的史学思想。首先，袁嘉谷对钱玄同、顾颉刚等新文化派学人倡导的疑古思潮颇致不满。他既反对今文学派为了托古改制而推翻尧舜的讲法，更对顾颉刚"大禹是爬虫"的说法嗤之以鼻。他一则担忧，"如此说来，中国五千多年的历史降至三千年去了"；再则批评道："读书本应怀疑，但一味的怀疑，那末真理就永无发明的一日了。"其次，袁嘉谷认为中国之所以立国长久，盖有三因：除"素重君权，君相借赏罚以维持治绩"，以及"因果报施愚民之说，以救济一般人民"之外，作用更大、势力最大的正是史学家。"因为史学把当时的大忠大信或大奸大恶的人事，都一一记了下来，传之后世，使后世之人得而批评。设使没有史学家的记载，那末穷凶极恶的人，更得无所忌讳了，故史学家是很重要的。"可知袁嘉谷非常看重传统史学的褒贬功能。最后，他很推崇《资治通鉴》，认为"记叙得宜，探讨最精。另有考异，辩证既多，征信亦确"，因此如果整理中国史，"应当师法于此"。同时，袁氏认为整理国史，还有三事须注意：一是废弃正统，按年记叙，"免却正统纪年的无谓纷争"；二是减少名讳，国号、庙号、徽号、年号一概取消；三是"帝王一家之事皆可不管"。他认为如此编纂历史，"则眉目必十分清楚，且深合平民精神"。此外，在本纪、列传、世家之外，须加入几类："第一是开物成务的。第二有功德于民的。第三是安内攘外的。如班超、张骞、郑和这些都是应当详细记载，竭力表彰的。"更重要的是，儒林之外，"史学家也要特别表彰的，因为没有史学家，就无所谓史学了，所以应当要特别尊重他

---

① 张连枫：《袁树五先生传》，载《袁屏山先生年谱》，《北京图书馆藏珍本年谱丛刊》（193），第18页。

们"。袁嘉谷特别强调他所谓的"史学家，乃马、班、陈、范、荀悦、王隐、臧荣绪、王劭、裴松之、裴骃、李德林、李百药一流，并不是坊间书集中的那些作汉高帝论、留侯论、秦皇汉武合论的词章家"。① 看来，袁嘉谷一方面受新史学影响，排除帝王，注重平民，但另一方面也非常看重中国传统史学的褒贬功能。

值得特别指出的是，癸卯科翰林赖际熙、区大典与胡适、许地山等新文化学人在香港大学的交锋，可以看作最后的进士传承旧学和抵拒新文化运动的典型事例。第六章已述，辛亥鼎革前后，赖际熙、区大典等粤籍翰林携眷出京，但并未回乡，而是寄居香港。1913 年香港大学文学院成立后，赖际熙与区大典受聘港大，讲授中国经学与历史课程。②

1919 年，正当五四新文化运动在北方蓬勃兴起，并向南方传播之时，赖际熙、区大典鉴于港大"中西并习，畸重畸轻，立格既严，造才转隘，乃思广其途以育士，宽其格以储材"，于是成立了国文大学专科，欲以经史为经，以政治为纬，昌明正学，延道统，存人心，造通才。③ 似有针对新文化运动的考量。

迨 1923 年，赖际熙又召集癸、甲同年，"仿广州学海堂之例"，在香港创立学海书楼，聚书讲学，欲以此"宏振斯文"。④ 此后在赖际熙等人推动下，香港大学于 1927 年成立了中文系，赖际熙、区大典成为专任教授，分别讲授中国历史与经学，赖氏并扮演系主任的角色。1929 年以后，他们先后将其癸卯科同年温肃、朱汝珍聘至港大中文系，担任中国哲学与文学教授。这样，港大中文系就成了癸、甲广东翰林的一个聚集地。诸人在港大中文系以中国经史课程为主，强烈拒斥白话文，反对新文化运动。⑤ 1932 年，

---

① 袁嘉谷讲演《史学谈》，董思训、袁昌华记，《袁嘉谷文集》，第 574～576 页。
② 何丽芳、方骏：《赖际熙与早期香港中文教育的发展》，《北京师范大学学报》2012 年第 6 期，第 39 页。
③ 赖际熙、区大典：《国文大学宣言书》，《香港大学博文杂志》第 1 期，1919 年 7 月，附录，第 1～2 页。
④ 参见林志宏《民国乃敌国也：政治文化转型下的清遗民》，第 55 页。
⑤ 参见何丽芳、方骏《赖际熙与早期香港中文教育的发展》，《北京师范大学学报》2012 年第 6 期，第 41～43 页。

赖际熙因年事已高退休，而区大典仍在任教。然而，港大当局在此前后正酝酿中文系的课程改革。北大史学系教授陈受颐等新派人物被邀请来港大提出改革建议。1935 年，新文化运动领袖胡适南下，更在港大接受名誉博士学位。在此期间，胡适激烈抨击港大的中文课程和教学，说港大的"文科比较最弱"，中文教学完全掌握在几个旧式科举文人手里，完全脱离于中国大陆在新文化运动前后经历的中文教学改革大潮。1935 年 9 月，在胡适的推荐下，新文化学人、燕京大学教授许地山入主港大中文学院，随即进行课程改革，取消了经学的独立设置，将其分解于文、史、哲课程板块之中。[1]

在许地山改革之初，区大典虽未被解聘，但课程钟点和薪水都受到削减。赖际熙、区大典此前的学生，此时协助许地山改革的陈君葆，周旋于许、区之间，在日记中颇记录了当日"新旧"此长彼消之原委。[2] 在 1937 年 1 月 11 日欢送区大典的茶会上，双方还在针锋相对地"对话"。

许地山先说："欢迎易，欢送则难，因为欢送时的情感，总是不欢的。"区大典接着有针对性地"慨夫言之"："古人七十而致仕，故尔也应告退。这廿多年来长大学的教席，不曾造就甚么特出的人材，殆因自己学问疏浅的原故。"而许地山的答词也颇有讥刺："区先生去我们都有点舍不得，但想到他年事已高，又不敢烦他老人家同我们班少年人在一起厮混了。"港大当局负责人的发言，则承认中文学系当年筹款，全是赖际熙的功劳，而目前改革方案的实施，区大典等旧式科第教授，"遂成了过渡期间的牺牲者"。[3] 至此，新文化的浪潮后来居上，赖际熙、区大典等癸、甲进士在港大传承经史诗文旧学和抵拒新文化的努力便告结束了。

此外，必须指出的是，癸、甲进士还有直接参与和推动海外汉学的活

---

① 车行健：《胡适、许地山与香港大学经学教育的变革》，《湖南大学学报》2009 年第 5 期，第 28～29 页；何丽芳、方骏：《赖际熙与早期香港中文教育的发展》，《北京师范大学学报》2012 年第 6 期，第 44～45 页。

② 谢荣滚主编《陈君葆日记全编》（1），香港商务印书馆，2004，第 186、190、192、207 页。

③ 谢荣滚主编《陈君葆日记全编》（1），第 301 页。

动。甲辰科探花商衍鎏在鼎革之际丢了官，后迁居青岛。1912 年在尉礼贤的推荐下，商衍鎏受聘于德国汉堡大学，协助著名汉学家傅吾康之父福兰阁教授组建中国语言与文化学系，直到 1916 年离开汉堡回国。① 福兰阁在自传中曾这样评价商衍鎏："一位知识极为丰富又最可信赖的中国帮手，他为我提供了史无前例的帮助。"与此同时，福兰阁用西学框架研究中学，所以强调受过所谓的现代科学训练，因此在他眼中，"商衍鎏还不能算作此类新式学者"。同时，福兰阁注意到，"商衍鎏的接受能力非凡，全身心地致力于学术研究"，故对每个新问题"很快就能发现有价值的材料"。但在变化了的环境里，商氏"对自己拥有的丰富的经院知识评价并不过高"，曾一再肯定"欧洲汉学家比中国文人更懂得利用中文原始材料"。当然，商衍鎏在汉堡大学领略到了欧洲汉学家的特长，说此话时自有几分真心，但"寄人篱下"，说几句恭维话，也在情理之中。无论如何，商衍鎏的中国古典知识对像福兰阁这样的西方汉学家，"却常常具有重要的作用"。②

比商衍鎏晚一些，癸卯科进士王天木于 1920 年受聘美国夏威夷大学，担任中国历史与文学教授，当日《申报》报道称："前浙江高等检察厅厅长王天木君，为美国夏威夷大学聘请，任中国历史及中国文学科教授，定于今日乘中国邮船公司轮船中国号放洋。王君为北京人，原籍浙江，前清癸卯科进士，日本中央大学法学士。历任政界、司法界、报界各要职多年。对于中西文学、历史、哲学及一切政法诸学，深有研究。此次赴美任中国历史及中国文学教授，定能于中美二国文化上有所尽力也。"③ 作为癸、甲进士的代表，商衍鎏与王天木分别在德国和美国进行的教学与研究活动，不可谓非中国科举精英的流风遗韵在西方学界的流播。

① 〔德〕傅吾康：《为中国着迷：一位汉学家的自传》，欧阳甦译，第 6、198～199 页。
② 以上两段见〔德〕福兰阁《两个世界的回忆：个人生命的旁白》，欧阳甦译，社会科学文献出版社，2014，第 159～160 页。
③ 《王天木起程赴美》，《申报》1920 年 12 月 7 日，第 3 张第 10 版。按，王氏约 1922 年回国。

表7-2 民国时期在大学任教的癸、甲进士题名

姓名	字号	籍贯	科分	任教学校	任教时间	讲授课程/职务
陈黻宸	介石	浙江瑞安	癸卯	北京大学	1913～1917年	中国通史、中国哲学史、诸子哲学
李景濂	佑周	直隶邯郸	甲辰	北京大学	1913年9～12月 1916年9月前后	文科宋学科教员
左霈	雨荃	汉军广州驻防	癸卯	清华大学	1918～1928年	中国文学书选读
郭家声	琴石	直隶京兆	癸卯	辅仁大学	1924～1941年	
易顺豫	由甫	湖南	癸卯	山西大学/上海东亚大学	1923～1928/1929年	词章学、尔雅学、中国史、经学、诗学/国学系主任
狄楼海	观沧	山西	癸卯	山西大学	1928年8月～1931年之前	国文、经学、词章学
袁嘉谷	树五	云南石屏	癸卯	东陆大学、云南大学	1923～1937年	经学（易经）、词章、诗学
王寿彭	次篯	山东潍县	癸卯	山东大学	1926年7月～1928年	山东大学首任校长兼文科学长
单镇	束笙	江苏吴县	癸卯	无锡国学专修学校	1929年9～12月	讲授《诗经大义》、《史通》、《东塾读书记》、《杜工部诗集》、国文大义
孙智敏	廑才	浙江	癸卯	之江大学（杭州）	1933年	代理国文系主任
徐培	植松	广西临桂	甲辰	广西省立医学院	1941年前后	国文
赖际熙	焕文、荔垞	广东增城	癸卯	香港大学	1913～1932年	史学/中文学院
区大典	徽五	广东	癸卯	香港大学	1913～1936年	经学
温肃	毅夫	广东	癸卯	香港大学	1929～1932年	哲学、文词
朱汝珍	聘三、隘园	广东	甲辰	香港大学	1932年	中国哲学与文辞
商衍鎏	藻亭	汉军广州驻防	甲辰	德国汉堡大学	1912～1916年	汉学
王天木	原名王汝榆	直隶顺天	癸卯	美国夏威夷大学	1920～1922年	中国历史与文学教授

资料来源：李景濂据《国立北京大学纪念刊·民国六年廿周年纪念册上》，第4页；徐雁平整理《贺葆真日记》，第368页。狄楼海、易顺豫据《山西大学百年纪事》，中华书局，2002，第87、97、98页。徐培据《专科以上教员名录》第1册（1941年2月～1942年12月），第18页。其他人文中已注明出处。

最后，民国时期，也有一批癸、甲进士活跃在一些类似书院的机构中，继续着传承旧学的工作。七七事变之后，一批科举"老辈"在北平成立了古学院，意欲通过招生讲学、整理研究古籍、研讨学术等活动，"保持固有文化"，阐明发展"古代遗传之学术艺术"，使其流传不坠。其中郭则沄、甘鹏云、高毓浵、田步蟾、李景铭等癸、甲进士均是其中要角。在古学院学人整理校勘的古籍中，尤以《敬跻堂丛书》八种为代表，郭则沄对此颇多贡献。① 古学院与表 7 - 2 所列大学有所不同，似介于书院与学校之间。在此前后，郭则沄还"兼领国学书院"，在"物色研究院新生"时，曾特致函辅仁大学校长陈垣，请其介绍辅仁大学文科毕业生二三人，"以文科或史科优美者为合格，月致津贴"。② 在大学、书院之外，亦不乏设帐授徒的癸、甲进士。1930 年 8 月 15 日，癸卯科翰林陈云诰为人题主，贺葆真为襄题，得知陈氏"民国以来授徒自给"。③ 九一八事变之后，癸卯科进士、精研易学的尚秉和"在京寓为生徒讲《易》"。④ 抗战期间迁居四川的商衍鎏，见到了同年川人衷冀保和贺维翰，因"两人均授徒讲学"，所以商氏赋诗赠其曰："抱残守缺经生志，马帐诗书启后贤。"⑤ 这样的情况想必更多。

总之，民国期间，在大学、书院内外，诸多癸、甲进士在做着传承旧学和抵拒新文化的工作，其流风遗韵散播之广且深，常常超出我们的想象。

三　诗词结社的兴衰

科举时代，赋诗填词是文人士大夫的必修课程，结社雅集颇为流行。虽然 1905 年科举停废，但士人结习难除，此后数十年间，诗词结社遍布南北。

---

① 参见郑善庆《北京古学院的学人与学术》，《北京行政学院学报》2012 年第 2 期，第 121 ~ 122 页。
② 《郭则沄来函》（1936，系整理者注，待考），陈智超编注《陈垣来往书信集》，三联书店，2010，第 642 页。
③ 徐雁平整理《贺葆真日记》，第 552 页。
④ 尚襄为其父《滋溪老人传》所写的附记，尚秉和：《历代社会风俗事物考》附录，母庚才、刘瑞玲点校，第 511 页。
⑤ 《商衍鎏诗书画集》，1962 年自印本，第 23 页。

作为最后的进士群体，以关赓麟、郭则沄为代表的一大批癸、甲进士，先后成立寒山、稊园、蛰园、冰社、须社、清溪、瓶花簃、咽社等诗词社，主持坛坫，守先待后，既扮演了重要角色，也造成了广泛影响，实为最后的进士不可忽视的流风余韵。不过，在新文化主导的文学史叙述中，几乎没有这些人及其结社活动的位置。实则癸、甲进士组织、参与的诗词结社活动，既是20世纪前半叶旧体诗词盛衰史和旧文人生活史的见证，也是理解进士群体在后科举时代精神世界与最终命运的密钥。

宣南三社的盛衰沿革

民初北京，政党林立，社团繁多，其中诗社就颇为盛行，寒山、稊园、蛰园先后成立，各具特色，号称"宣南三社"，[①] 成鼎足之势。三社元老宗威（子威）有谓："民国初元，名流麇集旧都，于时创设寒山社，恒为诗钟之戏。稊园继踵，每届社集，间以击钵吟。而蛰园钵社亦同时竞起焉。"[②] 甲辰科进士、坛坫盟主关赓麟（颖人）说得更为显明："都中故有朔社、潇鸣社，皆诗钟雅集，未久歇绝，不足骖靳。是时鼎峙之社三，类别各殊：寒山社之诗钟，郭氏蛰园社之击钵吟，皆限即席而成，稊园社乃兼钟、钵二者。"[③]

需要首先指出的是，关赓麟、郭则沄（啸麓）两位癸、甲进士在宣南三社中扮演了主事者的角色。社友杨寿枏（味云）曾说："辛亥以来，日下名流多诗酒之会。寒山诗钟社则樊樊山、王书衡、宗子威诸君主之。蛰园诗社则郭春榆、啸麓乔梓主之。稊园诗社则关吉符、颖人昆仲主之。"[④] 杨氏的说法大致不差，惟寒山诗社其实亦由关赓麟主持。熟悉内情的宗威就说："民国初年，余任北京教务，常以课暇入寒山诗钟社。社为南海关颖人、顺

---

① 靳志：关赓麟《稊园诗集第八·荒伧集》序言，1935，第 1 页 a。
② 宗威：关赓麟《稊园诗集第七·钵声甲集》序言，第 1 页 a。
③ 关赓麟：《稊园吟集甲稿编终杂述》，《稊园吟集甲稿》卷首，转引自玉庐主人《玉庐藏书散记·稊园诗社略述》（2012 年 2 月 13 日），网址 http://blog.sina.com.cn/s/blog_3f5760080100w985.html。
④ 杨寿枏：《觉花寮杂记》卷 2，第 10 页 b。

德罗瘿公、汉寿易实甫诸君所创。"① 夏孙桐之子夏纬明亦谓："自辛亥以后，京师文坛首有寒山诗社之组成。樊樊山、易实甫皆为巨擘。主其事者，乃关颖人赓麟也。"② 此外，闽籍社友刘孟纯也说关霁（吉符）"又介予入寒山、稊园两社，皆颖人先于蛰园所创者"。③

图 7-1　甲辰科进士，寒山诗社、
　　　稊园诗社主人关赓麟

图 7-2　癸卯科进士、
　　　蛰园诗社主人郭则沄

　　作为宣南三社中最早成立者，寒山诗社不仅在京城颇有影响，也是"全国闻名的诗钟大社"。④ 不过，迄今有关该社的基本史实尚不清楚，深入的研究就更为缺乏。⑤ 据可靠材料看，寒山诗社的渊源实可追溯到辛亥鼎革之前，其前身为京汉铁路同人会诗钟雅集，立社在壬子（1912）冬季，取

① 宗威：《课馀随笔》，湖南大学中国文学会编纂委员会：《员幅》第1期，1936年7月，第4页。
② 慧远（夏纬明）：《近五十年北京词人社集之梗概》，张伯驹编著《春游琐谈》，中州古籍出版社，1984，第19页。
③ 刘孟纯：《思痛轩诗存》序，中央文史研究馆编《崇文集二编》，中华书局，2004，第31页。
④ 王鹤龄：《风雅的诗钟》，台海出版社，2003，第147页。
⑤ 曹辛华新近亦指出，与词社相较，当前学界对晚清民初"诗社的考察存在较大的空缺"。曹辛华：《晚清民国旧体诗词结社文献的类型、特点及其价值》，《复旦学报》2015年第1期，第80页。

名寒山则在 1913 年 4 月之后，且与易顺鼎北来直接相关。

关赓麟在 1913 年至 1914 年编辑寒山社集时说："辛、壬之交，未始有社，名流偶集，遂成例会。"① 随着"偶集"逐渐变为"例会"，诗社已具雏形。1912 年 6 月，关赓麟充京汉铁路总办。② 不久京汉铁路同人会成立，关氏任会长，会址设于东单牌楼二条胡同。③ 诗钟雅集于是有了固定场所，诗社随后成立。故癸丑年（1913）二月三十日之局已是"诗钟第十六集"。④ 彼时"每星期社集一次"，⑤ 则诗社初集当在壬子冬季。所以，易顺鼎在 1914 年初明言："寒山社者，起于京师，成于诸子，而余之入社，为稍后焉。社之始也，岁在壬子。"⑥

易顺鼎于癸丑年正月廿二日北上入京。⑦ 此时诗社已立，惟尚无寒山之名。故二月二十日（3 月 27 日）易氏参与雅集，仍称"铁路同人会诗钟之局"。⑧ 同时，社友许宝蘅在 1913 年 3、4 月间亦称"到京汉同人会作诗钟"，迨当年 11 月 2 日，已明确称寒山诗社。⑨ 关赓麟后来也说："辛亥之冬，始集宾客为诗钟之戏，借地京汉同人会，二年未始制名。易实甫来，乃设社，呼以寒山。"⑩ 看来诗社定名寒山，当在 1913 年 4 月之后，与易顺鼎颇有关系。之所以将诗钟社取名寒山，或许与"姑苏城外寒山寺，夜半钟声到客船"的名诗有关。

关于寒山诗社的缘起，王鹤龄曾说："辛亥革命爆发后，清廷解散，翰

---

① 寒山诗社编《寒山社诗钟选甲集》，例言，正蒙印书局，1914，南江涛编《清末民国旧体诗词结社文献汇编》第 13 册，国家图书馆出版社，2013 年影印版，第 255 页。

② 关蔚煌：《慎独斋七十年谱》，《北京图书馆藏珍本年谱丛刊》第 181 册，第 396 页。

③ 于彤、袁凤华：《北洋政府时期北京社团一览》，《北京档案史料》1991 年第 1 期，第 70~71 页。

④ 易顺鼎：《诗钟说梦》，王鹤龄点校，龚联寿主编《联话丛编》第 4 册，江西人民出版社，2000，第 2423 页。

⑤ 宗威：《课馀随笔》，《员幅》第 1 期，1936 年 7 月，第 4 页。

⑥ 寒山诗社编《寒山社诗钟选甲集》，易顺鼎序三，南江涛编《清末民国旧体诗词结社文献汇编》第 13 册，第 243 页。

⑦ 王飚：《易顺鼎年谱简编》，易顺鼎：《琴志楼诗集》下册，王飚校点，上海古籍出版社，2004，第 1578 页；陈松青：《易顺鼎研究》，湖南人民出版社，2011，第 143 页。

⑧ 易顺鼎：《诗钟说梦》，王鹤龄点校，龚联寿主编《联话丛编》第 4 册，第 2420 页。

⑨ 许恪儒整理《许宝蘅日记》第 2 册，第 431、435、437、460 页。

⑩ 关赓麟：《稊园吟集甲稿编终杂述》，《稊园吟集甲稿》卷首，转引自玉庐主人《玉庐藏书散记·稊园诗词社略述》（2012 年 2 月 13 日），网址 http://blog.sina.com.cn/s/blog_3f5760080100w985.html。

林院、六部、九卿衙门卸任官员，无所事事，惶惑不安，于是从当年（辛亥）到次年（壬子）自发地聚在一起作起了诗钟。在此基础上形成了寒山社。"① 这种说法似是而非。首先，京师文人士夫作诗钟，并不始于辛亥鼎革之后，光宣之际，诗钟在京官中就已盛行。寒山诗社渊源于关赓麟等人的诗钟雅集，其活动在鼎革之前亦已开始。其次，寒山诗社的成员相当复杂，既有"无所事事，惶惑不安"的卸任官员，也有许多民国在任官员，其主事者关赓麟就是交通系要人。因此，将寒山诗社的形成归因于辛亥鼎革，不免简单和表面。在我看来，寒山诗社之所以能够形成和兴盛，既是清季京师士大夫风尚的延续和体现，也与彼时社团兴起的时趋相关，更与主事者关赓麟的特殊地位和组织能力密不可分。关氏甲辰科进士出身，惊才绝艳，此时又主掌京汉铁路局，声势烜赫，资源丰富。这也是诗社兴盛的要因。

此外，寒山诗社成立之日，正值民国时局渐定之时，名流纷纷入京，恰为诗社迅速壮大补充了人才。截至癸丑腊月，"曾纳社费、赞成社章"的正式社友已达86人，所以易顺鼎在癸丑除夕日说："社之盛也，岁在癸丑。"② 在此背景下，"名下士以不入寒山社为耻"，③ 故社友人数持续猛增，迨1914年一百三十会时，入社者已多达168人。不过，一份截至1915年1月10日的《寒山诗钟社姓名住址录》显示，此时社友已降至158人，且其中33人或出京，或已故。而在1915年2月至1917年11月，曾经到社之正式社友共计108人。④ 此后时局扰攘，社友减少，可以想见。因此，从社友人数看，1914年为诗社最盛之年。

1914年下半年，寒山诗社还先后迎来了两件标志性大事。其一，10月

---

① 王鹤龄：《风雅的诗钟》，第54页。
② 寒山诗社编《寒山社诗钟选甲集》，易顺鼎序三、社员名录，南江涛编《清末民国旧体诗词结社文献汇编》第13册，第243、257~259页。
③ 宗威：《课馀随笔》，《员幅》第1期，1936年7月，第4页。
④ 《寒山诗钟社姓名住址录》，南江涛编《清末民国旧体诗词结社文献汇编》第13册，第219~233页。寒山诗社编《寒山社诗钟选乙集》《寒山社诗钟选丙集》，南江涛编《清末民国旧体诗词结社文献汇编》第14册，第20~25、454~458页。按，《丙集》凡例说："兹编即踵乙集，由一百二十会起至二百五十三会止，为年三载（起民国三年二月中，讫五年十一月）"。所注时间有误，似应为"起民国四年二月中，讫五年十一月"。原因有二：一是寒山诗社百集大会在1914年10月5日举行，所以一百二十会当在1915年2月举行；二是从1912年冬至1917年11月初正好5年多，恰与每月4集，每年48集，5年多共253集的数字相符。

5 日，即中秋后一日，寒山诗社举行百期大会。主事者先期拟定"小启"，邀约社友和特约来宾。当日雅集从早上 9 点至晚上 10 点，题目兼备诗钟诸体，会费较平常倍之，由关赓麟、郑沅、罗惇曧、王式通、李景濂、袁嘉谷、袁克文、黄节等 26 位社友捐赠 589 种书画玩物，作为名列前茅者之奖品，"一日之集，最称盛举"。① 据社友许宝蘅所记，当日"到者将五十人"，② 较平日社集为多。

其二，百期大会后不久，诗坛耆宿樊增祥（樊山）北来入社，"同人欢宴，迭为宾主，谈艺尤进"，③ 群推樊山为主盟，成为寒山诗社发展中又一盛事。1915 年 1 月 23 日，曾广钧（重伯）、章华（曼仙）等人在寒山诗社公宴樊增祥，就是一例。④ 1915 年春，关赓麟编《寒山社诗钟选乙集》10 卷，特将百次大会一日之诗钟独列卷 6，同时将樊增祥入社后，与社友欢宴谈艺之作编为卷 9，足见此二事在寒山诗社中的重要性。

当然，诗社之兴衰，既与时局和风气密不可分，也与主事者关赓麟的浮沉直接相关。社集之出版就是明证。寒山社诗钟选甲、乙二集，均由关赓麟编辑而成，分别于 1914 年和 1915 年出版发行，而《丙集》却迟至 1919 年方才问世。其重要原因，即为 1915 年 6 月关赓麟被弹劾而卸任京汉铁路局长。⑤ 随后寒山诗社不得不从京汉铁路同人会（东单牌楼二条胡同）迁出，先至南城江西会馆，再移西城铁路协会。⑥ 所谓"社址迁移，人事纠纷"，以致《丙集》"递迟数年，良非得已"。⑦

---

① 寒山诗社编《寒山社诗钟选乙集》，南江涛编《清末民国旧体诗词结社文献汇编》第 14 册，第 19、243~245 页。
② 许恪儒整理《许宝蘅日记》第 2 册，第 506 页。
③ 寒山诗社编《寒山社诗钟选乙集》，南江涛编《清末民国旧体诗词结社文献汇编》第 14 册，第 19 页。
④ 许恪儒整理《许宝蘅日记》第 2 册，第 519 页。
⑤ 关蔚煌：《慎独斋七十年谱》，《北京图书馆藏珍本年谱丛刊》第 181 册，第 399 页。
⑥ 关赓麟：《稊园吟集甲稿编终杂述》，《稊园吟集甲稿》卷首，转引自玉庐主人《玉庐藏书散记·稊园诗词社略述》（2012 年 2 月 13 日），网址 http://blog.sina.com.cn/s/blog_3f5760080100w985.html。
⑦ 寒山诗社编《寒山社诗钟选丙集》，南江涛编《清末民国旧体诗词结社文献汇编》第 14 册，第 453 页。

　　寒山社址移置宣南后，秭园诗社于 1915 年秋同时并起。先是 1914 年 9
月，关赓麟"买宅东安门外官豆腐园……取秭米太仓之义"，名之"秭园"，
11 月迎养乃父关蔚煌于园中。① 此地位于京城中心，"群贤觞咏，许为得
所"，逐渐成为诗钟雅集的又一场所。1915 年 1 月 24 日，许宝蘅曾记道：
"三时到秭园，关颖人之新居，作诗钟。"此后数月，许氏屡赴诗钟雅集，
时在东单二条胡同的寒山社，时至东安门外秭园。② 迨 1915 年秋，寒山诗
社迁往宣南江西会馆，因社集往往至深夜方罢，住在城内的社友颇觉"弗
便宵征"，秭园诗社因之特起。③ 后来寒山诗社再迁西城铁路协会，位于东
城的秭园诗社，便与之东西"对峙"。④ 由于秭园与寒山皆由关赓麟主事，
社友亦多重合，故樊增祥谓"秭园与寒山同源而异流者也……譬诸一家而
分爨者，人皆两利而俱存之"，丁传靖称秭园之滥觞，"即寒山之支派"。⑤
两社的渊源由此可见。

　　如果说 1914 年秋冬秭园落成，为秭园诗社的成立创造了条件，那么
1915 年 6 月关赓麟被劾卸任京汉铁路局长，则是寒山诗社被迫迁址，秭园
诗社最终告成的现实动因。陈声聪曾说："癸丑上巳，梁任公招集都人士百
余人，修禊于西郊三贝子花园，喧动一时，于是关颖人即据以创立秭园诗
社。"⑥ 似有未谛。王鹤龄说：寒山诗社"开始活动地点在宣武门南，后在
东单二条胡同。民国三年关赓麟家秭园落成，遂活动于南池子大街南湾子胡
同之秭园"。⑦ 亦可再商。昝圣骞说："寒山、秭园两诗社，一先一后，皆由
关赓麟所创立，是民国时期北京地区影响较大的诗社。"甚是。惟谓"寒山

---

①　关蔚煌：《慎独斋七十年谱》，《北京图书馆藏珍本年谱丛刊》第 181 册，第 399 页。

②　许恪儒整理《许宝蘅日记》第 2 册，第 521、524、527、528 页。

③　丁传靖：《秭园二百次大会小启》，南江涛编《清末民国旧体诗词结社文献汇编》第 12 册，
　　第 97 页。

④　关赓麟：《秭园吟集甲稿编终杂述》，《秭园吟集甲稿》卷首，转引自玉庐主人《玉庐藏书
　　散记·秭园诗词社略述》（2012 年 2 月 13 日），网址 http://blog.sina.com.cn/s/blog_
　　3f5760080100w985.html。

⑤　樊增祥：《秭园诗钟社二百次大会招客启》；丁传靖：《秭园二百次大会小启》，均载南江涛
　　编《清末民国旧体诗词结社文献汇编》第 12 册，第 91、92、97 页。

⑥　陈声聪：《兼于阁杂著》，上海古籍出版社，2002，第 69～70 页。

⑦　王鹤龄：《风雅的诗钟》，第 147 页。

诗社最迟于 1912 年初即已成立，秭园诗社继起，1913 年由关赓麟创于秭园"，[①] 尚需核实。寒山、秭园两诗社并立之后，虽然时局愈来愈乱，社友渐少，但酬唱吟咏不断，颇为难得。

五年之后的 1920 年秋，郭则沄在东四二条胡同建成一座园子，因其表字蛰云，故取名蛰园。郭曾炘、则沄父子遂在该园的栖霞阁成立蛰园诗社。[②] 蛰园诗社不作诗钟，以击钵吟闻名，每月一集，频率虽不及寒山、秭园，但主人郭氏家世显赫，父子均系进士，文名籍甚，早为寒山、秭园两社巨擘，且此时郭则沄位居国务院秘书长之要津，因此蛰园诗社一经成立，就有后来居上之势。

至此，寒山、秭园、蛰园鼎足而立，号为宣南三社，每月数集，京师诗社遂盛况空前。几次整数大会，均编有特集，尤值得注意。1923 年重九日，适值秭园 200 次大会，循例展于九月十二日举行。九月初一日，樊增祥撰"招客启"，同时丁传靖拟"小启"，特邀两社同人届时赴秭园雅集。[③] 甲子腊月（1925 年初），蛰园迎来 50 次大会。随后郭则沄编成《蛰园钵社第五十次大会诗选》，樊增祥、王式通均作序阐扬。[④]

从会期来看，秭园诗社为两周一集。据樊山所拟招客启，1923 年寒山诗社已届 500 次大会，看来寒山诗社每周社集的习惯至此仍在保持。不过，随着时局变迁，社友凋零，1923 年之后，寒山诗社难以维持每周一集的高频率，亦改为两周一集。[⑤] 所以直至丁卯年（1927）三月初七日，寒山诗社方迎来 600 次大会。从亲历者郭曾炘的日记可知，虽然关赓麟斯时仍在竭力主持，但诗社的衰落似已不免。郭氏在为"寒山社六百会"捐助了奖品后，"初拟不赴"会，但架不住关赓麟"一再电话相邀"，还是勉强一临。只是

---

① 昝圣骞：《晚清民初词人郭则沄研究》，硕士学位论文，南京师范大学，2011，第 29 页。作者已注意及秭园 1914 年方落成，所以严谨地下一脚注，称此处存疑。
② 郭久祺：《郭春榆父子：蛰园与匏庐》，《名人与老房子》，北京出版社，2004，第 230、236 页。
③ 樊增祥：《秭园诗钟社二百次大会招客启》；丁传靖：《秭园二百次大会小启》，均载南江涛编《清末民国旧体诗词结社文献汇编》第 12 册，第 91~97 页。
④ 郭则沄编《蛰园钵社第五十次大会诗选》，南江涛编《清末民国旧体诗词结社文献汇编》第 25 册，第 1~7 页。
⑤ 宗威曾提到寒山诗社后改为两周一会，惟未指明何时开始改变。《课馀随笔》，《员幅》第 1 期，1936 年 7 月，第 4 页。

社友到者仅"二十余人"，"且晚饭后多先散，存者不过十余人而已"。① 与前此大会盛况不可同日而语。

1928 年 6 月，国民革命军底定北京。首都易地，北京改名北平，成为故都，不少政府旧人纷纷南下。关赓麟、靳志（仲云）就是其中代表。郭曾炘于当年五月十二日接靳志南京来信，得知其已任外交部秘书。不久，关霁、关赓麟兄弟亦南下就职。迨七月十二日，诗社巨擘宗威因赴东北大学任教，亦将出都，郭曾炘不禁担心蛰园诗社"恐不成局面"。② 其实，有郭氏父子在，蛰园诗社尚可勉强维持。而寒山、稊园二诗社，则随着主人关赓麟兄弟的联翩南下，已然岌岌可危。迨宗威出关后，寒山诗社就此关门。从 1912 年冬至 1928 年秋，历时 16 载，"共集会六百数十次"。③ 稊园诗社在戊辰年（1928）九月仍有活动，④ 甲戌（1934）和丙子（1936）新年，稊园诗社和关赓麟在南京成立的清溪诗社仍有联合外课之举，⑤ 但早已不复旧观。直至抗战爆发后，关赓麟北返，稊园诗社才又接续起来。

寒山、稊园如此，蛰园亦然。随着政局变迁，吟侣星散，维持诗社，颇觉困难。有鉴于此，戊辰年十月二十六日第 96 次社集后，郭曾炘对郭则沄表露心曲，希望"赓续至百集"，就鸣锣收兵。⑥ 岂料十一月郭曾炘溘然长逝，郭则沄哀痛致疾，蛰园诗社遂亦戛然而止。至此，盛极一时的宣南三社就在 1928 年散局，恰与北洋政府的覆亡相伴，颇耐人寻味。

宣南三社的成员与流派

宣南三社虽然并称，其实成立有先后，主人各不同，成员同异参半，社作

---

① 郭曾炘：《邴庐日记》，李德龙、俞冰主编《历代日记丛钞》第 183 册（下略），学苑出版社，2006，第 69 页。

② 郭曾炘：《邴庐日记》，第 423、465～466 页。

③ 宗威：《课馀随笔》，《员幅》第 1 期，1936 年 7 月，第 4 页。

④ 郭曾炘：《邴庐日记》，第 517～518 页。

⑤ 稊园社、清溪社：《清溪九曲摧歌》、《击钵吟》，南江涛编《清末民国旧体诗词结社文献汇编》第 12 册，第 227、265 页。

⑥ 郭曾炘：《邴庐日记》，第 547～548 页；郭则沄编《蛰园击钵吟》（1933），自序，南江涛编《清末民国旧体诗词结社文献汇编》第 24 册，第 254 页。

有别，流派自分，故值得稍做比较，以明当日诗社的派别分合和风气变迁。

寒山诗社专作诗钟。相传诗钟产生于福建，后流播于广东、两湖、江浙、京师等地，晚清时期已在文人士大夫中间颇为流行，至民初尤盛。其体格大抵分为建除体和赋物体。建除体又称嵌字体，"拈取平仄各一字，分嵌于第一字者，曰凤顶，亦曰一唱"，比如"陆、名一唱"，关赓麟有句云："陆沉一洒诸人涕，名殉难忘烈士心。"分嵌于第二字者曰"燕颔，亦曰二唱"，比如"路、当二唱"，罗惇曧有句云："无路请缨怜弱冠，何当剪烛待平明。"此下嵌字递推，分别叫鸢肩（嵌于第三字，即三唱）、蜂腰（四唱）、鹤膝（五唱）、凫胫（六唱）、雁足（七唱）。比如"白、宫七唱"，袁励准有句云："历下才人传曳白，胜朝大案说移宫。"此后争奇斗艳，花样翻新，又将两字嵌于不同位置，比如"一嵌于上句之尾，一嵌于下字之首者，曰蝉联格"，将一字嵌于上句之首，另一字嵌于下句之尾者，曰魁斗格，一嵌于上句第二字，一嵌于下句第三字者，曰辘轳，一嵌于上句第三字，另一嵌于下句第二字者，曰卷帘，甚有将三字分嵌于两联者，不一而足。赋物体或称咏物体，又分分咏、合咏两格，"凡一事一物及人名地名，择其轻重宽狭，雅俗虚实，最难配置者命题"，为分咏格，比如"王荆公、蟹"一题，高步瀛咏道："是谁作俑三经义，笑尔横行一世雄。""如仅命一题，作一联对句者"，为合咏格。此外又有变体曰"笼纱"、"晦名"等。[1] 寒山诗钟社诸体兼作，而以"建除体为最多"，"盖命题积久而易同，用思因难以见巧"。[2]

诗钟又分闽、粤二派，互相争衡。宗威曾总结道："诗钟作法，大概分为闽、粤两派，湘派与粤派相近。粤派尚典实，闽派尚性灵。典实派简称为典句，性灵派简称为白句。尚典实者，率诋闽派为空疏。尚性灵者，率诋粤派为板滞。

① 宗威：《诗钟小识》，湖南省文史馆组编《湖南文史丛谈》第2集，湖南大学出版社，2008，第121~122页。例句见寒山诗社编《寒山社诗钟选甲集》，南江涛编《清末民国旧体诗词结社文献汇编》第13册，第261~262、267~268页；《寒山社诗钟选乙集》，南江涛编《清末民国旧体诗词结社文献汇编》第14册，第436~437页。
② 寒山诗社编《寒山社诗钟选甲集》，南江涛编《清末民国旧体诗词结社文献汇编》第13册，第255页；《寒山社诗钟选丙集》，南江涛编《清末民国旧体诗词结社文献汇编》第14册，第453页。

实则源分流合，各有专长，文人相轻，自古而然，非定论也。"① 杨寿枏亦指出："诗钟一体，闽、粤人最擅长，闽派以雅隽为主，粤派以典丽为宗。近年都下著名之寒山社，则粤派也。"② 寒山诗社既由粤人关赓麟兄弟主持，其中巨擘易顺鼎和樊增祥又系两湖诗人，与粤派相近，故该社为粤派代表。

从寒山诗社社友的省籍分布来看（详表7-3、表7-4和表7-5），该社成员几乎各省皆有，显示出京城第一大诗社成员来源的广泛性。但在诗社最盛的1913年至1914年，广东人占据了诗社成员中的压倒性多数，湖南人紧随其后，从人员构成方面鲜明地体现了寒山诗社的粤派底色。

表7-3　寒山诗社社友省籍分布之一（截至1914年初）

序号	1	2	3	4	5	6	7	8	9	10	11	12	13	14	15
省籍	广东	湖南	福建	江苏	浙江	江西	安徽	河南	直隶	湖北	四川	满洲	山东	不详	总计
人数	32	9	9	8	5	5	4	4	2	2	2	2	1	1	86
癸、甲进士	4人	郭宗熙	2人	何震彝	刘敦谨			顾准曾	李景濂						11人

注：粤籍和闽籍癸、甲进士分别为：江孔殷、陈之鼐、温肃、关赓麟；林步随、郭则沄。

资料来源：寒山诗社编《寒山社诗钟选甲集》，南江涛编《清末民国旧体诗词结社文献汇编》第13册，第255~259页。

表7-4　寒山诗社社友省籍分布之二（截至1914年夏）

序号	1	2	3	4	5	6	7	8	9	10
省籍	广东	湖南	福建	江西	江苏	浙江	安徽	直隶	河南	湖北
人数	46	17	15	15	14	13	7	6	6	6
癸、甲进士	6人	郭宗熙	3人	2人	何震彝	刘敦谨	王揖唐	李景濂	顾准曾	覃寿堃
序号	11	12	13	14	15	16	17	18	19	20
省籍	四川	云南	满洲	陕西	山东	广西	贵州	奉天	不详	总计
人数	5	4	4	2	2	1	1	1	4	168
癸、甲进士	胡骏	袁嘉谷								20人

注：粤籍、闽籍和赣籍癸、甲进士分别为：朱汝珍、江孔殷、陈之鼐、温肃、黎湛枝、关赓麟；何启椿、林步随、郭则沄；吴璆、饶孟任。

资料来源：寒山诗社编《寒山社诗钟选乙集》，南江涛编《清末民国旧体诗词结社文献汇编》第14册，第19~25页。

---

① 宗威：《诗钟小识》，《湖南文史丛谈》第2集，第122页。
② 杨寿枏：《觉花寮杂记》卷2，第9页b。

表 7-5　寒山诗社社友省籍分布之三（1915 年 2 月至 1917 年 11 月初）

序号	1	2	3	4	5	6	7	8	9
省籍	湖南	江苏	广东	浙江	江西	福建	湖北	安徽	河南
人数	17	16	13	12	11	9	9	5	4
癸、甲进士	易顺豫	何震彝	朱汝珍、关赓麟	刘敦谨	吴璆、饶孟任	何启椿、林步随			
省籍	直隶	四川	满洲	陕西	山东	贵州	奉天	总计	
人数	3	3	2	1	1	1	1	108	
癸、甲进士	李景濂							10 人	

资料来源：寒山诗社编《寒山社诗钟选丙集》，南江涛编《清末民国旧体诗词结社文献汇编》第 14 册，第 453～458 页。按，原凡例注时间为"民国三年二月中至民国五年十一月初"，即 1914 年 2 月至 1916 年 11 月，小误，前文已辨正。

不过，在 1915 年 2 月到 1917 年 11 月期间，社友明显减少，尤以广东人为甚。究其原因，厥有二端：一是 1914 年 1 月袁世凯下令解散国会后，许多粤籍国民党议员及相关人士随后纷纷出京；二是 1915 年 6 月关赓麟被劾卸任京汉铁路局长，随后寒山诗社迁出京汉铁路会原址，加以人事纠纷，赴社之粤人遂少。

需要指出的是，癸、甲进士在寒山社中颇占重要位置。表 7-3、表 7-4 和表 7-5 显示，癸、甲进士在三次社友统计中，分别为 11 人、20 人和 10 人，分别约占社友总数的 1/8、1/8 和 1/10。除了社长关赓麟外，郭则沄、何震彝、顾准曾、朱汝珍、温肃、林步随、何启椿、李景濂、吴璆、饶孟任、刘敦谨、王揖唐、袁嘉谷等人皆是个中高手。

此外，福建人多诗钟好手，寒山诗社成立最初两年，闽籍社友总数仅次于粤籍，但在 1915 年 2 月至 1917 年 11 月的"动荡期"内，闽人也流失数人，连郭则沄都未再赴会。这或许与社址迁移和人事纠纷有关，但另外不可忽视的因素有二，一是闽、粤流派之争，二是有大力者欲扭转京师盛行诗钟（类似联语）之风，回归作诗的"正途"。

这其中的代表人物正是闽人陈衍（石遗）和郭则沄。闽派陈宝琛诗钟最工，某次颇赏一卷，"而同社非闽派者，皆不以为然。即闽派中之陈石遗，亦不谓然"。原来陈衍称颂另一卷，但"同社皆谓此童子初学对偶所为"，①令陈衍不无尴尬。其实，陈衍对民初"都下最盛诗钟之会"的状况颇有意见，自称"余颇苦之"，故与樊增祥、左绍佐、周树模、江瀚、易顺鼎、俞明震、吴士鉴、梁鸿志、黄濬等人另立春社，赋诗而不作诗钟。②前文已述，樊樊山于1915年入都，而俞明震于1918年去世，所以春社约在1916年至1917年活动，正是寒山诗钟相对萧索的时段。

郭则沄也曾明言不喜作诗钟，③民初颇思恢复其先辈所创的击钵吟，以自张门户。这是他创立蛰园诗社的重要考量。据说"京朝士大夫退食之暇"，以诗歌为乐，乃"百余年来风尚"。其间虽"体裁屡变"，独闽籍先辈"所创之击钵吟"流传弗替。尤其自前湖北巡抚郭柏荫以至郭则沄，四世皆参与击钵吟雅集，以故士流津津乐道，谓击钵吟乃郭家所擅。所以郭则沄颇以恢复振兴击钵吟自任。郭氏有一段自述，既描述了清末民初京师诗社风气的变迁，也道出了其创立蛰园诗社的缘起。他说：

> 犹忆髫龄侍宦，宣南每集，辄一效为（击钵吟）。先公（郭曾炘）亦乐许之。一日大雨，诸父执咸集，檐溜淙淙，与吟唱互答。诗罢，积潦平阶砌。呼奴子负客出，相顾为笑。会重葺虎坊新馆（福州新会馆）成，辟榕荫堂为觞咏地，每岁首张灯夺锦，传唱至夜深，挈载以归，未尝不乐而忘倦也。庚子奉母避乱而南。癸卯（1903）再至都，犹时与吟讌。己酉（1909）自辽幕外简，省亲京邸，则时彦方尚折枝（即诗钟），此事几废。国变后，折枝益盛。林丈畏庐尝以余言一举社事。陈子仲骞之联珠社，关子颖人之稊园社，亦先后并作。余竟不获继乡先辈余绪，勉图修举，心窃愧之。庚申（1920）蛰园成，请于先公，集社于园之结霞阁。入社者不限乡籍，月一集，集必二题，寒暑无间……樊山丈

①　易顺鼎：《诗钟说梦》，王鹤龄点校，龚联寿主编《联话丛编》第4册，第2422页。
②　陈衍：《石遗室诗话》，张寅彭等校点，张寅彭主编《民国诗话丛编》第1册，第207页。
③　郭则沄：《蛰园律集后编序》，南江涛编《清末民国旧体诗词结社文献汇编》第25册，第99页。

执牛耳，好典博，浸成风气，与乡先辈标格小异，然亦极一时之盛矣。①

可见，清季闽籍京官曾经的击钵吟活动，给郭则沄留下了非常深刻的印象。在民初诗钟盛行之时，稊园诗社、联珠社虽也有击钵吟节目，说明喜新厌旧的士人好尚已在渐变，但是，像关赓麟主持的稊园诗社只是以诗钟兼击钵吟而已。况且，由"外省人"接续闽人先辈创立并擅长的击钵吟活动，令郭则沄"心窃愧之"。因此，郭氏 1920 年创立蛰园诗社，决计专作击钵吟，既是追寻和恢复闽籍京官击钵吟诗的"传统"，也是对宣统以来北京盛行诗钟风气的一种反动。蛰园诗社成立后，声名鹊起，得与老资格的寒山、稊园鼎足而三，也折射出 1920 年代京师诗社风气从诗钟到击钵吟的嬗变。

诗钟为两句，似联语，甚至有意与诗句区别。所以樊山曾说："同人谓作诗钟，以不似诗句为佳。"② 与此相对，击钵吟则是"赋诗"，具有"命题限韵，斗捷夸多，因难见巧"的特征。③ 命题有景、有人、有物、有事，多涉典故，比如"小斜川"、"苻坚母祈子西门豹祠"、"明思宗撤洪经略祠祀观音大士"、"王摩诘画雪里芭蕉"等。赋诗为七言绝句，比如"柳敬亭说书"限"讥"韵一题，樊山赋诗曰："池北谈馀偶见讥，两生行里极欷歔。梅村厚汝渔洋薄，义士屠沽孰是非（渔洋谓其人与屠沽无异）。"郭曾炘诗云："纵横捭阖此才稀，一别恩门泪满衣。易代休夸吾舌在，茸城悍帅不堪依。"丁传靖诗曰："宁南座上掉锋机，才出吴陵姓已非。一样绛云楼下妾，春风爱傍柳依依（敬亭与柳如是皆托姓柳）。"④ 相较于游戏色彩更浓的嵌字诗钟，击钵吟更像是七言绝句创作，因题目多含典故，似可寄托更多

---

① 郭则沄编《蛰园击钵吟》（1933），自序，南江涛编《清末民国旧体诗词结社文献汇编》第 24 册，第 253~254 页。
② 樊增祥：《稊园诗钟社二百次大会招客启》，南江涛编《清末民国旧体诗词结社文献汇编》第 12 册，第 91 页。
③ 关赓麟：《稊园诗集·钵声甲集》卷上，第 1 页 a。
④ 郭则沄编《蛰园击钵吟》（1933），南江涛编《清末民国旧体诗词结社文献汇编》第 24 册，第 265~271、300~301、320~321 页。

情感。

蛰园诗社社友共计 80 人，癸、甲进士有 8 位：郭则沄、关赓麟、靳志、温肃、郭宗熙、胡嗣瑗、何启椿和林步随，均为名手。若从省籍来看，福建人自然最多，足有 20 多位，占 1/4 强。不过，蛰园社作的"标格"与清季纯正闽派已有距离，毕竟经历了鼎革前后十余年的流衍。① 前文已述，郭则沄认为这是樊山好典博而社友附和的结果。戊辰年（1928）八月十六日，郭曾炘在翻阅宣统元年闽籍同乡的击钵吟稿后，写下了这样一段话：诸人"笔阵纵横，各极其才思，大都以造意为主，不以隶事为能，与今之稊园、蛰园风气迥别，洵为闽派正宗，亦可谓极一时之盛。曾几何时，而地坼天崩，风流云散"。② 三个月后，郭曾炘驾鹤仙去，盛极一时的蛰园诗社亦随之消歇。

"最后"的诗词社

虽然宣南三社在 1928 年相继散局，但癸、甲进士的诗词结社活动并未就此消歇。事实上，郭则沄与关赓麟等人又在天津和南京做起了坛坫盟主。

1922 年民国总统徐世昌被迫下台后，郭则沄随之脱离宦海，此后在天津营建栩楼，迁居沽上。至迟在 1925 年 9 月，郭则沄又开始在天津组织"栩楼吟集"，作诗钟。③ 在此前后，郭氏与李放等人成立冰社，赋诗谈艺。④ 丁卯年（1927）正月十五日，郭曾炘日记称："晚冰社会期，愔仲为主，就栩楼设席，到者为白栗斋、查峻臣、叶文泉、周立之、李又臣、李子申、林子有、郭侗伯、徐芷升、任仲文，社中每会皆拈题分韵，是日即以上元雅集为题，余分得桥字。"⑤ 其中胡嗣瑗（愔仲）和郭宗熙（侗伯）

---

① 郭则沄编《蛰园击钵吟》（1933），南江涛编《清末民国旧体诗词结社文献汇编》第 24 册，第 259～261 页。

② 郭曾炘：《邴庐日记》，第 494～495 页。

③ 劳祖德整理《郑孝胥日记》第 4 册，第 2065 页。按，昝圣骞将此误为北京的蛰园社课。昝圣骞：《晚清民国词人郭则沄研究》，第 89 页。

④ 昝圣骞：《晚清民国词人郭则沄研究》，第 90 页；杨传庆：《清遗民词社——须社》，《北京社会科学》2015 年第 2 期，第 34 页。

⑤ 郭曾炘：《邴庐日记》，第 9 页。

皆系癸卯科翰林。

约在戊辰年（1928）五月末，冰社活动开始由拈题分韵赋诗，变为填词之会。这一转变，或许与北洋政府覆亡、政府南迁相关。1930 年秋后，冰社改名须社。① 其正式成员有 20 人，内中 5 人为癸卯科进士：郭则沄、郭宗熙、胡嗣瑗、章钰、陈曾寿。"社外词侣" 13 人，其中陈毅、邵章、钟刚中为癸、甲进士。② 辛未年（1931）五月十二日，填词满百集后，须社告散。

杨传庆曾引杨寿枏《须社百集觞客小启》一文，记述须社最后一次集会的情形。《小启》有云："是日会者客五人：闽侯陈弢庵宝琛、天门陈止存恩澍、宁海章一山棳、常熟言仲远敦源、闽侯何寿芬启椿。主十二人：遵化李子申孺、长洲章式之钰、闽侯周熙民登皞、无锡杨昩云寿枏、吴县徐芷升沅、秋浦周立之学渊、贵阳胡晴初嗣瑗、天门陈仁先曾寿、济宁许佩丞钟璐、闽侯郭啸麓则沄、宜兴李又尘书勋、黄陂周君适伟。社友他适者四人：长沙郭恫伯宗熙、闽侯林子有葆恒、保定王叔掖承垣、商邱陈葆生实铭。社友已逝者二人：宛平查峻丞尔崇、白栗斋廷夒。"③

因须社最后一集在杨寿枏的云在山房举行，所以这段记述对于理解须社的结局非常重要。不过，《小启》类似于请帖，所述与会人物和情节容与社集实情有别。事实上，亲历者胡嗣瑗的日记，为了解须社散局的缘由和境况提供了新的线索。胡嗣瑗《直庐日记》辛未年五月十二日云："晚间词社一百集，在杨寿枏宅，外请陈宝琛、陈止存诸人。郭则沄以与宝琛避面不至，且怂恿社中多人不至，亦大可笑。作诗钟一唱乃散。"④ 看来须社百集，社长郭则沄竟未与会，且怂恿多位社友不到，结果百集大会仅作诗钟一唱，便草草收场。郭氏之所以如此行事，乃因其此时与陈宝琛有矛盾，遂避免见

---

① 昝圣骞：《晚清民国词人郭则沄研究》，第 90 页；杨传庆：《清遗民词社——须社》，《北京社会科学》2015 年第 2 期，第 35 页。
② 郭则沄编《烟沽渔唱》（1933），南江涛编《清末民国旧体诗词结社文献汇编》第 16 册，第 113~116 页。
③ 杨传庆：《清遗民词社——须社》，《北京社会科学》2015 年第 2 期，第 35 页。
④ 胡嗣瑗：《直庐日记》，中华全国图书馆文献缩微复制中心，1994 年影印本，第 246 页。

面。产生矛盾的缘由似为陈宝琛儿媳妇与郭氏因经济纠纷在天津涉讼。① 因此，仅据杨寿枏的《小启》来讲须社最后一次社集，就与当日实情有些不符。

其实，随着社友的凋零与他适，在 1931 年初，须社已显衰象。正月到二月，五次社集，胡嗣瑗仅到两次。三月初三日，"同社春禊（原文）集饮"，到者仅九人，"视往年萧索多矣"，胡氏不禁"为之感叹"。这种情况已预示着须社面临散局的命运。二月十九日为 98 集，所以三月初三日当是99 集。② 此后两月无会，须社事实上已陷于停顿。因此，五月十二日百集大会，更像是一个告别会。

不过，虽然冰社、须社的填词活动仅历时三载，并不算长，且散局之时还颇有人事纠纷。但该社当日与沪上著名词社沤社"南北相望"，③ 影响甚大。陈声聪就说："此为北方词社重张坛坫之最盛时期，与沪上朱古微之沤社相犄角。"④ 须社词作后来由郭则沄编辑，经词坛盟主朱祖谋、夏孙桐选定，刻印出版，都五卷，取名《烟沽渔唱》。⑤

与郭则沄早早脱离宦海不同，关赓麟在北洋政府时期一直任职交通部。1928 年政府南迁后，关氏继续在国民政府交通部做官。在南京时期，关赓麟又立清溪诗社，继续主持风雅。癸卯科进士、交通部同僚顾承曾对此颇有记述：

> 同学关君颍人降情文苑，纂述逾尺，尤劬于诗。游衍北都垂三十年，为寒山、稊园两社主盟，与诸前辈名士相赓和。英谈隽句，思风道举，牵拂之雅，盛极一时。洎乎政府南奠，以扶轮大雅往应嘉招，仍综轨政，括囊流略，因时厘整。然诗事迄未肯遽废，又立青溪诗社，耆宿

① 邓瑞整理《邓之诚文史札记》上册，凤凰出版社，2012，第 295 页。

② 胡嗣瑗：《直庐日记》，第 11、27、45、63、70、97 页。

③ 郭则沄：《汪兼龛民部味莼词序》，《龙顾山房全集·骈体文钞》卷 2，1938 年增刻本，第21 页 a。

④ 陈声聪：《兼于阁杂著》，第 70 页。

⑤ 郭则沄编《烟沽渔唱》（1933），南江涛编《清末民国旧体诗词结社文献汇编》第 16 册，第 111 页。

时彦常相过从。①

清溪诗社成立于1930年，"规制一承秚园。东南才俊云集，多至七十余人……茶陵（谭延闿）幕府多湘籍诗人，与者尤盛"。② 当然，内中不少成员是宣南三社的旧人，如关赓麟、靳志、顾承曾、关霁、宗威、冒鹤亭、侯毅等，均为社中巨擘。③ 至1936年，关赓麟将1930年至1933年的社作编成《清溪诗社诗钞第一辑》出版。游洪范在序言中说："庚、癸四载，人各有诗，颖人先生点定付钞，都为一集。"④ 但好景不长，抗战军兴，靳志、关霁、宗威、侯毅等人西行入重庆陪都，关赓麟则北返故都，重整秚园。

与此同时，郭则沄也在卢沟桥事变后由天津迁回北京，遂又结蛰园律社与瓶花簃词社，关赓麟、陈宗蕃、夏仁虎等为社中中坚。关赓麟的秚园诗社"与蛰园人才互相交错，有列一社者，有二社兼入者"，此时"京师骚坛，不过寥寥此数耳"。1947年1月8日郭则沄溘然长逝，⑤ 蛰园、瓶花两社"遂同萎谢"。此后关赓麟在秚园诗社之外，"又唱立咫社，专作词。旋将诗词合为一，仍称秚园吟集"。迨1962年春，关赓麟"遽归道山，于是坛坫萧条，词客星散"。⑥

可以说，数十年坛坫盟主郭则沄、关赓麟之亡，真不啻旧体诗词社之亡。

---

① 顾承曾：关赓麟《秚园诗集之十二·吾土集》序言，第1页a～1页b。
② 关赓麟：《秚园吟集甲稿编终杂述》，《秚园吟集甲稿》卷首，转引自玉庐主人《玉庐藏书散记·秚园诗词社略述》（2012年2月13日），网址 http://blog.sina.com.cn/s/blog_3f5760080100w985.html。
③ 关赓麟：《思痛轩诗存》序，中央文史研究馆编《崇文集二编》，第34页。
④ 游洪范：关赓麟编《清溪诗社诗钞第一辑》（1936），序文，南江涛编《清末民国旧体诗词结社文献汇编》第12册，第305～307页。
⑤ 许恪儒整理《许宝蘅日记》第4册，第1487页。
⑥ 本段见慧远（夏纬明）《近五十年北京词人社集之梗概》，张伯驹编著《春游琐谈》，第19～20页。

结　语

　　科举绵延上千年，随时代而更新改进，是中国古人的一大制度发明，影响传统中国至深且远。清代科举已然成熟，从多方面维系着帝国的秩序。虽任何良法美制均难免末流之弊，但制度文明绝非一日之功，易科举实难以善其后。

　　清季西潮东来，中西竞争不断加剧，中国屡遭败衄，踏入了千年未有之变局。因此，尽快走上一条变革旧制、仿行新法的富强之路，越来越成为朝野上下追逐的目标。随着"学校者，人才所由出，人才者，国势所由强"的说法渐成"共识"，兴学育才就被当成救时的不二法门。① 中西新旧对比之下，固有的负责培才、抡才的书院与科举制度诟病日多。

　　结果，当英、法、美等国师中国科举美意，逐渐建立文官考试制度之时，中国的科举制变革却渐由"坐言"走向"起行"，至百日维新时几度颁下改制之谕而达到高潮。惟政变旋作，悉复旧制。迨庚子事变，中国创巨痛深，痛定思痛，厉行新政，首要的便是改科举。所以，甫入 20 世纪，在兴学堂的同时，科举改制再次启动。只是究竟如何改，关系国家民族的发展走向和千家万户的切实利益，既异常关键，又纷繁复杂。

---

① 杨国强：《晚清的士人与世相》，三联书店，2008，第 247 页。

两条脉络的科举改制

清季科举制变革，是内外诸多因素合力的结果。其中，作为改制方案的制定者和改制决策的参与者，若干实力督抚与朝内重臣的主张、运作和权力格局值得特别关注。既往研究更多侧重于督抚方面，在中枢、礼部、翰林院方面相对薄弱。

其实，从戊戌变法开始，科举制变革就包含两条相辅相成的改制脉络。一是科举考试新章脉络。从废八股文、试帖诗，改试中国政治史事论、各国政治艺学策、四书五经义入手，希望透过改内容、调场次、变文体等措施，注重中国"实学"，引入"西学"时务，拔取应时人才。二是从整饬翰林院到诏开进士馆的脉络。希望以速成之法，教科举已取之才。既令资深翰林群体研习经世实学，而自癸卯科会试开始，新科进士中的翰林、主事和中书须入京师大学堂特设的进士馆肄习法政、理财等新学，以期从科举精英中培训出略通西学时务的新政人才，同时引导士人学习风气向"实学"、"新学"转变。前一改制脉络旨在直接用所谓的"经世实学"取士，后一改制脉络则对已取之士再课以西学时务，两相配套，皆为解决科举为人诟病的学非所用、用非所学之弊。前者由督抚主动发起并竭力运作，而受到中枢、礼部的制约；后者因系科举改制在高层的推进，所以是由部分中枢大臣主动发起并积极促成的。

就辛丑科举新章来说，在改制之始，朝臣与督抚、京官与外官以及督抚之间颇有分歧，且一开始就与乡试、会试展期问题纠葛缠绕。1901年春夏，正在酝酿改科举的东南督抚刘坤一和张之洞，鉴于科举新章颇来不及在辛丑乡试中实施，担心再考八股旧科举，不仅会拖延落实作为新政首务的科举改章，甚至也会影响兴学堂等新政次第展开，故奏请辛丑乡试展期一年（乡试展期，会试自然延后）。与此同时，清廷高层希望通过尽快举行乡试以收庚子残局下的人心士心。王文韶、孙家鼐等重臣对刘坤一、张之洞一再奏请乡试展期大不以为然；张百熙甚至代表京官激烈陈奏，"诘责"刘、张。然而，在辛丑之际两宫西狩、东南互保的权力格局下，刘坤一、张之洞举足轻重，中央正深倚重。他们既对中枢重申己见，又向各省串联施压，坚持乡试展期。结果，经过多回合明争暗斗，最终辛丑年乡试或展或行，双方主张均未实现。但这加剧了中枢、礼部与东南督抚在科举议题上的分歧，并投射到了科举新章的制定出台上，直接影响了科举改章的内容和走向。

因此，虽然辛丑年（1901）七月清廷部分采纳《江楚会奏变法三折》之建议，下诏改科举、兴学堂。但是，科举详细章程的拟定和颁行充满争议。尽管刘坤一、张之洞屡次奏请乡试、会试采用分场去取之法，但中枢、礼部对科举大典的理解显然颇为不同，在稳定士心、三场平衡、可操作性等方面另有考量，终不松口，然又不能完全否决彼时权势煊赫的刘、张，故"两害相权取其轻"，议准其临时提出的废誊录主张，以为"补偿"。千年以来"无害于选才而有益于防弊"的糊名易书制度就此废除，给乡试、会试带来了严重恶果，与科举改制的初衷背道而驰。

进言之，张之洞辛丑年提出的科举新章是由其戊戌新章延续而来。但后者因有与康梁派竞争"学术霸权"的考量，所以不免炫博，以中体西用为标榜，号称熔科举、经济、学堂于一炉，实则求全求难，标置太高，未必适于改章之初的社会实情；虽曾颁行天下，却是在百日维新的特殊时期，未经广泛讨论就由光绪帝径自允准的。但正因曾经颁行，加以张之洞、刘坤一在辛丑时地位凸显，所以张之洞的科举方案自然占了上风，成为新政伊始科举改章的底本。虽然张之洞也意识到其戊戌新章规定二场考试声光化电太过"荒唐"，辛丑改章时将其删除，但其方案中头、二场论、策题量太多，内容偏难，颇有可议之处，四书五经既置于三场且题量甚少，自然又难免荒经之弊。但是，急于富强，不惜倡导西学皮毛亦可救国的张之洞，在辛丑时已有废科举、专重学堂之心，所以改科举方案只是过渡时期的权宜之计。因而就既未能跳出学堂、科举新旧势不两立的非黑即白式的认识局限，更未能站在更高的层面，深入理解科举对国家、社会与文化的意义，将制度设计斟酌妥当。

因此，1901年沈曾植的变法条议虽然作为《江楚会奏变法三折》的底稿，但其中更为稳健的不废八股，科举、学堂分途考试方案，却被刘坤一、张之洞舍弃。值得注意的是，沈曾植的科举、学堂分途考试的思路与其戊戌年为总理衙门拟定的经济常科方案一脉相承，意在保留科举旧法以安顿旧人，保持政局、人心的相对稳定，同时开辟新科举之途，为学堂"新学"学生谋出路。二者分途进行，两不相妨而相安，期望渐进地转移风气，实现新旧人才的稳妥交替，使中国的固有秩序、礼教、文化不致断裂崩溃。当年这一业经颁行的方案被康梁派急进的改科举行动所推翻；迨辛丑之际，又被同样急于效西法的张之洞所舍弃。其实，在未受庚子事变巨大刺激之前，作为旧学权威但颇为趋新的吴汝纶，就中学、西学，科举、学堂的分合问题，亦有类似的冷静思考。所以，戊戌至辛丑改科举的思路和方案还有更多选项，历史的复杂性和可能性显然超过我们既有认知。这也提示我们去探究影响国家民族前途和命运的重大决策是如何形成的，以及何以最终形成了如此局面。总之，变法改制既急切进行，决策高层又分歧巨大，群臣不能平心静气地从容探讨，将抡才大典斟酌至善，为国家策万全之安，而是权谋相加，轻变旧制。所以改制决策颇多可议，为此后的考试实践埋下了隐忧。

科举改制的另一条脉络，是从庚子前后整饬翰林院到壬寅年（1902）十一月诏开进士馆。这一脉络是在最高层调适科举与学堂关系的重要步骤，鲜明地体现了中枢大臣主动变革科举的努力，既与辛丑科举新章相配套，是科举改制的扩大，又蕴含着抑科举而扬学堂的深意，因而在科举改制中具有风向标的意义。研究显示，整饬翰林院主要由孙家鼐发起和主持，而诏开进士馆是瞿鸿禨、荣庆极力推动的结果。此举延续翰林院整改的思路，用速成之法，育科举已成之才，实现了翰林院庶吉士制度的重大变革，并与京师大学堂仕学馆的筹备工作紧密衔接。但在政务处初期讨论中，王文韶、鹿传霖与瞿鸿禨意见参差，既包含理念之争，又牵扯人事安排，反映出翰林院与大学堂、科举与学堂关系的重重纠葛。由于翰林院不仅接近政治核心，而且与科举关系至密，是士人观瞻所在，故其改革直接反映清廷推行科举改制的决心与力度，极具示范效应。同时，开设进士馆还涉及官员的养成制度，关系新进士的出路和仕途，自然影响甚大。

正因为如此，诏开进士馆不仅在枢臣中颇有论争，在京外官、士子群体及报刊舆论界，更引发了多方面回响。虽然当局此举有意抑科举而扬学堂，但彼时津、沪报界已经倾向废科举，故并不满足此渐进改革。所以，开进士馆不仅未能赢得一年前废八股时那样的好评如潮，反而引来不同程度的差评。趋新的报界舆论并以此为绝好题目，将批评开进士馆演化成了废科举的宣传鼓吹。同时，开进士馆给新进士心理层面与实际出路皆带来不小冲击。不少新进士颇为抵拒也就可以想见，而依恋科举的朝官亦多有訾议。这导致进士馆章程屡变，一定程度上影响了它的落实和成效。当局扩大科举改制的努力遭遇重重阻力。在这样纷纷扰扰以及学堂、科举势不两立的聒噪下，科举的形象进一步遭受贬损。

从改科举到废科举

当枢臣瞿鸿禨等筹划诏开进士馆之时，袁世凯、张之洞、岑春煊、端方等督抚也在串联着推进三科递减渐废科举。其实，从1901年开始，在改、废科举过程中，趋新督抚就形成一个交互激进的模式。1901年袁世凯之所以在新政复奏中提出用实科彻底取代旧科举的主张，就颇因张之洞的助推之力。① 随后，刘坤一、张之洞在《江楚会奏变法三折》中提出三科递减科举方案，也受到陶模、袁世凯的"启发"。刘坤一去世后，袁世凯旧事重提，拟定三科递减奏折，会同张之洞于1903年陈奏，遭到王文韶以下诸多京官的强烈抵制。当年张之洞进京，努力半载，最终实现了三科递减方案。② 故1903年至1904年的三科递减一事，出头在袁世凯，达成却是张之洞。袁世凯在给徐世昌的私信中就说："此老（指张之洞）竟将科举办减，近日称赞不去口。"③ 可是，仅仅一年多之后，袁世凯、端方等人又联络奏请立停科举，结果在1905年9月2日，延续一千多年的科举制被清廷宣告立停。在

---

① 《湖广总督张之洞来电》（辛丑三月初七日）、《致湖广总督张之洞电》（辛丑三月初七日），骆宝善、刘路生主编《袁世凯全集》第9卷，第149～150页。

② 参见李细珠《张之洞与清末新政研究》，第134～138页；关晓红：《科举停废与近代中国社会》，第93～101页。

③ 《致练兵处提调徐世昌函》（1904年3月22日），骆宝善、刘路生主编《袁世凯全集》第12卷，第55页。

此过程中，袁世凯、端方又扮演了最重要的角色。而 1905 年亦甚特殊。因为有恩科及庚子事变的冲击，科举考试的年份被彻底打乱，其中 1901 年至 1904 年，乡试、会试连绵举行。同时，按照此前上谕，1906 年、1907 年将分别举行乡试和会试。所以，从 1901 年到 1907 年，只有 1905 年没有乡、会试。鉴于乡、会试之年，例不言科举，① 因此，除了议修京师贡院和王文韶出军机等因素外，② 对于趋新督抚来说，1905 年确是奏停科举的最佳年份。

同时，督抚请废科举，经历了一个从分奏到联衔的过程，体现了中枢与督抚权力格局的变化。在辛丑议复新政时，刘坤一、张之洞、袁世凯等本欲联衔会奏，但中枢示意分奏，所以最终刘、张二位参预政务大臣联衔会奏，其他督抚则单衔复奏。③ 迨 1903 年奏请三科递减，袁世凯、张之洞本欲多拉几位督抚以壮声势，周馥、端方、岑春煊亦愿意会衔。但之所以最终仅袁、张会奏，盖有"京友"提醒"不宜多会衔，恐嫌为疆臣要在必行"，④ 说明中枢高层仍不愿督抚联衔奏事。然而，1905 年立停科举之奏，则由袁世凯、端方、张之洞、周馥、岑春煊、赵尔巽等多位督抚联衔，再不见中枢高层示意反对，既折射出中枢与督抚权力格局的变化，也很可能是迎合上意的结果。无论如何，这为 1910 年多位督抚奏请开国会、设责任内阁的联衔行动开了先河，而清廷再也管束不住督抚的串联活动。

国史上最后的两科会试

借闱河南开封贡院的癸卯、甲辰二科既是中国历史上最后的会试，亦是清季科举改制的重要实践。因为英国公使萨道义在《辛丑条约》谈判中固执己见，坚持北京五年内不可举行乡试、会试，结果有清一代会试不在京师

---

① 1903 年京官批评袁世凯、张之洞奏请三科递减科举的理由之一，也是乡、会试之年例不言科举。

② 参见关晓红《科举停废与近代中国社会》，第 116～128 页。

③ 参见李细珠《张之洞与清末新政研究》，第 90 页。

④ 《致署两江（湖广——引者注）总督端方等电》（1903 年 3 月 10 日），骆宝善、刘路生主编《袁世凯全集》第 11 卷，第 66 页。

举行，这还是头一遭。所以，遭庚子兵燹焚毁的京师贡院也就没有了迅速修复的紧迫感。迨 1905 年再议修复时，科举三科减额方案已经颁行，最终定议缓修。① 但北京不能会试，并不意味着定要借闱河南。事实上，南京曾是礼部和议和全权大臣奏请借闱的首选地，但由于两江总督刘坤一态度消极，政务处最终退而求其次改选河南。借闱河南令广大东南士子颇感不便，导致考生人数较往常减少许多。各省士子人数的多寡起伏，又直接影响到会试考中的机会。同时，借闱河南也影响了科举的声价。

考官基本按照辛丑科举奏定新章主持了会试大典。从三场考试题目来看，注重观照现实，连史论题和经义题都有影射现实的意思在。头场中国政治史事论题意在鼓励士子究心经世实学，二场各国政治艺学策题意在引导士子关注新学时务。史论题效果稍好，但考题以辅佐富强为上，且首道题不出周秦范围，考生既不难预拟题目，考官出题亦易撞题，似较八股时代更甚。策题指向性强，答卷雷同度高，尚难称其为"学"，效果实属有限。四书五经义题置于三场，且题量太少，荒经之弊不可避免。从阅卷取中的实际过程来观察，重头场主要是荐卷、阅卷程序导致的。但二、三场既有补荐机会，且两科会试，尤其是甲辰恩科头场区分度明显下降，以致头场荐卷率大幅提升，故二、三场的作用亦不可轻忽。头场未荐而二场新学出彩、三场经义湛深，通过补荐而中式的考生，大约占会试中额的1/15。从阅卷取中的因素和内幕来看，改章之后，史学功底、古文素养的作用更为凸显，答卷则须新警动人，废誊录突出了楷法的重要性，而认字取中的弊端亦所不免。从贡士举人科分构成来分析，由于壬寅、癸卯两科"策论"举人已通过科举改制下乡试的"洗礼"和选拔，在知识结构、答题技巧、楷法等方面更为擅长，所以在癸、甲会试中表现格外出色。这同时也说明，科举改制后的乡试、会试确实变动不小，拔取的人才也与此前有所不同，具有一定程度的同构性和一体性。但由于科举新章之不善，科举改制的成效尚难言乐观。

---

① 参见关晓红《科举停废与近代中国社会》，第 115～122 页。

浮沉进退与流风遗韵：最后的进士群体的命运

1904 年进士馆正式开馆，近百名新进士入馆肄习法政、理财等新学。在科举、学堂此消彼长的转型时代，进士的选择和趋向业已多元，分化已经开始并正在加速。因此，如钱振锽、温肃等抵拒入馆的进士固然所在多有，但像甘鹏云、汤化龙等希望入馆学习，更新知识结构、改善地位、实现抱负的与时俱进之士，亦不乏人。随后，有多批进士出洋游学，绝大多数赴日，但也不乏负笈欧美者；留日进士以法政大学速成科为主，但亦有在早稻田大学、中央大学、法政大学肄业三年以上，获得选科甚至本科文凭者；专业虽以法政为主，亦有学习工商，甚至军事者。进士馆和留学的背景，使得癸、甲进士中许多人成为特殊的一代：科举知名士、学堂肄业生。无疑，对于大多数进士的新学造诣，我们不宜过高估价。但在清末民初的转型时代，这样的双重身份和背景，却迅速拉高了他们的地位和身价。

在预备立宪时代，策论出身且拥有法政、理财等新学背景的部分癸、甲进士，恰好适应了新政需要。加以部院扩张，缺分增多。因此，癸、甲二科主事、中书的补缺及升迁速度，竟远超其进士前辈。进士分部学习主事通常非二十年不能补缺的既往认知，已与清季最后几年的实情不符。在辛亥鼎革中，癸、甲两科部属群体因其衙门多有承继，既不像翰林群体因翰林院被裁而集体失业，亦非如知县群体守土有责，在革命洪流冲击下纷纷丢官去职。因此，虽然不乏像陈毅、陈曾寿、王季烈、苏舆等实缺司官挂冠而去，甘做遗老，不仕民国，但绝大多数癸、甲部属仍官新朝，尤以度支部到财政部、邮传部到交通部、法部到司法部的延续性明显。不过，因民初教育部由蔡元培、范源廉和董鸿祎等极新人物掌控，原在学部兼差的近二十位癸、甲翰林几乎全部退出。

废科举切断了榜下即用知县的来源，地方进士出身的知县日少，物以稀为贵，各省即用知县反而逐渐吃香。近 2/3（至少 136 人）的癸、甲即用知县在中进士后的七八年内已补实缺，远快于此前通常十余年得缺的速度。因此，奇诡的是，废科举对癸、甲进士中的即用知县竟似"利好"。但是，

"得官偏遇国亡时"，辛亥鼎革对实缺知县冲击甚大。虽亦有少数癸、甲进士继续在原省任州县官，且有像吕调元那样骤升至封疆者，但大多数则经历了被迫丢官或主动去职的过程。此后或不再出仕，或在仕幕之间，虽亦不乏数十人"光复旧物"，但已颇受波折。

伴随着改、废科举的新政过程，往日清贵显要的翰林群体迅速式微。虽亦有个别癸、甲翰林遽补司道实缺，但整体来看，后科举时代翰林受到的冲击最大，地位降低得最快。作为最后的两科，癸、甲二科翰林在光宣之交是翰林院内最大的群体。故宣统年间翰苑的生死存亡危机，他们感受最切，因而也更努力地奔走保存翰林院。他们费尽九牛二虎之力，终于保住衙门，但又迅速在辛亥鼎革的洪流中失去了家园。民国肇建后，癸、甲翰林中不乏遗老，甚至像胡嗣瑗、章梫、温肃、商衍瀛、朱汝珍、黎湛枝等人皆是复辟干将，但自状元王寿彭、刘春霖以下，奔走于民国官场、效力于大员门庭者实繁有徒。所以，癸、甲翰林在民初的"遗民"和"贰臣"互见，势力相当。

此外，汤化龙、谭延闿、蒲殿俊、张国溶、陈黻宸、沈钧儒、梁善济、杨毓泗、萧湘、杜严、方贞等癸、甲进士，借清季立宪之东风而崛起，领导各省谘议局，发起国会请愿，成为预备立宪精英。辛亥鼎革前后，此辈多乘时而起，与革命合流，致身通显，随后又通过组织政党而扩充实力，在政坛占据一席之地。

总之，最后的进士群体在科举废除后既未明显地边缘化，也未笼统地出路更宽。在新旧剧变的转型时代，部分人与时俱进，仕途顺遂，火速升迁，部分人衙门被裁，地位骤降，无所适从。同年之间的分化更为严重。鼎革之际，癸、甲进士的出处浮沉至为不一。将停废科举与辛亥鼎革通盘考虑，从较长时段着眼，可以更好地观察最后的进士精英的政治生命。

科举时代，政学相依，仕学并途。翰林、进士群体作为全国精英，既占据大多数官场高位，又是学问与知识的化身，代表着士大夫的文化时尚。癸、甲进士孕育于科举、学堂此消彼长的变局之中，不少人因应时趋，入馆纳新知，出国求新学，在后科举时代，承继在籍翰林、进士出掌书院山长之流风遗韵，广泛参与了清季的兴学大潮，人数近百，无省无之。

民国以降，陈黻宸、李景濂、左霈、袁嘉谷、商衍鎏、王天木（汝榆）、郭家声、易顺豫、狄楼海、孙智敏、赖际熙、区大典、章钰、郭则沄、尚秉和、甘鹏云、李景铭等一大批癸、甲进士在大学、书院内外，守先待后，传授旧学，培养后辈。当新文化运动兴起之后，不少癸、甲进士痛感斯文将丧，强烈抵拒白话诗文，坚持经史诗文的独立地位。以关赓麟、郭则沄、顾承曾、何震彝、何启椿、林步随、靳志、陈宗蕃、温肃、朱汝珍、李景濂、王揖唐、吴璆、饶孟任、刘敦谨、郭宗熙、胡嗣瑗、陈曾寿、章钰为代表的一大批癸、甲进士，尤其是关赓麟和郭则沄，先后在北京、天津、南京等地，主持寒山、稊园、蛰园、冰社（津）、须社（津）、清溪（宁）、瓶花簃、咫社等诗词社，吟咏酬唱，维持风雅，自民初至 1950 年代，历半个世纪之久。但在后科举时代的学校教育体制下，吴汝纶称之为吾国之瑰宝的诗赋，终难以扭转逐渐沦亡的命运。当诸人年事渐高，一旦去世，曾经盛极一时的诗词结社便难以维持。要之，在后科举时代，癸、甲进士对本国人文传统的种种护持、坚守和传承，皆构成中国历史上最后的进士的流风遗韵。

征引文献

一 档案、官书与资料汇编

未刊档案

中国第一历史档案馆藏：

官中档朱批奏折（1901～1911）。

军机处录副奏折（1901～1911）。

台北"故宫博物院"图书文献馆藏：

军机处档折件（1903～1904）。

中国社会科学院近代史研究所中国近代史档案馆（简称近代史所档案馆）藏：

《冯汝琪家信》，甲203。

《感旧集·琼林集》，李景铭编，甲279-24。

《瞿鸿禨朋僚书牍》，甲375、甲375-1、甲375-2。

《汤化龙上书·函札等》，甲290-5

《汤芗铭存札》，甲 366 - 2。

《汤宅存札》，甲 366 - 9。

《同光年间名人书札》，乙 C19。

《许同莘日记》，甲 622 - 11。

已刊档案、官书与资料汇编

北京大学、中国第一历史档案馆编《京师大学堂档案选编》，北京大学出版社，2001。

北京大学校史研究室编《北京大学史料》第 1 卷（1898～1911），北京大学出版社，1993。

陈旭麓、顾廷龙、汪熙主编《盛宣怀档案资料选辑之七：义和团运动》，上海人民出版社，2001。

《大清光绪新法令》第 12 册，上海商务印书馆，1909。

《大清新法令》第 2 卷，荆月新、林乾点校，商务印书馆，2011。

《大清新法令》第 6 卷，蒋传光点校，商务印书馆，2011。

《大清新法令》第 8 卷，林乾、王丽娟点校，商务印书馆，2011。

《德宗实录》，《清实录》第 52～59 册，中华书局，1987。

《端方档》，虞和平主编《近代史所藏清代名人稿本抄本》第 1 辑第 143 册，大象出版社，2011。

法政大学大学史资料委员会编《法政大学史资料集第十一集》（《法政大学清国留学生法政速成科特集》），法政大学发行，昭和六十三（1989）。

甘韩辑《皇朝经世文新编续集》，杨凤藻校正，沈云龙主编《近代中国史料丛刊》(781)，台北：文海出版社，1972。

故宫博物院明清档案部编《义和团档案史料》下册，中华书局，1959。

故宫博物院明清档案部编《清末筹备立宪档案史料》上册，中华书局，1979。

故宫文献编辑委员会编《宫中档光绪朝奏折》第 19 辑，台北"故宫博物院"，1974。

国家档案局明清档案馆编《戊戌变法档案史料》，中华书局，1958。

李德龙编《新疆巡抚饶应祺稿本文献集成》第22册，学苑出版社，2009。

李国荣主编、中国第一历史档案馆编《清代军机处随手登记档》第157、161册，国家图书馆出版社，2013。

《礼部、政务处会奏变通科举章程》，光绪二十八年刻本，北京大学图书馆古籍部藏。

礼部：《科举章程》，光绪二十四年刻本，北京大学图书馆古籍部藏。

礼部：《续增科场条例》（光绪十一年至二十八年）第10、11册，光绪二十八年刻本，北京大学图书馆古籍部藏。

刘锦藻：《清朝续文献通考》第3册，浙江古籍出版社，2000。

《穆宗实录》，《清实录》第45~51册，中华书局，1987。

秦国经主编《清代官员履历档案全编》第28册，华东师范大学出版社，1997。

《钦定大清会典》（嘉庆朝）卷55，沈云龙主编《近代中国史料丛刊三编》（638），台北：文海出版社，1991。

《清史稿》第12册，中华书局，1977。

邱涛点校《直省谘议局议员联合会报告书汇录》，北京师范大学出版社，2013。

《荣禄档》，虞和平主编《近代史所藏清代名人稿本抄本》第1辑第69册，大象出版社，2011。

舒新城编《中国近代教育史资料》上、中册，人民教育出版社，1981。

《唐景崇档》，虞和平主编《近代史所藏清代名人稿本抄本》第1辑第114册，大象出版社，2011。

天津社会科学院历史研究所编《1901年美国对华外交档案：有关义和团运动暨辛丑条约谈判的文件》，刘心显、刘海岩译，齐鲁书社，1984。

王钟翰点校《清史列传》第16册，中华书局，1987。

锡珍：《吏部铨选则例·汉官则例》卷2，"月选"，光绪十二年刻本。

《宣统政纪》，中华书局，1987。

学部总务司编《学部奏咨辑要》，沈云龙主编《近代中国史料丛刊三编》（96），台北：文海出版社，1986。

《奕劻档》，虞和平主编《近代史所藏清代名人稿本抄本》第 1 辑第 75 册，大象出版社，2011。

张静庐辑注《中国近代出版史料二编》，群联出版社，1954。

《张之洞档》，虞和平主编《近代史所藏清代名人稿本抄本》第 2 辑第 19、35、86～88 册，大象出版社，2014。

中国第一历史档案馆编《庚子事变清宫档案汇编》第 5 册，中国人民大学出版社，2003。

中国第一历史档案馆编《光绪宣统两朝上谕档》第 2、3、6、9、12、21、24、26～37 册，广西师范大学出版社，1996。

中国第一历史档案馆编《光绪朝朱批奏折》第 104、105 辑，中华书局，1996。

中国第一历史档案馆编《清代军机处电报档汇编》第 2、21、22、25 册，中国人民大学出版社，2005。

中国第一历史档案馆编《咸丰同治两朝上谕档》第 12、13、15、18、21 册，广西师范大学出版社，1998。

中国第一历史档案馆：《光绪三十三年留学生史料》，《历史档案》1998 年第 1 期。

中国史学会编《戊戌变法》第 2 册，上海人民出版社，1957。

朱有瓛主编《中国近代学制史料》第 1 辑下册，华东师范大学出版社，1986。

二　科举录、朱卷墨卷、缙绅录、职官录、
同学录、社友录

北京大学堂编《京师大学堂同学录》，北京锦和印字馆，1903 年铅印本。

法式善等：《清秘述闻》中、下册，中华书局，1982。

房兆楹辑《清末民初洋学学生题名录初辑》，台北：中研院近代史研究

所，1962。

房兆楹、杜联喆编《增校清代进士题名碑录附引得》，哈佛燕京学社，1941。

顾廷龙主编《清代朱卷集成》第 88～91 册，台北：成文出版社，1992。

《寒山诗钟社姓名住址录》，南江涛编《清末民国旧体诗词结社文献汇编》第 13 册，国家图书馆出版社，2013。

江庆柏编著《清朝进士题名录》，中华书局，2007。

刘寿林等编《民国职官年表》，中华书局，1995。

《清末各省官自费学生毕业姓名表》，沈云龙主编《近代中国史料丛刊续编》（494），台北：文海出版社，1978。

朱沛莲辑《清代鼎甲录》，台北：中华书局，2015，2 版 2 刷。

朱汝珍辑《词林辑略》，周骏富辑《清代传记丛刊》（16），台北：明文书局，1985。

《光绪二十八年补行庚子辛丑恩正并科顺天乡试同年全录》，1902 年刻本。

《光绪二十八年补行庚子辛丑恩正并科各省乡试同年全录》，1902 年刻本。

《光绪二十九年进士登科录》，1903 年刻本。

《光绪癸卯恩科乡试十八省同年全录》，1903 年刻本。

《光绪三十年进士登科录》，1904 年刻本。

《光绪辛丑科补行庚子恩科各省乡试同年全录》，1901 年校刊，1902 年刻本。

《光绪辛丑壬寅恩正并科会试录》，1903 年刻本。

《光绪辛丑壬寅恩正并科会试闱墨》，借河南闱文明堂镂，1903 年刻本。

《光绪辛丑壬寅恩正并科会试同年齿录》，1903 年刻本。

《光绪甲辰恩科会试第六房同门墨卷》，1904 年刻本。

《光绪甲辰恩科会试录》，1904 年刻本。

《光绪甲辰恩科会试同年齿录》，1904 年刻本。

《缙绅全书·中枢备览》（光绪二十七年冬），《清代缙绅录集成》第 70 册。

《缙绅全书·中枢备览》（光绪二十九年秋），《清代缙绅录集成》第 75 册。

《缙绅全书·中枢备览》（光绪三十一年春），《清代缙绅录集成》第 78 册。

《缙绅全书》（光绪三十二年冬），《清代缙绅录集成》第 82 册。

《爵秩全览》（光绪三十二年冬），《清代缙绅录集成》第 83 册。

《爵秩全览》（光绪三十三年冬），《清代缙绅录集成》第 85 册。

《爵秩全览》（光绪三十四年春），《清代缙绅录集成》第 85 册。

《最新百官录》（光绪三十四年春），《清代缙绅录集成》第 86 册。

《爵秩全览》（宣统元年夏），《清代缙绅录集成》第 88 册。

《爵秩全览》（宣统元年春），《清代缙绅录集成》第 88 册。

《爵秩全览》（宣统元年秋），《清代缙绅录集成》第 89 册。

《爵秩全览》（宣统元年冬），《清代缙绅录集成》第 89 册。

《爵秩全览》（宣统二年春），《清代缙绅录集成》第 90 册。

《爵秩全览》（宣统二年夏），《清代缙绅录集成》第 91 册。

《爵秩全览》（宣统二年秋），《清代缙绅录集成》第 91 册。

《爵秩全览》（宣统三年夏），《清代缙绅录集成》第 93 册。

《职官录》（宣统三年冬），《清代缙绅录集成》第 94 册。

《清代缙绅录集成》均见清华大学图书馆科技史暨古文献研究所编，大象出版社，2008。

印铸局编纂处编纂《职员录》，中华民国四年六月初版。

《新定官制缙绅全书》（1917 年秋），荣禄堂刊。

《宣统二年玉堂谱》（1910 年秋），抄本，北京大学图书馆古籍部藏。

三 日记、书信、年谱、回忆录

北京市档案馆编《那桐日记》上册，新华出版社，2006。

《北闱分房日记》（抄本），见王振声《心清室评语选录》附录，国家图书馆古籍部藏。

曹汝霖：《曹汝霖一生之回忆》，中国大百科全书出版社，2009。

陈谧编、胡珠生修订《陈黻宸年谱》，陈德溥编《陈黻宸集》下册，中华书局，1995。

陈智超编注《陈垣来往书信集》，三联书店，2010。

澹庵（孔昭晋）：《癸卯汴试日记》，李德龙、俞冰主编《历代日记丛钞》第154册，学苑出版社，2006年影印本。

邓瑞整理《邓之诚文史札记》上册，凤凰出版社，2012。

杜春和、耿来金整理《吉同钧东行日记》，《近代史资料》总第87号，1996年5月。

冯友兰：《三松堂自序》，《三松堂全集》第1卷，河南人民出版社，1985。

〔德〕福兰阁：《两个世界的回忆：个人生命的旁白》，欧阳甦译，社会科学文献出版社，2014。

〔德〕傅吾康：《为中国着迷：一位汉学家的自传》，欧阳甦译，社会科学文献出版社，2013。

甘鹏云：《北游日记》，《潜庐随笔》卷9，潜江甘氏崇雅堂1933年刻本。

甘鹏云：《豫游纪行》，《潜庐随笔》卷12，潜江甘氏崇雅堂1933年刻本。

甘鹏云：《潜庐书牍》稿本，国家图书馆古籍部藏。

关蔚煌：《慎独斋七十年谱》，《北京图书馆藏珍本年谱丛刊》第181册，北京图书馆出版社，1998。

《郭家声日记选录》，郭正权编《癸卯进士、诗人郭家声先生纪念专辑》，星球地图出版社，2009。

郭曾炘：《邴庐日记》，李德龙、俞冰主编《历代日记丛钞》第 183 册，学苑出版社，2006 年影印本。

韩策、崔学森整理《汪荣宝日记》，中华书局，2013。

何寿章：《苏甘室日记》，《绍兴丛书》第 2 辑《史迹汇纂》第 12 册，中华书局，2009 年影印本。

胡钧编《清张文襄公（之洞）年谱》，台北：台湾商务印书馆，1978。

胡骏：《补斋日记》，沈云龙主编《近代中国史料丛刊三编》（71）、（72），台北：文海出版社，1986。

胡嗣瑗：《直庐日记》，中华全国图书馆文献缩微复制中心，1994 年影印本。

华学澜：《辛丑日记》，商务印书馆，1936 年铅印本。

贾景德：《秀才·举人·进士》，香港联盛印务公司，1956。

李景铭：《六二回忆》，《近代史资料》132 号，2015 年 6 月。

李向东等标点《徐兆玮日记》第 1、2 册，黄山书社，2013。

刘大鹏：《退想斋日记》，《近代史资料》编辑组编《义和团史料》下册，中国社会科学出版社，1982。

刘大鹏：《退想斋日记》、《乙未公车日记》、《乔梓公车日记》，乔志强标注，山西人民出版社，1990。

刘路生、骆宝善、村田雄二郎编《辛亥时期袁世凯秘牍：静嘉堂文库藏档》，中华书局，2014。

陆润庠：《陆大冢宰手札》，俞冰主编《名家书札墨迹》第 7 册，线装书局，2006。

陆宗舆：《五十自述记》，北京日报承印，1925 年铅印本。

吕佩芬：《湘轺日记》，李德龙、俞冰主编《历代日记丛钞》第 154 册，学苑出版社，2006 年影印本。

骆惠敏编《清末民初政情内幕：〈泰晤士报〉驻北京记者、袁世凯顾问乔·厄·莫理循书信集》上册，刘桂梁等译，知识出版社，1986。

马太元：《沪游笔记》（日记），1911 年铅印本。

钮泽晟：《京游杂记·附记宦迹》（日记），《钮寅身先生遗著》，1924 年铅印本。

皮锡瑞：《师伏堂日记》第 4、5 册，国家图书馆出版社，2009 年影印本。

单镇：《桂阴居自订年谱》，单弘标点，《苏州史志资料选辑》总第 30 辑，2005。

商衍鎏：《科举考试的回忆》、《我中探花的经过——并谈光绪甲辰科殿试鼎甲名次变易的实在情形》，《清代科举考试述录及有关著作》，百花文艺出版社，2004。

上海图书馆编《汪康年师友书札》第 2 册，上海古籍出版社，1986。

上海图书馆编《汪康年师友书札》第 4 册，上海古籍出版社，1989。

《绍英日记》，国家图书馆出版社，2009 年影印本。

邵章：《倬盦自订年谱》，《北京图书馆藏珍本年谱丛刊》（193），北京图书馆出版社，1998。

史晓风整理《恽毓鼎澄斋日记》第 1、2 册，浙江古籍出版社，2004。

孙宝瑄：《忘山庐日记》上册，上海古籍出版社，1983。

王飚：《易顺鼎年谱简编》，易顺鼎：《琴志楼诗集》下册，王飚校点，上海古籍出版社，2004。

王尔敏、陈善伟编《近代名人手札真迹》第 1 册，香港中文大学出版社，1987。

王闿运：《湘绮楼日记》，马积高主编、吴容甫点校，岳麓书社，1997。

王维泰：《汴梁卖书记》，张仲民：《出版与文化政治：晚清的"卫生"书籍研究》附录，上海书店出版社，2009。

王振声：《心清室日记》，李德龙、俞冰主编《历代日记丛钞》第 152 册，学苑出版社，2006 年影印本。

温肃：《清温侍御毅夫年谱》，台北：台湾商务印书馆，1986。

翁万戈编《翁同龢日记》第 4、5、6、7 册，翁以钧校订，中西书局，2012。

武安隆、刘玉敏点注《严修东游日记》，天津人民出版社，1995。

伍铨萃：《北游日记》，吴相湘主编《中国史学丛书》（39），台北：台湾学生书局，1966 年影印本。

谢荣滚主编《陈君葆日记全编》第 1 册，香港商务印书馆，2004。

谢兴尧整理《荣庆日记》，西北大学出版社，1986。

徐寿凯、施培毅校点《吴汝纶尺牍》，黄山书社，1990。

徐雁平整理《贺葆真日记》，凤凰出版社，2014。

许珏：《复斋戒侄书》（光绪癸卯正月廿二日、腊月初五日），原件扫描，北京大学图书馆古籍部藏。

许恪儒整理《许宝蘅日记》第 1、2 册，中华书局，2010。

许全胜：《沈曾植年谱长编》，中华书局，2007。

许全胜整理《沈曾植与丁立钧书札》，上海图书馆历史文献研究所编《历史文献》第 16 辑，上海古籍出版社，2012。

许同莘编《张文襄公年谱》，北京图书馆编《北京图书馆藏珍本年谱丛刊》（174），北京图书馆出版社，1999。

《严修日记》第 2 册，南开大学出版社，2001 年影印本。

杨绍周：《解放前的河北省立工业学院》，全国政协文史资料委员会编《文史资料存稿选编》第 24 册，中国文史出版社，2002。

叶昌炽：《缘督庐日记》第 5、6 册，江苏古籍出版社，2002 年影印本。

由云龙：《北征日记》，昆明《尚志》第 2 卷第 6 号，1919。

于荫霖：《悚斋日记》，沈云龙主编《近代中国史料丛刊》（224），台北：文海出版社，1968。

袁英光、胡逢祥整理《王文韶日记》下册，中华书局，1989。

张守中编《张人骏家书日记》，中国文史出版社，1993。

章宗祥：《任阙斋主人自述》，全国政协文史资料委员会编《文史资料存稿选编》第 24 册，中国文史出版社，2002。

《浙江图书馆馆藏名人手札选》，浙江人民出版社，2000。

中国国家博物馆编《郑孝胥日记》第2、4册，劳祖德整理，中华书局，1993。

钟毓龙：《科场回忆录》，浙江古籍出版社，1987。

邹颖文编《翰苑流芳：赖际熙太史藏近代名人手札》，香港中文大学图书馆，2008。

四　诗文集、笔记、序跋、碑传、诗话

陈德溥编《陈黻宸集》下册，中华书局，1995。

陈继训：《猨盦诗草》，《清代诗文集汇编》（793），上海古籍出版社，2010。

陈夔龙：《梦蕉亭杂记》，中华书局，2007。

陈澧：《东塾集》卷2，光绪十八年菊坡精舍刻本。

陈声聪：《兼于阁杂著》，上海古籍出版社，2002。

陈衍：《石遗室诗话》，张寅彭等校点，张寅彭主编《民国诗话丛编》第1册，上海书店出版社，2002。

陈钟凡：《先师陈君哀词》，陈德溥编《陈黻宸集》下册，中华书局，1995。

谌东飚校点《瞿鸿禨集》，湖南人民出版社，2010。

丁传靖：《稊园二百次大会小启》，南江涛编《清末民国旧体诗词结社文献汇编》第12册，国家图书馆出版社，2013年影印本。

樊增祥：《稊园诗钟社二百次大会招客启》，南江涛编《清末民国旧体诗词结社文献汇编》第12册，国家图书馆出版社，2013年影印本。

傅岳棻：《潜江甘息园先生墓碑》，钱仲联主编《广清碑传集》，苏州大学出版社，1999。

甘鹏云：《潜庐类稿》，沈云龙主编《近代中国史料丛刊续编》（339），台北：文海出版社，1976。

龚元凯：《蜕盦诗集》，1919 年石印本。

谷霁光：《跋〈大清宣统政纪〉草本》（清华图书馆藏），《图书季刊》第 2 卷第 3 期，1935。

顾廷龙、戴逸主编《李鸿章全集》第 28 册，安徽教育出版社，2008。

关赓麟编《清溪诗社诗钞第一辑》（1936），南江涛编《清末民国旧体诗词结社文献汇编》第 12 册，国家图书馆出版社，2013 年影印本。

关赓麟：《〈思痛轩诗存〉序》，中央文史研究馆编《崇文集二编》，中华书局，2004。

关赓麟：《稊园诗集》，1935 年铅印本。

郭家声：《忍冬书屋诗集》，1930 年铅印本。

郭则沄：《龙顾山房全集·骈体文钞》，1938 年增刻本。

郭则沄：《十朝诗乘》，林建福等校点，张寅彭主编《民国诗话丛编》第 4 册，上海书店出版社，2002。

郭则沄编《烟沽渔唱》（1933），南江涛编《清末民国旧体诗词结社文献汇编》第 16 册，国家图书馆出版社，2013 年影印本。

郭则沄编《蛰园击钵吟》（1933），南江涛编《清末民国旧体诗词结社文献汇编》第 24 册，国家图书馆出版社，2013 年影印本。

郭则沄编《蛰园钵社第五十次大会诗选》、《蛰园律集后编序》，南江涛编《清末民国旧体诗词结社文献汇编》第 25 册，国家图书馆出版社，2013 年影印本。

寒山诗社编《寒山社诗钟选甲集》（1914），南江涛编《清末民国旧体诗词结社文献汇编》第 13 册，国家图书馆出版社，2013 年影印本。

寒山诗社编《寒山社诗钟选乙集》（1915）、《寒山社诗钟选丙集》（1919），南江涛编《清末民国旧体诗词结社文献汇编》第 14 册，国家图书馆出版社，2013 年影印本。

何刚德：《春明梦录·客座偶谈》，上海古籍书店，1983 年影印本。

胡如虹编《苏舆集》，湖南人民出版社，2008。

胡思敬：《国闻备乘》，中华书局，2007。

胡思敬：《退庐全集·笺牍·奏疏》，沈云龙主编《近代中国史料丛刊》（444），台北：文海出版社，1970。

黄纯垓：《小醉山草堂文集》，伟伦纸业印刷局，1924。

黄濬：《花随人圣庵摭忆》中册，中华书局，2008。

黄兆枚：《芥沧馆诗文集》，癸亥（1923）七月长沙罗博文堂刻本。

慧远（夏纬明）：《近五十年北京词人社集之梗概》，张伯驹编著《春游琐谈》，中州古籍出版社，1984。

子厂（郭则沄）辑《科举概咏》，《中和月刊》第 1 卷第 11 期，1940年 11 月。

金梁：《光宣小记》，1933 年铅印本。

金梁：《四朝佚闻》，沈云龙主编《近代中国史料丛刊三编》（605），台北：文海出版社，1990。

赖际熙、区大典：《国文大学宣言书》，《香港大学博文杂志》1919 年第 1 期。

李盛铎：《黄君远庸小传》，钱仲联编《广清碑传集》，苏州大学出版社，1999。

李湛田：《静馨室爱别离语前录》，1933 年铅印本。

梁启超：《饮冰室合集》，中华书局，1989。

廖一中、罗真容整理《袁世凯奏议》上册，天津古籍出版社，1987。

林栋：《梅湖吟稿》，民初北京共和印刷局铅印本。

林纾：《畏庐琐记》，上海文艺出版社，1993。

刘春堂：《石林文稿》卷下，上海中华书局，1919 年铅印本。

刘孟纯：《〈思痛轩诗存〉序》，中央文史研究馆编《崇文集二编》，中华书局，2004。

刘声木：《苌楚斋随笔续笔三笔四笔五笔》上册，刘笃龄点校，中华书局，1998。

罗惇曧：《宾退随笔》，沈云龙主编《近代中国史料丛刊三编》（256），台北：文海出版社，1987。

骆宝善、刘路生主编《袁世凯全集》第9、11～15卷，河南大学出版社，2013。

钱振锽：《谪星诗草》卷3、《名山语类》卷4，《名山全集》，民国活字本。

钱振锽：《钱振锽传》，钱仲联编《广清碑传集》，苏州大学出版社，1999。

阮性存著、阮毅成编《阮荀伯先生遗集》，沈云龙主编《近代中国史料丛刊》（530），台北：文海出版社，1970。

商衍鎏：《商衍鎏诗书画集》，1962年自印本。

尚秉和：《滋溪老人传》，《历代社会风俗事物考》附录，母庚才、刘瑞玲点校，中国书店，2001。

尚秉和：《〈忍冬书屋诗续集〉序言》，郭正权编《癸卯进士、诗人郭家声先生纪念专辑》，星球地图出版社，2009。

邵章：《倬盦遗稿》，1953年油印本。

申：《图书介绍》，《国立华北编译馆馆刊》1943年第7期。

沈家本：《政法类典序》，《历代刑法考》第4册，中华书局，2006年。

沈云龙：《〈胡太史（骏）诗文选〉跋》，胡光麃《大世纪观变集·旅台丛文三百则》，台北：联经出版有限公司，1992。

盛宣怀：《愚斋存稿》卷97，沈云龙主编《近代中国史料丛刊续编》（125），台北：文海出版社，1975。

石宗源主编《张思温集》，甘肃民族出版社，1999。

施培毅、徐寿凯校点《吴汝纶全集》第3册，黄山书社，2002。

史晓风整理《恽毓鼎澄斋奏稿》，浙江古籍出版社，2007。

宋育德：《江西高等学校同学录序》，《江西教育杂志》1916年第5期。

孙应祥、皮后锋编《〈严复集〉补编》，福建人民出版社，2004。

台静农：《龙坡杂文》，三联书店，2002。

谭承耕、李龙如校点《张百熙集》，岳麓书社，2008。

稊园社、清溪社：《清溪九曲摧歌》、《击钵吟》，南江涛编《清末民国旧体诗词结社文献汇编》第 12 册，国家图书馆出版社，2013 年影印本。

王夫之：《读通鉴论》，舒士彦点校，中华书局，1975。

王光祈译、刘鑫宁整理《瓦德西拳乱笔记》，中华书局，2009。

王鸿桃：《无离龛诗拾》，约 1940 年铅印本。

王季烈：《蒙古鄂卓尔文恪公家传》，钱仲联编《广清碑传集》，苏州大学出版社，1999。

王季烈：《螾庐未定稿》，沈云龙主编《近代中国史料丛刊》（400），台北：文海出版社，1969。

王栻主编《严复集》第 3 册，中华书局，1986。

王揖唐：《今传是楼诗话》，张寅彭、李剑冰校点，张寅彭主编《民国诗话丛编》第 3 册，上海书店出版社，2002。

王舟瑶：《默盦集》，上海国光书局，1913 年铅印本。

魏元旷：《蕉庵诗话》，杨焄校点，张寅彭主编《民国诗话丛编》第 2 册，上海书店出版社，2002。

吴汝纶：《东游丛录》，东京：三省堂书店，1902 年铅印本。

徐一士：《一士谭荟》，中华书局，2007。

许珏：《复庵遗集》第 2 册，《清末民初史料丛书》第 49 种，台北：成文出版社，1970。

杨琥编《夏曾佑集》上册，上海古籍出版社，2011。

杨寿枏：《觉花寮杂记》，1920 年代刻本。

姚永朴：《湖南嘉禾县知县钟麟传》，卞孝萱、唐文权编《辛亥人物碑传集》，团结出版社，1991。

易顺鼎：《诗钟说梦》，王鹤龄点校，龚联寿主编《联话丛编》第 4 册，江西人民出版社，2000。

于翰笃编《于中丞（荫霖）奏议》，沈云龙主编《近代中国史料丛刊》（223），台北：文海出版社，1968。

喻长霖：《惺諟斋初稿》，宣统三年孟冬铅印再版。

《袁嘉谷文集》，云南人民出版社，2001。

苑书义等主编《张之洞全集》第 2、3、10、12 册，河北人民出版社，1998。

张连梾：《袁树五先生传》，《袁屏山先生年谱》，收入《北京图书馆藏珍本年谱丛刊》（193），北京图书馆出版社，1998。

张茂炯：《艮庐自述诗》，1934 年刻本。

张佩纶：《涧于集·文集·书牍》，涧于草堂 1926 年刻本。

章梫：《一山文存》，沈云龙主编《近代中国史料丛刊》（329），台北：文海出版社，1969。

赵德馨主编《张之洞全集》第 4、10、12 册，武汉出版社，2008。

赵启霖：《赵瀞园集》，施明、刘志盛整理，湖南出版社，1992。

《政法类典（乙）·政治之部》，上海作新社，光绪二十九年铅印本。

中国科学院历史研究所第三所主编《刘坤一遗集》第 5、6 册，中华书局，1958。

宗威：《课徐随笔》，湖南大学中国文学会编纂委员会：《员幅》第 1 期，1936 年 7 月。

宗威：《诗钟小识》，湖南省文史馆组编《湖南文史丛谈》第 2 集，湖南大学出版社，2008。

五　报刊（1949 年以前）

《北京新闻汇报》1901

《晨报副镌》1926

《大公报》1902 ~

《大陆报》1903 ~ 1904

《东方杂志》1907

《法律评论》1927

《妇女杂志》（上海）1916

《官报》1908

《国立华北编译馆馆刊》1943

《国闻周报》1929

《回文白话报》1914

《甲寅周刊》1925

《江宁学务杂志》1910

《江苏省公报》1917

《江西教育杂志》1916

《教育学报》（北平）1936

《京报副刊》1925

《警钟日报》1904

《来复》（山西）1927

《内阁官报》1911

《清鹤》1936

《清华周刊》1925

《清议报》1901

《社会科学》（北平）1947

《申报》1901～

《时报》1904、1910

《时事采新汇选》1901～1902

《四川教育官报》1911

《万国公报》1902

《宪法新闻》1913

《香港大学博文杂志》1919

《新民丛报》1903

《新闻报》1902～1904

《学部官报》1906～1911

《选报》1901～1903

《员幅》1936

《浙江五日报》1902

《政府公报》1912 ~

《政治官报》1911

《中和月刊》1940

《中外日报》1901 ~

六　著作

蔡美彪：《学林旧事》，中华书局，2012。

陈松青：《易顺鼎研究》，湖南人民出版社，2011。

程燎原：《清末法政人的世界》，法律出版社，2003。

崔运武：《中国早期现代化中的地方督抚——刘坤一个案研究》，云南大学出版社，2011。

邓定人：《中国考试制度研究》，民智书局，1929。

邓嗣禹：《中国考试制度史》，吉林出版集团有限责任公司，2011。

邸永君：《清代翰林院制度》，社会科学文献出版社，2007。

傅增湘：《清代殿试考略》，天津大公报社，1933 年铅印本。

〔日〕宫崎市定：《科举》，《宫崎市定全集》卷 15，岩波书店，1993。

关晓红：《科举停废与近代中国社会》，社会科学文献出版社，2013。

何炳棣：《明清社会史论》，徐泓译注，台北：联经出版有限公司，2013。

孔祥吉：《康有为变法章奏辑考》，北京图书馆出版社，2008。

李恭忠、黄云龙：《末科进士与世纪风云：熊范舆传》，中国社会科学出版社，2013。

李贵连、孙家红、李启成、俞江：《百年法学：北京大学法学院院史（1904 ~ 2004）》，北京大学出版社，2004。

李细珠：《张之洞与清末新政研究》，上海书店出版社，2003。

林志宏：《民国乃敌国也：政治文化转型下的清遗民》，中华书局，2013。

罗志田:《权势转移:中国近代的思想、社会与学术》,湖北人民出版社,1999。

吕顺长:《清末浙江与日本》,上海古籍出版社,2001。

茅海建:《从甲午到戊戌:康有为〈我史〉鉴注》,三联书店,2009。

茅海建:《戊戌变法史事考二集》,三联书店,2011。

茅海建:《戊戌变法的另面:"张之洞档案"阅读笔记》,上海古籍出版社,2014。

潘光哲:《晚清士人的西学阅读史(1833~1898)》,中研院近代史研究所专刊(99),2014。

齐如山:《中国的科名》,辽宁教育出版社,2006,第2版。

钱穆:《中国历代政治得失》,三联书店,2005。

瞿同祖:《清代地方政府》,范忠信、晏锋译,法律出版社,2003。

任达:《新政革命与日本:中国,1898~1912》,李仲贤译,江苏人民出版社,2006。

山西大学纪事编纂委员会编《山西大学百年纪事》,中华书局,2002。

商衍鎏:《清代科举考试述录及有关著作》,商志馩校注,百花文艺出版社,2004。

尚秉和:《历代社会风俗事物考》,母庚才、刘瑞玲点校,中国书店,2001。

尚小明:《留日学生与清末新政》,江西教育出版社,2003。

〔日〕实藤惠秀:《中国人留学日本史》,谭汝谦、林启彦译,北京大学出版社,2012。

〔日〕狩野直喜:《中国学文薮》,周先民译,中华书局,2011。

万俊人主编《清华大学文史哲谱系》,清华大学出版社,2012。

汪向荣:《日本教习》,三联书店,1988。

王德昭:《清代科举制度研究》,中华书局,1984年影印本。

王鹤龄:《风雅的诗钟》,台海出版社,2003。

肖宗志:《候补文官群体与晚清政治》,巴蜀书社,2007。

徐凌霄、徐一士：《凌霄一士随笔》，山西古籍出版社，1997。

徐凌霄：《古城返照记》，徐泽昱等整理，同心出版社，2002。

章中如：《清代考试制度》，黎明书局，1931、1932。

章中如：《清代考试制度资料》，黎明书局，1934。

张朋园：《立宪派与辛亥革命》，吉林出版集团有限责任公司，2007。

张朋园：《中国民主政治的困境：晚清以来历届议会选举述论（1909～
1949)》，吉林出版集团有限责任公司，2008。

张玉法：《清季的革命团体》，中研院近代史研究所专刊（32），1982
年再版。

张仲礼：《中国绅士研究》，李荣昌译，上海人民出版社，2008。

七 论文

安东强：《晚清科举的场次与选才》，《中山大学学报》2013年第5期。

边文锋：《萨道义与〈辛丑条约〉谈判中取消北京会试的问题》，《北京
社会科学》2012年第3期。

曹南屏：《清末科举改制后的科举考试与新学传播》，《学术月刊》2013
年第7期。

曹辛华：《晚清民国旧体诗词结社文献的类型、特点及其价值》，《复旦
学报》2015年第1期。

车行健：《胡适、许地山与香港大学经学教育的变革》，《湖南大学学
报》2009年第5期。

程皓：《晚清进士张恕琳生平事迹考述》，《青岛农业大学学报》2012
年第2期。

楚永全：《汤化龙与清末民初的政局》，博士学位论文，复旦大学历史
系，2012。

范沛潍：《清末癸卯科》，《紫禁城》1989年第2期。

范沛潍：《清末癸卯甲辰科会试述论》，《历史档案》1993年第3期。

冯立昇、朱亚华：《京师大学堂派遣首批留学生考》，《历史档案》2007年第 3 期。

高厚德、许梦瀛：《翰林院制度考》，《教育学报》第 6 期，1941 年 9 月。

关晓红：《科举停废与清末政情》，《中国社会科学》2004 年第 3 期。

关晓红：《科举停废与近代乡村士子——以刘大鹏、朱峙三日记为视角的比较考察》，《历史研究》2005 年第 5 期。

关晓红：《晚清议改科举新探》，《史学月刊》2007 年第 10 期。

关晓红：《议修京师贡院与科举制的终结》，《近代史研究》2009 年第 4 期。

关晓红：《清季科举改章与停废科举》，《近代史研究》2013 年第 1 期。

郭久祺：《郭春榆父子：蛰园与匏庐》，《名人与老房子》，北京出版社，2004。

郭卫东：《西方传教士与京师大学堂的人事纠葛》，《社会科学研究》2009 年第 1 期。

郭卫东：《严复与京师大学堂辞退洋教习事件》，《福建论坛》2009 年第 6 期。

韩策：《师乎？生乎？留学生教习在京师大学堂进士馆的境遇》，《清华大学学报》2013 年第 3 期。

郝幸艳：《汤化龙与清末民国政治》，博士学位论文，南开大学历史学院，2012。

何丽芳、方骏：《赖际熙与早期香港中文教育的发展》，《北京师范大学学报》2012 年第 6 期。

何玲：《清末经济特科探析》，《历史档案》2004 年第 1 期。

何玲：《张之洞与经济特科》，《中州学刊》2004 年第 2 期。

何玲：《1903 年汴城会试论略》，《教育的传统与变革——纪念〈教育史研究〉创刊二十周年论文集（3）》，2009。

侯美珍：《台湾的科举学》，《厦门大学学报》2013 年第 6 期。

贾琳：《清末民初士人的一种生存模式：以〈癸卯汴试日记〉作者为个案的考察》，《北京师范大学学报》2015 年第 3 期。

健攻（魏建功）：《科举议》，《京报副刊》第 258 号，1925 年 9 月 3 日。

李林：《从经史八股到政艺策论：清末癸卯、甲辰科会试论析》，香港《中国文化研究所学报》第 55 期，2012 年 7 月。

李林：《晚清进士留日史事考述：以东京法政大学留学群体为中心（1904～1911）》，王成勉主编《双中荟：历史学青年学者论坛》，台北：新锐文创，2013。

李林：《晚清进士馆研究：天子门生的转型困境与契机》，新竹《清华学报》新 44 卷第 1 期，2014 年 3 月。

李世愉：《清代会试中额与登科进士人数之关系》，《厦门大学学报》2014 年第 6 期。

李文杰：《晚清总理衙门的章京考试：兼论科举制度下外交官的选任》，《近代史研究》2011 年第 2 期。

林志宏：《世变下的士变：科举废除和知识阶层的定位（1900s～1930s)》，甘怀真编《身份、文化与权力——士族研究新探》，台湾大学出版中心，2012。

刘海峰：《中国科举史上的最后一科乡试》，《厦门大学学报》2003 年第 5 期。

刘海峰：《中国科举史上的最后一榜进士》，《厦门大学学报》2004 年第 4 期。

刘海峰：《外来势力与科举革废》，《学术月刊》2005 年第 11 期。

刘海峰：《科举停废与文明冲突》，《厦门大学学报》2006 年第 4 期。

刘海峰：《科举学的起承转合——科举研究史的千年回顾》，《社会科学战线》2013 年第 7 期。

刘龙心：《从科举到学堂：策论与晚清的知识转型（1901～1905)》，《中央研究院近代史研究所集刊》第 58 期，2007 年 12 月。

罗志田：《科举制的废除与四民社会的解体——一个内地乡绅眼中的近代社会变迁》，新竹《清华学报》新 25 卷第 4 期，1995 年 12 月。

罗志田：《清季科举制改革的社会影响》，《中国社会科学》1998 年第 4 期。

罗志田：《通史致用：简析近代史学地位的一度上升》，《社会科学战线》2010 年第 2 期。

茅海建：《张之洞与陈宝箴及湖南维新运动》，《中华文史论丛》2011 年第 3 期。

潘光旦、费孝通：《科举与社会流动》，北平《社会科学》第 4 卷第 1 期，1947 年 10 月。

瞿宣颖：《科举议》，《甲寅周刊》第 1 卷第 2 号，1925 年 7 月。

桑兵：《民国学界的老辈》，《历史研究》2005 年第 6 期。

桑兵：《接收清朝与组建民国》上、下，《近代史研究》2014 年第 1、2 期连载。

尚小明：《近代中国大学史学教授群像》，《近代史研究》2011 年第 1 期。

宋方青：《科举革废与清末法政教育》，《厦门大学学报》2009 年第 5 期。

孙青：《引渡"新知"的特殊津梁——清末射策新学选本初探》，《近代史研究》2013 年第 5 期。

王红军：《清末民初思想界的黄远生》，博士学位论文，复旦大学历史系，2010。

王立新：《咸同年间文闱停科问题考订》，《近代史研究》2016 年第 5 期。

王瑶、李银良：《清末最后一次会试考述》，《黄河科技大学学报》2013 年第 1 期。

吴雷川：《清代科举制度述略》，北平《教育学报》第 1 期，1936 年 3 月 3 日。

吴孝忱：《乡会试不用誊录议》，《鹭江报》第 55 册，1904 年 1 月 8 日。

徐佳贵：《废科举、兴学堂与晚清地方士子》，《近代史研究》2013 年第 4 期。

许小青：《北伐前后北京的国立大学合并风潮（1925～1929）》，《中山大学学报》2010 年第 1 期。

杨传庆：《清遗民词社——须社》，《北京社会科学》2015 年第 2 期。

杨国强：《论科举制度力尚公平的历史内容和历史矛盾》，《华东师范大学学报》2014 年第 4 期。

杨齐福：《洋务运动时期科举制度的改革》，《无锡教育学院学报》2000 年第 1 期。

杨齐福：《西方来华传教士与近代中国科举制度改革》，《史学集刊》2006 年第 2 期。

杨学为：《中国需要"科举学"》，《厦门大学学报》1999 年第 4 期。

尹占华：《胡钉铰考》，《甘肃广播电视大学学报》2006 年第 1 期。

于彤、袁凤华：《北洋政府时期北京社团一览》，《北京档案史料》1991 年第 1 期。

玉庐主人：《玉庐藏书散记·稊园诗词社略述》（2012 年 2 月 13 日），网址 http://blog. sina. com. cn/s/blog_ 3f5760080100w985. html（最后登录时间：2017 年 5 月 3 日）。

昝圣骞：《晚清民初词人郭则沄研究》，硕士学位论文，南京师范大学文学院，2011。

章清：《"策问"中的"历史"——晚清中国"历史记忆"延续的一个侧面》，《复旦学报》2005 年第 5 期。

张耀翔：《论科举为智力测验》，《晨报副镌》第 1493 号，1926 年 12 月 16 日。

郑善庆：《北京古学院的学人与学术》，《北京行政学院学报》2012 年第 2 期。

周君闲：《晚清进士馆述略》，《文教资料》2007 年 3 月号。

八 外文资料

Elman, Benjamin, *A Cultural History of Civil Examination in Late Imperial*

China, Berkeley and Los Angeles: University of California Press, 2000.

Franke, Wolfgang, *The Reform and Abolition of the Traditional Chinese Examination System*, Cambridge, Mass: Harvard University Press, 1963.

Menzel, Johanna, ed. , *The Chinese Civil Service: Career Open to Talent?* Boston: D. C. Health and Company, 1963.

Ruxton, Ian, ed. , *The Diaries of Sir Ernest Satow, British Envoy in Peking (1900 – 1906)*, Volume One, Morrisville: Lulu Press Inc. , 2006.

Ruxton, Ian, ed. , *The Semi – Official Letters of British Envoy Sir Ernest Satow from Japan and China (1895 – 1906)*, Morrisville: Lulu Press Inc. , 2007.

人名索引

B

班吉本 138，218，220，256，260，303，
306
毕太昌 224，226，236，325，326

C

曹典初 239，326
曹汝霖 199，201，202，204，207，208，
210，213
岑春煊 84，303，328，363，364
岑光樾 228，229，239，297
常麟书 250，325
陈宝琛 329，352，356
陈宝箴 12，51，58~60，62，65，66，
70，73，74，86
陈璧 243，244，257，303
陈度 241，251，259，306
陈黻宸 112，155，188，189，192，210，
250，289~291，307，318，319，321，
328~330，340，367，368

陈国华 228，238，328
陈国祥 220，226，228，234，326
陈焕章 193，225
陈继训 251，259，261，302，318
陈敬第 189，194，220，221，226，236，
289~291，306，325
陈君葆 338
陈夔龙 125，156，157，249，252，255，
256，263，313，314，322，323
陈培焜 230
陈启辉 228，234，297，299，306
陈善同 150，181，231，262，289，291
陈树勋 184，231，264，289~291，328
陈衍 352，353
陈毅 131，157，251，257，301~303，
356，366
陈畲 136，240，250
陈垣 331，341
陈云诰 181，214，231，243，260，297，
305，322，341
陈曾寿 135，250，257，261，302，305，
308，322，356，366，368
陈正学 224，226，234，251，265，271

陈正猷　228，238，254，328

陈中孚　252，253，271，311

陈宗蕃　223，224，226，228，233，243，
251，257，262，303，306，358，368

程德全　258，324

程继元　184，231，250，258，264

褚焕祖　136，253

D

达寿　93，176，215

戴宝辉　220，226，228，235，251，268，
311

戴鸿慈　27，142，144，154，156，159，
258，315，318

狄楼海　229，240，250，305，321，327，
333，340，368

丁传靖　347，348，354

杜严　227，236，289～291，367

端方　19，83，84，117，124，130，252，
269，318，323，363，364

段国垣　139，240，251，258，264

段祺瑞　314，317

E

恩华　220，221，250，257，305，306，
322

F

樊增祥　229，346～348，351，353，354

范源廉　197，305，307，366

范之杰　182，231，262，300，306

方履中　264，289～291，300，307，308

方兆鳌　225，245，251，304，306

方贞　228，240，251，289～291，306，
367

冯国璋　295，299，300，310

冯金鉴　41，67，68，121，153，155，187，
188，190

冯汝玖　67，187，188

冯汝琪　19，41，67，68，121，153，155，
187，188，190，251，255，258，261，
305

冯巽占　251，258，261，305，306，321

冯友兰　288，330

福兰阁（Otto Franke）　295，339

傅吾康（Wolfgang Franke）　9，50，295，
339

傅增湘　5，61

G

甘鹏云　20，94，95，192～194，228，
239，250，259，261，304，306，319，
341，366，368

高嘉仁　222，223，237，250，265，270

高廷梅　138，253，272

高毓浵　231，300，305，321，322，341

高振霄　227，236，278

龚福焘　228，238，251，258，260，261，
305，306

龚元凯　182，231，294，295，297，299，
300

谷芝瑞　228，234，289～291

顾颉刚　336

顾视高　228，234，289～291

顾显曾　227，235，303，306

顾准曾　181，231，250，257，262，306，
351，352

关陈暮　250，329

关赓麟　116，118，251，257，262，303，
306，319，342～352，354，355，357，

358，368

关文彬 250，255，256，262，303，306

光绪帝（载湉） 22，70，72，73，86，361

郭家声 20，250，255，256，262，301，302，319，322，331～333，340，368

郭立山 150，295，297，321，326

郭寿清 206，228，241

郭则沄 7，15，95，104，115，116，118，137，138，181，190，202，207，208，213～215，217，232，243，264，267，301，306～308，319，325，341～343，347～349，351～358，368

郭曾炘 68，69，95，244，301，348，349，353～355

郭宗熙 221，264，299，307，308，351，355，356，368

果晟 251，260

H

郝继贞 137，253，269，311

何刚德 81，159，249，255，256，263，266，267

何启椿 185，231，250，257，262，303，306，351，352，355，368

何寿章 20，131，132，155

何毓璋 228，230，241，251，265，270，311

何振清 251，254

何震彝 306，351，352，368

贺葆真 20，155，297，300，340，341

贺维翰 341

赫德 43，79

鸿志 228，237，255，353

侯延爽 222，250，306

胡大勋 181，214，215，231，243，285，305，322

胡骏 20，224，226，233，277，278，280，281，289，291，297，300，305，306，321，322，351

胡适 332，337，338

胡思敬 104，187，195，207，256

胡嗣瑗 184，264，355～357，367，368

华学澜 28，104，143，176，177，199

黄纯垓 253，268，308～310，314，322

黄为基 8，193，225，245，321

黄彦鸿 230，297

黄远庸 15，192，193

黄兆枚 137，186，250，295，305，308

J

吉同钧 58，67

戢翼翚 197～200，213

贾景德 8，269，311

江瀚 331，335，353

江孔殷 228，229，351

江绍杰 222，223，268，306，317

江志伊 230

蒋尊祎 186，251，257，262，303，306

金梁 130，191，205

金兆丰 136，138，152，227，237，297，298，305，321

靳志 93，220～222，225，250，254～256，342，349，355，358，368

荆育瓒 220，236，250，260，262

景凌霄 250，259，260，303

K

康有为 12，42，66，71～73

孔昭晋 15，20，182，231，250，255，323，324

奎俊 22，25，27，37，38，42

崑冈 22～24，30，88～90，103，159，188

L

赖际熙 184，231，294，297～299，319，337，338，340，368

赖瑾 220，221，250，306

雷多寿 251，259，260，303，304，306

雷恒 206，323

黎湛枝 214，228，229，237，243，278，294～299，351，367

李臣淑 254，269

李德鉴 229，240，295

李德星 250，255，256，262，302

李鸿章 27，37，39，40，43～48，61，77，86，120～123，125，246

李华炳 250，289～291，325

李稷勋 144，277～279

李家驹 27，245，280

李景濂 257，261，305，322，340，346，351，352，368

李景铭 19，225，245，251，259，260，297，299，303，306，319，341，368

李榘 227，234，289～291，306

李坤 328

李翘燊 228，237，243，297

李盛和 251，259，261

李维钰 220，226，235，250，258，261，264

李兴锐 25，27，67

李湛田 228，238，297～299

梁鼎芬 32，193

梁启超 1，66，71，81

梁善济 224，235，289～291，305，306，318，367

廖振榘 250，259，261

林步随 182，231，306，351，352，355，368

林栋 260，302

林棨 198，199，210，213，244

林世焘 278，297，299，305，306，322，323

林纾 191，202，205，332

林志烜 158，224，226，233，244，305，306，322

刘半农 331，332

刘春霖 14，156，228，229，262，289，290，292，300，322，367

刘春堂 253，270，310，312

刘大鹏 10，12，17，20，38，39，156，162

刘敦谨 251，258，261，305，351，352，368

刘凤起 185，231，327

刘谷孙 251，262，264，307，308

刘坤一 21～29，32～42，44～46，48，49，51，58，59，63～66，68，70，74，75，78，79，83，91，119～121，123～125，360，361，363～365

刘焜 300，321

刘绵训 220，221，290，292

刘启瑞 185，215，231，302

刘廷琛 144，157，301

刘远驹 228～230，237，243，251，305，306

龙建章 251，257，262，264，303，306

楼思诰 206，225，242，245，251，259，260，305，306

陆宝忠 56～58

陆光熙 8，225，245，262，314

陆鸿仪 181，201，213～215，243，305，306

陆润庠 19，27，29，32，57，142，144，

145，154，156 ~ 159，215，254，278，281 ~ 285，296

陆宗舆　196，197，199 ~ 201，210，213，294

鹿传霖　33，43，46，63，64，89，96，98，99，101，116，121，216，278，314，362

路朝銮　156

栾骏声　185，250，258，261，264，306

栾守纲　251，259，261，303，304，306

罗惇曧　105，189，346，350

骆成骧　230

吕调元　253，268，299，309，310，312 ~ 314，367

吕佩芬　20，28，152，156

吕兴周　181，250，258，261，305

吕彦枚　250，259，260

吕祖翼　251，254

M

马吉樟　143，154

马太元　20，132，133，155

马荫荣　325

马振宪　182，231，260，317，322

麦鸿钧　258，261，305

穆默（A. Von Mumm）　45，120

N

那桐　196

倪嗣冲　300，302

聂梦麟　250，255，258，261

牛兰　250，260，306

钮泽晟　20，252，253

O

区大典　184，231，294，319，337，338，340，368

区大原　150，227，237

欧家廉　295，297

P

潘浩　324

彭绍宗　250，255，257，326

彭世襄　137

彭守正　228，251，306，327

彭运斌　228，238，251，289，290，292，326

皮锡瑞　40，112

蒲殿俊　8，15，251，289，290，292，317，318，367

Q

祁荫杰　254，302

钱昌颐　254

钱承铦　199，200，208，210，213，244

钱振锽　137，172，191，192，194，250，366

秦绶章　31，244

覃寿彭　150，253，269

曲卓新　225，242，245，259，260，290，292，303，304，306

屈映光　300

瞿鸿禨　3，5，17，19，29 ~ 32，37，48，57，66，89，95 ~ 106，112，113，116，117，130，133，175，189，216，362，363

R

饶凤璜 38

饶孟任 225，245，251，261，306，317，
351，352，368

饶应祺 38

任承沆 250，258，261，306

任祖澜 185，250，260，262，306

荣禄 19，24，32，33，40，42，89，92，
98，103，104，306，313

荣庆 3，17，20，95，96，99，104，
105，113，141，143，146，150，154，
175，176，189，215，216，257，278，
281，362

柔克义 120，121

S

萨道义（Ernest Satow） 37，40，43～
48，120，123

萨起岩 252，270

杉荣三郎 196，197，200，209，213

单镇 136，155，250，255，256，302，
306，334，340

单志贤 254

商衍鎏 7，8，14，21，86，90，91，
104，133，148，151，161，163，170，
175，213～215，228，233，243，247～
249，262，278，281，295，296，319，
339～341，368

商衍瀛 183，214，231，262，295，305，
321，367

尚秉和 70，184，231，250，256，260，
303，306，319，321，329，332，333，
341，368

邵从恩 220，221，306

邵章 137，189，194，206～208，220，
222，236，276，300，306～308，324，
326，356

绍英 174，176

沈家本 198

沈家彝 230，231

沈钧儒 8，15，224，251，289，290，
292，307，318，325，367

沈曾植 50，71，79～82，361，362

盛宣怀 32，33

施尧章 228，229，251，306

史宝安 137，181，231，297，298，300

史国琛 183，214，215，231，250，305，
306，322

世续 278，296

舒伟俊 228，239，297

水祖培 181，214，215，231，243，262，
278，281，284，297，305，322

崧蕃 23，24

宋伯鲁 66，71，331

宋名璋 228，229，251，327

宋育德 225，245，326

苏舆 257，301～303，366

苏兆奎 271，309，312

随勤礼 228，229，239，251，306

孙宝书 250，290～292，324

孙宝瑄 67

孙家鼐 23，24，32，37，48，56，87～
90，102～105，113，126，141，143，
146，150，153，176，179，188，215，
276～278，360，362

孙智敏 240，325，333，340，368

T

谭延闿 8，14，15，156，170，172，
289，290，292，317，318，326，358，

367

汤化龙　8，15，19，155，192～194，
　223，224，251，289，290，292，305，
　306，317，318，366，367

汤芗铭　19，192，193

唐桂馨　220，234，251，306，326

唐瑞铜　185，215，250，259，260，304

唐尚光　227，235，289，290，292，328

唐绍仪　257，303

唐文治　334

陶模　79～81，117，363

田步蟾　185，215，250，255，256，262，
　306，341

田明德　228，229，262，328

田明理　272，309，312

田毓璠　136，269

W

万宝成　228，230，241，248

汪大燮　51，71，82

汪凤池　176

汪康年　94，96，97，103，106，225，
　248

汪荣宝　206，210，280，294

汪昇远　295，297

汪应焜　183，250，259，261，297

王炳宸　228～230，251

王大钧　137，182，231，278，297，298

王赓　251，314，315，317

王鸿钪　228，251，257，262，301～303

王鸿翔　139

王会釐　144，160，297

王慧润　241，251，259，261

王季烈　96，139，160，251，257，261，
　302，305，322，366

王璟芳　303，304

王闿运　286，287

王乃征　143，153

王彭　250，306～308

王丕煦　222，223，233，265，270，306

王琴堂　220，221，254，269

王汝榆　225，245，250，340

王绍曾　220，221，253，269，312

王慎贤　228，236，297，300，305，306，
　322

王世澄　220～222，224，245，250，261

王式通　346，348

王寿彭　137，152，182，231，264，278，
　297，300，305，307，322，334，335，
　340，367

王天木　225，306，339，340，368

王维泰　132

王文韶　23，24，32，33，37，48，57，
　83，89，96，98，99，101～104，116，
　117，189，216，314，360，362～364

王延纶　252～254，269

王扬滨　250，255，256，260，303，306

王揖唐　225，226，260，306，314，315，
　317，351，352，368

王益霖　253，270，325

王振声　20，56，126，143～148，150，
　151，158～160，171

王震昌　135，182，231，300

王之春　25

王宗基　250，259，260，303，306

魏元戴　186，250，302

温肃　180，186，191，192，194，195，
　206，231，295～298，337，340，351，
　352，355，366～368

翁同龢　20，149，156，159，164

吴德镇　228，237，242，289，290，292，
　297，298

吴庚　252，253，270

吴嘉谟 250，328

吴建三 186，250，255，258，261，264，312，313

吴晋夒 251，259，261，306

吴琨 220，221，226，236，290，292

吴璆 184，323，351，352，368

吴汝纶 56～58，60，61，65，75～77，80，81，103，140，196，197，319，362，368

吴荫培 27，144，150

吴增甲 182，231，278

伍铨萃 20，28，32，37，296

武曾任 252，253，271

X

熙麟 68，69，86，143，280

夏和清 223，224，226，228，236，243，251，257，262

夏启瑞 136，152，250，269

夏寿康 181，231，254，289～291，306

夏孙桐 28，143～145，343，357

夏同龢 27，218，222

夏曾佑 69

萧丙炎 186，262，267

萧荣爵 144，160

萧湘 215，223，224，242，250，289～291，317，367

谢崇基 278，297

谢桓武 227，233，258，264，265，269，312

谢启中 251，259，260

谢远涵 143，153，230

解荣辂 220，235，290，291，325

邢端 225，226，234，306，317，322，323

熊范舆 15，220，221，273，304，317，326

熊坤 228，238，251，257

熊希龄 304，305

徐定超 275，276，278～280

徐会沣 141，143，146

徐潞 224，233，243，305，322

徐彭龄 183，214，215，250，305，306

徐谦 135，182，202，204，258，305，306，317

徐士瀛 228，250，259，260，304，306

徐世昌 83，95，256，285，314，315，317，355，363

徐兆玮 20，230，275，276，322

徐致靖 71～73

徐致祥 62

许宝蘅 20，155，257，285，302，308，344，346，347，358

许承尧 297，299，327

许地山 337，338

许珏 60，61，152，153

许同莘 19，20，61，84，130，132，133，152，153

许泽新 281，282

薛登道 224，234，250，259，261，303，304

Y

延昌 184，231，276～280

严复 77，92，95，115，129，130，142，163，191，209，210，222，288

严修 70，196，198，215，334

颜楷 8，228，238

杨鸿发 250，326

杨士燮 27，68，69

杨寿枏 246，259，342，351，356，357

杨枢 227，228

杨廷纶　183，289～291，329

杨熊祥　250，257，261，264，305，307，
　308，322，325

杨毓麟　98，99

杨毓泗　228，234，289，290，292，300，
　367

杨源懋　254，289，290，292

杨允升　238，257，262，305，306

杨兆麟　135，139，228，233，243，264，
　278，297，305，307，308，322

杨肇培　250，322

姚华　220，226，234，251，257，301，
　306

叶昌炽　20，29～31，35，39，88，89，
　102

叶景葵　139，150，268

叶先圻　228，242，289，290，292，327

易顺鼎　333，344，345，351～353

易顺豫　250，265，271，319，333，340，
　352，368

奕劻　19，37，40，43～47，69，71，
　120，174，258，280，315

于君彦　183，231，297，329

于式枚　130

于荫霖　29，65，78，124，125，140

余棨昌　93，231

余肇康　66，67，89

俞廉三　26，27

俞澍棠　221，224，233，243，250，258，
　261，264

喻长霖　155，295，297

裕德　27，126，142，144，150，151，
　156～159

袁嘉谷　220，244，264，297，305，307，
　308，319，322，325，335～337，340，
　346，351，352，368

袁励准　144，230，296，297，350

袁世凯　23，25，28，32，35，49，82～
　84，91，92，95，112，113，117，189，
　190，198，201，285，286，313～317，
　352，363，364

袁永廉　220～223，226，234，251，259，
　261，303，304，306，326

袁祖光　136，231，250

恽毓鼎　20，53，74，124，126，142，
　143，145～150，153，154，163，277，
　278，281，283，296，298，307，322

Z

曾光燨　271

曾熙　250，289～291，326

张百熙　19，29～35，37，40，41，48，
　57，88，89，91～94，101，103～105，
　113，128，142，144，145，150，154，
　156～160，173～176，189，196，198，
　199，201，210，211，216，257，303，
　360

张成修　224，226，235，326

张德渊　254，268

张鼎　186，220，221，231，244，265，
　272

张恩寿　228，238，251，257，262，303，
　306

张广建　299，300

张国溶　228，240，289，290，292，306，
　317，367

张鹤龄　191

张亨嘉　196，199，204，215

张缉光　94，96～103，105，112

张家骏　135，182，231，258，261，305，
　306

张謇　80，156，317，324

张奎　197，198，207，208，212，213

张濂 182，231，300

张履谦 241，251，258，261

张茂炯 140，251，259，260，302，304～306

张佩纶 40，43，125，155，170

张鹏翔 135，252，253，269

张其锽 8，230，271，297

张启藩 230，297

张琴 284，329

张人骏 20，125，146，167，170，269，323，324

张仁黻 152

张书云 227，235，278，297，298，321

张恕琳 183，231，295，305，322

张诒 215，228，230，240，251

张荫椿 186，250，259，261

张荫棠 285

张英麟 141，143，146，155

张元奇 113～115，208，209

张之洞 12～14，19，21～29，32～38，40，42～46，48，49，51，58～66，68，70，71，73～84，86，90～92，99，105，112～115，117，119～121，123，124，140，152，163，175，179，189，207，216～218，242，245，257，274，299，360～364

张之照 183，231，321

张智远 223，224，233，250，258，261

张宗昌 334，335

张作霖 334，335

章梫 276，278，281，284，295～298，305，321，367

章钰 250，302，319，323，324，334，356，368

章宗祥 176，195～204，206，208～210，213，222，244

章祖申 203，204，260，306

赵尔巽 84，112，124，286，315，326，364

赵启霖 144，150，158，160

赵士琛 230

郑家溉 185，297，299

郑孝胥 33，37，78，80，201，317，355

郑言 228，239，251，258，305，306

支恒荣 27，89，104，176

忠兴 250，255，265，271

钟刚中 229，240，251，265，271，313，356

钟麟 253，254，271，309

衷冀保 227，236，341

周馥 84，364

周树模 258，353

周学熙 303，304

周镛 229，250，289～291，327

周蕴良 134，135，138

周贞亮 258，264，306

周之桢 228，242，251，258

周自齐 304

朱崇年 251，254，258，261

朱大玙 222，223，236，251，306

朱点衣 228，239，297

朱笃庆 214，215

朱国桢 181，215，231，297，299

朱启钤 96，97

朱汝珍 7，14，178，179，228，229，233，243，258，262，278，284，296～298，337，340，351，352，367，368

朱深 231

朱寿朋 135，138，181，231，306，324

朱文劭 224，251，258，261，264

朱献文 93，231

朱延熙 28，89

朱益藩 27，31，39

朱振瀛 251，260，261

竺麟祥　228，229

祝廷华　138，150，250

卓宝谋　206，220～222，224，250

宗威　342，344，345，348～350，358

左霈　183，231，297，319，333，340，368

后　记

　　多年之后，每当想起2007年5月4日在331路公交车上的情景，我总是觉得人生真有几分冥冥之中的天意在。那年五一长假，我进城和高中同学王向阳、胡少少玩了三天之后，坐上号称巡洋舰的331路公交车，准备去积水潭换乘919路回中国政法大学昌平校区。那天，我坐在车身中部车厢连接处摇晃的地方，对面的先生是位父执辈，全身上下洋溢着浓郁的书卷气。当我低头按了一阵子手机后，抬头发现先生在向我这边凝视。我禁不住他那慈祥的目光，随即欠欠身，表示敬意。很快车到新街口豁口站，我们一同下车，往东边几百米处的积水潭车站走去，于是就聊了起来。原来他是要去地坛书市淘书。在得知我是法大的学生后，他立马大为称赞："好学校！我当年也报了。"我听后心里美滋滋的，随即问道："您是哪个学校的？""北大79级的。"我顿时语塞，感觉受到了"欺骗"。随后又聊到了毕业后继续读研究生还是先就业的话题，记得他当时说，还是要做长远打算。几分钟后就走到积水潭了，我们就此别过。幸好先生毫无"戒备"，我当时脸皮也厚，要了他的电话。就这样，结识了中国社会科学院文学所研究桐城派的名家王达敏老师（后来王老师常说我是他在公交车上捡的学生，师恩诚可谓高厚）。之后电话、邮件时有联系。承王老师热心帮助和不断鼓励，酷爱文史的我终于在 2008 年春节过后，决定报考北京大学历史学系中国近现代史方向硕士研究生。

8 月开奥运的一天，我拿着手机，走到了法大一处空旷的草坪上，拨通了尚小明老师家里的电话。当时最担心外专业被"歧视"。记得尚老师说的大意是，我们这里每年都有外专业的考生，欢迎跨专业的同学，但必须先考过教育部组织的统一初试，而初试第一在复试时也常常被淘汰。尽管听起来难度很大，但尚老师开放的接纳态度还是让我鼓起了勇气。2009 年经过初试、复试，有幸被录取，拜在尚老师门下读书，2012 年转成博士研究生。8 年来，老师言传身教，令人如坐春风。博士论文已经凝结了尚老师许多心血；此番修改成书，老师又赐序言，一则勉励，再则警示。我非常感激。

2015 年 7 月毕业后，有幸进入中国社会科学院近代史所，师从崔志海先生进行博士后研究。崔老师思考问题高屋建瓴，分析问题一针见血，两年来时常请益，受教良多。书中部分章节的修改，就承蒙老师悉心指点。学问之外，老师也关怀备至，我真是感恩不已。虽然每周二返所路途遥远，但可以和所内诸多师友见面交流，到所后总感觉十分愉快。马忠文老师爱护后辈，对我的指点和帮助非常多，此次又引荐出版，谨致以特别的谢意！

感谢王晓秋教授、郭卫东教授、蔡乐苏教授、房德邻教授、徐勇教授、梁景和教授、臧运祜教授、欧阳哲生教授。在论文开题、预答辩和答辩过程中，诸位老师提出过许多中肯的意见，后来修改论文时都尽量吸收了。有些提示颇有前景，但限于目前学力，只能俟之他日。同时感谢罗志田教授、王奇生教授、王晴佳教授、王元周教授、李细珠教授、杨琥教授在课堂内外的教诲和帮助。

必须感谢北京大学图书馆、中国社会科学院近代史研究所中国近代史档案馆和国家图书馆的工作人员，他们提供了许多帮助和便利。孙家红师兄这些年对我关照很多，2011 年曾将那时国内还颇为罕见但论文中必须引用参考的《法政大学清国留学生法政速成科特集》①借我复印。硕博期间与陈鹏

---

① 该书现已翻译出版。日本法政大学大学史资料委员会编《清国留学生法政速成科纪事》，裴敬伟译，李贵连校订，孙家红参订，广西师范大学出版社，2015。

同住 6 年，交流最多，他的学术志向和认真刻苦给我很大激励。赵诺和我 2015 年同时毕业，随后又一起来近代史所从事博士后研究，缘分很深，平日切磋讨论，惠我良多。曲柄睿帮我调整过论文格式，找工作时也颇有宽慰。吉辰曾从日本带回珍贵资料，分享给我使用。写论文最怕电脑出问题，史宏飞每每救我于"水火"之中。黄蓉外语巨好，短时间内就赐下论文摘要的译文。章成、赵埜均先后出任开题和答辩秘书，奔走肆应，可称良助。毕业前和朱贞多次畅谈，很是怀念。张志钢、曹亚伟本是大学同学，后来又都在北大读博，且同住畅新 4 号楼，时常走动，相互鼓励。丁栋、陈浩、曾小顺身在海外，心系老友，令人心感。在看书写论文之外，经常和代学田、郑春光、班彦龙、谢旭等一众好友打球看球、喝酒聊天，度过了许多令人难忘的美好时光。来社科院研究生院后，和周海建、廖文辉等学友交流最多，颇不寂寞。求学期间，还得到许多良师益友的恩惠。在此一并致谢。

书中部分章节曾在《近代史研究》和《清华大学学报》发表，编辑老师往复编校，辛劳甚感。现在能够出版全书，离不开社会科学文献出版社徐思彦老师的信任，谨致谢忱；近代史编辑室主任宋荣欣女士及责任编辑徐成志、宋超两位先生，精审而高效，付出了大量心血，尤所铭感。讹误之处，自然由我负责，敬请师友和读者谅解并提出批评。

最后，我想感谢父母的付出和宽容。高三时理转文，他们给予支持；考研究生时法学转历史，他们没有反对。现在，我把一个年轻人不成熟的阶段性作品献给他们。

韩 策

2017 年 4 月 3 日

图书在版编目（CIP）数据

科举改制与最后的进士／韩策著 . -- 北京：社会
科学文献出版社，2017.5（2022.8 重印）
ISBN 978 - 7 - 5201 - 0665 - 8

Ⅰ.①科⋯　Ⅱ.①韩⋯　Ⅲ.①科举制度 - 研究 - 中国
②进士 - 研究 - 中国　Ⅳ.①D691.3

中国版本图书馆 CIP 数据核字（2017）第 074906 号

科举改制与最后的进士

著　　者／韩　策

出 版 人／王利民
项目统筹／宋荣欣
责任编辑／宋　超　徐成志
责任印制／王京美

出　　版／社会科学文献出版社·历史学分社（010）59367256
　　　　　地址：北京市北三环中路甲 29 号院华龙大厦　邮编：100029
　　　　　网址：www. ssap. com. cn
发　　行／社会科学文献出版社（010）59367028
印　　装／三河市东方印刷有限公司

规　　格／开　本：787mm × 1092mm　1/16
　　　　　印　张：26.5　字　数：401 千字
版　　次／2017 年 5 月第 1 版　2022 年 8 月第 4 次印刷
书　　号／ISBN 978 - 7 - 5201 - 0665 - 8
定　　价／79.00 元

读者服务电话：4008918866